XINKUAN
BAOMA QICHE
JIEGOU YUANLI YU WEIXIU ANLI

新款宝马汽车
结构原理与维修案例

王云辉　主编

化学工业出版社
·北京·

内 容 简 介

本书以新款宝马车型为主，系统介绍了宝马汽车的发动机系统、传动系统、底盘系统、车身电气系统、驾驶辅助系统、仪表显示及操作系统、空调系统、被动安全系统、电话和通信系统以及车载网络系统等方面内容，包含发动机的结构及新技术特点、各系统的新的配置、重点部分的原理讲解、系统原理、电路结构、功能描述以及相应系统的维修案例等。本书通俗易懂，相关参数准确可靠，内容丰富，理论适度，实用性强。

本书可供从事一线维修的人员使用，也可作为各类职业院校、技术培训机构的培训教材。

图书在版编目（CIP）数据

新款宝马汽车结构原理与维修案例/王云辉主编. —北京：化学工业出版社，2020.11
ISBN 978-7-122-37689-3

Ⅰ.①新⋯ Ⅱ.①王⋯ Ⅲ.①轿车-车体结构②轿车-车辆修理 Ⅳ.①U469.11

中国版本图书馆 CIP 数据核字（2020）第 168689 号

责任编辑：辛　田　　　　　　　　　　文字编辑：冯国庆
责任校对：张雨彤　　　　　　　　　　装帧设计：王晓宇

出版发行：化学工业出版社（北京市东城区青年湖南街 13 号　邮政编码 100011）
印　　装：大厂聚鑫印刷有限责任公司
787mm×1092mm　1/16　印张 22¾　字数 607 千字　2021 年 1 月北京第 1 版第 1 次印刷

购书咨询：010-64518888　　　　　　售后服务：010-64518899
网　　址：http://www.cip.com.cn
凡购买本书，如有缺损质量问题，本社销售中心负责调换。

定　　价：98.00 元

前言

　　宝马汽车结构复杂，电控集成度高，车型升级换代快，多年来一直引领高端品牌技术的发展。随着人们生活水平的提高以及目前汽车市场竞争渐趋白热化，宝马车系作为高端品牌的引领者，市场保有量越来越大。在高端汽车维修市场，目前奔驰、宝马、奥迪等高端品牌的4S店、专修店、快修店越来越多，维修人员存在汽车维修基础知识掌握相对扎实，但对于高端品牌车型的结构原理方面的专业知识了解相对较少，这种情况造成对高端品牌车系故障维修不是得心应手。加之目前高端车型维修资料市面相对较少，远远不能满足一线维修人员学习的需要，因此为满足广大一线维修人员需求编写本书。

　　高端车型的高端在于其配置的新技术、新配置是引领汽车技术发展的，正是这些新技术、新配置的使用，才使得一线维修人员感到高端车型难修，遇到问题无从下手，究其原因在于不了解各项高端配置的结构原理。本书以目前新款宝马车型为主，重点以图解的方式介绍各个系统、各项新配置的结构原理，并附之以相应的维修案例进行有针对性的说明，以使高端车型的维修不再神秘，轻轻松松掌握原理维修。

　　本书内容编排方面以宝马最新款各系统的"结构、原理、维修案例"三大部分为核心，以高清图解的形式和通俗易懂的语言向读者呈现宝马高端品牌的维修精华。在各项数据上，全书以原厂技术资料为准绳，维修案例全部来自于宝马4S店、专修店等维修一线的实战经验，具有很强的实用性和借鉴性。

　　本书以最新款宝马车型为主，重点介绍了宝马轿车的发动机系统、底盘系统、车身电气、驾驶辅助系统、车载网络、仪表显示及操作系统、空调、电话和通信系统以及被动安全系统等方面的内容。本书主要介绍的内容有发动机的结构及新技术特点、各系统的新的配置、重点部分的原理讲解、系统原理、电路结构、功能描述以及相应系统的维修案例等。

　　本书由王云辉主编，参加本书编写工作的还有魏书忠、齐广华、袁发坤、弭尚田、付杰、李庆江、李彦辉、刘春晖、张洪梅、侯仲军。

　　本书资料各项数据以厂家提供为基准，由于编者水平有限，书中难免有不当之处，恳请广大读者批评指正。

编者

目录

第一章　发动机系统

第二章　宝马传动系统

第三章　宝马底盘系统

第四章　宝马车身电气

第五章　驾驶辅助系统

第六章 宝马仪表及操作系统

第十章　车载网络与供电

参考文献

第一章
发动机系统

第一节　发动机机械系统

一、发动机命名规则与代码说明

1. 发动机名称

在技术文件中使用发动机名称来准确表示发动机，通常只使用一个字母的缩写。该缩写用于表示某一发动机与所属发动机系列的关系，具体含义见表 1-1。例如常说的 N53 发动机系列由 N53B25U0、N53B30U0 和 N53B30O0 等多款发动机构成。

表 1-1　宝马发动机命名规则

发动机型号举例

N 5 3 B 2 5 U 0
↑ ↑ ↑ ↑ ↑ ↑ ↑ ↑
1 2 3 4 5 6 7 8 (序号)

序号	含义	索引	说明
1	发动机开发人	M、N、B	BMW 集团
		P	BMW Motorsport
		S	BMW M GmbH
		W	外购发动机
2	发动机类型	1	R4 直列发动机（例如 N18）
		2	R4 直列发动机（例如 N20）
		3	R3 直列发动机（例如 B38）
		4	R4 直列发动机（例如 N43）
		5	R6 直列发动机（例如 N55）
		6	V8 发动机（例如 N63）
		7	V12 发动机（例如 N74）
		8	V10 发动机（例如 S85）
3	标准型发动机方案更改	0	标准型发动机
		1~9	表示技术更改，例如燃烧方式

序号	含义	索引	说明
4	工作方式或燃油和安装位置	A	横向安装汽油发动机
		B	纵向安装汽油发动机
		C	横向安装柴油发动机
		D	纵向安装柴油发动机
		E	电动,乙醇
		H	氢动力
		K	后置横向安装汽油发动机
		P	永久磁铁激励式同步电动机
5+6	排量(1/10L)	30	3.0L
		16	1.6L
7	功率等级	K	最小
		U	下等
		M	中等
		O	上等(标准)
		T	顶级
		S	超级
8	与授权发布相关的改款	0	全新研发
		1~9	升级改款

2. 发动机代码

发动机曲轴箱上标有用于明确识别和分配发动机的代码。获得主管部门批准时需要该发动机代码。发动机代码的前六位与发动机名称相同。

发动机标识位置处发动机代码上面是发动机编号。利用这个序列号和发动机代码可以明确识别每个发动机。以 N63TU/B38/B48 发动机为例，其发动机标识位置如图 1-1～图 1-3 所示。

22620097
N63B44B

图 1-1　发动机代码和发动机编号的位置（N63TU 发动机）

22620097—具体发动机序列号；N—BMW 集团"新一代发动机"；6—V8 发动机；3—带有废气涡轮增压器、
电子气门控制系统（Valvetronic）和直接喷射装置（TVDI）的发动机；B—纵向安装
汽油发动机；44—4.4L 排量；B—型式认证事宜，标准

图 1-2　B38 发动机的发动机代码
1—发动机编号；2—发动机代码

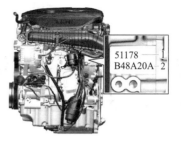

图 1-3　B48 发动机的发动机代码
1—发动机编号；2—发动机代码

二、发动机壳体

发动机壳体由发动机缸体、气缸盖、气缸盖罩、油底壳和密封垫组成。

1. 曲轴箱

如图 1-4 所示，N63TU2 发动机的曲轴箱经过全新设计，采用 AlSi17Cu4Mg 低压硬膜铸造工艺。气缸套由铝硅合金制成。发动机的封闭式端盖曲轴箱采用带侧壁连接的双主轴承螺栓连接。曲轴箱铸件包括带铝硅合金气缸套的气缸内径、带曲轴孔和曲轴轴承的轴承以及气缸水套。发动机的 V 型区域在发动机机油冷却液热交换器与曲轴箱的连接方面进行了调整。曲轴箱内的油孔和冷却通道针对发动机机油冷却液热交换器的连接要求进行了调整。

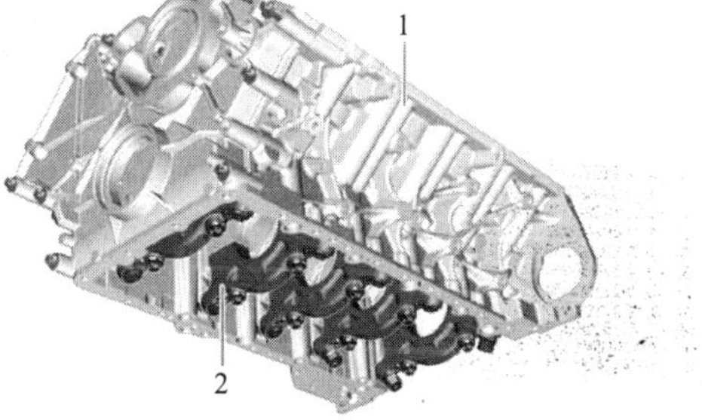

图 1-4　N63TU2 发动机的
曲轴箱（带螺丝连接）
1—曲轴箱；2—带侧壁连接
的双主轴承螺栓连接

2. 气缸盖密封垫

如图 1-5 所示，采用三层弹簧钢密封垫作为缸盖密封垫。在气缸内径区域装入一个止动片。发动机上与气缸盖和发动机缸体的接触面不再采用完整涂层，而是采用局部丝网印刷涂层（图 1-6）。通过取消冷却液通道口区域的涂层可使涂层脱落，从而将导致冷却液循环回路内产生污物的危险降至最低。

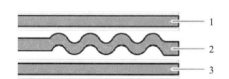

图 1-5　N63TU2 发动机的密封垫
1—带有不粘涂层的上部弹簧钢层；2—止动层；
3—带有不粘涂层的下部弹簧钢层

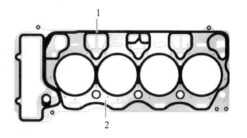

图 1-6　发动机气缸盖密封垫涂层
1—局部丝网印刷涂层；2—气缸盖密封垫

3. 气缸盖

如图 1-7 所示，发动机的气缸盖通过将进气装置部分集成在气缸盖内可优化流入新鲜气

图 1-7 带 Valvetronic 的发动机气缸盖

1—排气侧 VANOS；2—高压泵滚轮挺杆；3—偏心轴；
4—扭转弹簧；5—槽板；6—中间推杆；7—Valvetronic
伺服电机；8—进气侧 VANOS

体的流动特性并显著减小进气管的安装空间。通过该措施也可使气缸盖的质量降低 1.5kg。气缸盖内的冷却液流与气缸水套的冷却液流分开。在气缸盖罩内、可变凸轮轴正时控制系统（VANOS）调节单元上集成 VANOS 电磁阀，取消了气缸盖内用于 VANOS 电磁阀的开孔，因此也简化了气缸盖内的相应发动机机油输送通道。采用第三代 Valvetronic 技术，Valvetronic 伺服电机安装在气缸盖外部侧面。

废气涡轮增压器、Valvetronic 和直接喷射装置组合称为涡轮增压 Valvetronic 直接喷射 TVDI。

4. 气缸盖罩

（1）结构　气缸盖罩的曲轴箱通风装置和 VANOS 电磁阀固定装置进行了细微调整。采用带有一个附加通风管路的记录式通风装置。每个气缸列都有各自的机油分离器。因为在气缸盖内集成了连接各进气通道的相应开孔，所以取消了从曲轴箱通风装置至进气装置的附加管路。凸轮轴传感器安装在气缸盖罩正面。

如图 1-8 所示，使用迷宫式机油分离器从泄漏气体中分离出机油。沿机油流动方向先后装有一个粗分离器 7 和一个带小喷嘴的细分离板 6。油滴在这些障碍物处经过分离并通过回流管路 9 和 10 重新返回气缸盖内。带有前置网状织物的折流板 5 负责继续分离出机油颗粒。机油回流通道带有一个单向阀，用于防止未经分离直接吸入泄漏气体。如果该管内的油位升高，单向阀就会打开，机油就会滴落到气缸盖内。最后根据发动机运行状态将净化后的泄漏气体通过单向阀 1 或体积流量调节阀 11 和 12 重新输送至进气系统。

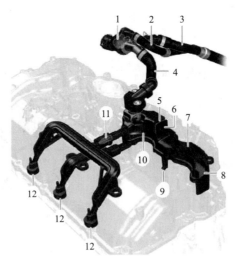

图 1-8　带曲轴箱通风装置的气缸盖罩

1—至洁净空气管的单向阀（带有泄漏开孔）；2—清洁空气管路；3—带体积流量调节阀的抽吸管路；
4—至洁净空气管的管路；5—带前置网状织物的折流板；6—带小喷嘴的细分离板；7—粗分离器；
8—泄漏气体输入端；9—机油回流口；10—机油分离器；11—至进气装置的体积流量调节
阀（带有节流功能）；12—经泄漏气体通道至进气通道的连接管路

（2）自吸式发动机运行模式下的曲轴箱通风　　如图1-9所示，在自吸式发动机运行模式下，进气装置12内处于真空状态。此时会使两个体积流量调节阀3打开。净化后的泄漏气体通过左侧机油分离器经气缸盖内的抽吸管路5和通道19到达两个气缸列的进气区域，从而进入进气装置。由于真空压力较大时存在通过曲轴箱通风装置吸入机油的危险，因此体积流量调节阀带有节流功能，可限制流量进而限制曲轴箱内的压力值。

曲轴箱通风装置内的真空使单向阀2和6保持关闭状态。通过上面的泄漏开孔，新鲜空气从两个洁净空气管经右侧机油分离器流入发动机内部。这样可限制曲轴箱通风装置内的真空。同时通过新鲜空气对曲轴箱进行扫气可减轻润滑油的化学老化并减少泄漏气体内的水分含量。

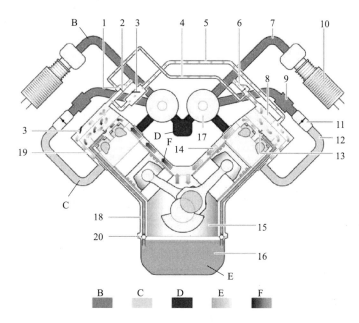

图1-9　自吸式发动机运行模式下的曲轴箱通风

B—环境压力；C—真空；D—废气；E—机油；F—泄漏气体；1—单向阀壳体内的泄漏开孔；2—至洁净空气管的单向阀；3—至进气装置的体积流量调节阀（带有节流功能）；4—清洁空气管路；5—从气缸列1到气缸列1的进气装置；6—至洁净空气管的管路（带有单向阀和泄漏开孔）；7—洁净空气管；8—机油分离器；9—增压空气冷却器；10—带热膜式空气质量流量计的进气消音器；11—节流门；12—进气装置；13—机油回流口；14—排气通道；15—曲轴空间；16—油底壳；17—废气涡轮增压器；18—机油回流通道；19—气缸盖内的通道；20—单向阀

（3）增压运行模式下的曲轴箱通风　　如图1-10所示，在增压运行模式下进气装置12内的压力升高，因此体积流量调节阀3关闭。由于洁净空气管7在此运行模式下处于真空状态，因此会使至洁净空气管的单向阀2和6打开，净化后的泄漏空气通过废气涡轮增压器压缩机和增压空气冷却器9进入进气装置。

5. 油底壳

油底壳由压铸铝合金制成。油底壳采用两件式结构，由一个油底壳上部件和一个油底壳下部件构成。机油滤清器集成在油底壳上部件内。根据具体驱动方案使用两种不同的油底壳（图1-11）。在后轮驱动车辆上采用全新设计型号，在此通过用螺栓连接且永久封闭的侧箱提供最大机油容积，从而以最佳方式充分利用安装空间。用于后轮驱动车辆N63TU2发动机的油底壳在采用该驱动方案的所有计划投产车辆上均完全相同。

用于四轮驱动车辆的油底壳也采用了全新设计。除固定用于前轮驱动的直通传动通道

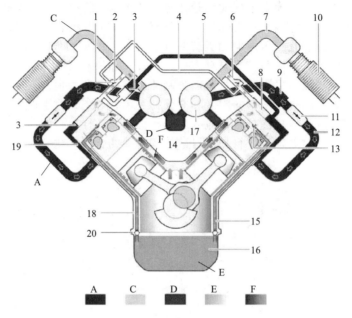

图 1-10　增压运行模式下的曲轴箱通风

A—250kPa＋30kPa 绝对增压压力；C—真空；D—废气；E—机油；F—泄漏气体；1—单向阀壳体内的泄漏开孔；
2—至洁净空气管的单向阀；3—至进气装置的体积流量调节阀（带有节流功能）；4—清洁空气管路；
5—从气缸列 1 到气缸列 2 的进气装置；6—至洁净空气管的管路（带有单向阀和泄漏开孔）；7—洁净
空气管；8—机油分离器；9—增压空气冷却器；10—带热膜式空气质量流量计的进气消音器；
11—节气门；12—进气装置；13—机油回流口；14—排气通道；15—曲轴空间；16—油底壳；
17—废气涡轮增压器；18—机油回流通道；19—气缸盖内的通道；20—单向阀

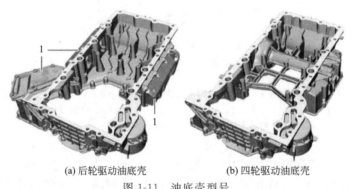

(a) 后轮驱动油底壳　　　　　　　(b) 四轮驱动油底壳

图 1-11　油底壳型号

1—螺栓连接的侧箱

外，还在专门设计的铸造凸缘表面处固定前桥主减速器。用于四轮驱动车辆 N63TU2 发动机的油底壳在采用该驱动方案的所有计划投产车辆上也完全相同。

在发动机左侧，机油滤清器模块集成在油底壳的部件上。用于特性曲线控制式机油泵的机油压力传感器和特性曲线控制阀用螺栓固定在滤清器模块的部件上。

油底壳上部件通过钢板翻边密封垫与曲轴箱用螺栓固定在一起。同样，油底壳下部件与油底壳上部件也用螺栓固定在一起。油底壳下部件像油底壳上部件一样由压铸铝合金制成，带有机油油位传感器和放油螺塞。

如图 1-12 所示，机油泵与曲轴箱用螺栓固定在一起，由曲轴通过一根链条进行驱动。

导流板源自 N63TU 发动机，并像其一样集成在油底壳上部件内。

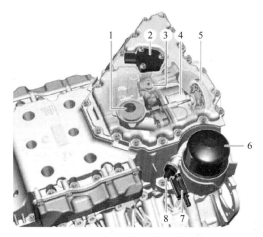

图 1-12　带机油泵的发动机油底壳

1—抽吸管；2—机油油位传感器；3—放油螺塞；4—特性曲线控制式往复式滑阀叶片泵；5—曲轴
驱动的链条传动机构；6—机油滤清器端盖；7—特性曲线控制阀；8—机油压力传感器

三、曲轴传动机构

1. 带轴承的曲轴

如图 1-13 所示，曲轴行程为 88.3mm，由 C38 塑料制成。它是带有六个平衡重块的表面淬火锻造曲轴，有五个支撑点。双材料止推轴承位于第三轴颈中央，使用无铅坚固双材料轴承。

图 1-13　曲轴轴承

1—带有凹槽和油孔的上部轴瓦；2—带有凹槽和油孔的止推轴承；3—不带凹槽的下部轴瓦

2. 带轴承的连杆

（1）连杆　发动机采用水平分割的断裂式锻造连杆。小连杆头钻入锻造梯形连杆头内，经过精细表面处理和硬化，因此不带轴套。该成形孔可使活塞通过活塞销施加的作用力以最佳方式分布在轴套表面上并降低边缘处的负荷

（2）轴承　连杆轴瓦采用无铅设计，轴承采用钢/铝/耐磨涂层。在连杆轴承杆侧装有一个 G-411 轴承，该轴承由青铜和红色耐磨涂层"IROX"构成。在连杆轴承盖处使用铝合金 A-370 轴承。

（3）IROX 涂层　为了满足越来越严格的尾气排放规定，现在几乎所有内燃机都配备发动机节能启停功能，这会导致启动循环激增。为了确保发动机正常运行，需要在曲轴轴颈处

提供充足的润滑油。在确保机油供给的情况下，由于连杆轴承轴颈与轴瓦间存在较薄润滑油膜，不会出现固体接触。

如果此时关闭发动机，机械驱动的机油泵无法保持机油供给。轴颈间的油膜就会流失。连杆轴承轴颈与轴瓦间就会出现固体接触。如果重新启动发动机，需要一定时间才会建立起100％的润滑油膜。在此较短时间内可能会造成轴瓦磨损，采用IROX涂层可将这种磨损降至最低。

如图1-14所示，带IROX涂层的轴瓦仅位于连杆轴承杆侧，因为在此向轴瓦施加主要负荷。轴瓦盖采用不带IROX涂层的轴瓦。由于采用特殊涂层，因此IROX轴承为红色。

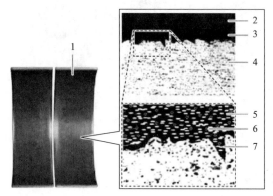

图1-14　IROX涂层细节放大

1—带IROX涂层的轴瓦；2—油膜；3—IROX涂层；4—轴瓦；5—黏合树脂；6—硬颗粒；7—固体润滑剂

3. 带活塞环的活塞

发动机带有马勒（Mahle）活塞环套件的铸造活塞。为实现10.5：1的压缩比，对活塞顶形状进行了调整。此外活塞顶形状还针对N63TU2发动机的燃烧方式、气门位置以及多孔喷嘴式电磁阀喷射器的使用进行了相应调整。

如图1-15所示，为确保更好地排出机油，在刮油环槽下方带有另一个油槽。附加油槽与活塞裙内的八个排油管路一起辅助排出活塞下行期间刮油环向下推动的机油。尤其在发动机滑行模式燃烧室内产生真空的情况下，这样可防止带走经过活塞环的机油。只有刮油环采用双倒角环设计，宽度为1.8mm。

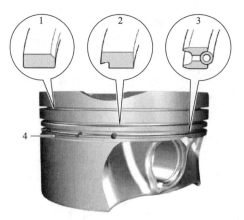

图1-15　带活塞环的铸造活塞

1—桶面环（B环）；2—鼻形锥面环（NM环）；3—带有管状弹簧的双倒角环（DSF环）；4—附加油槽

四、凸轮轴传动装置/链条传动机构

如图 1-16 所示，为了驱动复合式凸轮轴，每个气缸列都采用一个 142 链节的齿形套管链条。通过链条张紧器上的机油喷嘴为其供给机油。张紧导轨、导轨和滑轨是用于两个气缸列的不同部件。带有集成式压块的张紧导轨完全由塑料制成。

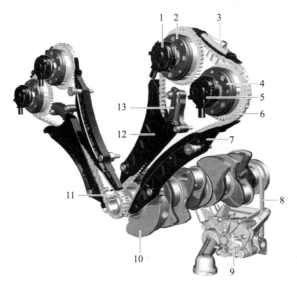

图 1-16　链条传动机构

1—排气侧 VANOS 电磁执行机构；2—排气侧 VANOS 调节单元；3—带机油供给系统的滑轨；4—进气侧 VANOS 调节单元；5—进气侧 VANOS 电磁执行机构；6—凸轮轴传动装置套管链条；7—滑轨；8—机油泵传动装置套管链条；9—特性曲线控制式机油泵；10—曲轴；11—曲轴齿轮；12—张紧导轨；13—链条张紧器

五、气门机构

1.气门机构结构

如图 1-17 所示，发动机使用全可变气门行程调节装置，安装中央 VANOS 电磁阀，简化了气缸盖结构。采用轻型结构复合式凸轮轴，所有凸轮均压入滚花部位，凸轮轴带有用于

图 1-17　气门机构

1—排气凸轮轴；2—进气凸轮轴；3—扭转弹簧；4—槽板；5—中间推杆；6—Valvetronic 伺服电机；7—进气侧 VANOS；8—进气门气门弹簧；9—进气门；10—排气门；11—排气门气门弹簧；12—排气侧 VANOS

中央 VANOS 单元的固定装置且排气侧的正时时间进行调整。通过排气门长时间开启可利用废气中包含的较高剩余温度更加迅速地加热废气涡轮增压器。随着废气涡轮增压器温度的升高，通过 VANOS 将排气侧正时时间朝"延迟"方向调节。

2. 电子气门控制系统 （Valvetronic）

电子气门控制系统（Valvetronic）由全可变气门行程控制装置和可变凸轮轴控制装置（双 VANOS）构成，因此可自由选择进气门关闭时刻。气门行程控制仅在进气侧进行，而凸轮轴控制在进气侧和排气侧进行。只有满足节气门的气门行程以及进气和排气凸轮轴的凸轮轴控制能够进行可变控制时才进行免节气负荷控制，这种情况下可自由选择进气门的开启和关闭时刻以及持续开启角度和气门行程。

3. 可变凸轮轴正时控制系统 （VANOS）

可变凸轮轴正时控制系统（VANOS）是一个由车辆发动机管理系统操纵的液压和机械相结合的凸轮轴控制设备。它可以连续地改变进气门和排气门两者的正时及升程，双 VANOS 结构如图 1-18 所示。气门重叠时间对汽油发动机的特性有很大影响。例如气门重叠较少的发动机可在较低转速时达到较高的最大转矩，在较高转速时达到较小的最大功率。而气门重叠较大时可达到较高的最大功率，在较低转速时会影响转矩。

可变凸轮轴调节装置提供了一种解决方案，它可在较低和中等转速范围内实现较高的最大扭矩并在较高转速范围内实现较高的最大功率。可变凸轮轴调节装置的另一个优点是可实现内部废气再循环。这样主要可在部分负荷范围内减少有害的氮氧化物（NO_x）。此外还可实现：更快地加热催化转换器；减少冷启动时的污染物排放；降低耗油量。

4. VANOS 的调节

Valvetronic 的优点是换气损失较低，因此采用相应驾驶方式时可降低耗油量。但满负荷运行时，与节气门控制系统相比，Valvetronic 无法降低换气损失。使用 VANOS 电磁阀单元以及 VANOS 调节单元内的机械 VANOS 中央阀可减少气缸盖内的机油通道并提高调节速度。VANOS 机油通道如图 1-19 所示。

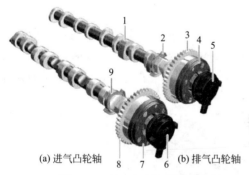

(a) 进气凸轮轴　　　(b) 排气凸轮轴

图 1-18　双 VANOS 结构

1—用于驱动高压泵的三段凸轮；2—排气凸轮轴增量轮；
3—排气凸轮轴链轮；4—排气侧 VANOS 调节单元；
5—排气 VANOS 电磁执行机构；6—进气 VANOS
电磁执行机构；7—进气侧 VANOS 调节单元；
8—进气凸轮轴链轮；9—进气凸轮轴增量轮

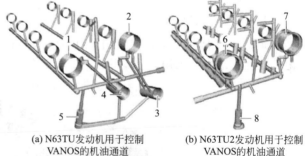

(a) N63TU发动机用于控制　　(b) N63TU2发动机用于控制
VANOS的机油通道　　　　VANOS的机油通道

图 1-19　VANOS 机油通道

1—进气 VANOS 机油通道；2—排气 VANOS 机油通道；
3—排气 VANOS 电磁阀机油通道；4—进气 VANOS
电磁阀机油通道；5—单向阀机油通道；6—排气
VANOS 调节单元机油通道；7—进气 VANOS
调节单元机油通道；8—单向阀机油通道

在进气侧，VANOS 基本位置为"延迟"，朝"提前"方向进行调节；在排气侧，VANOS 基本位置为"提前"，朝"延迟"方向进行调节。图 1-20 以进气侧为例展示了 VANOS 调节单元的调节过程，展示了 VANOS 调节单元内的机油通道。通过浅色（即用于提前调节的机油通道 2、4）通道可使进气凸轮轴朝"提前"方向调节，通过深色（即用于延迟调节的机油通道 3、5）通道可使 VANOS 调节单元朝"延迟"方向调节。

　　如图 1-21 所示，锁销可确保 VANOS 调节单元在无压力状态下处于明确的锁止位置。通过锁止弹簧确保锁止，在执行机构断电的情况下锁止弹簧始终将锁销压入锁止位置。在此状态下 VANOS 调节单元被锁死。通过这种方式可以调节正时时间。这一点对于发动机启动时确保准确正时时间非常重要。除用于朝"提前"方向调节的机油压力外，同时还通过 VANOS 调节单元内的机油通道使锁销开锁。需要朝"提前"方向调节凸轮轴时，则通过此后产生的机油压力克服锁止弹簧作用力向管状部件方向压下锁销并释放用于 VANOS 调节的锁盖。

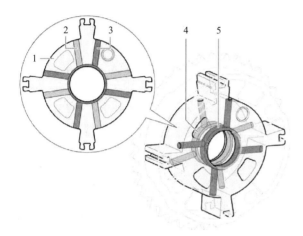

图 1-20　进气凸轮轴 VANOS 调节单元
1—摆动转子；2—用于提前调节的机油通道；
3—用于延迟调节的机油通道；4—用于提前调
节的机油通道；5—用于延迟调节的机油通道

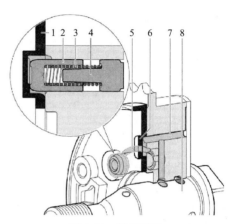

图 1-21　锁销结构
1—锁盖；2—锁销；3—锁止弹簧；4—管状
部件；5—机油通道；6—锁盖；7—机油
通道；8—VANOS 中央阀

　　图 1-22 展示了在电磁执行机构断电的情况下朝"延迟"方向进行凸轮轴调节控制的进气凸轮轴 VANOS 中央阀内的机油流。

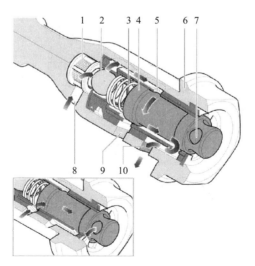

图 1-22　进气凸轮轴 VANOS 中央阀的结构
1—过滤器；2—钢球；3—弹簧；4—活塞；5—套管；6—壳体；7—活塞上的开口；8—从主机油通道供给机油；
9—连接 VANOS 内机油通道的开孔（提前调节）；10—连接 VANOS 内机油通道的开孔（延迟调节）

VANOS中央阀用于将VANOS调节单元与凸轮轴固定在一起。同时通过该VANOS中央阀还可控制流入VANOS调节单元的机油。进行控制时，通过一个电磁执行机构将自身活塞压在VANOS中央阀的活塞4上并克服弹簧3的作用力推移后者。通过活塞4和套管5内的开孔控制机油流。

在电磁执行机构未通电的情况下，在弹簧作用下将活塞4朝"移出"方向推动。这会使机油从主机油通道流入连接VANOS机油通道的开孔内（延迟调节）。图1-22中小图展示了在发动机静止状态下机油从VANOS调节单元流入气缸盖的情况。

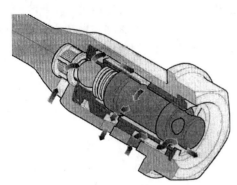

图1-23　进气凸轮轴VANOS
中央阀在通电情况下的油流

图1-23展示了在电磁执行机构通电的情况下朝"提前"方向进行凸轮轴调节控制的进气凸轮轴VANOS中央阀内的机油流。在电磁执行机构通电的情况下，克服弹簧作用力将活塞朝"移入"方向推动，这会使机油从主机油通道流入连接VANOS机油通道的开孔内（提前调节）。VANOS延迟调节室内的机油可通过活塞与壳体间的释放间隙进入气缸盖内。

在电磁执行机构通电的情况下，在进气侧朝"提前"方向进行VANOS单元调节。在电磁执行机构断电的情况下朝"延迟"方向进行反向调节；在电磁执行机构通电的情况下，在排气侧朝"延迟"方向进行VANOS单元调节。在电磁执行机构断电的情况下朝"提前"方向进行反向调节。

5. 气门行程控制

图1-24所示，Valvetronic伺服电机安装在进气侧气缸盖上。偏心轴传感器集成在Valvetronic伺服电机内。在此使用Valvetronic Ⅲ，进气侧滚子式气门压杆和中间推杆由钢板制成且分为不同等级，这一点可通过冲压编号进行识别。

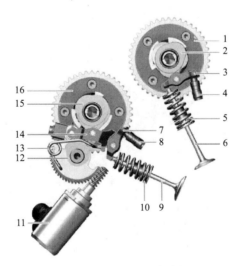

图1-24　气门行程控制

1—排气侧VANOS；2—排气凸轮轴；3—滚子式气门压杆；4—液压气门间隙补偿器HVA；5—排气侧气门弹簧；6—排气门；7—滚子式气门压杆；8—液压气门间隙补偿器HVA；9—进气门；10—进气侧气门弹簧；11—Valvetronic伺服电机；12—偏心轴；13—弹簧；14—中间推杆；15—进气凸轮轴；16—进气侧VANOS

六、皮带传动机构

曲轴皮带轮采用全新设计并由高强度塑料制成。如图 1-25 所示，取消转向助力泵后，空调压缩机安装在发动机右侧。皮带传动机构包括发电机、冷却液泵和空调压缩机。皮带传动机构由一个带扭转弹簧张紧器的张紧轮进行驱动。

七、协调热声隔离外壳

如图 1-26 所示，在 N63TU2 发动机上首次使用了所谓的协调热声隔离外壳（SynTAK）盖板。这些盖板位于气缸盖和曲轴箱纵向左侧和右侧。SynTAK 的任务是在出现 0.5～2kHz 临界声音振动时隔离发动机噪声。此外还负责在不同运行条件下例如执行发动机节能启停功能 MSA 关闭功能时或发动机长时间关闭时保持热量。另外还针对发动机的执行机构和传感器系统执行部分布线功能。

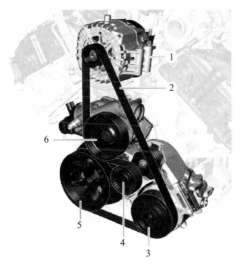 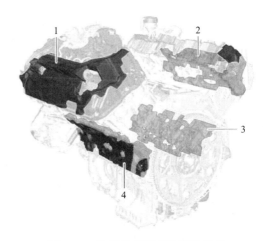

图 1-25　皮带传动机构

1—发电机；2—皮带；3—空调压缩机皮带轮；4—皮带张紧器；5—曲轴皮带轮；6—冷却液泵皮带轮

图 1-26　协调热声隔离外壳的分布

1—气缸列 2 气缸盖罩 SynTAK 盖板；2—气缸列 1 气缸盖罩 SynTAK 盖板；3—气缸列 1 曲轴箱 SynTAK 盖板；4—气缸列 2 曲轴箱 SynTAK 盖板

第二节　发动机电气系统

一、发动机控制单元

宝马新 7 系采用博世第八代发动机电子系统（DDE/DME），是汽油和柴油发动机共同的控制单元平台。其外观独特，采用统一壳体和统一插接板。但内部硬件针对不同使用范围进行了相应调整。

1. Nano MQS 插接连接件

如图 1-27 所示，发动机控制单元六个插接模块中有五个都采用 Nano MQS 插接连接件（微型矩形连接器系统）。Nano MQS 插接连接件具有占用空间较小、重量非常轻、耐振动性较高的优点。采用 $0.13\sim0.35\mathrm{mm}^2$ 的导线横截面可使紧凑型 Nano MQS 插接连接件在具有突出重量优势的同时具有出色的耐振动性。通过节省安装空间显著降低了印制电路板上的所需空间。可通过最大 3A 的电流来驱动 Nano MQS 插接连接件。

注意：只能采用宝马公司批准的测量方法来进行导线束测量，使用错误工具例如表笔会导致插接触点损坏。

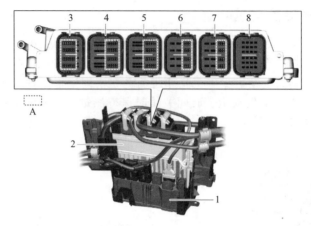

图 1-27　带 Nano MQS 插接连接件的第八代发动机控制单元

A—Nano MQS 插接连接件（微型矩形连接器系统）；1—集成式供电模块；2—第八代发动机控制单元；3—车辆模块（模块 100）；4—传感器模块 1（模块 200）；5—传感器模块 2（模块 300）；6—Valvetronic 或预热控制功能（模块 400）；7—供电模块（模块 500）；8—点火和喷射模块（模块 600）

采用新型 Nano MQS 插接连接件的系统包括车顶功能中心、倒车摄像机、后座区娱乐系统、远程通信系统盒 TCB、Headunit、数字式发动机电子系统 DME、数字式柴油机电子系统 DDE、基于摄像机的驾驶员辅助系统、车内照明装置、后窗台板扬声器。

2. 数字式发动机电子系统 DME 控制单元代码

控制单元代码（DME 8. x. yH）构成如表 1-2。

表 1-2　控制单元代码（DME 8. x. yH）构成

缩写	含义
DME	数字式发动机电子系统
8	控制单元代系(汽油和柴油发动机的模块化平台)
x	十六进制气缸数
y	车载网络结构
H	混合动力型号

3. 专用工具

如图 1-28 所示为用于 Nano MQS 插接连接件的工具。可使用图 1-28 所示工具对 Nano MQS 插头进行维修。卷曲钳可与卷曲钳钳头分离并配合各种其他附件进行使用。通过剥离工具上的深度计可对导线束长度进行预设。对 Nano MQS 插接连接件进行电气测量时可在电缆箱上使用不同检测电缆。

二、发动机节能启停功能

手动变速器车辆中发动机节能启停功能 MSA 在车辆停止、驾驶员挂入空挡并松开离合器踏板后，MSA 就会关闭发动机，这样可以避免车辆静止时消耗燃油。驾驶员重新踩下离合器踏板时，发动机自动启动，车辆可以继续行驶。

如图 1-29 所示，宝马新 7 系车型上市时采用 MSA2.3。MSA2.3 在舒适性和可用性方面均有所提升得益于以下措施：车速低于 3km/h 时执行 MSA 关闭功能。由此可提高 MSA 可用性并改善客户使用性。也可在上下坡路上车辆静止状态下执行 MSA 关闭功能，进一步缩短启动时间和起动机呼啸声，根据驾驶员要求执行 MSA 关闭功能，通过有针对性地"不足制动"防止执行 MSA 关闭功能，可在突然改变主意时在较高转速下反射启动，改善停车和启动舒适性，在执行 MSA

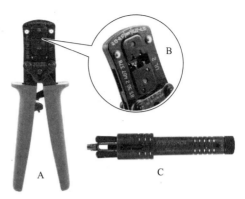

图 1-28　用于 Nano MQS 插接连接件的工具
A—卷曲钳；B—卷曲钳钳头；C—剥离工具

滑行功能期间可转向，在反射启动期间可转向以及在发动机关闭期间车辆静止状态下转向（使方向盘位于直线行驶位置）。

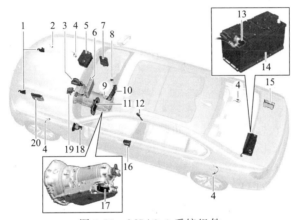

图 1-29　MSA2.3 系统组件

1—发动机室盖接触开关；2—车外温度传感器；3—起动机 KSopt150；4—车轮转速传感器；5—60A·h AGM 蓄电池；6—蓄能蒸发器；7—车身域控制器 BDC；8—水雾传感器；9—START-STOP 按钮；10—自动恒温空调；11—组合仪表 KOMBI；12—安全带锁扣开关；13—智能型蓄电池传感器 IBS；14—105A·h AGM 蓄电池；15—电源控制单元 PCU（DC/DC 转换器）；16—车门触点；17—液压蓄压器；18—动态稳定控制系统 DSC；19—高压泵；20—数字式发动机电子系统 DME/数字式柴油机电子系统 DDE

1. 自动模式

每次启动发动机后 MSA 功能都会进入准备状态，达到 ≥5km/h 特定车速后就会启用 MSA 功能。

2. 行驶运行模式

如图 1-30 所示，车辆行驶时，驾驶员感觉不到 MSA 的工作情况。MSA 的目的是在平坦路面上或上下坡路上车辆静止状态下车速 <3km/h 时关闭发动机。

3. 停车

从驾驶员角度来看，停车以及随后关闭发动机的过程如图 1-31 所示，在这种情况下，驾驶员通过踩下制动踏板使车辆保持静止状态。或者驾驶员也可将选挡杆从 D 移动到 P 并松开制动踏板，此时发动机仍保持关闭状态。

图 1-30　MSA 工作情况 1

1—车辆正在行驶；2—选挡杆位于行驶挡位 D，驾驶员踩下加速踏板；3—发动机
正在运行，转速表和耗油量表表明行驶情况

图 1-31　MSA 工作情况 2

1—例如遇到红灯时减速至车辆静止；2—在上下坡路上，选挡杆保持在行驶挡位 D，驾驶员踩下制动踏板
以使车辆减速，车速降至 3km/h 以下或 0km/h；3—系统关闭发动机，车速表显示"Ready"
（准备状态），在上下坡路上通过 DSC 液压系统使车辆保持静止状态

4. 起步

如图 1-32 所示，驾驶员通过松开制动踏板随即踩下加速踏板发出起步要求信号。在上下坡路上还会松开 DSC 液压系统。如果驾驶员事先通过踩下制动踏板使车辆保持静止状态，则驾驶员松开制动踏板时就会启动发动机。如果发动机自动关闭时驾驶员将选挡杆移动到位置 P，则此时切换到位置 D 时就会自动启动发动机。

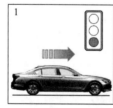

图 1-32　MSA 工作情况 3

1—驾驶员希望继续行驶（绿灯）；2—选挡杆保持在行驶挡位 D，驾驶员松开制动踏板后随即踩下加速踏板；
3—系统启动发动机，转速表从"Ready"切换为怠速转速，随即踩下加速踏板车辆就会起步

在此不通过制动信号灯开关信号，而是通过 DSC 控制单元执行的制动压力监控功能促使发动机自动启动。

如果驾驶员启用了"自动驻车"功能，则车辆静止后便可松开制动踏板。在这种情况下 MSA 功能也会关闭发动机，通过 DSC 液压系统使车辆保持静止状态。只有驾驶员踩下加速踏板时，才会起动发动机。

5. 在坡路上执行 MSA 关闭功能

如图 1-33 所示，与 MSA2.2 只能在特定角度上下坡路上（最大约 3.5%）立即关闭发

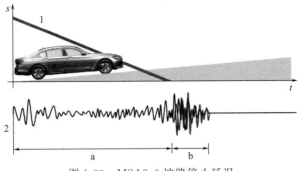

图 1-33　MSA2.3 坡路停止延迟

1—车速；2—车辆激励；a—路面激励；b—车辆停车前冲

动机不同，MSA2.3 通常也可在上下坡路上车辆静止状态下关闭发动机。

这一点可通过 MSA 进行发动机管理系统 DDE/DME、变速箱控制系统 EGS 和动态稳定控制系统 DSC 通信来实现。通过 MSA2.3 执行发动机关闭功能时，同时也会通过 DSC 液压系统（起步辅助功能）使车辆在坡路上保持静止状态。即使驾驶员改变主意进行所谓的反射启动时，车辆也不会在坡路上向后溜车。

6. 舒适方案

通过发动机管理系统 DDE/DME、变速箱控制系统 EGS 与制动器 DSC 的智能化协作进一步改善了关闭和启动舒适性。

由于在汽油发动机上配备 Valvetronic，在关闭期间会使 Valvetronic 几乎完全移动到零行程位置。关闭发动机后会使 Valvetronic 重新移动到怠速位置，从而为启动发动机做好准备。

通过有针对性地配合 MSA2.3 使用 DSC 液压系统（起步辅助功能），在上下坡路上也可在执行 MSA 关闭和 MSA 启动功能时使车辆可靠保持静止状态。

由于现在在宝马新 7 系上可完全通过静止分离功能使发动机与液力变矩器及自动变速箱断开，因此可通过 MSA2.3 实现舒适关闭和启动发动机。如果没有静止分离功能，在执行 MSA 关闭或 MSA 启动功能时产生的干扰性扭矩波动可能会在传动系统内继续传递。

7. 启动策略

如图 1-34 所示，通过 MSA2.3 以及采用静止分离功能进一步优化了自动变速箱的发动

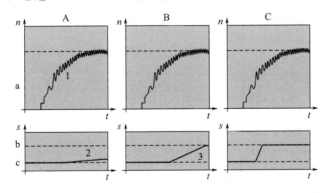

图 1-34　MSA2.3 启动策略

A—通过静止分离功能启动系统（无起步要求）；B—舒适启动（起步要求不含加速踏板）；C—动力性启动（起步要求包含加速踏板）；1—发动机转速；2—静止分离功能启用；3—片式离合器位置；
a—怠速转速；b—片式离合器接合；c—片式离合器分离

机自动启动性能。

可通过充分利用静止分离功能在系统启动时以更加舒适且不影响传动系统的方式启动发动机，启动情况见表1-3。

表1-3　不同启动特点

通过静止分离功能启动系统	舒适启动	动力性启动
根据一项系统要求接通的因素（例如由空调系统提出），发动机自动启动，制动踏板保持踩下状态	通过松开制动器使发动机自动启动，不踩下加速踏板	通过松开制动器使发动机自动启动，起步时踩下加速踏板
使发动机转速缓慢提高至怠速转速	使发动机转速缓慢提高至怠速转速	迅速提高发动机转速
通过静止分离功能使发动机与自动变速箱切断动力，从而与传动系统保持分离状态	自动变速箱内的片式离合器缓慢接合	自动变速箱内的片式离合器快速接合
不会对传动系统产生影响，可防止驾驶员感觉到通过传动系统形成的纵向前冲	可实现无前冲舒适起步	可实现快速起步

为了尽量减少发动机启动时的振动，在系统启动和舒适启动时，一开始迅速，随后一直缓慢地使发动机转速提高至怠速转速。为此朝"延迟"方向调节点火时刻。

8. 改变主意时反射启动

如图1-35所示，反射启动对于MSA而言是一项巨大挑战。在执行MSA关闭功能后发动机尚未完全静止时重新要求执行MSA启动功能就是这种情况。传统起动机无法在上述反射启动时实现与转动齿圈的啮合。MSA2.3首次实现了新型起动机技术，可在最高500r/min转速以下实现舒适啮合。由于在此无法通过传统起动机来进行，因此通过发动机管理系统DDE/DME实现该MSA反射启动功能。该功能称为"应急启动"。

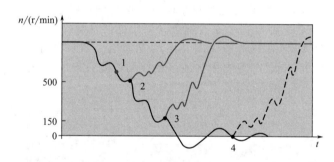

图1-35　MSA2.3反射启动

1—驾驶员要求"启动"；2—"应急启动"500r/min（MSA2.3）；3—通过起动机KSopt150
进行150r/min啮合（MSA2.2）；4—通过起动机KSopt0进行0r/min啮合（MSA2.1）
缩写KSopt代表经过优化的传统起动机；KSopt150代表可在最高150r/min下啮合的增强
型起动机；KSopt0代表仅在发动机静止状态下啮合的增强型起动机

（1）发动机转速超过500r/min　可在超过500r/min转速情况下使用"应急启动"功能。为此在执行MSA关闭功能时发动机减速停止期间以及执行反射启动功能期间重新开始燃烧过程。在汽油发动机上通过有针对性地在相关气缸内点火来实现上述功能。在柴油发动机上通过重新开始喷射来达到相同目的。

（2）发动机转速低于500r/min　转速降至500r/min以下时无法再通过反射启动来执行"应急启动"功能。在此情况下必须等到发动机转速降至150r/min以下。发动机转速降至

150r/min 以下后，可通过起动机重新启动发动机。

9. 根据驾驶员指令自动关闭发动机

如图 1-36 所示，在特殊条件下可能会出现驾驶员希望执行 MSA 关闭功能的情况，例如存在禁止关闭的因素时。

图 1-36　MSA 工作情况 4

1—例如遇到红灯时减速至车辆静止，发动机继续运转；2—车辆静止后短促用力踩下制动踏板，随即以常规踏板力使其保持不动或挂入"P"挡；3—系统关闭发动机，车速表显示"Ready"

10. 执行 MSA 滑行或 MSA 关闭功能时的转向性能

MSA2.3 可实现在执行 MSA 滑行功能期间在 3km/h 车速以下或车辆停止车速为零时进行转向。此外可根据选装配置情况使用第二个 60A·h AGM 附加蓄电池，在发动机静止期间例如执行 MSA 关闭功能阶段为车载网络提供支持，从而在滑行期间 3km/h 车速以下或发动机静止、车速为零时也为通过 EPS 进行转向提供支持。

11. 禁止关闭和要求接通的因素

在某些特定条件下必须禁用 MSA 功能，如在车辆在上下坡路上滑行（车速超过 1km/h）以及空调系统接通时车外温度超过 35℃（MSA2.2 为 30℃）。

要求接通的因素包括空调系统接通时车外温度超过 35℃以及车辆滑行（车速超过 3km/h）。

三、仿真声效设计 ASD

仿真声效设计 ASD（图 1-37）不改变发动机的声音，而是根据所选驾驶模式相应突出发动机的声音。

发动机控制单元通过发动机转速、负荷和车速等特性数据控制车辆的仿真声效设计

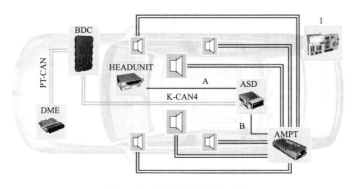

图 1-37　仿真声效设计 ASD

A—Headunit 音频信号；B—仿真声效设计 ASD 控制单元音频信号（用于实现完美发动机声音的制备音频信号）；1—右后配电盒；AMPT—放大器；ASD—仿真声效设计控制单元；BDC—车身域控制器；DME—数字式发动机电子系统；HEADUNIT—用于娱乐系统和信息娱乐系统功能的控制单元；K-CAN4—车身 CAN4；PT-CAN—动力传动系 CAN

ASD。ASD 将最佳声音传送到车内。

通过宝马诊断系统 ISTA 可在试车（噪声分析行驶）期间暂时停用仿真声效设计 ASD。但是无法持续停用 ASD。通过 ISTA 功能"接通 ASD 静音切换"停用 ASD 时，ASD 仅在下次切换总线端前保持关闭状态。每次切换总线端后就会使停用的 ASD 重新启用。仿真声效设计系统电路如图 1-38 所示。

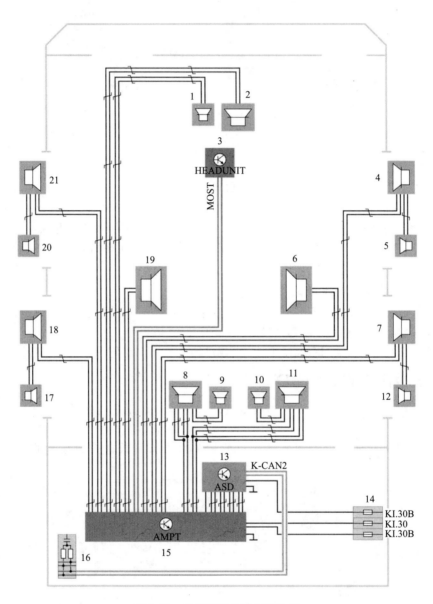

图 1-38　仿真声效设计系统电路

1—组合仪表上的中间高音扬声器；2—组合仪表上的中间中音扬声器；3—Headunit；4—右前车门饰板上的中音扬声器；5—右前后视镜三角支座上的高音扬声器；6—右前前乘客座椅下的"中置低音"低音扬声器；7—右后车门饰板上的中音扬声器；8—左后后窗台板处的中音扬声器；9—左后后窗台板处的高音扬声器；10—右后后窗台板处的高音扬声器；11—右后后窗台板处的中音扬声器；12—右后车门饰板上的高音扬声器；13—仿真声效设计 ASD 控制单元；14—后部配电盒；15—顶级高保真音响放大器 AMPT；16—K-CAN 终端电阻；17—左后车门饰板上的高音扬声器；18—左后车门饰板上的中音扬声器；19—左前驾驶员座椅下的"中置低音"低音扬声器；20—左前后视镜三角支座上的高音扬声器；21—左前车门饰板上的中音扬声器

第三节　机油供给系统

一、机油泵和压力调节

N63TU2 发动机使用带特性曲线调节功能体积流量调节式往复式滑阀叶片泵，体积流量调节式往复式滑阀泵补充特性曲线调节功能后，在后部由曲轴通过一个套管链条进行驱动。图 1-39 展示了 N63TU2 发动机上机油供给系统概况和液压回路图以及发动机内机油通道布置情况。

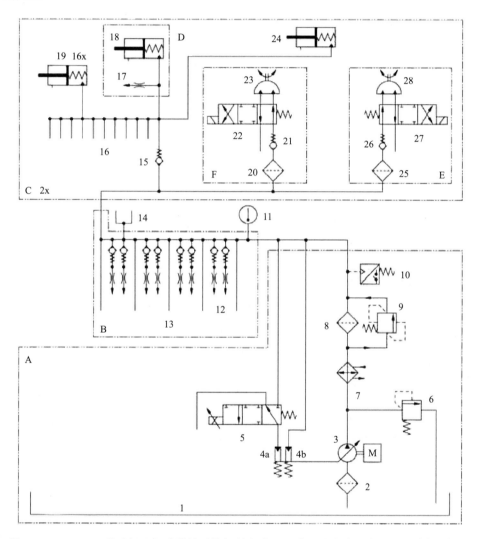

图 1-39　N63TU2 发动机上机油供给系统概况和液压回路以及发动机内机油通道布置情况
A—油底壳；B—曲轴箱；C—气缸盖 2 个；D—链条张紧器；E—进气 VANOS 阀；F—排气 VANOS 阀；1—发动机机油底壳；2—滤网；3—特性曲线控制式往复式滑阀叶片泵；4a—特性曲线控制室（正常运行模式）；4b—二级调节室（紧急运行模式）；5—特性曲线控制阀；6—溢流阀；7—发动机机油冷却液热交换器；8—机油滤清器；9—滤清器旁通阀；10—机油压力传感器；11—机油温度传感器；12—用于活塞顶冷却的机油喷嘴；13—曲轴主轴承润滑部位；14—废气涡轮增压器润滑部位；15—气缸盖单向阀；16—凸轮轴轴承润滑部位；17—正时链油喷嘴；18—链条张紧器；19—HVA 元件（32 个）；20—滤网；21—单向阀；22,27—VANOS 电磁阀；23,28—摆动马达；24—滑轨润滑；25—滤网；26—单向阀

1. 机油泵的结构

在现代化内燃机中，机油泵发挥着重要作用。低转速时的高功率和极高转矩便要求确保可靠的机油供给。因为部件温度较高且轴承负荷较大，为了实现较低油耗，根据需要调节机油泵的输送功率。发动机对这种体积流量调节补充了特性曲线功能。如图1-40所示，机油泵采用非对称六室往复式滑阀叶片泵设计来满足声音要求。通过采用不同油室尺寸设计来满足要求。油室尺寸的不同体现在各室的角度数值上。三个室为53°，三个室为67°。油室尺寸不同会使以往的机油压力规律性脉动变得不均匀。通过该措施可改善机油泵的声音特性。

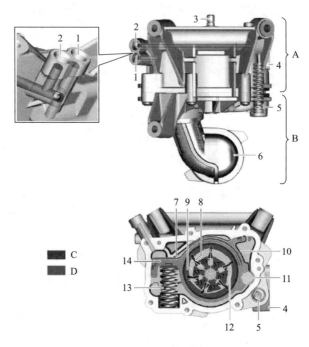

图 1-40   机油泵结构

A—机油泵；B—机油泵端盖；C—二级调节面（紧急运行模式）；D—特性曲线控制面（正常运行模式）；
1—至特性曲线控制室的机油通道；2—至二级调节室的机油通道；3—泵轴；4—泵输出端机油压力通道；
5—溢流阀；6—带滤网的抽吸管；7—特性曲线控制面；8—带摆杆的转子；9—抽吸侧；10—二级
调节面；11—轴承管（旋转点）；12—压力侧；13—调节环形弹簧；14—调节环

如图1-40所示，带摆杆的转子在泵轴上转动，通过偏心位置形成月牙状空腔，机油被抽吸至变大的油室内（抽吸侧）并通过变小的油室进行输送（压力侧）。在发动机运行期间向机油泵的特性曲线控制面和二级调节面施加机油压力。根据机油压力的大小通过轴承管旋转点使调节环以不同程度压向调节环形弹簧。通过改变调节环的偏心位置来调节油室大小从而调节机油泵的抽吸和压力作用。

为了防止机油泵过载，在泵输入端前有一个滤网。通过一个溢流阀可限制泵输出端的机油回路最大机油压力。溢流阀的开启压力为（2.3±0.1）MPa。

2. 机油泵和压力调节

如图1-41所示，发动机使用体积流量调节式往复式滑阀叶片泵，体积流量调节式往复式滑阀泵补充特性曲线调节功能后，在后部由曲轴通过一个套管链条进行驱动。通过一个机油压力传感器探测当前机油压力并将其发送给数字式发动机电子系统DME。在DME内根据存储的特性曲线进行规定值与实际值比较。通过一个脉冲宽度调制信号控制特性曲线控制阀，直至达到特性曲线内存储的规定压力。通过至特性曲线控制室机油通道内的机油压力调节机油泵的输送功率。

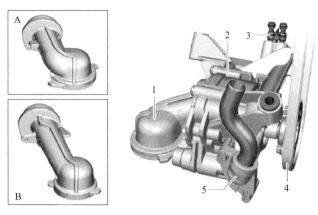

图 1-41　抽吸管

A—后轮驱动布置方式；B—四轮驱动抽吸管布置方式；1—抽吸管；2—机油泵；3—连接特性曲线控制阀的插接管（调节机油压力）；4—机油泵传动装置；5—压力机油管路

3. 特性曲线控制阀

在 N63TU2 发动机上用螺栓将特性曲线控制阀固定在油底壳上，并通过油底壳和曲轴箱内的开孔经过所谓的插接管与机油泵连接，其结构如图 1-42 所示。通过采用这种布置方式可避免在油底壳内铺设可能会导致故障的电缆套管。特性曲线控制阀是一个比例阀，可通过无级方式调节机油压力。

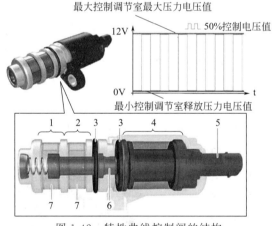

图 1-42　特性曲线控制阀的结构

1—至机油泵的机油通道；2—自机油滤清器的机油通道；3—密封环；4—电磁线圈；5—电气接口；6—滑阀；7—过滤器

机油压力传感器与主机油通道连接并向数字式发动机电子系统 DME 提供实际机油压力。DME 根据发动机运行时刻和温度计算出所需规定机油压力。根据确定的规定值偏差向特性曲线控制阀发送脉冲宽度调制信号。根据脉冲宽度调制信号，特性曲线控制阀内的滑阀以不同程度开启。

根据由此形成的开启横截面可使或多或少的发动机机油从机油滤清器机油通道流入连接机油泵的机油通道内。该机油流会改变机油泵内的调节环位置，从而改变机油泵的输送功率。

4. 正常运行模式

如图 1-43 所示，机油泵有两个独立的控制回路，用于确保正常运行（特性曲线控制式运行）和紧急运行（二级调节式运行）。该控制回路通过一个外部特性曲线控制阀进行工作。特性曲线控制阀通过 DME 内的一个软件调节特性曲线控制室内的机油压力。特性曲线控制室内机油压力升高会借助控制室内的面积差将调节环进一步压向调节环形弹簧并减小泵偏心率，这样可减小体积流量。

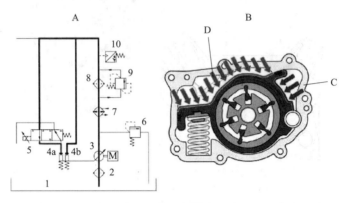

图 1-43　发动机正常运行模式下的机油回路

A—正常运行模式液压回路图；B—特性曲线控制式运行模式下的机油泵（正常运行模式）；C—体积流量调节式机油泵机油压力；D—特性曲线控制式机油压力；1—发动机油底壳；2—滤网；3—特性曲线控制式往复式滑阀叶片泵；4a—特性曲线控制室（正常运行模式）；4b—二级调节室（紧急运行模式）；5—特性曲线控制阀；6—溢流阀；7—发动机机油冷却液热交换器；8—机油滤清器；9—滤清器旁通阀；10—机油压力传感器

5. 紧急运行模式

如图 1-44 所示，在紧急运行模式下该系统不通过由 DME 控制的特性曲线进行工作。在此运行状态下，特性曲线控制阀断电并打开特性曲线控制室至发动机油底壳的机油通道。紧急运行模式的任务是使机油泵恒定保持体积流量调节式机油压力。为此直接从主机油通道将机油压力引导至二级调节室内。其工作压力与上一代 N63TU 发动机不带特性曲线调节功能的体积流量调节式机油泵一样。

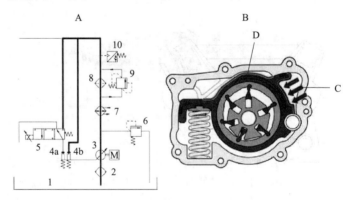

图 1-44　发动机紧急运行模式下的机油回路

A—紧急运行模式液压回路图；B—紧急运行模式下的机油泵（二级调节式运行）；C—体积流量调节式机油泵机油压力；D—特性曲线控制式机油压力；1—发动机油底壳；2—滤网；3—特性曲线控制式往复式滑阀叶片泵；4a—特性曲线控制室（正常运行模式）；4b—二级调节室（紧急运行模式）；5—特性曲线控制阀；6—溢流阀；7—发动机机油冷却液热交换器；8—机油滤清器；9—滤清器旁通阀；10—机油压力传感器

二、机油冷却和机油滤清

发动机采用主流量机油滤清器，它用螺栓固定在油底壳内下部。在机油滤清器壳体内集成有一个滤清器旁通阀。

1. 机油冷却

如图1-45所示，采用发动机机油冷却液热交换器对发动机机油进行冷却，该热交换器直接与曲轴箱连接。通过将发动机机油冷却液热交换器接入N63TU2发动机的V型区域，在车辆前部不再安装强制要求的节温调节装置及其组件以及需要布置在外部的机油管路和发动机机油空气热交换器。

发动机机油冷却液热交换器满足涵盖至最低转速的所有发动机机油冷却要求，也会在不带来任何风险且不会额外影响冷却功率的情况下影响发动机预热期间的发动机机油温度。

图1-46所示，通过发动机冷却液散热器为发动机机油冷却过程提供保障。通过接入发动机冷却液循环回路执行最重要的功能标准。目前可不受行驶风和车外温度的影响通过发动机电子风扇来改变用于发动机机油的冷却功率，由此可在例如较低车速甚至车辆静止状态下启用较高冷却功率。

图1-45　机油滤清器模块和
发动机机油冷却液热交换器
1—发动机机油冷却液热交换器；
2—机油滤清器模块

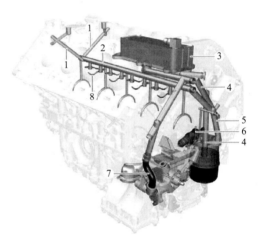

图1-46　机油冷却油路结构
1—气缸盖立管供给；2—主机油通道；3—发动机机油
冷却液热交换器；4—至机油滤清器的冷却粗滤机油；
5—自机油滤清器的细滤机油；6—特性曲线控制阀；
7—自机油泵的粗滤机油；8—机油喷嘴

发动机机油冷却液热交换器与曲轴箱连接还具有封闭式机油系统，防止生产和维修时因外部管路螺栓连接产生污物以及不会从机油泵向车辆螺栓连接机油管路传递噪声等优势。

拆卸和安装发动机机油冷却液热交换器时，应确保没有污物进入。不要让冷却液进入发动机机油孔内，也不要让发动机机油进入冷却液孔内。应立即用合适的塞子封住曲轴箱和发动机机油冷却液热交换器上的冷却液孔和发动机机油孔。

2. 机油滤清

发动机带有一个滤清器旁通阀，可在发动机油温度较低、较黏稠的状态下绕过滤清器进行旁通。如果滤清器前后压力差超过约250kPa，就会执行旁通功能。通过这种方式可确保明显减少滤清器旁通频率并可靠过滤出污物颗粒。滤清器旁通阀集成在机油滤清器壳体内。

三、机油监控

（1）机油油位　为了监控机油油位，发动机上使用最新一代的机油油位传感器PULS3（封装式超声波液位传感器）。采用新型电子控制装置，具有更快、更耐用的启动性能。基于超声波测量技术，机油油位传感器从底部用螺栓固定在油底壳上，除通过超声波方式测量机油油位外还测量机油温度。机油油位传感器的测量范围是18～95.8mm。如果出现一时机油加注过量的情况，机油油位传感器可通过端盖区域的气泡防止发动机油渗入。

（2）机油压力传感器　在监控机油压力方面，使用一个机油压力开关。

（3）机油温度传感器　除机油油位传感器内的机油温度传感器外，在发动机机油冷却液热交换器后的压力机油通道内还装有一个位于起动机后的机油温度传感器。发动机上通过不同参数创建发动机机油温度模型。发动机机油温度传感器用于监控离开发动机机油冷却液热交换器后的机油温度，通过测量值可调节用于经冷却液冷却或加热发动机机油的动态热量传递。

四、机油喷嘴

发动机上也可通过机油喷嘴对未与机油通道直接连接的部件进行润滑和/或冷却。

1. 活塞顶冷却

如图1-47所示，机油喷嘴可用于冷却活塞顶，它通过集成一个单向阀确保在达到特定机油压力后才会开启和关闭（对于N63TU2发动机，开启压力为330～370kPa；关闭压力为300kPa）。每个气缸都有各自的机油喷嘴，该喷嘴通过其形状确保正确的安装位置。除用于冷却活塞顶外，它还用于润滑活塞销。

体积流量调节式机油泵的特性曲线调节功能主要用于满足欧六的颗粒物限值要求。通过为体积流量调节式机油泵补充特性曲线调节功能，可在暖机阶段将机油压力降至330kPa以下，这样会使机油喷嘴除产生不足以使其开启的过低机油压力。通过该措施也可抑制在暖机阶段进行活塞顶冷却的机油喷嘴功能，这样可使暖机阶段活塞顶更快加热且更少燃油在低温活塞顶处凝结，从而避免因未燃烧燃油导致较高颗粒物值。达到特定运行温度时就会通过体积流量调节式机油泵的特性曲线调节功能提高机油压力使其超过机油喷嘴开启压力，从而启用活塞顶冷却功能。

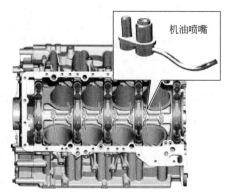

图1-47　发动机上用于冷却活塞顶的机油喷嘴位置

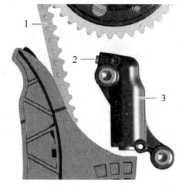

图1-48　带正时链机油喷嘴的链条张紧器
1—142链节的套管齿形链；2—机油喷嘴；3—链条张紧器

2. 链条传动机构

链条传动机构分为两个部分，即上半部分凸轮轴传动装置和下半部分机油泵传动装置。

（1）凸轮轴传动装置　凸轮轴传动装置将用于正时链润滑的机油喷嘴集成在各气缸列的链条张紧器（图1-48）上，负责直接将机油直接喷射到正时链上。机油喷嘴内的节流阀控制喷出的机油。凸轮轴传动装置的正时链采用套管齿形链设计。

（2）机油泵传动装置　机油泵由曲轴通过一个套管链条进行驱动。套管链条通过一个张紧导轨保持张紧状态。二级传动装置通过油底壳进行润滑。

3. 凸轮轴

由发动机壳体至气缸盖的立管将机油输送至链条张紧器、HVA元件和气缸盖内的轴颈。立管在气缸盖内的单向阀可防止机油通道排空。

4. Valvetronic 伺服电机

用于调节偏心轴的蜗杆传动机构通过凸轮轴喷出的机油进行润滑。

五、N55 发动机润滑油路

N55发动机润滑油路的控制电路结构如图1-49所示，按需供油只提供实际需要的发动机机油量。

1. 机油压传感器

如果机油压力下降过大，组合仪表内的机油压力指示灯便会亮起。发动机机油压力传感器通过电容测量方法测出绝对压力，绝对压力是进行精确油压调节所必需的。发动机机油压力传感器中有一个含金属片的陶瓷架。通过油道所施加的油压使金属片彼此之间的距离产生变化，从而改变电容。电容量在电子分析装置中进行测量，然后经过分析的数据作为输入信号发送到发动机控制单元，用以调节机油压力。发动机机油压力传感器通过一个3芯插头连接。发动机控制系统为传感器提供5V电压和接地。

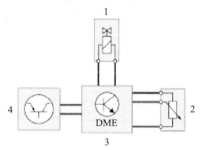

图 1-49　N55 发动机润滑
油路的控制电路结构
1—机油压力调节阀；2—油压传感器；
3—数字式发动机电子伺控系统
（DME）；4—机油状态传感器

油压信息通过信号导线传送至发动机控制单元。燃油压力的有效信号根据压力变化而波动，0.5～4.5V的测量范围相当于50～1050kPa的油压。

2. 机油压力调节阀

为受体积流量控制的油泵集成了机油压力调节阀，机油压力调节阀可无级影响控制油室内的油压。油压减少越多，受体积流量控制的油泵输送的机油量就越多。受体积流量控制的油泵中作用于滑尺的主弹簧比常规系统中的主弹簧软。滑尺更容易朝一个已对中的位置移动，于是受体积流量控制的油泵在控制油室内的油压较低时就已经开始最小供油。因此在机油回路中存在更低的压力比，而这又意味着驱动受体积流量控制的油泵时所需能量更少。

3. 机油状态传感器

机油状态传感器扩展了温度油位传感器的功能。机油状态传感器测量机油温度、油位以及电介质的电导率等参数，数字式发动机电子伺控系统（DME）分析这些测量值。此外用机油状态传感器还可以确定发动机机油的电性能，这些特性随着发动机磨损以及发动机机油变化（例如老化、混入杂质）而变化。

如图1-50所示，机油状态传感器固定在油底壳上，可从下部拆装。不再使用油尺，对发动机进行电子油位检查。

　　如图 1-51 所示，机油状态传感器由 2 个圆柱形电容器组成，2 个电容器上下重叠布置。2 根金属管交错插接，用作电极，位于电极之间的发动机机油用作电介质。机油状态传感器通过一个串行数据接口连接在发动机控制系统上，供电取决于发动机型号（例如通过总线端 KL. 87、总线端 KL. 15 或总线端 15N）。温度传感器位于机油状态传感器的壳体上。在机油状态传感器的壳体中有一个电子分析装置，此电子分析装置具有自诊断功能。机油状态传感器的故障被输入发动机控制系统的故障码存储器中。

图 1-50　机油状态传感器

1—用于测定液位的量管；2—温度传感器；3—3 芯插头连接

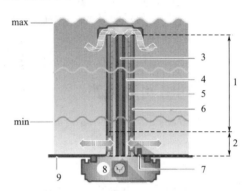

图 1-51　机油状态传感器的结构

1—用于油位测量的区域；2—电容率测量范围；3—内部电容器；4—电介质（发动机机油）；5—外部电容器；6—壳体；7—温度传感器；8—电子分析装置；9—油底壳

4.发动机油温传感器

图 1-52　发动机油温传感器

　　发动机油温传感器（图 1-52）旋入主机油道中，它将发动机机油的温度转换为一个电量（电阻），对此使用一个具有负温度系数（NTC）的电阻。其中，机油温度还用于喷射量、怠速标准转速值的计算。

　　进行温度记录时，使用的是与温度有关的电阻器。该电路包括一个分压器，可对其测量与温度有关的电阻值，通过一条传感器特有的特性线转换成温度值。发动机机油温传感器中安装有一个热敏电阻（NTC），其电阻值随温度的上升而下降。此电阻值根据温度在 $217k\Omega \sim 37\Omega$ 的范围内变化，对应于 $-55 \sim 155$℃的温度。

第四节　冷却系统

　　发动机和增压空气冷却系统使用独立的冷却液循环回路。如图 1-53 所示，在增压空气冷却系统的冷却液循环回路内集成了数字式发动机电子系统 DME 两个控制单元的冷却系统。用于发动机和废气涡轮增压器的冷却液循环回路也称为高温冷却循环回路。用于增压空气冷却和 DME 控制单元的冷却液循环回路称为低温冷却循环回路。

　　发动机内部热量管理系统即所谓的 SCC "分段冷却组合"，发动机冷却（高温循环回路）功能也包含在其中。用 SCC 来表示发动机内部冷却方案，该方案的主旨是更快地实现发动机预热。通过在 SCC 方案辅助下更快地进行发动机预热，可通过在暖机阶段减小摩擦进一步显著降低发动机的耗油量和排放量。

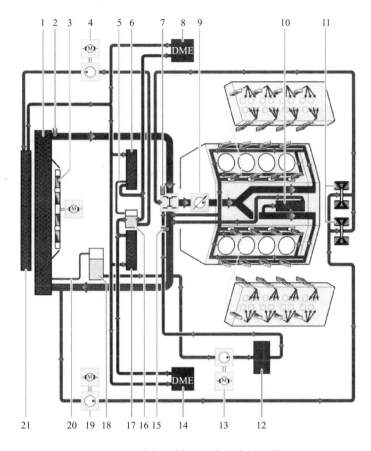

图 1-53　冷却液循环回路（欧规型号）

1—冷却液散热器；2—散热器出口冷却液温度传感器；3—电子扇；4—增压空气和 DME 冷却液循环回路的电动冷却液泵；5—增压空气冷却系统排气管路；6—气缸列 1 的增压空气冷却器；7—带加热元件和行程传感器的特性曲线式节温器；8—数字式发动机电子系统 DME1；9—温控冷却液泵；10—发动机机油冷却液热交换器；11—废气涡轮增压器；12—暖风热交换器；13—用于车辆暖风的电动附加冷却液泵；14—数字式发动机电子系统 DME2；15—发动机出口冷却液温度传感器；16—增压空气和 DME 冷却液补液罐；17—气缸列 2 的增压空气冷却器；18—发动机冷却液补液罐；19—用于废气涡轮增压器冷却的电动附加冷却液泵；20—发动机冷却液循环回路排气管路；21—增压空气和 DME 冷却液循环回路的横流式散热器

一、发动机冷却液循环回路

如图 1-54 所示，发动机冷却系统是一个独立的冷却循环回路，即所谓的"高温循环回路"。它包括传统的发动机冷却系统和涡轮增压器冷却系统。车内暖风也通过发动机冷却系统的冷却循环回路来提供。

通过带特性曲线式节温器的传统机械冷却液泵来确保发动机冷却。叶轮直径为 70mm。可通过发动机所用新型特性曲线控制式机械功能影响冷却液体积流量。根据车辆配置和国家型号可安装不同的冷却系统。在此情况下，在行驶方向左侧和右侧各有一个附加冷却液散热器与冷却液循环回路并联连接。附加冷却液散热器装有一个带压力弹簧的单向阀，在冷却液体积流量较小时可避免通过用于车内暖风的电动附加冷却液泵回流。

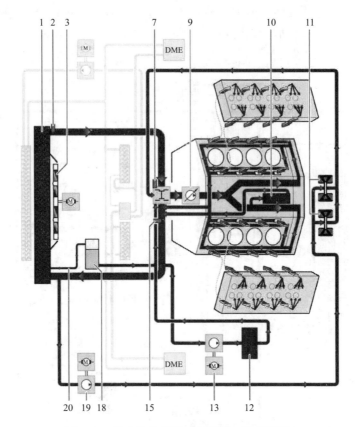

图 1-54　发动机冷却液循环回路（欧规型号）

1—冷却液散热器；2—散热器出口冷却液温度传感器；3—电子扇；7—带加热元件和行程传感器的特性曲线
式节温器；9—温控冷却液泵；10—发动机油冷却液热交换器；11—废气涡轮增压器；12—暖风热交换器；
13—用于车辆暖风的电动附加冷却液泵；15—发动机出口冷却液温度传感器；18—发动机冷却液补液罐；
19—用于废气涡轮增压器冷却的电动附加冷却液泵；20—发动机冷却液循环回路排气管路

1. 分段冷却 SC

为确保暖机阶段气缸盖与曲轴箱间实现最佳热量分布，最好能为这两个组件供给各自所需的冷却液。如果可以的话，在暖机阶段阻止向曲轴箱供给冷却液而向气缸盖供给全部冷却液可能是最佳方案。这样可使两个部件始终处于有助于实现较低耗油量和理想排放性能特别是发动机二氧化碳排放量的理想温度范围内。一个可行方案是通过关断阀使曲轴箱冷却液循环回路与气缸盖冷却液循环回路隔开。如果根据发动机温度特性要求进行曲轴箱冷却，则可通过开启关断阀接通曲轴箱冷却液循环回路。这就是所谓的分段冷却方案。

2. 分段冷却组合 SCC

在 N63TU2 发动机上无法采用纯粹的分段冷却方案，因为无法针对曲轴箱和气缸盖两个冷却液循环回路的关断阀提供额外的安装空间。因此在 N63TU2 发动机上采用改进型分段冷却方案，即所谓的分段冷却组合 SCC 方案［图 1-55（a）］。在此不再通过关断阀将用于曲轴箱和气缸盖的冷却液循环回路隔开，而是在 SCC 方案中将用于气缸盖和曲轴箱的冷却液循环回路集中到一个并联结构中。在冷却阶段节温器打开状态下，80% 的冷却液通过集成在曲轴箱内的气缸凸台开口流过气缸盖，20% 的冷却液流过曲轴箱。在暖机阶段特性曲线控制式冷却液泵仅以 10% 的体积流量运行状态下，向气缸盖提供 8% 的冷却液，同时向曲轴箱提供 2%的冷却液。

因此通过 SCC 方案可显著缩短 N63TU2 的暖机时间，从而优化 N63TU2 发动机的耗油量和排放性能，特别是二氧化碳排放量。在未采用 SCC 方案的标准型发动机［图 1-55(b)］上，冷却液以所谓的纵向分布方式 100%地流过曲轴箱和气缸盖。

(a) N63TU2发动机，并联结构　　　　(b) N63TU发动机，纵向分布

图 1-55　两种不同冷却方案的对比

采用 SCC 方案时，在冷却阶段节温器打开状态下，20%的冷却液纵向流过曲轴箱；而在此始终为等量的冷却液流过所有气缸，温度更低的冷却液始终流过热负荷较高的后部气缸。用于冷却气缸盖的冷却液通过外部通道经过曲轴箱。通过气缸盖密封垫上的规定开孔，在冷却阶段节温器打开状态下，80%的冷却液用于冷却气缸盖。冷却液从进气侧向排气侧流过气缸盖并在排气侧通过一个总通道与用于冷却曲轴箱的冷却液汇集到一起，并重新输送至冷却液泵。

曲轴箱内的 V 形开孔凸台冷却通过单独开孔从气缸盖获得供给，通过较短的冷却液通道排出到排气侧气缸套内的冷却液通道内。

根据温度特性在气缸盖内所有气缸处都提供充足冷却液（较热后部气缸获得较多冷却液），通过曲轴箱内冷却通道的几何设计针对具体气缸调整流量和冷却段长度。冷却通道的几何设计要求针对每个气缸的冷却液路径长度都必须完全相同，但冷却液通道横截面根据具体气缸所需冷却液量进行调整。

如图 1-56 所示，通过这种冷却液通道设计可使 N63TU2 发动机冷却系统内的系统阻力与 N63TU 发动机相比降低 40%（N63TU 为 1340kPa）。

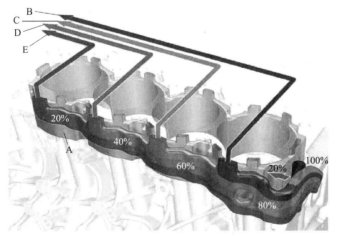

图 1-56　气缸列 2 冷却液分布

A—曲轴箱冷却液路径；B—气缸盖气缸 8 冷却液路径；C—气缸盖气缸 7 冷却液路径；
D—气缸盖气缸 6 冷却液路径；E—气缸盖气缸 5 冷却液路径

3. 特性曲线控制式冷却液泵

如图 1-57 所示，在 N63TU2 发动机上采用特性曲线控制式冷却液泵，在热执行机构内集成有一个加热元件。因此特性曲线控制式冷却液泵是 SCC "分段冷却组合" 方案的有效元件。在冷却液泵内集成有一个带塑料调节活塞 4 的热执行机构 5。调节活塞通过内置的第二个预紧弹簧 3 进行定位并支撑在热执行机构上方的下端处。因此调节活塞可通过热执行机构向上移动，同时轴向也可自由移动。热执行机构在一个长时间预紧的弹簧 2 作用下通过端盖 1 固定在冷却液壳体内。

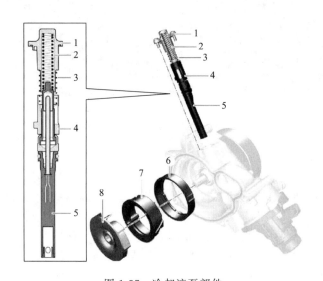

图 1-57　冷却液泵部件

1—端盖；2—用于热执行机构的弹簧；3—用于调节活塞的弹簧；4—塑料调节活塞；
5—带电气加热元件的热执行机构；6—环形滑阀；7—嵌环；8—叶轮

热执行机构 5 也可通过加热元件受到数字式发动机电子系统 DME 特性曲线控制的影响。调节活塞 4 通过一个凸缘卡入环形滑阀 6 凹槽内，环形滑阀可在固定安装的嵌环 7 上通过导向槽向外移动。由此可通过环形滑阀 6 使叶轮 8 轴向到达下止点。

发动机温控冷却液泵功能如图 1-58 所示。发动机冷启动时，环形滑阀位于叶轮上方，因此仅提供 10% 的较小体积流量。这样可更迅速地达到发动机运行温度，从而降低耗油量和二氧化碳排放量。

如果冷却液运行温度超过 98℃，就会接通热执行机构并移动调节活塞。同时环形滑阀

(a) 10% 冷却液体积流量，环形滑阀包裹住叶轮　　(b) 100% 体积流量，环形滑阀释放叶轮

图 1-58　发动机温控冷却液泵功能

开启。这样可释放叶轮，从而实现100%的体积流量。此时也可根据特性曲线通过控制电动加热元件的DME影响该过程。

4. 基本功能

热执行机构在80℃时实现100%输送功率，在N63TU2发动机上则将其提高到98℃。因此将第一暖机阶段的发动机温度提高到98℃。在第二暖机阶段至节温器开启期间，发动机温度最高为105℃。通过将热执行机构开启时刻提高到98℃，从而实现冷却液泵100%输送功率，可使发动机保持热量。由此可在N63TU2发动机上实现进一步降低耗油量、进一步降低二氧化碳排放量以及更迅速、更长久、更高效地提供暖风热量。

第一暖机阶段：发动机冷却液温度为−40~98℃时提供10%输送功率。根据需要向标准型发动机、发动机油冷却液热交换器、废气涡轮增压器和车内空间供给冷却液。

第二暖机阶段：发动机冷却液温度为98~105℃时提供100%输送功率。根据需要向标准型发动机、发动机油冷却液热交换器、废气涡轮增压器和车内空间供给冷却液。

冷却阶段：发动机冷却液温度超过105℃时提供100%输送功率。根据需要向标准型发动机、发动机机油冷却液热交换器、废气涡轮增压器、发动机冷却液散热器和车内空间供给冷却液。

除热执行机构切换时刻与温度有关外，还提供随转速变化的安全功能。该功能用于防止冷启动阶段调用过高发动机功率时导致发动机过热。发动机转速超过3500r/min后，控制单元就会通过另一个调节机构完全释放叶轮，从而即刻提供100%的输送功率。通过压力计直接向环形滑阀反馈冷却液压力来实现该功能。调节活塞可沿轴向与热执行机构分离并反作用于第二个预紧弹簧。在叶片室内随转速调节冷却液压力，在该压力作用下克服调节活塞弹簧力自动将环形滑阀压向开启方向，这样可立即提高流量。

综上所述，冷却液泵可提供以下输送功率。

① 发动机冷却液温度低于98℃且发动机转速低于3500r/min时为10%。

② 发动机冷却液温度低于98℃且发动机转速高于3500r/min时为100%。

③ 发动机冷却液温度高于98℃时为100%。

通过DME进行可切换冷却液泵的特性曲线控制，即使在冷却液温度低于98℃且转速低于3500r/min的情况下也可根据需要将输送功率提高至100%。

为此在DME内集成有针对可切换冷却液的N63TU2专用特性曲线。根据特性曲线为热偶加热装置通电。在N63TU2发动机上根据负荷、发动机转速、车速、进气温度以及冷却液温度等参数确定特性曲线。

二、增压空气冷却器和 DME 的冷却液循环回路

增压空气冷却系统仍使用所谓的"间接"增压空气冷却系统，该系统通过自身的冷却液循环回路即所谓的"低温循环回路"进行冷却。

针对带有独立冷却系统的增压空气冷却器和DME控制单元的冷却液循环回路，使用一个电动冷却液泵（图1-59）。用于增压空气冷却和数字式发动机电子系统的冷却液循环回路包括一个横流式散热器及两个间接增压空气冷却器。

1. 增压空气冷却和 DME 冷却液循环回路部件

增压空气冷却和DME冷却液循环回路部件如图1-60所示，80W泵具有自诊断和无润滑运转保护功能。如果在15min内转速提高，就会关闭附加冷却液泵并在DME内存储一个故障码。补液罐没有冷却液液位开关，无法自动识别过低液位。

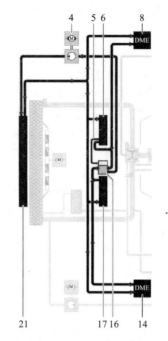

图 1-59　增压空气冷却和 DME 冷却液循环回路（欧规型号）

4—用于增压空气和 DME 冷却液循环回路的电动冷却液泵；5—增压空气冷却系统排气管路；6—气缸列 1 的增压空气
冷却器；8—数字式发动机电子系统 DME1；14—数字式发动机电子系统 DME2；16—增压空气和 DME
冷却液补液罐；17—气缸列 2 的增压空气冷却器；21—增压空气和 DME 冷却液循环回路的横流式散热器

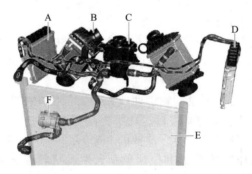

图 1-60　增压空气和 DME 冷却液循环回路部件（欧规型号）

A—数字式发动机电子系统 DME1；B—增压空气冷却器；C—补液罐；D—数字式发动机电子系统 DME2；E—增压空气
和 DME 冷却液循环回路的横流式散热器；F—用于增压空气和 DME 冷却液循环回路的电动冷却液泵

2. 增压空气冷却器

增压空气冷却器的尺寸减小，相关的功率数据如下。

① 输入端增压器空气冷却器温度：约 110℃。

② 输出端增压器空气冷却器温度：约 50℃ 以下。

③ 增压压力：约 250kPa。

④ 增压空气冷却器的压力损失：约 0.11kPa。

通过优化增压空气冷却器的增压空气导管和冷却液导管可改善增压空气冷却器的压力损失情况以及增压空气冷却效果，从而达到上述目的。

三、热量管理系统

发动机带有丰富的热量管理功能，由数字式发动机电子系统 DME 内的特性曲线对这些功能进行控制，包括对电子扇、特性曲线式节温器和冷却液泵这些电动冷却组件进行独立调节。

1. 附加冷却液泵

发动机除带有机械冷却液泵外，还有另外三个用于车内暖风、用于冷却废气涡轮增压器以及用于冷却增压空气冷却器和两个数字式发动机电子系统控制单元的电动附加冷却液泵。用于增压空气和 DME 冷却液循环回路的电动冷却液泵功率为 80W，另外两个运行功率为 15W。

注意：拆卸并重新使用冷却液泵时必须确保在留有冷却液的情况下关闭冷却液泵，排空冷却液可能会导致轴颈粘住，这样可能会导致冷却液泵无法继续运转，进而还可能造成发动机损坏。安装前应用手旋转泵轮以确保转动灵活性。

2. 特性曲线式节温器

如图 1-61 所示，发动机采用带行程传感器和回流锁止装置的特性曲线式节温器。在非电动调节模式下其技术数据为 105℃ 时开始开启，120℃ 时完全开启。此外还可通过特性曲线式节温器内的电动加热装置确保在较低冷却液温度状态下便实现开启功能。

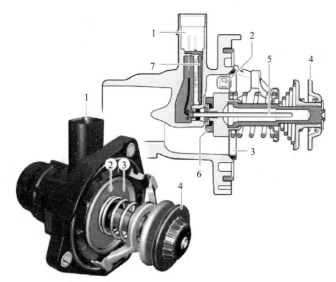

图 1-61　特性曲线式节温器的结构
1—电气接口；2—排气阀；3—节温器主阀盘；4—回流锁止装置；5—带电气加热
装置的热偶；6—用于行程传感器的钕磁铁；7—用于行程传感器的霍尔传感器

（1）行程传感器　由于排放法规要求更加严格且为了提高冷却系统安全性，特性曲线式节温器带有开启识别功能。目前可通过该功能监控开启功能，也可通过诊断方式识别出节温器功能故障（OBD 排放监控）。

通过一个霍尔传感器监控开启状态，霍尔传感器所需的钕磁铁固定在热偶杆上，因此节温器开启时可根据磁场场强以及由此形成的电压准确测量主阀盘相对于关闭点的开启状态。

电子组件完全被冷却液隔离，浇铸在一个环氧树脂材料内。通过特性曲线式节温器内的行程传感器可探测以下与 OBD 有关的功能问题。

① 节温器以卡止方式打开，可在发动机启动前（零排放）便进行探测。

② 节温器不打开，因此可明显更早地进行探测并防止过热危险。

通过特性曲线式节温器的监控和诊断功能可避免不合理更换节温器。

注意： 由于行程传感器是一个线性霍尔传感器，因此不允许通过电阻测量进行传感器检查。

（2）回流锁止装置　如图 1-62 所示，通过节温器上的附加阀盘实现回流锁止功能。该阀盘在发动机静止状态下即机械冷却液泵静止状态下封住发动机出口与节温器混合室之间的短接横截面，但节温器混合室同时也是用于废气涡轮增压器电动附加冷却液泵的抽吸室。

通过回流锁止装置可影响车内暖风和废气涡轮增压器冷却两个冷却液循环回路。

（3）车内暖风　如图 1-63 所示，发动机处于运行温度和发动机静止时，在没有回流锁止装置的情况下，电动冷却液泵始终泵送等量冷却液用于向暖风热交换器供给。出现这种情况是因为冷却液始终流经阻力最小的路径。因此冷却液流经路径始终沿着：冷却液泵供给管路；车辆暖风电动冷却液泵；暖风热交换器供给管路；暖风热交换器；暖风热交换器回流管路到冷却液泵供给管路的方式循环。

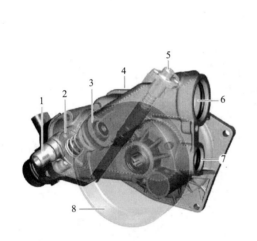

图 1-62　带节温器的冷却液泵

1—涡轮增压器冷却液回流口；2—节温器主阀盘；
3—回流锁止装置；4—气缸列 1 和 2 冷却液回流口；
5—带电气加热元件的热执行机构；6—冷却液
散热器供给口/抽出冷却液用于暖风和废气
涡轮增压器；7—暖风回流口；8—皮带轮

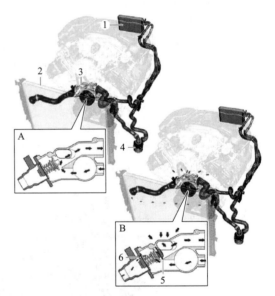

图 1-63　暖风回流锁止装置

A—不带回流锁止装置的暖风冷却液流；B—带回流
锁止装置的暖风冷却液流；1—暖风热交换器；
2—冷却液散热器；3—冷却液泵；4—用于
车辆暖风的电动附加冷却液泵；
5—回流锁止装置；6—排气阀

结果会导致通过暖风热交换器冷却的冷却液总是重新输送回暖风交换器，这会导致迅速、显著降低车内暖风性能。

通过回流锁止装置可防止出现上述情况，因为回流锁止装置会封住最小阻力路径。电动冷却液泵始终从曲轴箱和气缸盖抽吸暖风功能所需的处于运行温度的冷却液，由此可在气缸盖和曲轴箱内提供的大量处于运行温度的冷却液可在较长时间内保持车辆暖风温度。通过该措施可在例如发动机节能启停功能 MSA 运行模式下实现更长的发动机关闭时间，且自动恒温空调 IHKA 不会向发动机节能启停功能 MSA 发送启动要求。通过上述方式实现：通过发动机节能启停功能 MSA 延长发动机关闭时间；可以节省燃油并降低二氧化碳排放量。

（4）废气涡轮增压器冷却　如果在继续运行期间点火开关关闭状态下使用电动附加冷却液泵来进行废气涡轮增压器冷却，回流锁止装置同样也会启用。

如图 1-64 所示，通过回流锁止装置可防止在继续运行期间不能始终在一个小冷却液循环回路（旁通）内向废气涡轮增压器泵送冷却液，从而使废气涡轮增压器与其余发动机部件形成温差。回流锁止装置封住旁通，使得用于冷却废气涡轮增压器的冷却液始终由冷却液散热器来泵送。这样可确保通过冷却液散热器循环回路内大量可提供的处于运行温度的冷却液可使废气涡轮增压器与其余发动机部件一样进行均匀冷却，可以长时间保持废气涡轮增压器的温度并针对其他发动机部件进行调节，避免各部件间形成不利温差。

在暖机阶段节温器主阀盘关闭状态下或在冷却阶段节温器开启状态下，回流锁止装置不起作用。在暖机阶段短接回路启用状态下，会压制回流锁止装置弹簧力从而使回流锁止装置开启。之后冷却液会按大家熟知的方式通过打开的回流锁止装置在小冷却液循环回路内循环。

3. 冷却液温度传感器

使用的冷却液温度传感器减少了所用材料并采用了更耐用的插接系统，响应时间更快。由于采用了新的安装位置（图 1-65），因此可以更准确地探测温度。

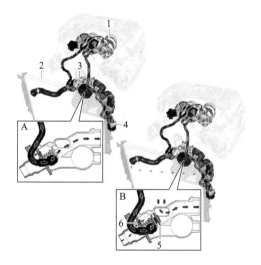

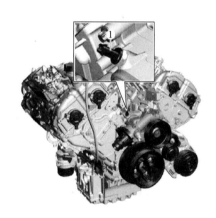

图 1-64　涡轮增压器冷却回流锁止装置
A—不带回流锁止装置的废气涡轮增压器冷却用冷却液流；B—带回流锁止装置的废气涡轮增压器冷却用冷却液流；1—废气涡轮增压器；2—冷却液散热器；3—冷却液泵；4—用于废气涡轮增压器冷却的电动附加冷却液泵；5—回流锁止装置；6—排气阀

图 1-65　冷却液温度传感器的安装位置
1—冷却液温度传感器

四、主动风门控制

如图 1-66 和图 1-67 所示，通过两个独立的空气风门可使车辆前端的冷却面形成闭合状态。这样可降低风阻系数，从而节省燃油。另一个优点是在冷启动后可更快地加热发动机，这样可使二氧化碳排放量最多降低 0.8g/km。

1. 风门控制原理

通过数字式发动机电子系统 DME 确定用于发动机冷却、制动器冷却和空调系统的当前冷空气需求，并由此控制调节式风门的最佳位置。根据需要打开空气风门，可使其移动到不同位置。只有冷却要求较高时才会打开宝马肾形格栅的风门，车速较高时也可关闭风门，不同风门控制位置见表 1-4。通过风门控制可进行多种不同的切换，从而根据需要以可变方式控制流入的冷空气量。上部和下部空气风门均通过一个独立电机主动打开或关闭。

 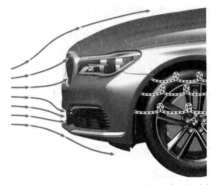

图 1-66　空气风门关闭时的环境空气流动情况　　图 1-67　空气风门打开时的环境空气流动情况

表 1-4　不同风门控制位置

冷却需求	主动风门控制	位置
小	上部关闭 下部关闭	
较低	上部关闭 下部部分打开(15°～30°)	
中等	上部关闭 下部打开	
最大	上部打开 下部打开	

风门控制采用更加灵敏的传感器系统，可对更多温度限值进行探测和分析。在此主要对以下数据进行分析：冷却液温度，空调冷凝器温度，变速箱油温度，催化转换器温度，增压空气温度，制动器温度以及车速等。

2. 系统电路图

风门控制系统电路如图 1-68 所示。

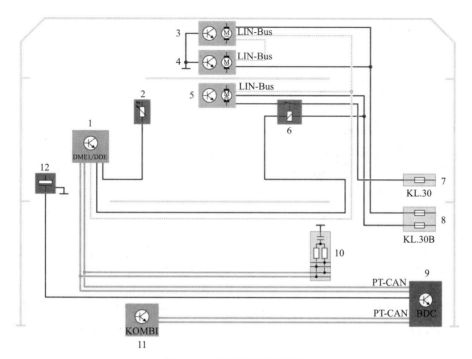

图 1-68　风门控制系统电路

1—发动机控制单元（DDE/DME）；2—冷却液温度传感器；3—上部主动风门控制；4—下部主动风门控制；
5—电子扇；6—电子扇继电器；7—发动机室配电盒；8—右前配电盒；9—车身域控制器 BDC；
10—CAN 终端电阻 4；11—组合仪表；12—冷却液液位传感器

五、N55 发动机冷却系统电气

如图 1-69 所示，N55 发动机的冷却系统由一个冷却液冷却系统和一个机油冷却系统组成。辅助冷却液散热器通过冷却液管路平行连接在冷却液散热器上，从而提高冷却面积。

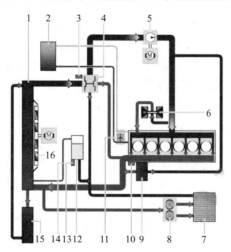

图 1-69　N55 发动机的冷却系统

1—冷却液散热器；2—发动机机油冷却器（热带国家规格）；3—加热线圈；4—特性曲线式节温器；5—电动冷却液泵；
6—废气涡轮增压器；7—暖风热交换器；8—冷却液阀；9—机油-冷却液热交换器（欧规车辆）；10—冷却液
温度传感器；11—发动机机油节温器（热带国家规格）；12—补液罐；13—冷却液液位开关；
14—补偿管路；15—辅助冷却液散热器（欧规车辆）；16—电风扇

1. 冷却液通道

气缸盖内的冷却液通道也用于间接冷却喷射器，冷却液围绕气门和喷射器流动，因此可以确保传入部件内的热量降至最低。铸铁气缸套铸在压铸铝合金内，气缸之间带凹槽的凸台用于优化冷却效果，冷却液可以通过这些凹槽从曲轴箱一侧流向另一侧并冷却这些凸台。

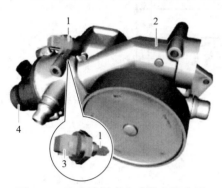

图1-70　冷却液温度传感器安装位置
1—冷却液温度传感器；2—冷却液泵；
3—电子节温器；4—2芯插头连接

2. 冷却剂温度传感器

如图1-70所示，冷却液温度传感器拧在冷却液泵的壳体上。冷却液温度传感器将冷却液温度和发动机机油温度转换成一个电气参数（电阻值），使用一个具有负温度系数（NTC）的电阻。冷却液温度还是用于计算喷射量和怠速标准转速的测量值。

进行温度记录时，使用的是与温度有关的电阻器。该电路包括一个分压器，可对其测量与温度有关的电阻值，通过一条传感器特有的特性线转换成温度值。在冷却液温度传感器中安装有一个负温度系数（NTC）电阻，其电阻值随温度的上升而下降。

此电阻值根据温度在 $167k\Omega \sim 150\Omega$ 的范围内变化，对应$-40 \sim 130°C$的温度。冷却液温度传感器通过一个2芯插头进行连接。此电阻是一个由发动机控制提供5V供电的分压器电路的部件。

3. 电子节温器

电子节温器固定在冷却液泵壳体上。冷却液温度影响发动机燃油消耗和功率、混合气形成质量、有害物质的排放等。这些参数的优化允许在不同的转速和负荷状况下采用非固定的温度值。此优化需要一个符合相应运行点的温度范围，通过电子节温器可接近最佳温度。

发动机控制系统进行计算的输入端参数包括：发动机转速、负荷、行驶速度、进气温度、冷却液温度。

根据这些输入参数发动机控制系统针对每个运行点计算最佳冷却液温度。可通过有针对性地加热电子节温器中的蜡元件以及根据需求控制电动风扇来影响冷却液温度。在满负荷时可通过较低的冷却液温度改善气缸的进气程度。此外通过降低发动机温度来降低爆震危险，因此可对功率和转矩施加正面影响。

在电子节温器的蜡元件中安装了一个加热电阻。发动机控制系统给加热电阻供电，于是蜡元件膨胀，并克服一个弹簧片的弹簧压力关闭气缸盖入口。弹簧片的任务是，在蜡元件冷却时将电子节温器压回静止位置。发动机冷机时，冷却循环通过气缸盖入口经电子节温器到冷却液泵的回流口。

当电子节温器失灵时，将出现：在发动机控制单元中记录故障码、通过蜡元件常规运行、组合仪表中排放警示灯亮起。

4. 电动冷却液泵

N55电动冷却液泵（图1-71）是一个电动离心泵。由于发动机功率提高，电动冷却液泵的功率必须明显提高。发动机机油冷却已与冷却液循环分离。电动冷却液泵电路结构如图1-72所示。

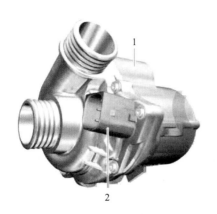

图 1-71　电动冷却液泵
1—电动冷却液泵；2—4 芯插头连接

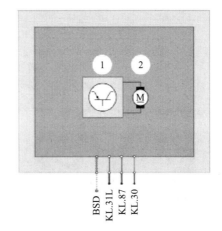

图 1-72　电动冷却液泵电路结构
1—电子控制装置；2—冷却液泵驱动装置；KL.31L—负荷接地；
KL.87—蓄电池电压，总线端 15 接通；KL.30—总线端
KL.30；BSD—串行数据接口

　　发动机控制单元根据发动机负荷、工作范围以及温度传感器信号等因素确定需要的冷却功率，发动机控制单元据此相应地控制电动冷却液泵。电动冷却液泵的电子控制装置自动调节转速。冷却液泵马达由系统的冷却液环绕冲洗，用来对马达和电子控制装置进行冷却，用冷却液对电动冷却液泵的轴承进行润滑。

　　电动风扇失灵时，将出现在发动机控制单元中记录故障码、功率降低（发动机过热时）、组合仪表上出现检查控制信息以及发动机关闭后车前部的热临界部件会损坏（发动机停车升温）等情况。电子分析装置对临界状态进行一次内部故障诊断，如果识别到某个故障，则尽可能久地保持运行。如果通过脉冲宽度调制的控制失效，则用一个固定脉冲负载参数控制电动风扇紧急运行。

第五节　进气和排气系统

　　如图 1-73 所示，N63TU2 发动机上所采用的进气和排气系统与前代发动机相比，有一些重要调整之处：

　　① 通过将进气装置部分集成在气缸盖内（半壳体结构进气装置）对进气导管进行流动优化；

　　② 热膜式空气质量流量计；

　　③ 四个相同的进气压力传感器，在进气管内仅测量温度值，在增压空气冷却器内测量压力和温度值；

　　④ 将监控传感器改为 LSF XFOUR；

　　⑤ 针对双涡管废气涡轮增压器调整排气歧管；

　　⑥ 采用带电动废气旁通阀执行机构的双涡管废气涡轮增压器；

　　⑦ 在后部消音器内带有电动排气风门。

一、进气系统

N63TU2 发动机上所采用的进气系统的结构如图 1-74 所示。

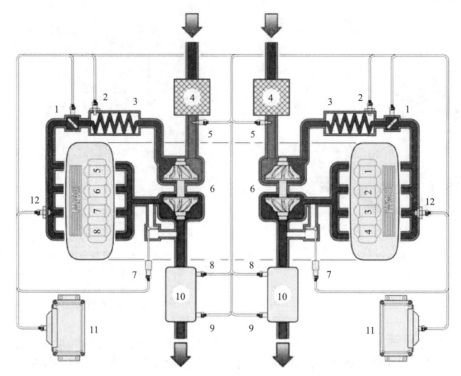

图 1-73 发动机进气和排气系统的结构

1—节气门；2—增压压力传感器和温度传感器；3—增压空气冷却器；4—进气消音器；5—热膜式空气质量流量计；6—废气涡轮增压器；7—电动废气旁通阀执行机构；8—催化转换器前氧传感器，控制传感器 LSU ADV；9—催化转换器后氧传感器，监控传感器 LSF XFOUR；10—催化转换器；11—数字式发动机电子系统 DME；12—增压空气温度传感器

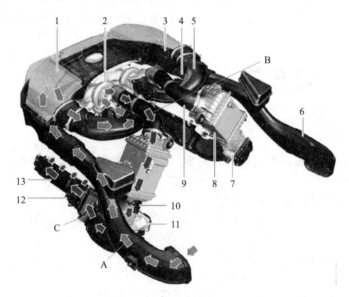

图 1-74 N63TU2 发动机上所采用的进气系统的结构

A—进气；B—压缩后变热的增压空气；C—冷却的增压空气；1—进气消音器；2—废气涡轮增压器；3—热膜式空气质量流量计；4—曲轴箱通风装置至洁净空气管接口；5—洁净空气管；6—未过滤空气管；7—带伺服电机的节气门；8—增压空气冷却器；9—增压空气管；10—增压压力传感器；11—带伺服电机的节气门；12—增压空气温度和进气管压力传感器；13—进气装置

1. 热膜式空气质量流量计

N63TU2 发动机采用系统供应商（博世）提供的热膜式空气质量流量计 HFM8。HFM8 已在模块化发动机上加以使用。通过一个 SENT 接口与 DME8 直接连接。集成式 SENT 接口可减少热膜式空气质量流量计和 DME 上的连接导线。此外通过 SENT 接口可比 HFM7 所用频率接口更快速、更准确地传输更多数据，这样也有利于达到将来的排放标准。

（1）HFM7 与 HFM8 的不同之处　HFM8 与上一代 HFM7 的主要区别除采用新型数据传输接口 SENT 外还有一个集成式附加 NTC 温度传感器。通过集成温度传感器可减小传感器元件，从而优化 HFM 壳体空气动力学特性。此外 HFM8 的耗电量低于 20mA（HFM7 低于 100mA）、供电电压降至 5V（HFM7 为 12V）且集成了传感器元件芯片加热装置。集成式芯片加热装置用于避免例如因污物颗粒或油雾形成沉积物，尤其在发动机静止状态下即没有空气柱移动时，这些沉积物可能会沉积在传感器元件上并导致测量不精确甚至损坏。因此在特定情况下例如执行 MSA 关闭功能时会使 HFM8 处于芯片加热模式，从而避免形成上述沉积物。

（2）SENT 协议　单边半字节传输是汽车行业用于传感器和控制单元通信的标准化简单数字接口。它是一个单向异步电压接口，仅需三根导线，分别用于普通 5V 供电电压、信号电压和接地连接。SENT 协议非常简单，耐受干扰信号影响。另一个优点是，经过 A/D 转化后数据以数字形式存在于传感器内，可由控制单元直接进行进一步处理。

注意：热膜式空气质量流量计失灵或被拔下时不会直接引起发动机应急运行，但会导致混合气形成效果不佳且尾气检测值变差，从而接通排放警告灯。

2. 进气消音器

发动机每个气缸列各有一个独立的进气消音器，它们固定安装在车上，支撑着热膜式空气质量流量计。

3. 进气装置

如图 1-75 所示，发动机上采用新开发的半壳体结构进气装置，该进气装置具有很多优点。为了实现这些优点，将以往发动机所需的部件也部分集成到气缸盖内。因此进气装置本身在气缸盖区域仅由一个外部壳体构成，该壳体又通过环绕型密封垫与气缸盖密封。

通过采用这种全新进气装置设计，虽然缩短了进气装置，但扩大了进气通道，这样也可避免受公差所限在进气管与气缸盖之间形成分级。这样可使进气装置内的压力损失与前代发动机相比降低 6%～7%。通过采用半壳体结构设计使发动机的进气装置缩短还可提供更大安装空间。

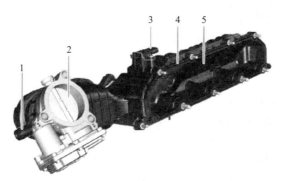

图 1-75　发动机带节气门的进气装置

1—燃油箱通风阀接口；2—节气门；3—增压空气温度传感器；4—环绕型密封垫；5—进气装置

二、废气涡轮增压器

如图 1-76 所示，发动机装有两个废气涡轮增压器。废气涡轮增压器采用双涡管废气涡轮增压器设计，除压缩机和废气旁通阀控制装置外均源自 S63TU 发动机。压缩机和压缩机轮针对 N63TU2 发动机采用了全新设计，并针对其功率结构进行了相应调整。用于两个气缸列的两个废气涡轮增压器为一个相同部件。

1. 增压压力调节

如图 1-77 所示，发动机上通过一个电动废气旁通阀执行机构来调节增压压力。电动控制优点在于调节速度更快、调节更精准、更易于诊断、组件更少以及废气旁通阀开启角度更大。

在电动废气旁通阀执行机构内有一个直流电机和一个传感器，因此共有五个组件电气接口，通过连杆的往复运动可打开或关闭废气旁通阀。进行维修时可单独更换电动废气旁通阀执行机构。每次松开调节连杆后都必须借助宝马诊断系统 ISTA 重新进行系统调节。更换整个废气涡轮增压器时无须采取该措施，因为所提供的连杆已经过预先调节。

注意：单独更换电动废气旁通阀执行机构时必须借助宝马诊断系统 ISTA 执行自适应程序。

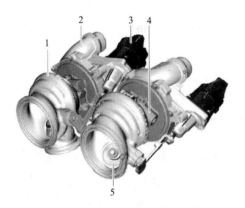

图 1-76　发动机废气涡轮增压器
1—涡轮壳体；2—压缩机出口；3—电动废气旁
通阀执行机构；4—轴承座；5—废气旁通阀

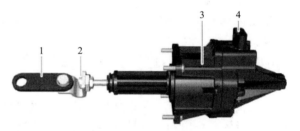

图 1-77　电动废气旁通阀执行机构
1—往复连杆；2—调节连杆；
3—执行机构；4—电气接口

传感器用于确定废气旁通阀的位置。废气旁通阀可移动到最大开启和最大关闭间的任意位置。传感器信号或控制失灵时，废气旁通阀执行打开位置因此不会产生增压压力，这样可确保以较低发动机功率继续行驶。

注意：由于位置传感器是一个线性霍尔传感器，因此不允许通过电阻测量进行传感器检查。

2. 功能

采用上述整体方案时取消了废气涡轮增压器上的循环空气减压阀，因为通过发动机干预有效取代了相关工作。在此通过使用经过优化的压缩机轮（与上一代产品相比采用更加稳定的泵送设计）来辅助达到这一目的。

以前装有循环空气减压阀是因为：避免负荷降低时进行泵送（从牵引向滑行过渡）以及泵送导致脉冲式干扰噪声，由此形成压力波向废气涡轮增压器轴承施加负荷。在没有循环空气减压阀的情况下负荷降低的目的在于避免压缩机泵送，出现较高压力和较低质量流量时会进行压缩机泵送，而发动机措施是通过发动机管理系统提高规定质量流量直至低于喘振极限且增压压力降低。通过控制节气门和气门行程来调节所需质量流量，通过力矩控制方式例如朝延迟方向调节点火角度来降低由此形成的过高气缸充气量和过高转矩，这样可实现中性行驶特性。

三、排气系统

1. 排气歧管

发动机的排气歧管由消失模薄铸式奥氏体铸钢制成。如图 1-78 所示，为确保汇集所需废气用于双涡管废气涡轮增压器功能，将相应气缸列距离最远的分别点火的废气气流汇集到一起。因此在发动机上针对具体气缸列（气缸列 1 和 2）采用相应排气歧管。在气缸列 1 排气歧管中汇集气缸 1-3 以及 2-4 的废气气流，在气缸列 2 排气歧管中汇集气缸 5-6 以及 7-8 的废气气流。

2. 催化转换器

如图 1-79 所示，发动机每个气缸列都有一个排气催化转换器。漏斗形出口目前采用单壁设计。发动机侧催化转换器由第一和第二载体构成。排气催化转换器带有隔离元件（也称为膨胀补偿器）。

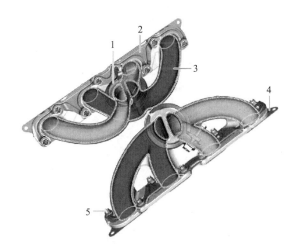

图 1-78　发动机排气歧管的结构
1—排气歧管；2—滑动条；3—汇集
的废气气流；4—钢板翻边
密封垫；5—螺母

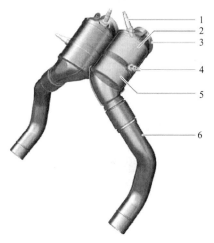

图 1-79　催化转换器剖面图
1—控制传感器；2—陶瓷载体 1；
3—涡轮接口；4—监控传感器；
5—陶瓷载体 2；6—排气管

（1）催化转换器前氧传感器　在此使用博世氧传感器 LSU ADV 作为催化转换器前的调节传感器，ADV 表示高级型号。催化转换器前的氧传感器（LSU ADV）具有以下优点。

由于与动态压力的关联性较小，因此信号平稳性高，尤其是在增压运行模式下；

① 由于泵电压减小，因此使用寿命提高；

② 精度提高（与 LSU 4.9 相比系数提高 1.7）；

③ 准备时间缩短（＜5s）；

④ 耐热性提高；

⑤ 系统插头得到改善且接触特性更好。

LSU ADV 测量范围较大，因此可精确测量到过量空气系数 0.65。新型氧传感器准备时间缩短，5s后即可提供精确测量值。传感器动态测量性能提高，因此可以单独确定和调节每个气缸的空燃比，进而能够均匀调节废气气流、降低排放值并优化长期排放特性。

（2）催化转换器后氧传感器　催化转换器后氧传感器也称为监控传感器。在此采用博世的监控传感器 LSF XFOUR，它是 LSF4.2 的下一代传感器。LSF XFOUR 需要 DME 8.8 来进行信号分析，具有以下特点：

① 为了确保发动机启动后响应更加迅速（与 LSF 4.2 相比减半），LSF XFOUR 集成更加强劲的调节式加热器；

② 这样可改善信号稳定性；

③ 所需安装空间减小；

④ 由于耐热性较高且具有最佳热冲击保护，改善了对冷启动后排气管内冷凝水的耐受性。

控制传感器位于第一陶瓷载体前最靠近涡轮出口处，选择该位置是为了对所有气缸进行单独探测。监控传感器位于第一与第二陶瓷载体之间。

3. 排气装置

如图 1-80 和图 1-81 所示，N63TU2 发动机用电动排气风门取代了气动排气风门。其排气装置由一个 5L 容积壳式前部消音器、一个 5L 容积壳式中间消音器、一个 38L 容积壳式后部消音器、两个双排气尾管以及与车身固定在一起的排气尾管挡板等组件构成。

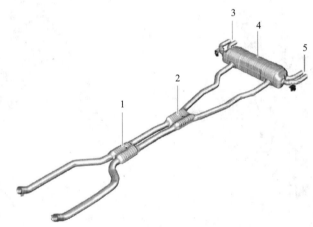

图 1-80　排气装置的结构

1—前部消音器；2—中间消音器；3—右侧双排气尾管；4—后部消音器；5—左侧双排气尾管

4. 电动控制排气风门

如图 1-82 所示，排气风门集成在后部消音器内，排气风门由一个径向布置的带集成式减速机构和集成式电子装置的电机进行驱动。调节式排气风门的电动执行机构带有供电（＋）、接地（－）和控制导线（PWM 导线）三个电气接口，借助排气风门可在较低发动机转速和较低负荷时通过关闭排气风门显著降低噪声，在较高发动机转速和较高负荷时可通过打开排气风门降低排气背压。数字式发动机电子系统 DME 以脉冲宽度调制方式控制排气风门，输入参数包括发动机转速、负荷和车速。

电动排气风门的特性参数见表 1-5。排气风门无法停在中间位置，或者完全打开或者完全关闭，通过脉冲宽度调制信号（PWM 信号）使其移动到相应机械限位位置处。识别出故障或控制失灵时以及关闭发动机后，优选位置为关闭位置。在带有"M"的运动型排气装置的车辆上，在运动模式下排气风门打开。

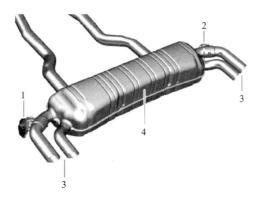

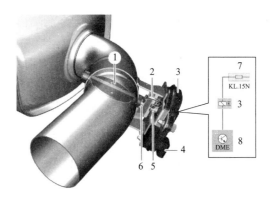

图 1-81　排气风门执行机构

1—左侧电动排气风门执行机构 EAKS；
2—右侧电动排气风门执行机构 EAKS；
3—双排气尾管；4—后部消音器

图 1-82　B58 发动机的电动控制排气风门

1—排气风门；2—弹簧；3—电动排气风门执行
机构；4—电气接口（4 芯）；5—传动销；
6—从动销；7—右后配电盒熔丝；
8—数字式发动机电子系统 DME

表 1-5　电动排气风门的特性参数

安装位置	右侧和左侧
PWM 信号"打开"	10% 占空比
PWM 信号"关闭"	90% 占空比

排气风门的准确位置存储在数字式发动机电子系统一个特性曲线内。表 1-6 仅大致概括了排气风门的不同状态。

表 1-6　排气风门的不同状态

发动机运行时刻	排气风门打开	排气风门关闭
怠速运行	●	
较低负荷		●
滑行模式		●
以部分负荷匀速行驶		●
以较高负荷加速	●	
满负荷	●	

注意：发动机的外部排气风门在怠速运行期间关闭，因此无法在这些排气尾管处进行尾气测量。

四、N20 发动机供气装置

1. 废气涡轮增压器

N20 发动机进气和排气系统如图 1-83 所示，N20 发动机装有采用 TwinScroll 技术的废气涡轮增压器。该废气涡轮增压器在涡轮入口处有两个独立通道，可分别将两个气缸的废气引至涡轮叶片处。

TwinScroll 表示带有一个双涡管涡轮壳体的废气涡轮增压（图 1-84）。N20 发动机（与其他 4 缸发动机一样）采用将气缸 1 和 4、气缸 2 和 3 集成在一起的设计，这样可以更高效地利用脉冲增压效果。

通过废气涡轮增压器实现发动机增压有两种工作原理，即定压增压和脉冲增压。定压增压是指涡轮前的压力几乎恒定不变，用于驱动废气涡轮增压器的能量通过涡轮前后的压力差获得。采用脉冲增压方式时，涡轮前的压力变化迅速而显著，通过从燃烧室排出废气形成脉冲。压力增大时就会产生作用在涡轮上的压力波，此时利用废气动能，使压力波以脉冲方式驱动废气涡轮增压器。

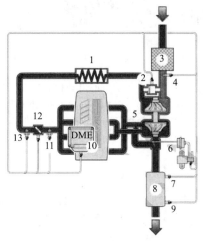

图1-83　N20发动机进气和排气系统

1—增压空气冷却器；2—循环空气减压阀；3—进气消音器；4—热膜式空气质量流量计；5—废气涡轮增压器；6—废气旁通阀；7—催化转换器前氧传感器（控制传感器）；8—催化转换器；9—催化转换器后氧传感器（监控传感器）；10—数字式发动机电子系统；11—进气管压力传感器；12—节气门；13—增压空气温度和增压空气压力传感器

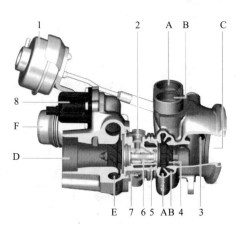

图1-84　N20发动机废气涡轮增压器

A—气缸2和3的废气通道；B—气缸1和4的废气通道；C—排气至催化转换器；D—进气消音器输入端；E—环形通道；F—排气至增压空气冷却器；1—废气旁通阀真空罐；2—机油供给管路；3—废气旁通阀涡轮；5—冷却通道；6—机油通道；7—冷却液回流管路；8—循环空气减压阀

2. 热膜式空气质量流量计

N20发动机采用热膜式空气质量流量计（图1-85），通过热膜式空气质量流量计测量值确定空气质量与通过计算替代值（通过进气温度、增压压力、发动机转速等）确定空气质量可以达到相同效果。计算替代值用于进行发动机负荷控制，但会定期通过热膜式空气质量流量计数值对这个数值进行校准，以便补偿因进气系统内复杂流体动力学条件产生的公差。

使用热膜式空气质量流量计还能提供扩展诊断功能，例如用于燃油箱或曲轴箱通风系统，因为这些系统会引起空气质量偏差。

（1）功能　一个电动加热式测量元件突出在气流中，测量元件的温度始终保持恒定。气流带走测量元件的热量，空气流量越大，则保持测量元件温度恒定所必须投入的能量就越多。

热膜式空气质量计的特性线扩展到空气流量的负值域（大于$550\mu s$的范围）。由于同一个气缸列上不同的点火间隔而产生的脉冲，还会在行驶模式下出现负空气流量，因此这个负空气流量将在计算中得到补偿。

（2）内部结构　如图1-86所示，传感器在12V的电压下运行。进气温度传感器由发动机控制系统提供5V电压，由一个电子分析装置对热膜式空气质量计内的测量数据进行分析。由此可以准确记录流过的空气质量，包括流动方向。通过传感器元件，仅记录下一部分的空气流量。流经量管的整个空气质量将根据校准结果进行确定。

图 1-85　热膜式空气质量流量计
1—热膜式空气流量计；2—4 芯插头连接

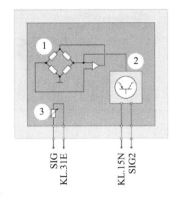

图 1-86　热膜式空气质量流量计电路
1—热膜式空气质量计；2—电子分析装置；3—进气温度传感器；
SIG—模拟进气温度信号；KL.31E—总线端 KL.31E，电子接地线；
KL.15N—总线端 KL.15N，供电电压；SIG2—空气质量信号

3. 进气温度/增压压力传感器

进气温度/增压压力这一组合式传感器（图 1-87）向发动机控制系统提供增压空气温度和增压压力信息。增压压力传感器用于增压压力调节，利用进气压力传感器的信号，发动机控制单元还将对节气门的位置进行补偿。

增压压力传感器采用应变仪进行压力测量。施加压力时，传感器中装有应变仪的金属膜会发生变形。应变仪的电阻变化将通过一个测量电桥，以电子方式进行记录并分析。然后，所测得的电压将作为实际值输入增压压力调节装置中。

进气温度传感器进行温度记录时，使用的是与温度有关的电阻器。该电路包括一个分压器，可对其测量与温度有关的电阻值。通过一条传感器特有的特性线转换成温度值，在进气温度传感器中安装有一个热导体（NTC），其电阻值随温度的上升而下降。此电阻值根据温度在 $167k\Omega \sim 150\Omega$ 的范围内变化，对应于 $-40 \sim 130℃$ 的温度。

进气温度/增压压力传感器通过一个 4 芯插头进行连接，该传感器由发动机控制系统提供 5V 电压。

增压压力的信息通过一条信号线传输给发动机控制装置，增压压力的有效信号根据压力变化而波动。测量范围为 $0.5 \sim 4.5V$，对应于 $20 \sim 250kPa$ 的增压压力。进气温度传感器的电阻随着温度在 $167k\Omega \sim 150\Omega$ 的范围内变化，对应于 $-40 \sim 130℃$ 的温度。

4. 进气压力传感器

进气压力传感器（图 1-88）用螺栓拧紧在进气集气箱上，这本来是一个组合式压力和温度传感器，但是不读取温度信号，使用此传感器的原因在于通用件理念。

该组合式传感器向发动机控制系统传送节气门后的进气压力，进气压力用作负荷信号的替代值。压力传感器元件和一个用于信号放大及温度补偿的传感器电子装置集成在一个硅芯片上，测得的压力作用在硅膜片的工作面上。要产生绝对压力测量，在膜片背面包含一个基准真空。然后，所测得的电压将作为实际值输入增压压力调节装置中。

5. 电动节气门

节气门调节器固定在进气集气箱上（图 1-89）。DME 控制单元根据加速踏板模块的位置以及其他控制单元的转矩要求参量计算出节气门的位置。节气门调节器由 DME 控制单元以电动方式打开或关闭。

图 1-87　进气温度/增压压力传感器

图 1-88　进气压力传感器

节气门开启角度由电动节气门调节器中的两个霍尔传感器监控，一个电动伺服马达带动节气门移动，通过一个基本频率 1000Hz 的按脉冲宽度调制信号控制这个伺服马达。

节气门原则上具有 0°～90° 的机械调节范围，但最大只可移动到 81°（对应于节气门 100% 打开）。在不通电状态下，节气门由两个节气门复位弹簧保持在约 5.2° 的紧急空气点，这两个弹簧也用于发生故障（控制已停用）时将节气门复位到该位置。

DME 借助测得的实际位置将要求的节气门开度标准值转换为控制命令，此诊断监控两个霍尔传感器的电气功能（对地短路、对正极短路和断路）以及传感器信号的可信度。只要满足总线端 KL.15 接通以及未识别到任何电气故障等条件，诊断就连续进行。

如图 1-90 所示，霍尔传感器是非接触式传感器。出于安全考虑，霍尔传感器提供相互反向的信号（冗余）。第二个传感器在所有工作点下提供镜像电压值。发动机控制单元从霍尔传感器处得到 0～5V 之间的一个测量值，DME 借助学习到的下部极限位置和可设码的上升比率计算节气门开启角度下的这个电压。此诊断监控两个信号的下部和上部电压极限。

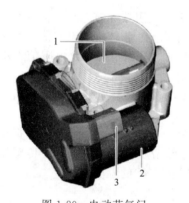

图 1-89　电动节气门

1—节气门；2—节气门调节器；3—6 芯插头连接

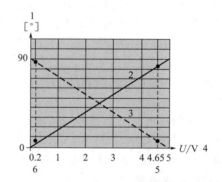

图 1-90　信号曲线及标准值

1—节气门开度；2—霍尔传感器 1 信号；3—霍尔传感器 2 信号；
4—信号电压；5—上部电压极限；6—下部电压极限

第六节　燃油混合气制备装置

N63TU2 发动机采用高压喷射装置 HDE，它与高精度喷射系统 HPI 的不同之处在于使用了多孔喷嘴式电磁阀喷射器。针对燃油质量不佳的国家提供单独的 DME 数据库。

图 1-91 概括了 N63TU2 发动机的燃油混合气制备装置，仅对燃油供给管路连接高压泵的方式进行了更改和调整。通过对高压泵上的流入孔进行重新定位使其从气缸列高温侧朝温

度更低的区域布置。采用 Bosch 带 CVO 功能的高压喷射阀 HDEV5.2。

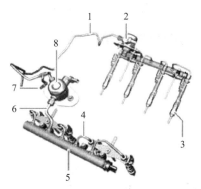

图 1-91　燃油混合气制备装置结构

1—燃油管路；2—油量调节阀；3—喷射器；4—共轨喷射器高压管路；5—共轨；
6—连接共轨的高压泵高压管路；7—燃油供给管路；8—高压泵

注意：只有发动机冷却后才允许进行燃油系统作业，冷却液温度不允许超过40℃。必须遵守这项规定，否则高压燃油系统内的剩余压力可能会造成燃油反向喷射。

进行高压燃油系统作业时，要特别注意保持清洁并遵守维修说明中列出的工作步骤。高压管路螺栓连接件上即使出现最微小的污物或损坏都可能会造成燃油泄漏。

进行发动机燃油系统作业时，必须确保点火线圈不被燃油弄脏。接触大量燃油会严重削弱聚硅氧烷（硅酮）材料的耐久性，这可能会导致火花塞头点火放电，从而造成点火断火。

改装燃油系统前必须取出点火线圈并盖上抹布，以防燃油进入火花塞孔。重新安装电磁阀喷射器前必须拆卸点火线圈并彻底清洁。必须更换被燃油严重污染的点火线圈。

一、燃油泵调节装置和高压泵

1. 燃油泵调节装置

燃油从燃油箱处通过电动燃油泵经供给管路以590kPa预压输送至高压泵内，由DME进行负荷转速调节，在此取消了低压传感器。

2. 高压泵

博世高压泵是一个单活塞泵，由排气凸轮轴通过一个三段凸轮进行驱动。为在任何发动机负荷状态下都确保提供充足燃油压力，N63TU2发动机每个气缸列各有一个高压泵。

二、喷射器

如图1-92所示，与HPI发动机向外敞开的压电喷射器不同，博世提供CVO支持的电磁阀喷射器HDEV5.2是一个向内敞开的多孔阀。而且HDEV5.2的喷射角度和喷射形状可变性较高，适用于最高20MPa的系统压力。这些喷射器已在N55、N63TU发动机和模块化发动机上加以使用。

电磁阀喷射器杆只能承受一定的拉力和转矩。拆卸和安装喷射器时必须按照维修说明中的特殊工作步骤进行，否则可能造成喷射器损坏。受结构条件所限，运行期间特别是在尘土较多的恶劣路段环境下可能会

图 1-92　电磁阀喷射器

有污物颗粒、沙粒等进入喷射器和火花塞安装孔内。拆卸前必须利用狭长压缩空气束从所有方位和角度向安装孔吹气，取下喷射器或火花塞后还要对开孔边缘进行抽吸。

三、N54、N63 发动机高精度燃油喷射

1. 直接喷射的基本原理

采用直接喷射装置时，高压燃油（5～20MPa）直接喷入燃烧室内。原则上可以按照混合气均匀混合或分层混合将汽油直接喷射分为两个方案，这两个方案在耗油量和排放量方面都具有突出特点。

采用直接喷射模式时喷射阀直接伸入燃烧室内，燃油在燃烧室内雾化。通过气体在燃烧室内移动使空气与喷入的燃油混合，从而在点火时刻形成均匀的（λ＝1）混合气，混合气形成过程和燃烧过程与带进气管喷射装置的传统发动机相似。由于燃油首先进入气缸并在气缸内蒸发，因此通过这种雾化方式可吸收气缸进气的热量。这样可以降低爆震程度，继而能够提高压缩比。发动机效率最多可提高10％。N63 发动机直接喷射系统如图 1-93 所示。

2. N54 高压油泵及回路

N54 高压油泵及回路示意如图 1-94 所示，EKP 产生的预压使燃油通过入口 6 输送至高压泵内。燃油从此处通过燃油量控制阀 4 和低压单向阀 2 进入泵元件的燃油室 14 内。燃油在该泵元件内加压并通过高压单向阀 9 输送至高压接口 7。高压泵通过驱动法兰 11 与真空泵相连，因此也由链条传动机构来驱动。也就是说，只要发动机运转，3 个高压活塞 12 就会在摆动盘 10 的作用下持续进行往复式运动。因此会随着新燃油通过燃油量控制阀 4 进入高压泵持续对燃油加压。燃油量控制阀由发动机管理系统接口 3 进行控制，从而提供所需燃油量。燃油量控制阀以打开或关闭燃油供给通道的方式调节压力。

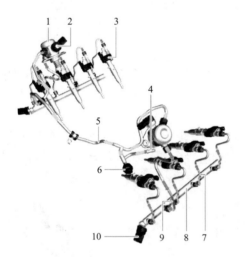

图 1-93　N63 发动机直接喷射系统

1—高压泵；2—燃油量控制阀；3—压电喷射器；4—自EKP 的燃油供给管路；5—供给管路；6—低压传感器；7—高压管路（共轨 - 燃油喷射器）；8—共轨；9—高压管路（泵 - 共轨）；10—共轨压力传感器

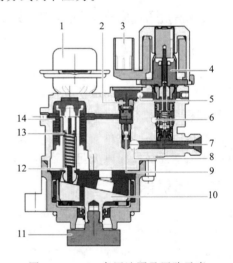

图 1-94　N54 高压油泵及回路示意

1—热补偿器；2—低压单向阀（3 个）；3—发动机管理系统接口；4—燃油量控制阀；5—溢流阀入口；6—EKP 供给管路；7—至共轨的高压接口；8—溢流阀出口；9—高压单向阀（3 个）；10—摆动盘；11—高压泵驱动法兰；12—高压活塞（3 个）；13—高压泵供油；14—燃油室（3 个）

高压区域内的最大压力不得超过 24.5MPa，如果压力过高，就会通过溢流阀经接口（8

和 5）向低压区域释放高压循环回路的压力。由于燃油无法压缩，因此这种方法完全可行。也就是说，燃油体积不会随着压力的改变而改变。向低压区域释放压力时通过该区域内的油液体积抵消所产生的压力峰值，因温度变化而造成的体积变化通过与高压泵供油装置相连的热补偿器 1 进行补偿。

如图 1-95 所示，由摆动盘驱动的高压活塞 2 在其上移期间将机油压入金属膜 1 内。金属膜体积增大后减小了可利用的燃油室空间。燃油在压力作用下压入共轨内，燃油量控制阀控制共轨内的燃油压力。发动机管理系统通过一个脉冲宽度（PWM）信号对其进行控制。根据控制信号使节流阀横截面以不同大小开启，并调节相应负荷点所需的燃油质量流量。此外还能降低共轨内的压力。

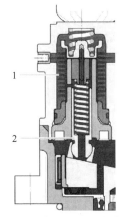

图 1-95　高压泵油系统结构

3. 喷射器　（N63）

只有采用向外打开式压电喷射器（图 1-96），才能进行喷束导向式直接喷射，从而实现高精度直喷（HPI）系统的整体创新。因为只有这种喷射器才能确保喷入的燃油锥束保持稳

图 1-96　N63 喷射器

定，即使燃烧室内受压力和温度的影响，这种压电喷射器也可产生最高 20MPa 的喷射压力并使喷嘴针以极快的速度打开，这样可摆脱受气门开启时间限制的工作循环而向燃烧室内喷射燃油。

压电喷射器与火花塞一起集成在进气门与排气门中间的气缸盖内，安装在此处可避免喷入的燃油沾湿气缸壁或活塞顶。通过气体在燃烧室内的移动以及稳定的燃油锥束可形成均匀的燃油空气混合气。气体移动一方面受进气通道几何形状的影响；另一方面受活塞顶形状的影响。喷入燃烧室内的燃油通过增压空气形成涡旋，直至点火时刻前在整个压缩室内形成均匀的混合气。

压电喷射器主要由三个组件构成。压电元件通电后膨胀使喷嘴针向外伸出阀座。为了能够承受相应阀门开启升程的不同运行温度，喷射器装有一个热补偿元件。安装和拆卸压电喷射器时必须更换特氟纶密封圈。即使是启动发动机后必须拆卸刚刚安好的喷射器，也要更换密封圈。

带有新特氟纶密封圈的压电喷射器必须尽快安装到位，因为特氟纶密封圈可能会膨胀，必须遵守相关维修说明，安装时必须确保压电喷射器准确就位。用于固定压电喷射器的夹紧支架必须紧靠在两个喷射器凸缘上，否则无法向压电喷射器施加所需作用力。不得清洁压电喷射器的喷嘴针端部。

四、N13 发动机燃油混合气制备装置

N13 发动机的燃油混合气制备装置如图 1-97 所示。使用博世高压喷射阀 HDEV5.1，该喷射阀是 N73 发动机所用喷射阀的后继开发产品。在 MINI N14 和 N18 发动机上也使用这种喷射阀。另一个与宝马传统系统不同的特点是取消了燃油低压传感器。

发动机冷却且断开蓄电池接线后才能进行燃油系统方面的工作，冷却液温度不得超过 40℃。必须遵守这项规定，否则高压燃油系统内的剩余压力可能造成燃油反向喷射。为了进行保护，应佩戴全脸防护面罩和防护手套。

进行高压燃油系统方面的工作时，要特别注意保持清洁并遵守维修说明中列出的工作步

骤。高压管路螺栓连接件上即使出现微小的污物或损坏都可能会造成燃油泄漏。

① 不允许任何污物颗粒或异物进入系统。

② 拆卸管路和单个部件前清除污物。

③ 只能使用无绒毛抹布。

④ 为燃油系统所有开口安装保护帽和堵塞。

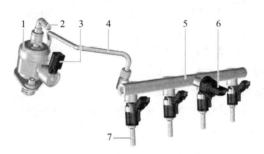

图 1-97　N13 发动机的燃油混合气制备装置

1—高压泵；2—低压管路接口；3—燃油量控制阀接口；4—高压泵共轨
高压管路；5—共轨；6—共轨压力传感器；7—电磁阀喷射器

五、N13 燃油泵控制系统

N13 发动机不再使用燃油低压传感器。燃油泵由一个继电器供电，始终以最大输送量模式运行，不进行燃油量调节或燃油量控制。

1. 高压泵

N13 使用博世高压泵，它是一个单活塞泵，由进气凸轮轴通过一个三段凸轮进行驱动。如图 1-98 所示，与 HPI 发动机向外敞开的压电喷射器不同，博世高压泵电磁阀喷射器 HDEV5.1 是一个向内敞开的多孔阀，而且 HDEV5.1 的喷射角度和喷射形状可变性较高，适用于最高 20MPa 的系统压力。

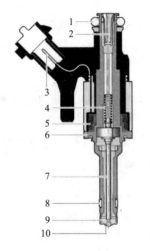

图 1-98　N13 发动机喷射器的结构

1—密封环；2—细滤网；3—电气接口；
4—弹簧；5—电磁线圈；6—壳体；
7—带有衔铁的喷嘴针；8—特氟纶环；
9—气门座；10—喷射阀喷油孔

2. 喷射器

喷射器固定在气缸侧面并伸入燃烧室内。采用全顺序式燃油喷射系统时，每个喷射器都通过各自的输出级由 DME 进行控制。同时根据运行状况（发动机转速、负荷和温度）调节相应气缸的点火时刻。由于必须在极短时间内喷射燃烧所需的燃油量，因此需要达到较高压力。

当电流经过电磁线圈 5 时，电磁线圈产生磁场，因此带有衔铁的喷嘴针 7 克服弹簧 4 的弹簧力从气门座 9 上升起，形成喷射阀喷油孔 10。由于共轨压力与燃烧室压力存在压力差，因此此时将燃油压入燃烧室内。切断电流时，喷嘴针被弹簧 4 压入气门座内，切断燃油。

喷射的燃油量取决于共轨压力、燃烧室内的背压以及喷射阀持续开启时间。与进气管喷射系统相比可以更迅速、更准确并以更佳燃油喷束喷射燃油。

通过采用带有大功率电容器的节拍式输出级可使获得的车载网络电压达到 85～100V。在输出级内一直有电流通过，直至达到某一关闭值。关闭后会产生一个例如 85V 的感应电压，利用该电压为高容量电容器（升压器）充电。电容器为喷射器提供 2.8～16A 的供电电流。数字式发动机电子系统对喷射器进行接地控制。

第七节　宝马发动机维修案例

一、2012 年款宝马 X5 VVT 故障

故障现象　一辆 2012 年款宝马 E70，行驶里程为 21176km。驾驶人反映车辆行驶中发动机故障灯点亮报警，中央信息显示屏提示发动机功率下降。车辆开启点火钥匙和关闭点火钥匙时，发动机舱传出"嗒嗒嗒"异响。车辆启动、行驶加速正常。

故障诊断　接车后首先验证驾驶人反映的故障现象，怠速状态下发动机故障灯持续点亮。连接 ISID 进行诊断检测，读取发动机控制系统的故障存储：2E0F，含义为电子气门控制系统退出工作状态，调校故障出现频率过高。查看故障码的细节描述如表 1-7 和表 1-8 所示。

表 1-7　2E0F 电子气门控制系统退出工作状态，调校故障出现频率过高

故障描述	诊断系统监控电子气门控制系统是否运转灵活。故障监测条件技术细节对于售后服务时的故障查询没有意义
故障识别条件	电压条件:车载网络电压为 9～16V。温度条件:无。时间条件:无。其他条件:无。总线端状态:总线端 KL.15。
故障码存储记录条件	立刻记录故障
保养措施	检查 DME 和电子气门控制伺服电机之间的电线束;更新电子气门控制伺服电机和偏心轴,此后进入磨合阶段

表 1-8　环境条件

项目	最后一条/当前故障记录	项目	最后一条/当前故障记录
发动机转速	0r/min	汽车工程师学会设码编号	—
VVT 继电器后的电压	12.6V	计数器	40
机油温度	108℃	频率	1
偏心角 VVT 实际值	135Grad	里程数	21176km

选择故障内容执行检测计划，建议进行下列检测：

① 功能测试；

② 检测导线和插头连接；

③ 检查电子气门控制伺服电机。

执行电子气门功能测试，ISTA 系统显示执行电子气门功能测试失败。电子气门控制系统处于紧急运行状态。当前存在故障，无法控制伺服电机，无法执行功能检查。

进行故障存储的删除，由于故障类型为当前存在，所以故障存储无法删除。

接下来检测 VVT 控制系统的导线和插头连接。检查 VVT 到 DME 之间的导线连接，正常。测量 VVT 电机电阻，各相之间的阻值均为 0.6Ω，在正常范围之内。拆下气门室盖检查 VVT 和偏心轴机械结构，只有轻微的磨损痕迹，用手感觉 VVT 电机轴及偏心轴扇形齿，没有明显的磨损感觉。用工具转动 VVT 电机有明显的卡滞现象。所以最终分析认为该

故障的原因是由于 DME 内部控制引起的。

故障排除 更换 DME 控制模块，对车辆进行编程设码，发动机故障灯自然熄灭，故障排除。

二、2017 年款宝马 B48 发动机进水且怠速抖动

故障现象 一辆 2017 年款宝马，车型为 G12，配置 B48 发动机，行驶里程为 15860km，发动机进水且怠速抖动。

故障诊断 发动机怠速不稳定，观察 4 个缸的平稳值有大有小，都在 1～25 内来回变动，断缸测不出问题。

故障可能原因包括：进气系统、排气系统、燃油供给系统、电路故障以及机械问题。此车发动机进水且熄火后，驾驶人又启动了 3 次没有着车，于是就拖车进店。拆下火花塞观察发现 4 个缸内燃烧室存满积水，建议驾驶人拆检发动机，但驾驶人考虑是刚买的新车不想拆解发动机总成，让清除积水后着车看看。于是把发动机增压器的管路及进气管的积水清理后就打着车了，打着后一直怠速不稳。拆掉所有火花塞，更换及对调部件故障依旧存在。测量缸压，正常；测量油路，也正常，心想会不会是连杆变形造成的，但用肉眼看是没有明显问题的。仔细观察发现空气质量的数据为 21kg/h，比较高，正常不开空调数据一般都在 12kg/h 左右。看来重点应该检查发动机的进气系统、排气系统、曲轴箱通风系统、气门升程系统，这些系统都会导致这个进气量问题。由于排查的配件太多，因此就把能看到的所有管路断开检查，看看发动机的抖动有没有变化，结果没有发现任何不正常的情况。再回头仔细想想，既然从大部分配件外观发现不了问题，那问题会不会出在机器内，会不会是电子气门调节不正常导致的数据大。于是开始查 ISTA 宝马专业资料，看看到底新款发动机和之前的发动机采用的技术是不是有很大的区别。

新一代（第 4 代）的电子气门是通过一根电动可调式偏心凸轮轴调节工作的，凸轮轴对凸轮轴推杆通过一根中间杠杆来改变，由此产生一个可变气门升程。对比 N20 发动机第 3 代的气门升程功能结构差不多，唯一不一样的就是电机安装在缸盖外部，可以单独拆下来，不用像第 3 代需要拆掉气门室盖。了解了各个部件的详细功能后对电子气门系统磨合匹配后就正常了，空气质量达到 13g/h，怠速时发动机不抖动了。究其原因可能是之前进水造成的故障，水不能压缩而导致的故障，发动机进水后驾驶人又启动了几次，电子气门没有正常调节各个气门升程的角度，从而直接引起发动机工作不平稳，还没有故障码，所以查找故障点比较费劲。

故障排除 软件匹配。

维修总结 该故障其实并不很复杂，只是没有对最新款的发动机提前查资料学习。宝马发动机更新换代比较快，宝马有六七种比较常用的发动机，功能特点都有些不一样，要想全部"吃透"只能多学习，尤其近几年又出现了最新款 B 系列的各种发动机，都应该多学习、多研究里面的功能结构、原理和复杂的电路图。

三、2018 年款宝马 X6 多媒体屏幕提示发动机温度过高

故障现象 一辆 2018 年款宝马 X6 运动型多功能车，搭载 N20 发动机，行驶里程约 3 万千米。用户反映车辆多媒体屏幕提示发动机温度高。

故障诊断 维修人员接车后检查故障现象，可以看到车辆多媒体屏幕确实提示发动机温度过高。外出试车，在空旷道路上以 80km/h 左右的速度匀速行驶，不开空调，将数字仪表板设置为显示发动机水温，水温在 105～114℃ 之间变化，偶尔会突然升到 125℃，随后又马上下降到 114℃ 以下，电子扇以高速挡常转。

继续行驶，通过宝马品牌专用诊断仪读取电子水泵转速，该数据始终处于约38r/min的低速挡。根据宝马N20发动机的控制逻辑，当水温达到预设值，即开启大循环，发动机控制单元ECU会提高电子水泵的转速，增强冷却液的循环，让所有冷却液都经过散热器，加强冷却系统的散热效果。但当前水温已经过高，水泵却只以最低转速工作。

将车辆开回维修厂，找到一辆使用同款N20发动机的宝马5系轿车，对比水温及冷却系统循环状态。经对比发现，冷却系统无故障的N20发动机会在水温达到110℃后切换成大循环，电子水泵的转速可达约100r/min。

维修人员继续检查，发现电子扇周围的风不是很热，表明冷却系统未开启大循环。测量电子节温器供电，正常；怀疑是节温器损坏，将其更换后试车，故障依旧。接下来怀疑是水泵内部故障无法提升转速，更换水泵，故障依旧。

已更换节温器和水泵，但水温依旧会快速升高，不得不怀疑散热器堵塞。注水检查水箱畅通性，正常。加灌热水测试，发现温度可以均匀传递。水箱内部通畅，热传导正常。用节温器在水壶内煮，加热到98℃时节温器开始打开，说明石蜡体热物理性能良好，机械结构无卡滞。

至此，与冷却性能相关的执行器都已排查，未见异常。接下来，需要检查控制系统的状态。检查ECU的软件版本，发现不是最新版，将其升级后外出试车，故障依旧。

继续利用那辆发动机无故障的宝马5系轿车，用示波器测量对比两辆车的冷却系统执行器控制波形。维修人员发现，正常的车辆在水温达到90℃时，水泵转速约为97r/min；电子节温器的加热占空比在46%左右（水温越高，此占空比越低，对石蜡体的加热温度越高）。反观故障车，水温已达114℃，但电子水泵转速仅有38r/min，电子节温器占空比为98%，可以视为未加热。

经检查发现，故障车辆做过多项改装，包括全液晶仪表、抬头显示器以及音响等。这些改装大多都是电子设备，表面上看与发动机高温无关，但不能排除因改装而更改ECU参数的情况。

接下来，维修人员对比正常车与故障车的ECU软件参数，发现确实存在差异。按照故障车发动机的ECU参数，对无故障的宝马5系轿车进行编程，发现原本正常的宝马5系轿车出现了与故障车一致的冷却系统控制错误。冷却水温已升至110℃，却不开启大循环，这时测量电子节温器的加热占空比，结果为与故障车一致的98%。将宝马5系轿车的ECU参数还原，冷却系统恢复正常。维修人员将宝马X6的ECU参数修改为与无故障车辆一致，冷却系统控制恢复正常，但发动机过热依旧存在。

询问用户车辆的改装情况，用户表示除了电子设备外，还曾经刷写过高功率的ECU程序。当前，车辆的ECU程序已经恢复为原厂功率水平，但近期多媒体屏幕突然出现了发动机过热的提示。

观察防冻液罐，发现液面明显偏低。结合车辆曾人为提高发动机功率，怀疑是气缸垫出现了泄漏。用专用量具测量气缸压力损失，发现第2缸的压力损失为50%。打开气缸盖，看到气缸垫在第2缸处有结构损坏。

故障排除 提高发动机功率，缸内压力升高，导致气缸垫损伤，密封性变差。缸内的气体进入水道，阻塞在水泵叶片处，造成泵水量下降。ECU监测到水泵负载异常，于是降低其转速。更换气缸垫，排出冷却系统内的气体，外出试车，水温恢复正常，多媒体屏幕上的提示也不再出现，故障排除。

四、2016年款宝马X1车发动机偶尔无法启动

故障现象 一辆2016年款宝马X1车（车型代号为F49），搭载B38发动机，行驶里程

约 5 万千米。车主反映，启动发动机，发动机偶尔无法启动，针对上述故障已来店检修过 1 次，但回家后发现故障现象依旧存在，于是再次进店检修。

故障诊断 接车后首先与车主一同试车，让车主启动发动机，维修人员在一旁观察，结果发现车主在启动发动机过程中有个习惯性的动作，就是长按启动按钮，此时发动机无法启动，且与蓄电池电压过低造成的发动机无法启动相似。试着让车主短按启动按钮，发动机能顺利启动着机。在确认到上述故障现象后，用宝马专用故障检测仪（ISTA）进行检测，无任何故障码存储。根据启动系统控制示意（图 1-99），并结合该车的故障现象分析，推测故障的可能原因有：起动机故障；起动机上的启动控制信号线（KL.50L 线）或主供电线（B+线）故障；启动按钮及其线路故障；挡位信号异常；制动灯开关及其线路故障；车身域控制器（BDC）故障。

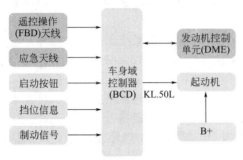

图 1-99 启动系统控制示意

本着由简入繁的诊断原则，首先用蓄电池检测仪对蓄电池进行检测，检测结果显示蓄电池状态良好。接着检查起动机上的 KL.50L 线和 B+线以及车身搭铁线，未发现异常。按下启动按钮，将电源模式切换至"ON"挡，用 ISTA 读取变速器控制单元（EGS）数据流（图 1-100），发现选挡杆位置为"P"，变速器实际挡位为"驻车"，当前行驶挡为"P"，与车辆的实际挡位一致，说明挡位信号正常；读取 BDC 数据流（图 1-101），当踩下、松开制动踏板时，制动灯开关状态在"已操作"和"未操作"之间变化，说明制动灯开关信号也正常；用 ISTA 诊断计划对启动按钮进行测试（图 1-102），启动按钮状态也能正常变化，说明启动按钮信号正常。

图 1-100 读取的 EGS 数据流

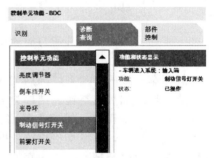

图 1-101 读取的 BDC 数据流

考虑该车故障现象比较特殊，那会不会是控制模块软件方面的故障呢？尝试对车辆编程设码后试车，故障依旧。另外，在编程设码后，维修人员无意间发现一个现象：在将充电器连接在车上时，不管是短按启动按钮还是长按启动按钮，发动机均能顺利启动着车。观察到该现象后，维修人员怀疑很可能还是哪个部位的线路接触不良，进而产生了电压降。于是用砂纸打磨蓄电池的供电线路、车身搭铁等部位，处理完毕后试车，故障依旧。尝试更换正常车的起动机后试车，故障依旧。诊断至此，维修彻底陷入了僵局。

重新整理维修思路，该车是在长按启动按钮时出现发动机无法启动，而故障与蓄电池电量不足比较相似，那会不会是启动过程中产生了电压降，让启动条件中的某个输入信号出现了失真呢？带着这样的疑问，拆除充电器，用 ISTA 进入 BDC 调出制动灯开关数据，并在启动发动机过程中观察该数据，果然发现制动灯开关数据会变为"短路"（正常情况下，制动灯开关数据应在"已操作"和"未操作"之间变化）。执行启动按钮的诊断计划"ABL 启动/停止按钮",踩下制动踏板,长按启动按钮,在启动发动机过程中,发现启动按钮数据也会有"短路"记录,且"短路"次数显示为 7 次(图 1-103)。

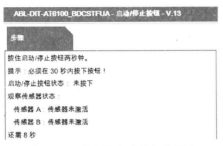

图 1-102 读取的启动按钮数据流

图 1-103 读取故障时的启动按钮数据

查阅相关电路(图 1-104),将宝马专用示波器(IMIB R2)测试线的红表笔分别连接至 BDC 导线连接器 A258 * 3B 端子 22 和导线连接器 A258 * 7B 端子 45 上,黑表笔连接至车身搭铁,长按启动按钮,测得发动机无法启动时的制动灯开关和启动按钮 SSP1 信号波形,如图 1-105 所示。找来一辆正常车进行对比测量,发现正常车辆的制动灯开关信号波形只会在 9V 上下轻微波动,不像故障车那样会拉低至 0V,且 SSP1 信号也不会突然长时间拉低至 0V。分析认为,在长按启动按钮过程中,由于 BDC 接收到了异常的制动灯开关信号和启动按钮信号,从而停止给起动机上的 KL.50L 线供电,故起动机停止运转,发动机无法启动。鉴于在未启动发动机时读取的制动灯开关信号和启动按钮信号均正常,且制动灯开关和启动按钮同时损坏的可能性非常小,怀疑是 BDC 及其线路故障。再线测量 BDC 的供电和搭铁,均正常,由此判定为 BDC 内部故障。

故障排除 更换 BDC 后反复试车,不管是短按启动按钮,还是长按启动按钮,发动机均能正常启动着车,至此故障排除。

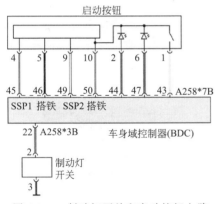

图 1-104 制动灯开关和启动按钮电路

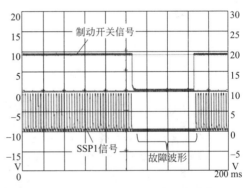

图 1-105 测得的制动灯开关和启动按钮

五、2010 年款进口宝马 X5 发动机故障灯亮

故障现象 一辆 2010 年款进口宝马 X5,VIN 为 WBAZV4101BL××××××(图 1-106),搭载 N55B30A 型发动机、8HP 型自动变速器,行驶里程约 22.2 万千米。据车主反映:该车发动机故障灯常亮,车辆行驶过程中出现明显异常现象,在超车时急加速明显感觉发动机动力不足,且油耗明显增加,发动机故障灯未亮之前油耗一般在 11L/100km 左

右，现在高达 15L/100km 之多。

故障诊断　接车后，首先用发动机诊断仪读取发动机电脑的故障码，系统内存储有故障码 0028A0——进气管绝对压力，可信度压力过高（图 1-107）。用发动机诊断仪可以清除此故障码，但是发动机只要一启动，仪表台上的故障灯就又会被点亮。

图 1-106　故障车铭牌

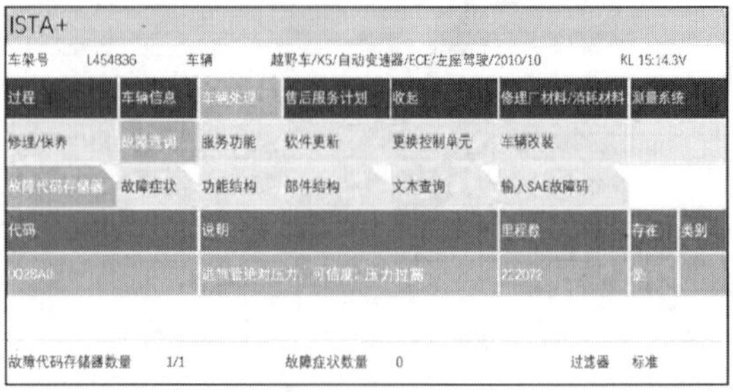

图 1-107　故障车发动机电脑中存储的故障信息

根据既往的维修经验，宝马 N55 发动机出现故障码 0028A0，多是由进气系统漏气、增压压力转换阀堵塞或涡轮增压系统工作不良等引起的。对故障车进行路试，与车主反映的情况一样，发动机急加速无力，提速慢。

路试后，回厂检查进气系统，用真空压力和检漏设备检查进气系统，未发现有漏气现象；检查涡轮增压系统，发现故障车发动机启动和熄火时，涡轮增压调节阀杆没有伸缩动作。正常情况下，发动机启动后涡轮增压调节阀杆会缩回去，熄火后会再伸出来。由此可见，涡轮增压控制系统工作不正常，该车涡轮增压压力调节阀是由真空控制的，由专门的真空泵、真空管和真空控制电磁阀组成。为此，首先检查真空管路，发现连接正常牢固，未见异常。拆下真空控制电磁阀上的真空管，准备检查真空泵的真空度。当拔下真空管时发现此处有大量机油流出（图 1-108）。

真空管路内存有大量机油，显然属于不正常现象，需做进一步检查。启动发动机，用手去感觉此处的真空源，此处基本没有真空吸力。由此初步判断是真空泵或管路的问题。真空泵到气门室盖之间只有一根粗管子，检查发现此处连接良好，看来故障点在真空泵上。拆检真空泵，发现真空泵本身一切正常，没有损坏的迹象。真空泵接口处装有真空单向阀，拆检单向阀发现了问题。该单向阀膜片已经老化开裂（图 1-109），由于单向阀不能正常工作，真空度也就无法建立，从而影响涡轮增压器系统的正常工作。

图 1-108　拔下真空管后发现有大量机油流出

图 1-109　故障车上开裂的单向阀膜片

故障排除　由于该车型的单向阀没有单独的配件供应，只能更换真空泵总成。装车后启动发动机，涡轮增压调节阀杆立即缩回，踩油门急加速时，涡轮增压调节阀杆会伸缩，说明其工作正常。上路进行试车，急加速超车时发动机动力充沛，仪表显示发动机油耗为 11L。

清除故障码后故障码不再出现，发动机故障灯也不再点亮。至此，该车故障被彻底排除。

故障总结　在实际维修过程中，宝马 N55 发动机涡轮增压调节电磁阀损坏的案例比较多，这应该与其安装位置离排气歧管太近有关。真空泵工作时主要依靠机油密封，真空单向阀膜片断裂脱落不起作用时，少量的机油会在真空泵膜片高速离心力作用下，顺着真空管进入气门室盖上的真空室内，天长日久，越集越多，因此在拔下真空管时就会发现有机油流出。

六、宝马 X5 发动机故障灯亮

故障现象　一辆 2009 年款宝马 X5 运动型多功能车，车型为 E70，搭载 N55 发动机，行驶里程 21 万千米。用户反映该车发动机故障灯亮。

故障诊断　维修人员首先检测发动机控制单元，发现有 2 个故障码：2D5A——进气凸轮轴相位调整装置卡滞；2C58——进气增压功能已关闭。查看故障码出现时的冻结帧数据发现，当时发动机的转速为 960r/min，凸轮轴相位调整的目标值为 -35°，而实际值却为 -68°。直观上看，是凸轮轴相位执行存在严重误差。

拆卸气门室盖检查进气凸轮轴相位调整机构的相关部件，没有发现明显异常。但将曲轴转到上止点时发现，进气凸轮轴没有处在起始位置。用开口扳手转动进气凸轮轴，发现顺时针和逆时针方向都能转动，说明它没有正常锁止。对比排气凸轮轴的情况，它是正常锁止在初始位置的。用开口扳手强行将进气凸轮轴逆时针转到锁止位置时，发现相位执行器附近的油道挤压出了很多机油。待机油流尽后，凸轮轴正常锁止了。查阅资料得知，发动机在怠速运转时，2 个凸轮轴都应处于锁止状态。这样看来车辆静止时，凸轮轴也应该是锁止的。

断开喷油和点火信号后，用起动机带着发动机运转片刻，发现进气凸轮轴又离开了初始位置且无法锁止。根据资料显示，进排气相位调整电磁阀结构是相同的（图 1-110），将进排气凸轮轴的相位调整电磁阀对调后再试，问题转移到了排气一侧，进气凸轮轴则正常，说明问题出在电磁阀身上。

故障排除　更换相位调整电磁阀后试车，故障排除。

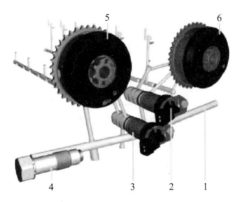

图 1-110　相位调整电磁阀

1—主机油通道；2—进气侧 VANOS 电磁阀；3—排气侧 VANOS 电磁阀；4—链条张紧器；
5—排气侧回流关断阀；6—进气侧回流关断阀

第二章
宝马传动系统

第一节　8HPTU 自动变速箱

　　采用改进型 8HPTU 自动变速箱，其外形结构如图 2-1 所示，不同发动机配用的变速箱型号见表 2-1，这些型号用于中国规格的发动机。

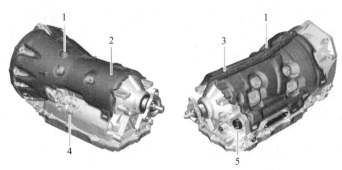

(a) 用于六缸发动机的8HPTU　　　　　(b) 用于八缸发动机的8HPTU

图 2-1　带隔音外壳的 8HPTU 自动变速箱

1—变速箱通风装置；2—隔音外壳（三件式）；3—隔音外壳（两件式）；
4—应急开锁机械装置；5—电气接口（机械电子模块连接车载网络）

表 2-1　不同发动机配用的变速箱型号

发动机型号	GA8HP50Z	GA8HP75Z
四缸汽油发动机（B48）	●	
六缸汽油发动机（B58）	●	
六缸柴油发动机（B57）		●
八缸汽油发动机（N63TU2）		●

一、技术亮点

　　通过离心摆式减振器在发动机附近隔离发动机运转不平稳性，改善了行驶舒适性；通过稍稍增大传动比差值（两个经过调整的行星齿轮组）改善了换挡舒适性；通过最佳挡位间隔和挡位划分提高了效率；通过变速箱上的隔音外壳减少车辆专用隔音措施；在 Connected Shift 方面扩展功能；通过驾驶员体验开关或换挡拨片等新型操作方式增强客户体验。这些后续研发成果提高了八挡自动变速箱的舒适性、动力性和效率。表 2-2 概括了不同型号变速箱代码的构成说明。

表 2-2 不同型号变速箱代码的构成说明

位置	含义	索引	说明
1	名称	G	变速箱
2	变速箱类型	A	自动变速箱
3	挡位数	6 8	六个前进挡 八个前进挡
4	变速箱类型	HP	液压行星齿轮箱
5＋6	可传递转矩	19 26 32 45(GMPT) 45(ZF) 50 70 90 95	300N·m 600N·m 720N·m 350N·m 450N·m 500N·m 700N·m 900N·m 950N·m
7	制造商	G J R Z H	Getrag Jatco GMPT ZF 自制件

二、技术数据与切换组合

1. 技术数据

8HPTU 模块化变速箱 8HP50 和 8HP75 取代现有的首次应用于 2009 年 F07 的八挡自动变速箱 8HP45 和 8HP70。表 2-3 对两代变速箱进行了比较。表 2-4 展示了不同自动变速箱不同行驶挡位的传动比。

表 2-3 两代变速箱的技术比较

技术数据	单位	8HP50(新)	8HP45(旧)	8HP75(新)	8HP70(旧)
汽油发动机最大输入功率	kW	260	240	350	380
柴油发动机最大输入功率	kW	180	170	280	240
汽油发动机最大输入转矩	N·m	500	450	700	700
柴油发动机最大输入转矩	N·m	500	500	740	—

表 2-4 不同自动变速箱不同行驶挡位的传动比

行驶挡位	8HP50(新)	8H75/95(新)	8HP45(旧)	8HP70/90(旧)
一挡	5.000	5.000	4.714	4.714
二挡	3.200	3.200	3.143	3.143
三挡	2.143	2.143	2.106	2.106
四挡	1.720	1.720	1.667	1.667
五挡	1.314	1.313	1.285	1.285

行驶挡位	8HP50(新)	8H75/95(新)	8HP45(旧)	8HP70/90(旧)
六挡	1.000	1.000	1.000	1.000
七挡	0.822	0.823	0.839	0.839
八挡	0.640	0.640	0.667	0.667
倒车挡	3.456	3.478	3.295	3.317
P	—	—	—	—
N	—	—	—	—
挡位间隔	7.81	7.81	7.07	7.07

挡位间隔对最低与最高挡位之间的比例进行了定义。可按如下方式计算挡位间隔。

一挡传动比：八挡传动比＝挡位间隔。

如以 8HP50（新）变速箱为例计算挡位间隔：5.000：0.640＝7.81。

2. 切换组合

自动变速箱 8HPTU 的内部结构如图 2-2 所示，表 2-5 列出不同挡位换挡执行元件的工作情况。变速箱电子控制系统 EGS 系统电路如图 2-3 所示。

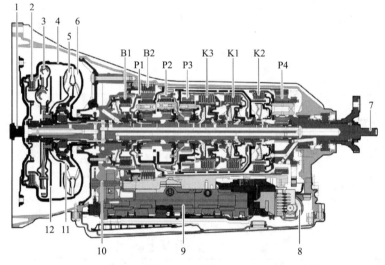

图 2-2   自动变速箱 8HPTU 内部结构

1—导向销；2—液力变矩器锁止离合器；3—弹簧/减振系统；4—液力变矩器；5—涡轮；6—泵轮；7—变速箱输出轴；8—液压蓄压器；9—机械电子模块；10—叶片泵；11—导轮；12—离心摆式减振器；B1—制动器1；B2—制动器2；K1—离合器1；K2—离合器2；K3—离合器3；P1—行星齿轮组1；P2—行星齿轮组2；P3—行星齿轮组3；P4—行星齿轮组4

表 2-5   不同挡位换挡执行元件的工作情况

行驶挡位	制动器		离合器		
	B1	B2	K1	K2	K3
一挡	●	●	●	—	—
二挡	●	●	—	—	●
三挡	—	●	●	—	●
四挡	—	●	—	●	●

行驶挡位	制动器		离合器		
	B1	B2	K1	K2	K3
五挡	—	●	●	●	—
六挡	—	—	●	●	●
七挡	●	—	●	●	—
八挡	●	—	—	●	●
倒车挡	●	●	—	●	—
P	●	—	—	—	—
N	●	—	—	—	—
挡位间隔					

注："●"表示不同挡位制动器和离合器工作。

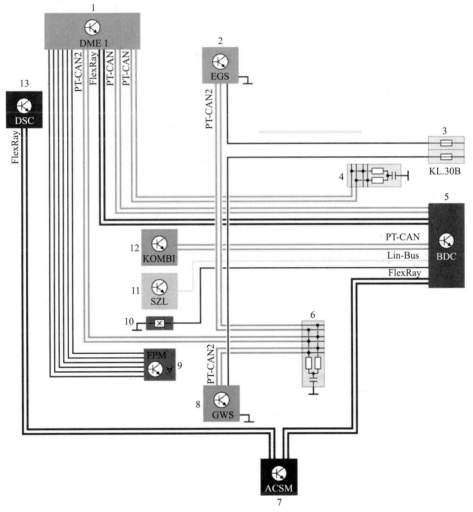

图 2-3　变速箱电子控制系统 EGS 系统电路

1—发动机控制单元（DDE/DME）；2—变速箱电子控制系统 EGS；3—右前配电盒；4—CAN 终端电阻 4；5—车身域
控制器 BDC；6—CAN 终端电阻 5；7—高级碰撞和安全模块 ACSM；8—选挡开关 GWS；9—加速踏板模块；
10—制动信号灯开关；11—转向柱开关中心；12—组合仪表 KOMBI；13—动态稳定控制系统 DSC

三、带离心摆式减振器的液力变矩器

为了降低耗油量和二氧化碳排放量，主要使用高负荷发动机、减少气缸数量并降低可行驶转速。但这些措施会使因做功行程加速以及压缩行程减速而产生的曲轴转动不均匀性增高。这种转动不均匀性会导致所连接的传动系统扭转振动。因此需要将接近来源即液力变矩器内产生的扭转振动降至最低，采用如图 2-4 所示的带离心摆式减振器的液力变矩器。

液力变矩器锁止离合器分离时，在液力变矩器内泵轮与涡轮之间出现转速差或滑转率。通过该滑转率和液力动力传输可以补偿发动机的扭转振动。但是该滑转率会对效率产生不利影响。液力变矩器锁止离合器接合时，泵轮与涡轮形成动力连接。这样可以避免滑转率，但是不再具有减振效果，因此安装了一个可以减小发动机扭转振动的弹簧/减振系统。如图 2-5 所示，离心摆式减振器固定在涡轮与弹簧/减振系统之间。

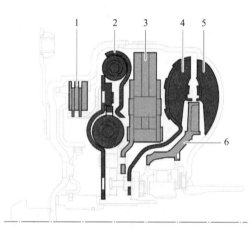

图 2-4　带离心摆式减振器的液力变矩器
1—液力变矩器锁止离合器；2—弹簧/
减振系统；3—离心摆式减振器；
4—涡轮；5—泵轮；6—导轮

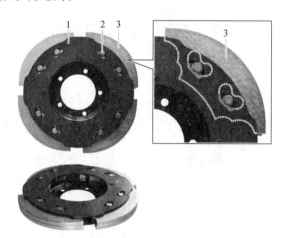

图 2-5　离心摆式减振器
1—轨道板；2—滚子；3—减振器配重块

如图 2-6 所示，离心摆式减振器由两个相互固定在一起的轨道板组成，减振器质量可在两个轨道板之间的规定轨道上移动。在轨道板和减振器配重块上都集成有作为运行通道的弧形曲线轨道。减振器配重块分别通过两个滚子与轨道板连接，可沿曲线轨道来回移动。

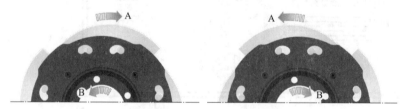

图 2-6　离心摆式减振器功能
A—摆动的减振器配重块；B—发动机的扭转振动

离心摆式减振器由多个摆动的配重块（减振器配重块）组成。其振动方向与发动机的扭转振动相反，并对后者进行补偿。转速较低时，严格来说即出现明显干扰性振动时，减振器配重块的摆幅非常大。

消除扭转振动具有以下优点。

① 液力变矩器锁止离合器可在较大转速范围内保持接合状态。

② 可降低液力变矩器锁止离合器内的滑转率，进而降低液力变矩器内的滑差率，从而提高效率。

③ 可以较低发动机转速行驶。

这些措施可降低耗油量并改善车内隔音效果。

四、运动型自动变速箱

选装 Steptronic 运动型变速箱（SA 2TB）时在方向盘上带有两个换挡拨片以及如快速起步控制功能等附加功能。

1. 快速起步控制功能

作为附加客户功能，选装 Steptronic 运动型变速箱（SA 2TB）的车辆提供快速起步控制功能。在良好环境条件下且变速箱达到运行温度时，客户可通过该功能实现 0～100km/h 制造商规定值（赛车起步）。图 2-7 展示了启用快速起步控制功能的五个步骤，这样可获得额外加速且换入临近高挡位时不会降低发动机转矩。摩擦系数适配可实现与当时环境条件相符的最佳动力性发动机转矩。

2. 换挡拨片的扩展功能

如图 2-8 所示，驾驶员可通过换挡拨片切换为手动换挡模式。驾驶员可通过操作"＋/－"换挡拨片手动换入更高或更低挡位。按压"＋"表示换高挡，按压"－"表示换低挡。

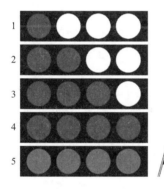

图 2-7　启用快速起步控制功能

图 2-8　运动型自动变速箱的换挡拨片

1—启用动态牵引力控制系统 DTC（短促按压 DSC 按钮）；2—选挡杆处于位置 S（运动）；3—用脚踩实制动器并踩住不动；4—将加速踏板踩到底直至强制降挡位置；5—松开制动器并使加速踏板保持在强制降挡位置

（1）在行驶挡位 DD（行驶）下进入手动换挡模式　在行驶挡位 D（行驶）下操作两个换挡拨片中的任何一个（＋或－），变速箱电子控制系统 EGS 就会切换为有时间限制的手动换挡模式。如果未操作两个换挡拨片中的任何一个，就会根据路段类型提前或延迟（规定值约为 20s）自动离开该模式。通过转向移动和作用在车辆上的动态加速力可识别出路段类型。通过长时间拉起换挡拨片"＋"可提前离开手动模式。

（2）在行驶挡位 S（运动）下进入手动换挡模式　在行驶挡位 S（运动）下操作两个换挡拨片中的任何一个（＋/－），变速箱电子控制系统 EGS 就会持续切换为手动换挡模式。通过长时间拉起换挡拨片"＋"可重新离开手动模式。

（3）进入滑行模式　驾驶员可通过以下配置手动控制滑行模式：

① 选挡开关处于行驶挡位 D（行驶）；

② 驾驶体验开关处于 ECO PRO 模式；

③ 未操作加速踏板；

④ 在 ECO PRO 配置菜单（CID）内启用滑行模式；

⑤ 多次操作换挡拨片＋，直至不再进行逻辑升挡。

车辆此时切换为滑行模式。在滑行模式下发动机与变速箱分离，此时发动机以怠速转速继续运转。通过操作换挡拨片"－"或加速踏板重新离开滑行模式。如图 2-9 所示，通过组合仪表 KOMBI 内的宝马高效动力显示告知驾驶员具体模式。

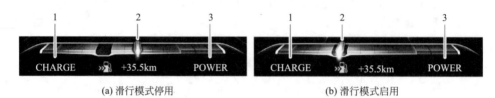

(a) 滑行模式停用　　　　　　　　　　　　(b) 滑行模式启用

图 2-9　宝马高效动力显示

1—能量回收利用显示（车载蓄电池充电）；2—宝马高效动力标记；3—加速显示

3. 以限制转速行驶

配置启用动态牵引力控制系统 DTC（短促按压 DSC 按钮），启用手动换挡模式以及驾驶体验开关处于运动模式时，运动型自动变速箱可实现以限制转速行驶。

五、连接位移

连接移位（Connected Shift）使用导航数据、雷达传感器系统执行前瞻性换挡策略。

1. 使用导航数据

如图 2-10 所示，Connected Shift 使用导航数据执行自动变速箱的前瞻性换挡策略。例如识别出前方有急转弯时，自动变速箱就会提前换入低挡并在转弯过程中保持挡位不变。

该功能无须启用导航系统的目的地引导，但是通过启用目的地引导或操作转向信号灯识别出转弯要求有助于进行更准确的系统调节。导航地图数据的更新情况也会影响调节精度。根据道路情况，Connected Shift 具有不同优点（表 2-6）。

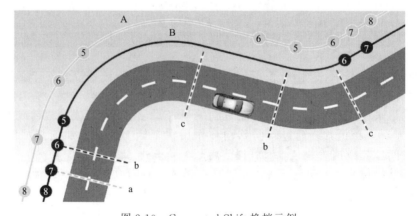

图 2-10　Connected Shift 换挡示例

A—没有 Connected Shift 的换挡时刻；B—带有 Connected Shift 的换挡时刻；

a—松开加速踏板（滑行模式）；b—轻轻踩下制动踏板；c—踩下加速踏板

表 2-6 Connected Shift 具有的优点

交通路线	优 点
转弯/后续转弯	入弯前发挥较大发动机制动作用 牵引力储备用于出弯时加速 转弯时优化换挡特性
十字路口	通过启用目的地引导或操作转向信号灯识别出转弯要求时： 在十字路口前发挥较大发动机制动作用； 在十字路口处优化换挡特性
驶入/驶出高速公路	驶入/驶出前发挥较大发动机制动作用 并道时储备牵引力
环岛	在进入环岛前发挥较大发动机制动作用 驶入前储备牵引力 在环岛和出口处优化换挡特性

Connected Shift 可在入弯前换入低挡并避免连续转弯时频繁换挡，这样可在入弯前发挥较大发动机制动作用，在转弯时降低换挡频率并优化出弯行驶。

2. 使用雷达

宝马车辆首次提供了基于雷达的 Connected Shift（图 2-11）。使用该功能的前提条件是配备前部和后部雷达。表 2-7 列出了车辆配置与雷达系统的关系。

表 2-7 车辆配置与雷达系统的关系

配置型号	前部中间雷达	前部侧面雷达	后部雷达
标准配置	—	—	—
行驶辅助系统	—	—	●
具有停车和起步功能的主动定速巡航控制系统 ACC	●	—	—
高级行驶辅助系统	●	●	●

注："●"表示该系统配置相应型号雷达

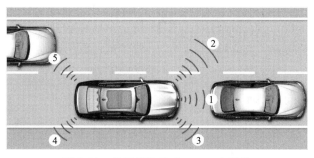

图 2-11 基于雷达的 Connected Shift
1—前部中间雷达；2—左前侧面雷达；3—右前侧面雷达；4—右后侧面雷达；5—左后侧面雷达

车辆通过前部雷达识别出即将撞向障碍物时，变速箱控制控制系统 EGS 就会自动换入较低挡位。较低挡位具有以下优点。

① 在驾驶员不准备超车的情况下，较高发动机制动力矩可降低车速。

② 在即将超车的情况下，可向驾驶员提供较高发动机牵引力储备。

除前部雷达外，系统还使用侧面雷达从而例如在进行最佳选挡的情况下并入车流。

3. 特性和可用性

在运动和舒适模式下针对具体驾驶模式调节 Connected Shift 特性，在 ECO PRO 模式下无法提供 Connected Shift。在定速巡航控制系统调节模式下也无法提供 Connected Shift。

前提条件是导航地图数据针对所在国家提供所需附加信息，这取决于导航地图供应商，并非适用于全球所有国家。配备基于雷达的 Connected Shift 的前提条件是选装高级行驶辅助系统（SA 5AT）。

六、新功能

1. 起步时的传动性能

在车辆静止状态下以及在挂入行驶挡位的情况下踩下制动器时，不会像以前一样调节规定的自动变速箱液力变矩器滑转率，而是使用于切换挡位的离合器始终保持完全打开状态（静止分离）。在车辆静止后松开制动器时，车辆不会缓慢行驶（可能会溜车）。通过踩下加速踏板可根据需要促使缓慢行驶，只有再次进入车辆静止状态才会终止缓慢行驶。

2. 分级运动换挡模式

宝马新 7 系的新特点是采用了一个附加运动换挡特性曲线，因此驾驶员也可在行驶挡位 D（行驶）与行驶挡位 S（运动）间进行配置（图 2-12）。

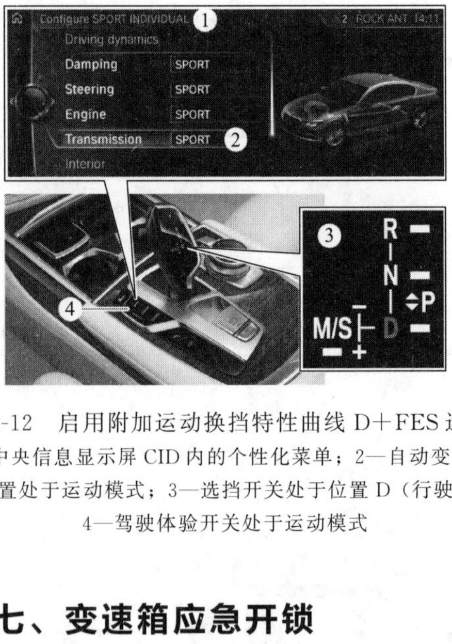

图 2-12　启用附加运动换挡特性曲线 D+FES 运动
1—中央信息显示屏 CID 内的个性化菜单；2—自动变速箱配置处于运动模式；3—选挡开关处于位置 D（行驶）；4—驾驶体验开关处于运动模式

在之前的自动变速箱上，采用运动驾驶方式时只能通过选挡开关切换为运动模式。在宝马新 7 系上还提供一个分级运动换挡模式，其启用方式为选挡开关处于行驶挡位 D（行驶）以及驾驶员体验开关处于运动模式。

与行驶挡位模式 D（行驶）相比，在分级运动换挡模式下延迟换入高挡和提前换入低挡。但换挡时刻并非与纯运动模式完全一样（选挡开关处于位置 S）。可在中央信息显示屏 CID 内通过个性化菜单启用或停用分级运动换挡模式。通过这种额外的配置方式，驾驶员可更精确地根据其换挡要求对车辆进行调节。

七、变速箱应急开锁

出现故障时可通过变速箱机械应急开锁、变速箱电子应急开锁两种不同的方式对自动变速箱进行应急开锁。

1. 变速箱机械应急开锁

变速箱机械应急开锁，必须使用新型专用工具（订购编号 83 30 2 355 850）在图 2-13 所示位置固定驻车锁杆。只允许由经过专门培训的售后服务人员进行变速箱机械应急开锁操作。进行应急开锁期间必须防止车辆溜车。

2. 变速箱电子应急开锁

如图 2-14 所示，对变速箱电子应急开锁操作方式进行了简化。只有发动机不启动但起动机转动时，才能进行变速箱电子应急开锁。变速箱电子应急开锁功能的启用时间为

30min。车辆移动产生的车轮转速信号不会对规定时间产生影响，但只要信号一直处于发送状态就会阻止挂入驻车锁。例如如果在 30min 即将结束前车辆移动了，则只有车辆重新进入静止状态才能挂入驻车锁。此外，所规定的时间取决于蓄电池容量。如果低于存储的电压限值，则会不考虑时间要求而自动挂入驻车锁。

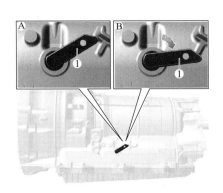

图 2-13　F23 GA8HP50Z 变速箱机械应急开锁
A—变速箱驻车锁已挂入；B—变速箱驻车锁已松开；
1—驻车锁杆

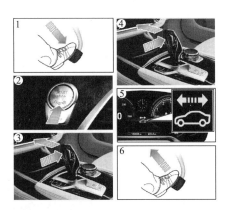

图 2-14　变速箱电子应急开锁

1—踩下制动踏板并在此期间一直踩住；2—按下 START-STOP
按钮并在此期间一直按住；3—操作电子选挡开关上的开锁按钮；
4—按住开锁按钮，将选挡开关移动到位置 N 并保持在该位置
约 5s；5—只要挂入自动变速箱挡位 N（空挡），组合仪表
KOMBI 上就会出现一条检查控制信息；6—可以松开制动
踏板、START-STOP 按钮、选挡开关和开锁按钮

　　注意： 进行变速箱电子应急开锁前，必须采取防溜车措施！

　　出现车辆位于斜坡上（传动系统内受力过大）或变速箱油温度很高或很低（黏度改变）等情况时，可能会阻止或妨碍进行变速箱电子应急开锁。

八、自动变速箱车辆拖车

　　如图 2-15 所示，不允许通过车辆驱动后桥对自动变速箱车辆进行拖车。在一定时间内且根据车速进行拖车虽然不会使自动变速箱受到技术损坏，但由于变速箱机械和电子应急开锁经过调整可能无法确保驻车锁持续开锁。在通过车辆驱动后桥进行拖车期间驻车锁突然开锁可能会导致车辆损坏或发生严重事故。

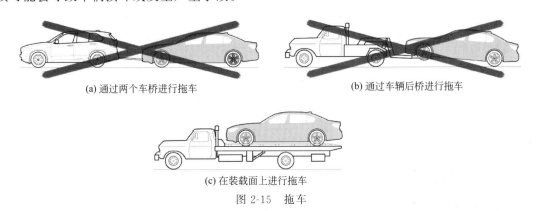

(a) 通过两个车桥进行拖车　　　　　　　　　(b) 通过车辆后桥进行拖车

(c) 在装载面上进行拖车
图 2-15　拖车

第二节　GA8HP 自动变速箱

宝马 F 系列普遍配置了新型 GA8HP 八速自动变速器，可传递的转矩较高，同时提高了效率，是高效动力系统的一个重要组成部分。这种自动变速器带有四个单排单行星架行星齿轮组、八个前进挡和一个倒挡，由各齿轮组相应连接形成；连接时需要五个换挡元件，即两个多片式制动器和三个多片式离合器；形成每个挡位时都有三个换挡元件接合和两个换挡元件分离；其控制通过机械电子模块以液压电子方式实现，液压换挡机构和电子控制单元集成在机械电子模块内，如图 2-16 所示。

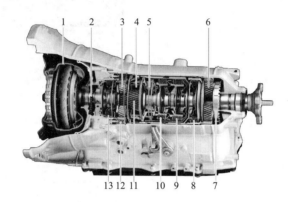

图 2-16　GA8HP 自动变速器剖视图

1—液力变矩器；2—油泵驱动链；3—行星齿轮组 1；4—行星齿轮组 2；5—行星齿轮组 3；6—行星齿轮组 4；7—驻车锁；8—片式离合器 D；9—多片式离合器 C；10—多片式离合器 E；11—行星齿轮组 1 和 2 共用的太阳轮；12—多片式制动器 B；13—多片式制动器 A

为进一步降低耗油量，自动变速器配有停车时使动力传动系统分离的停车分离功能。新开发了包括自适应变速器控制系统的变速器电子控制系统。液力变矩器使用了所谓的三管路变矩器，并使用了变矩器锁止离合器。

一、技术规范

宝马 GA8HP 自动变速器技术规范，如表 2-8 所示。

表 2-8　宝马 GA8HP 自动变速器技术规范

参数	GA8HP45Z		GA8HP70Z		GA8HP90Z	
汽油机可传递功率/kW	250		380		550	
汽油机可传递扭矩/N·m	450		700		900	
传动比	1 挡	4.714	2 挡	3.143	3 挡	2.106
	4 挡	1.667	5 挡	1.285	6 挡	1.000
	7 挡	0.839	8 挡	0.667	R 挡	−3.317

二、液力变矩器

GA8HP 自动变速器上的液力变矩器（图 2-17）同样带有泵轮、涡轮和导轮，但是三管路变矩器是一种针对功率优化的新开发产品，变矩器锁止离合器通过一个独立的液压油管路来控制，即使变矩器锁止离合器接合时，液压油也能最佳地通过液力变矩器并进行冷却。在所有行驶情况下都能更好地控制变矩器锁止离合器。

三路变矩器的管路 1 用于液压油供给，管路 2 用于液压油回流，管路 3 则为变矩器锁止离合器提供压力油。为了将发动机扭转振动与变速器隔开，将压力变矩器与现有减振系统组合在一起。

1. 涡轮扭转减振器

涡轮扭转减振器是一种经典的扭转减振器，其发动机侧可以通过变矩器锁止离合器与液力变矩器的涡轮以固定方式连接。因此提高了初级侧的飞轮质量，从而明显改善了减振特性，如图 2-18 所示。

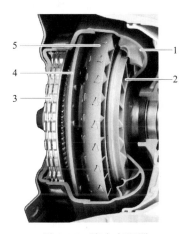

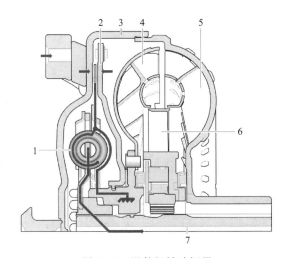

图 2-17　液力变矩器

1—泵轮；2—导轮；3—液力变矩器锁止
离合器；4—扭转减振器；5—涡轮

图 2-18　涡轮扭转减振器

1—环形弹簧套件；2—变矩器锁止离合器活塞；3—变矩器壳体；
4—涡轮；5—泵轮；6—导轮；7—输入轴

变矩器锁止离合器分离时，即处于变矩器运行模式时，来自涡轮的动力不像通常那样传输到变速器输入轴上，涡轮将动力传输到扭转减振器的初级侧。涡轮扭转减振器的次级侧与变速器输入轴连接在一起。因为液力变矩器不传输振动，所以涡轮扭转减振器不必承担减振功能。在这种情况下其工作方式与一个刚性传动元件非常相似。

变矩器锁止离合器接合时，动力直接从离合器传输到涡轮扭转减振器的初级侧。由于此时与变矩器涡轮之间为刚性连接，因此提高了初级侧的飞轮质量。动力通过涡轮扭转减振器传输到变速器输入轴上，扭转振动可以非常有效地被过滤掉。通过这个系统可以在不降低舒适性的情况下，使变矩器锁止离合器的接合时间明显提前，这样可以使变速器与发动机之间的连接更直接，从而提高动力性且降低了耗油量和尾气排放。

2. 液力变矩器锁止离合器

变矩器锁止离合器用于防止传输扭矩时打滑，有助于降低耗油量。在新型三管路变矩器中通过一个独立的液压油管路控制变矩器锁止离合器，隔开离合器与涡轮室，如图 2-19 所示。

变矩器锁止离合器有调节范围，即允许驱动侧与从动侧之间存在规定可调滑转率的运行范围，这种情况主要是指分离和接合时的过渡，这个滑转率可降低从发动机传递到变速器上的扭转振动。通过调节改善舒适性，要求变矩器锁止离合器分离时以非常小的机械滑转率行驶。

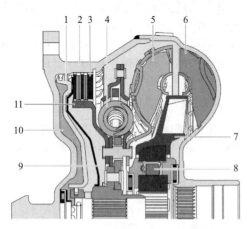

图 2-19　液力变矩器锁止离合器

1—变矩器锁止离合器活塞；2—变矩器壳体；3—变矩器锁止离合器摩擦片套件；4—扭转减振器；5—涡轮；6—泵轮；7—导轮；8—单向离合器；9—至泵室和涡轮室的管路 1 和 2；10—变矩器锁止离合器的管路 3 和压力室；11—变矩器锁止离合器的内摩擦片支架

以前的变矩器锁止离合器分离和接合通过变速器压力控制实现，控制系统改变液力变矩器内液压油的流动方向，液压油流动方向使活塞两侧的压力大小不同，因此使活塞向分离方向或接合方向移动。这种新型变速器可以通过独立控制改善调节，从而能够以调节变矩器锁止离合器而不是以分离的方式扩大运行范围。此外还能随时根据冷却等具体要求优化变矩器的流量。

（1）液力变矩器锁止离合器分离　处于分离状态时，变矩器锁止离合器的压力建立室几乎无压力，此时仅有 0.03MPa 的压力用于预先注满液压油，涡轮室内的液压油压力将活塞压到其静止位置，如图 2-20 所示。

变矩器锁止离合器阀和变矩器压力转换阀位于静止位置。由变矩器压力阀调节的液压油压力从变矩器压力转换阀内的一个转换位置通过并提供给涡轮室，压力油从涡轮室出口经过变矩器压力转换阀第二个转换位置进入变速器油冷却器，用于润滑。

（2）液力变矩器锁止离合器接合　变矩器锁止离合器阀直接为变矩器锁止离合器活塞提供压力油，如图 2-21 所示。接通变矩器锁止离合器阀，系统压力保持阀的系统压力直接作

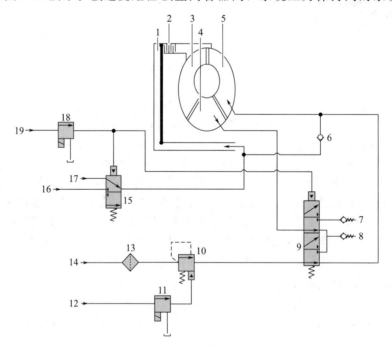

图 2-20　液力变矩器锁止离合器分离

1—变矩器锁止离合器压力室；2—液力变矩器锁止离合器；3—涡轮；4—导轮；5—泵轮；6—单向阀；7—变矩器底阀；8—变矩器保持阀；9—变矩器压力控制阀；10—变矩器压力阀；11—系统压力电子压力控制阀；12—来自调压阀；13—过滤器；14—来自系统压力阀；15—变矩器锁止离合器阀；16—来自系统压力保持阀；17—用于预先注满的压力 0.03MPa；18—变矩器锁止离合器电子压力控制阀；19—来自调压阀

用在变矩器锁止离合器活塞上，与此同时还要接通变矩器压力转换阀。因此系统压力阀不再为变矩器提供液压油，液压油直接用于冷却和提供给润滑部位。通过变矩器锁止离合器活塞与变矩器短路连接提供液压油。

三、油泵

GA8HP 自动变速器使用一个双叶片泵，泵转动一圈时输送两次。该油泵位于变速器内变矩器壳体下的一个液压油滤网上，油泵由变矩器壳通过滚子齿形链驱动，其驱动同样通过发动机实现。

油泵从油底壳抽吸液压油并传输至调压阀，这个调压阀调节系统压力，体积流量为 $14.5cm^3/min$ 时系统压力在 $0.55\sim1.75MPa$ 之间，如图 2-22 所示。

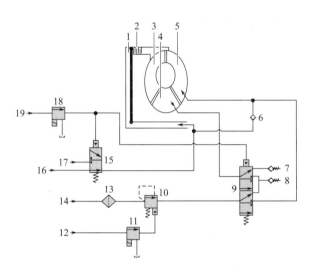

图 2-21　液力变矩器锁止离合器接合
序号说明见图 2-20

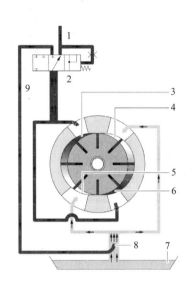

图 2-22　油泵
1—供油至系统；2—系统调压阀；3—压力区 1；4—抽吸区 2；5—抽吸区 1；6—压力区 2；7—油底壳；8—抽吸通道内的引入管；9—至抽吸通道的回流管路

液压油泵通过一个过滤器抽吸液压油并输送至机械电子模块内的系统调压阀，在此调节所需系统压力。多余的液压油输送到油泵的抽吸通道内，抽吸通道内的引入管指向流动方向，因此有填充效果，这有助于避免形成气穴和噪声以及提高效率。

四、行星齿轮组

八个前进挡和倒挡由四个单排单行星架行星齿轮组形成。两个前部齿轮组共用一个太阳轮，另外两个分别有一个太阳轮，如图 2-23 所示。

五、换挡元件

GA8HP 自动变速器只需要五个换挡元件即可切换八个挡位。换挡元件包括两个固定安装的多片式制动器 A 和 B，三个旋转的多片式离合器 C、D 和 E。多片式离合器（C、D 和 E）将驱动力矩传入行星齿轮组，多片式制动器（A 和 B）将力矩作用在变速器壳体上，如图 2-24 所示。多片式离合器和制动器工作情况，如表 2-9 所示。

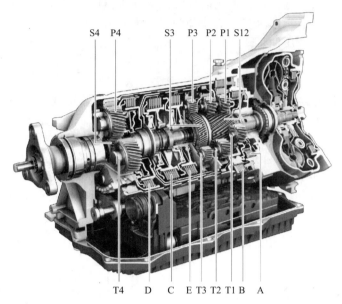

图 2-23　行星齿轮组

A—多片式制动器 A；B—多片式制动器 B；C—多片式离合器 C；D—多片式离合器 D；E—多片式离合器 E；
S12—共用太阳轮 1/2；S3—太阳轮 3；S4—太阳轮 4；P1—行星齿轮 1；P2—行星齿轮 2；
P3—行星齿轮 3；P4 行星齿轮 4；T1—行星架 1；T2—行星架 2；T3—行星架 3；T4—行星架 4

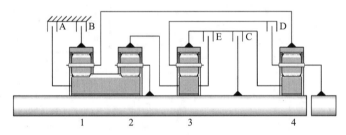

图 2-24　执行元件

A—多片式制动器 A；B—多片式制动器 B；C—多片式离合器 C；D—多片式离合器 D；
E—多片式离合器 E；1—齿轮组 1；2—齿轮组 2；3—齿轮组 3；4—齿轮组 4

表 2-9　多片式离合器和制动器工作情况

挡位	制动器 A	制动器 B	离合器 C	离合器 D	离合器 E
1	●	●	●		
2	●	●			●
3		●	●		●
4		●		●	●
5		●	●	●	
6			●	●	●
7	●		●	●	
8	●			●	●
R	●	●		●	

六、驻车锁

驻车锁通过与驻车锁止轮啮合齿啮合的棘爪卡住变速器输出轴，驻车锁棘爪在弹簧力的作用下挂入。上坡或下坡坡度低于 32% 且车速低于 2km/h 时，始终确保车辆不自行移动。车速高于 5km/h 时驻车锁不得卡入，通过选挡开关按钮挂入驻车锁。

七、机械电子模块

机械电子模块（图 2-25）安装在自动变速器油底壳内，由液压换挡机构和电子控制单元组合而成。机械电子模块首次以这种形式安装在 GA6HP 自动变速器上。

液压控制单元包含变速器控制系统的液压阀、减振器和执行机构等机械组件。电子控制系统包含变速器的整个电子控制单元，包括涡轮转速传感器、输出转速传感器、驻车锁位置传感器、变速器油温传感器。变速器油温不超过 145℃ 时可以保证电子控制单元正常工作。液压控制单元内部带有液压阀和液压控制通道的阀体位于机械电子模块内。

阀体分为上阀体（图 2-26）和下阀体（图 2-27 和图 2-28）。上阀体内有 7 个液压阀以及钢球、滤网和阀板等插入件。上阀体上装有电子模块，包括变速器电子控制系统。上阀体上方的液压通道与变速器壳体的通道相连。

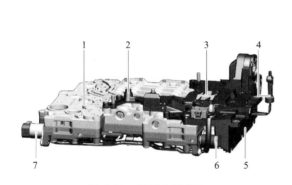

图 2-25　机械电子模块

1—液压控制单元；2—输入转速传感器；3—变速器电子控制系统；4—输出转速传感器；5—执行机构上的接口；6—电子压力控制阀和电磁阀；7—驻车锁电磁铁

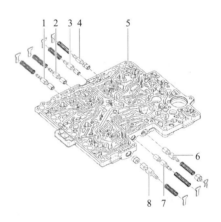

图 2-26　上阀体

1—多片式离合器 D 保持阀；2—多片式制动器 A 保持阀；3—多片式制动器 B2 离合器阀；4—多片式制动器 B2 保持阀；5—阀板；6—变矩器压力阀；7—冷却；8—位置阀

下阀体内有 14 个液压阀、7 个电子压力控制阀、驻车锁阀和 1 个电磁阀。该电磁阀用于位置阀与驻车锁阀之间切换，有 3 个接口和 2 个切换位置。该阀门由变速器电子控制系统控制，有打开和关闭两个位置。

八、换挡动力流

1.1 挡动力流

在 1 挡时多片式制动器 A、多片式制动器 B 和多片式离合器 C 接合（图 2-29）。多片式制动器 A 和 B 接合时，齿圈 1 和共用太阳轮 1/2 固定在壳体上，行星架 1 也保持静止。因为这个行星架与行星齿轮组 4 的齿圈 4 连接，所以后者也保持静止。太阳轮 4 通过离合器 C 与输入轴连接，因此太阳轮以输入轴转速转动。行星齿轮组 4 在齿圈上滚动并带着行星架向发动机转动方向转动。行星架 4 与输出轴固定连接，因此输出轴相对输入轴转动的传动比 i 为 4.714。

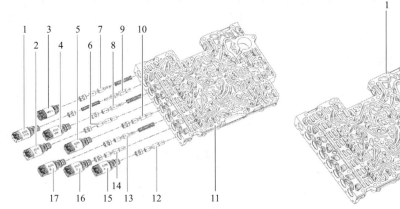
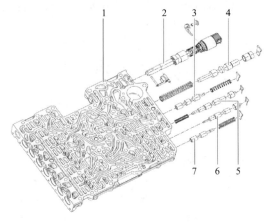

图 2-27　下阀体（一）

1—系统压力电子压力控制阀；2—多片式离合器 C 电子压力控制阀；3—电磁阀；4—变矩器锁止离合器电子压力控制阀；5—多片式离合器 E 电子压力控制阀；6—多片式离合器 C 离合器阀；7—减压阀；8—多片式离合器 C 保持阀；9—驻车锁阀；10—多片式离合器 E 离合器阀；11—阀体；12—多片式制动器 A 离合器阀；13—多片式离合器 E 保持阀；14—多片式离合器 D 离合器阀；15—多片式制动器 A 电子压力控制阀；16—多片式离合器 D 电子压力控制阀；17—多片式制动器 B 电子压力控制阀

图 2-28　下阀体（二）

1—阀体；2—驻车锁缸；3—系统压力阀；4—变矩器压力控制阀；5—变矩器锁止离合器阀；6—多片式制动器 B1 离合器阀；7—多片式制动器 B1 保持阀

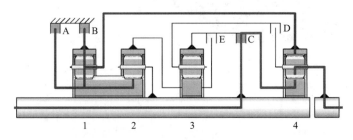

图 2-29　1 挡动力流

A—多片式制动器 A；B—多片式制动器 B；C—多片式离合器 C；D—多片式离合器 D；E—多片式离合器 E；1—行星齿轮组 1；2—行星齿轮组 2；3—行星齿轮组 3；4—行星齿轮组 4

2.2 挡动力流

在 2 挡时多片式制动器 A、多片式制动器 B 和多片式离合器 E 接合（图 2-30）。多片式制动器 A 和 B 接合时，行星齿轮组 1 的齿圈和共用太阳轮 1/2 固定在壳体上，行星架 1 也保持静止。因为这个行星架与齿圈 4 连接，所以后者也保持静止。由于行星架 2 与输入轴固定连接，因此行星架以输入轴转速转动。行星齿轮在固定的太阳轮 1/2 上滚动，向发动机转动方向驱动齿圈 2。太阳轮 3 和接合的多片式离合器驱动太阳轮 4。因为齿圈 4 处于静止状态，所以行星齿轮 4 滚动并带动行星架 4 转动。由于行星架 4 与输出轴固定连接，因此在此产生的转速与发动机转速之间的总传动比 i 为 3.143。

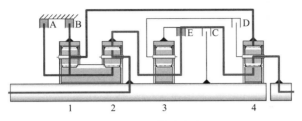

图 2-30　2 挡动力流

图注参见图 2-29

3. 3 挡动力流

在 3 挡时多片式制动器 B、多片式离合器 C 和多片式离合器 E 接合（图 2-31）。多片式离合器 C 和 E 以输入轴转速驱动齿圈 2，行星架 2 也由输入轴驱动，因此行星齿轮组 2 运行，就是说太阳轮 1/2 处于锁止模式。多片式制动器 B 接合时固定住齿圈 1，行星齿轮 1 滚动，向发动机转动方向以低转速驱动行星架 1。行星架 1 驱动齿圈 4，太阳轮 4 由输入轴通过离合器 C 驱动，输入轴转速比齿圈高。行星齿轮 4 滚动并带动行星架 4 转动，同时借此驱动输出轴。与 2 挡不同，3 挡时齿圈 4 不处于静止状态，而是转速相对较高。换句话说，就是齿圈 4 转动使转速比 2 挡高。此时总传动比为 i 为 2.106。

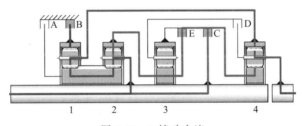

图 2-31　3 挡动力流

图注参见图 2-29

4. 4 挡动力流

在 4 挡时多片式制动器 B、多片式离合器 D 和多片式离合器 E 接合（图 2-32）。多片式离合器 E 接合时，行星架 3 与太阳轮 3 彼此连接，因此行星齿轮组 3 处于锁止模式。多片式离合器 D 接合时，行星架 3 与行星架 4 连接。由于行星架 4 与输出轴固定连接，行星架 3 以及处于锁止模式的整个行星齿轮组 3 也以输出轴转速转动。因为太阳轮 3 与齿圈 3 固定连接，所以也以输出轴转速驱动齿圈。驱动力矩从输入轴传输到行星架 2 内，因为以输出轴转速驱动齿圈 2，所以行星齿轮滚动并向发动机转动方向驱动太阳轮 1/2。齿圈 1 在多片式制

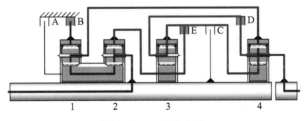

图 2-32　4 挡动力流

图注参见图 2-29

动器 B 的作用下保持不动，因此行星齿轮滚动，行星架 1 随之一起向发动机转动方向转动。行星架 1 与齿圈 4 固定连接，多片式离合器 D 和 E 接合时太阳轮 4 与行星架 4 彼此连接，因此也处于锁止模式。因为行星齿轮组 4 处于锁止模式，所以力矩直接传输到输出轴上。在此产生的总传动比 i 为 1.667。

5.5 挡动力流

在 5 挡时多片式制动器 B、多片式离合器 C 和多片式离合器 D 接合（图 2-33）。行星架 2 由输入轴驱动，因此通过多片式离合器 C 驱动齿圈 3 和太阳轮 4。多片式离合器 D 接合时，输出轴与行星架 3 连接。以输入轴转速向发动机转动方向驱动齿圈 3，虽然也向发动机转动方向驱动行星齿轮 3，但它是以输出轴转速（低于输入轴转速）驱动，行星齿轮 3 滚动并逆着发动机转动方向驱动太阳轮。

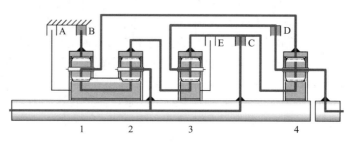

图 2-33　5 挡动力流
图注参见图 2-29

太阳轮 3 与齿圈 2 固定连接，因此齿圈也逆着发动机转动方向转动。因为以输入轴转速驱动行星架 2，所以行星齿轮 3 滚动。这些齿轮向发动机转动方向驱动太阳轮 1/2。齿圈 1 在多片式制动器 B 的作用下保持不动。行星齿轮 1 滚动并带着行星架 1 向发动机转动方向转动。由于与行星架 1 固定连接，因此齿圈 4 也以这个转速转动。因为以输入轴转速驱动太阳轮 4，所以行星齿轮 4 滚动并带动行星架 4 向发动机转动方向转动。因此，齿圈 4 也以这个转速转动。因为以输入轴转速驱动太阳轮 4，所以行星齿轮 4 滚动并带动行星架 4 向发动机转动方向转动。因为行星架 4 与输出轴固定连接，所以形成了输出轴转速。在此产生的总传动比 i 为 1.285。

6.6 挡动力流

在 6 挡时多片式离合器 C、多片式离合器 D 和多片式离合器 E 接合（图 2-34）。多片式离合器 C 接合时传输驱动力矩。因为多片式离合器 E 接合，所以行星齿轮组 3 以锁止模式运行并将输入转速通过多片式离合器 D 传输到行星架 4。因为输出轴与行星架 4 固定连接，所以输出轴也以输入转速转动，也就是说总传动比 i 为 1.000。

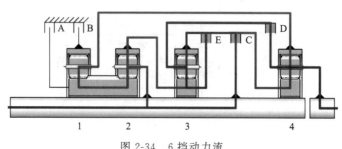

图 2-34　6 挡动力流
图注参见图 2-29

7. 7 挡动力流

在 7 挡时多片式制动器 A、多片式离合器 C 和多片式离合器 D 接合（图 2-35）。太阳轮 1/2 在多片式制动器 A 的作用下保持不动。行星架 2 由输入轴驱动，因此行星齿轮 2 滚动并以较高的转速向发动机转动方向驱动齿圈 2，在此还通过固定连接以这个较高的转速驱动太阳轮 3。多片式离合器 C 接合，从而以输入转速驱动齿圈 3。由于行星齿轮组 3 内转速不同，齿圈以输入转速转动、太阳轮以较高转速转动，因此行星齿轮 3 滚动并带动行星架 3 以略高于输入转速的转速转动。行星架 3 通过多片式离合器 D 与行星架 4 连接，后者则与输出轴固定连接，因此行星架 3 的转速相当于输出转速。在此产生的总传动比 i 为 0.839。

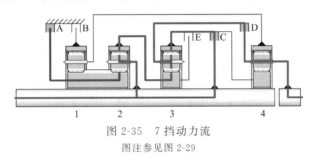

图 2-35　7 挡动力流

图注参见图 2-29

8. 8 挡动力流

在 8 挡时多片式制动器 A、多片式离合器 D 和多片式离合器 E 接合（图 2-36）。太阳轮 1/2 在多片式制动器 A 的作用下保持不动。行星架 2 由输入轴驱动，行星齿轮 2 滚动并以较高的转速向发动机转动方向驱动齿圈 2，在此还通过固定连接，以这个较高的转速驱动太阳轮 3。多片式离合器 E 接合，从而使齿圈 3 与太阳轮 3 连接，因此整个行星齿轮组 3 以锁止模式运行。行星架 3 通过接合的多片式离合器 D 与行星架 4 连接，因此也与输出轴连接，齿圈 2 的转速也相当于输出转速。在此产生的总传动比 i 为 0.667。

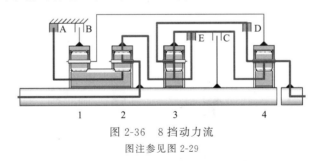

图 2-36　8 挡动力流

图注参见图 2-29

9. 倒挡动力流

在倒挡时多片式制动器 A、多片式制动器 B 和多片式离合器 D 接合（图 2-37）。太阳轮

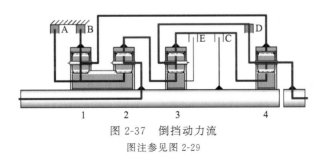

图 2-37　倒挡动力流

图注参见图 2-29

1/2 在多片式制动器 A 的作用下保持不动，齿圈 1 在多片式制动器 B 的作用下保持不动，因此与齿圈 4 固定连接的行星架 1 也保持静止。行星架 2 由输入轴驱动，行星齿轮在固定的太阳轮 1/2 上滚动且以较高的转速驱动齿圈 2，太阳轮 3 也通过固定连接以这个较高的转速转动。多片式离合器 D 接合时行星架 3 与行星架 4 连接，因此也与输出轴连接。在此也利用了反馈方式。

停车时输出轴和行星架 3 停止转动，此时向发动机转动方向驱动太阳轮 3，因此行星齿轮 3 滚动并逆着发动机转动方向驱动齿圈 3，在此还通过固定连接逆着发动机转动方向驱动太阳轮 4。因为齿圈 4 处于静止状态，所以行星齿轮 4 滚动并带动行星架 4 逆着发动机转动方向转动。行星架 4 与输出轴固定连接，输出轴也逆着发动机转动方向转动，汽车向后行驶。

由于离合器 D 接合，因此行星架 3 也逆着发动机转动方向转动，但是其转速低于齿圈。因为太阳轮 3 无法带动行星架 3 转动，所以行星架处于半固定状态。

第三节　四轮驱动

如图 2-38 所示，四轮驱动系统分为以前轮驱动为基础的车辆（例如 F45）和以后轮驱动为基础的车辆，但在宝马车上这两种四轮驱动系统均称为 xDrive。xDrive 系统电路如图 2-39 所示。

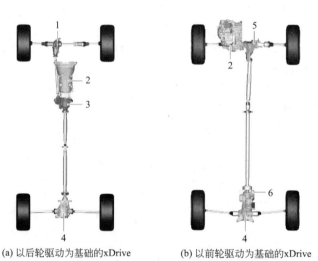

(a) 以后轮驱动为基础的xDrive　　　(b) 以前轮驱动为基础的xDrive

图 2-38　不同车型系列的四轮驱动系统概览

1—前桥主减速器；2—手动和自动变速箱；3—分动器；4—后桥主减速器；5—伞齿轮传动装置；6—纵向力矩分配装置（集成在后桥主减速器内）

一、xDrive 新特点

选装四轮驱动装置从外观上与当前所用的以后轮驱动为基础的 xDrive 系统没有区别，但宝马新 7 系的 xDrive 具有以下新特点：

① 在重量不变的情况下将最大可传输转矩提高至 1300N·m；

② 通过使四轮驱动片式离合器分离降低热负荷；

③ 通过在分动器内进行智能化四轮驱动调节和根据需要进行液位调节降低耗油量（高效模式）。

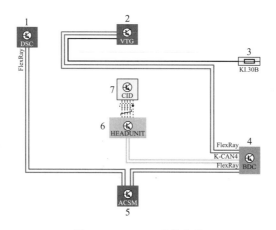

图 2-39　xDrive 系统电路
1—动态稳定控制系统 DSC；2—分动器 VTG 控制单元；3—右前配电盒；4—车身域控制器 BDC；
5—高级碰撞和安全模块 ACSM；6—Headunit；7—中央信息显示屏 CID；
FlexRay—FlexRay 数据总线；K-CAN4—车身 CAN4

如图 2-40 所示，发动机产生的转矩在自动变速箱内传输并通过变速箱输出轴传至分动器。下一个传动系统部件分动器根据行驶情况调节转矩并以可变方式分配给前桥和后桥。由于可能存在车轮转速差，后桥与前桥无法进行刚性连接，因此在分动器内部有一个片式离合器。片式离合器负责在两个驱动桥间进行可变力矩分配。

图 2-40　xDrive 系统电路
1—前桥差速器；2—车身域控制器 BDC；3—分动器；4—分动器 VTG 控制单元；
5—前传动轴；6—动态稳定控制系统 DSC；FlexRay—FlexRay 数据总线

二、xDrive 功能

如图 2-41 所示，通过四轮驱动分动器内的片式离合器可在限定范围内将转矩分配给两个车桥。从静态角度，目前宝马四轮驱动车辆按 40∶60 在前桥与后桥间进行力矩分配。

按 50∶50 在两个驱动桥间均匀分配力矩。从动态角度，还要考虑到其他重要参数，例如不同的车轮滑转率值。两个驱动桥的车轮滑转率不同时，无法再按 50∶50 分配力矩。在此情况下，驱动力矩以可变方式根据行驶情况在理论值 0∶100 至 100∶0 范围内进行分配。

片式离合器处于分离状态时，所有转矩都传递至后桥。为了能够将转矩传递至前桥，必须使片式离合器接合。需要传递的离合器力矩在动态稳定控制系统 DSC 内进行计算，并通过一根 FlexRay 数据总线传输至分动器 VTG 控制单元。分动器 VTG 控制单元根据所要求的离合器力矩计算出在带花键的调节环上需要调节的角度值。通过一个电机产生所需调节力矩。

根据所要求的力矩分配，片式离合器的压紧力提高，这样可根据行驶情况在两个驱动桥间以无级方式分配所传输的发动机转矩。

三、高效模式

如图 2-42 所示，"高效模式"是降低牵引力矩方面的新特点，用于提高效率。通过智能化调节四轮驱动系统，可根据行驶情况使分动器的片式离合器分离，这样可减少分动器内的润滑。在此分为停止供油、阻隔机油两种功能，这两种功能都用于将分动器内的损耗降至最低，它们始终同时启用，但处于总成内的不同作用范围。只有 DSC 控制单元未提出四轮驱动要求，因此片式离合器处于分离状态时，才会使用高效模式。

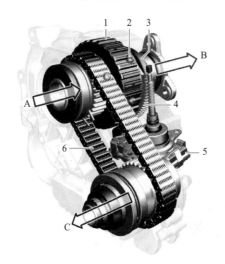

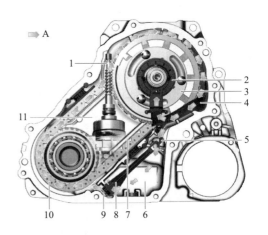

图 2-41　分动器
A—从自动变速箱输入；B—输出至后桥；C—输出至前桥；
1—片式离合器；2—钢球（三个）；3—球道；
4—带花键的调节环；5—分动器 VTG
控制单元；6—链条

图 2-42　xDrive 高效模式
A—机油回路；1—蜗杆轴；2—停止供油装置（连接片式离合器的锁止装置）；3—带花键的调节环；4—带储油罐的机油管路；5—换挡轴（操纵机油隔板）；6—油室 2；7—溢流装置；8—机油隔板（不同油室间的锁止装置）；9—弹簧；10—链条；11—油室 1

1. 停止供油

xDrive 分动器停止供油功能具有片式离合器处于分离状态时可降低牵引力矩以及通过直接位于摩擦片套件前的小储油罐迅速为片式离合器提供润滑油等优点。

如图 2-43 所示，片式离合器处于分离状态时会停止向离合器套件供油，机油存储在管路和储油罐内。启用和停用停止供油功能时，通过蜗杆轴使带花键的调节环旋转，通过调节环旋转可终止机油流向片式离合器。要求分动器提供力矩时（片式离合器接合），根据调节环旋转重新开启供油，并对片式离合器进行润滑和冷却。由于机油油位较低，可消除旋转的片式离合器浸入所产生的搅油损失，这样可降低耗油量并减小片式离合器的磨损。

2. 阻隔机油

如图 2-44 所示，不要求分动器提供力矩时（片式离合器分离），机油隔板关闭。机油隔板用于使机油存储在一个规定空间内（油室 2）。通过一个杠杆系统实现油封功能，该系统

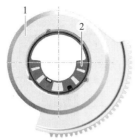 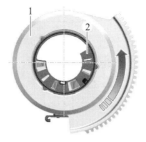

(a) 停止供油装置启用(关闭)　　　(b) 停止供油装置停用(打开)

图 2-43　xDrive 停止供油功能

1—带花键的调节环；2—密封系统机油流

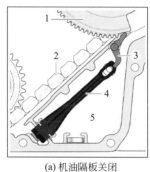 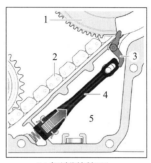

(a) 机油隔板关闭　　　　　(b) 机油隔板打开

图 2-44　xDrive 阻隔机油功能

1—带花键的调节环；2—链条；3—换挡轴（操纵机油隔板）；4—机油隔板（不同油室间的锁止装置）；5—油室

位于壳体内，通过一个弹性体密封垫封住一个规定开口。

由带花键的调节环移动的换挡轴操纵机油挡板并使其保持在规定位置，这样可使油室相互阻断，从而将搅油损失降至最低。为了确保对轴承和密封环进行润滑，在循环回路中始终保留规定量的机油，这一点通过第一和第二油室间的溢流装置来确保。

四、运行策略

如图 2-45 所示，四轮驱动（xDrive）采用智能化设计。xDrive 智能化调节有助于实现高效且节油的车辆运行，在此不是简单地关闭或停用四轮驱动，而是根据当前行驶情况进行相应调节，通过各种不同的传感器提供有关当前牵引力需求的信息。根据牵引力和行驶动力，结合需要将驱动力矩分配给不同驱动轮。

1. 力矩分配

在很多行驶情况下，四轮驱动片式离合器均处于分离状态，在此仅驱动后车轮。只有在特定行驶情况下才会将部分驱动力矩也传输给前车轮。根据需要以提前方式分配驱

图 2-45　xDrive 运行策略

A—潮湿；B—下雪；C—沥青；D—越野路面；E—xDrive

动力矩，在动态稳定控制系统 DSC 控制单元内进行计算。

DSC 计算力矩分配时考虑车速、横向和纵向加速度、横摆率、制动防抱死系统（ABS）、转向角、车轮转速、车辆纵向倾斜度、加速踏板位置、驾驶模式（运动，舒适，ECO PRO）以及 DSC 状态（DSC 启用/停用，DTC 启用/停用）等方面的标准。根据行驶情况将部分驱动力矩传输至前车轮，根据片式离合器控制情况和车轮滑转率确定准确的力矩分配比例。出现以下行驶情况时，如果不受其他标准所限，将会提高四轮驱动离合器力矩：

① 车速低于 20km/h；

② 已启用运动驾驶模式；

③ 已停用动态稳定控制系统 DSC；

④ 已启用动态牵引力控制系统 DTC；

⑤ 车辆过度转向；

⑥ 前车轮与后车轮之间的转速差增大；

⑦ 车辆纵向倾斜度较大（例如在坡路上）；

⑧ 加速踏板要求较高，例如强制降挡位置；

⑨ 负荷变化状态，例如过渡到滑行模式（驾驶员松开加速踏板）。

出现车速高于 180km/h、车辆不足转向、随转向角增大（以免传动系内受力过大）以及紧急制动（ABS 制动）等行驶情况时，如果不受其他标准所限，将会降低四轮驱动离合器力矩。为了评估路面状态进而实现高效的预判式纵向力矩分配，由 DSC 控制单元探测轮胎与路面间的摩擦系数条件。

接收到动态稳定控制系统 DSC 表示不同车轮滚动周长的车轮转速信息时，以低于正常状态下的强度接合四轮驱动片式离合器，这样可防止传动系统内受力过大进而导致 xDrive 损失功率更高。

2. 确定车轮滑转率

无论加速还是减速时，不同车桥上的车轮都会出现滑转。通过所有车轮转速传感器以及 DSC 控制单元内计算模型的传感器信号可确定车轮滑转率。车轮滑转率是车轮圆周速度与车速间的差异，某一车轮紧急加速或制动致使超过最大静摩擦力时，滑转率会一直增大至车轮打滑或抱死。在实际情况下会出现驱动滑转率和制动滑转率两种不同类型的滑转率。

通过降低发动机转矩进行 DSC 干预以及提高需要传输的 xDrive 离合器力矩（将力矩分配给两个驱动桥）等措施可降低出现的驱动滑转率。通过 ABS 调节（制动防抱死系统）措施可降低出现的制动滑转率。

为了能在紧急制动期间（ABS 或 DSC 调节）针对各车轮调节车轮上的制动力从而避免影响另一驱动桥，根据需要降低或在必要时完全减小四轮驱动离合器力矩。如图 2-46 所示为进行 xDrive 调节的车轮滑转率。

五、四轮驱动

xDrive 传动轴如图 2-47 所示。xDrive 前桥主减速器如图 2-48 所示。为了提高主减速器的效率，采用了新型变速箱油。在工厂进行首次加注时为前桥主减速器加注机油：Fuchs Titan EG3846。通过宝马维修服务站进行加注时仍像以前一样使用机油：Castrol SAF-XO。这两种机油可相互混合并进行任意加注。前桥主减速器油无须更换，因此可在整个车辆使用寿命期间使用。前桥主减速器技术数据见表 2-10。

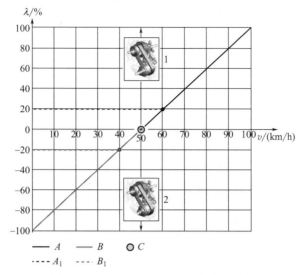

图 2-46 进行 xDrive 调节的车轮滑转率

A—车轮圆周速度（驱动滑转率）；A_1—20％驱动滑转率；B—车轮圆周速度（制动滑转率）；

B_1—20％制动滑转率；C—车速（恒定）；1—分动器内的片式离合器接合；

2—分动器内的片式离合器分离；λ—车轮滑转率；v—车轮圆周速度

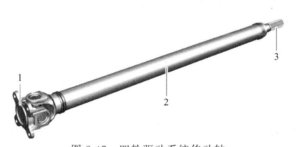

图 2-47 四轮驱动系统传动轴

1—十字轴万向节（在前桥主减速器上）；2—传动轴空心轴；3—分动器上的插接连接件

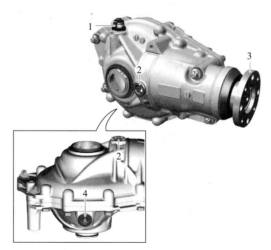

图 2-48 xDrive 驱动装置的前桥主减速器

1—变速箱通风装置；2—变速箱油加注螺塞；3—变速箱输入法兰；4—变速箱油排放螺塞

表 2-10　前桥主减速器技术数据

技术数据	前桥主减速器 170AL	前桥主减速器 175AL
直列发动机	●	—
V 型发动机	—	●
机油量	0.61	0.61
出厂时的机油类型	Fuchs Titan EG3846	Fuchs Titan EG3846
宝马维修站的机油类型	Castrol SAF-XO	Castrol SAF-XO
最大输入扭矩/(N·m)	1300	1300
可实现的传动比	2.56/2.81/3.08/3.23	2.81
包含机油的质量/kg	13.5	14.5

xDrive 前桥半轴如图 2-49 所示。后轮驱动的传动轴如图 2-50 所示。在此使用根据发动机和变速箱型号进行调整的不同钢制传动轴，进行传动轴中间支座作业时不允许超过最大允许弯角。后桥主减速器的内部结构如图 2-51 所示。后桥半轴如图 2-52 所示。

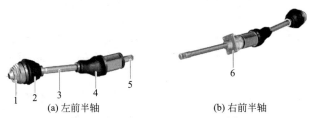

(a) 左前半轴　　　　　(b) 右前半轴

图 2-49　xDrive 前桥半轴

1—端面啮合；2—车轮侧防尘套；3—半轴；4—变速箱侧防尘套；
5—前桥主减速器上的插接连接件；6—支撑座

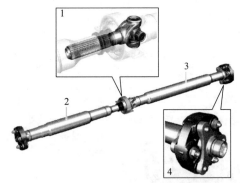

图 2-50　后轮驱动的传动轴

1—带滑动单元的传动轴中间支座；2—前半部分轴体
（具有碰撞特性的空心轴）；3—后半部分轴体（空
心轴）；4—三孔法兰已插入（后桥主减速器）

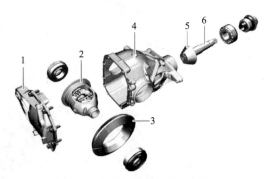

图 2-51　后桥主减速器的内部结构

1—壳体端盖；2—差速器；3—被动齿轮；
4—壳体；5—主动齿轮；
6—变速箱输入轴

(a) 左侧半轴

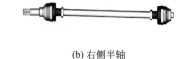

(b) 右侧半轴

图 2-52　后桥半轴

1—端面啮合；2—车轮侧防尘套；3—变速箱侧防尘套；4—主减速器上的插接连接件

第四节　宝马传动系统维修案例

一、宝马 750Li 行驶中跳挡并自动熄火

故障现象　一辆宝马 750Li，配置 4.8L 发动机，行驶里程 269584km，VIN 为 WBAHN 81056D××××××。驾驶人来店报修，车辆在行驶时会突然跳成空挡后熄火，但等一下又能正常启动。

故障诊断　陪同驾驶人进行路试，车辆在行驶中突然失去动力，自动跳空挡然后熄火，过会又能启动，驾驶人反映属实。

连接故障诊断仪，检测到系统储存的故障信息，见表 2-11。

表 2-11　检测到的故障信息

故障码	故障内容	故障码	故障内容
2EBD	DME 发电机 BSD 信号缺失	2E31	DME 气缸 2 喷油阀,控制
2EA0	DME 机油状态传感器	2EF5	DME 电子节温器,控制
2EBC	DME 机油状态传感器 BSD 信号缺失	2A80	DME 进气 VONAS 控制
2CA0	DME 废气催化剂转换器前氧传感器加热	2A85	DME 排气 VONAS 控制
2C53	DME 废气催化剂转换器前氧传感器	2D14	DME 空气质量计修正信号
2B5C	DME 曲轴位置传感器信号	2A8C	DME 排气 VONAS 限位调校
2D0F	DME 空气质量计信号	2A8D	DME 排气 VONAS 限位调校
2E30	DME 气缸 1 喷射阀控制	2A91	DME 排气凸轮轴 2 相对曲轴位置错齿
2E33	DME 气缸 4 喷射阀,控制	2A8D	DME 进气 VONAS 限位调校 2
2E32	DME 气缸 3 喷射阀,控制		

以上故障码均为历史故障，被清除后试车，发生熄火现象后再次检测，故障全部再现。查阅相关资料，如图 2-53～图 2-56 所示。

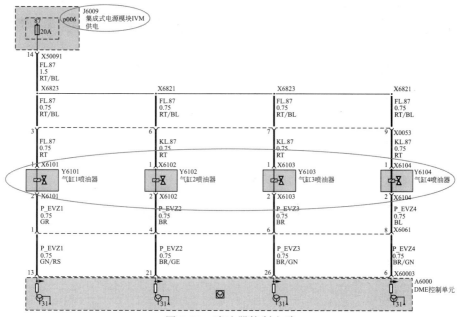

图 2-53　喷油器控制电路

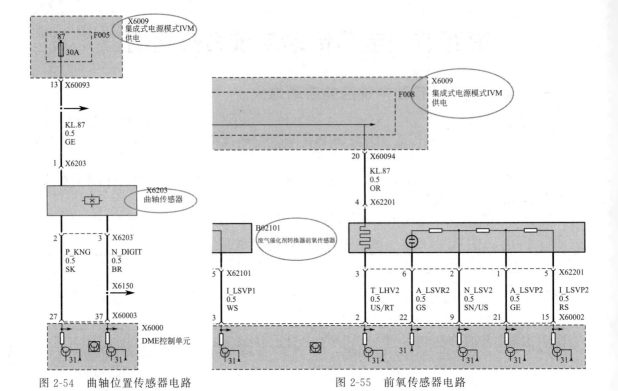

图 2-54　曲轴位置传感器电路

图 2-55　前氧传感器电路

　　故障检测均为历史故障码，根据清除故障码后试车的情况，可认定为间歇性故障。维修人员分析，曲轴位置传感器信号是最可能导致发动机熄火的原因，重点检查曲轴位置传感线路，正常；更换曲轴位置传感器后试车，故障依旧。读取气门升程位置和 VANOS 可变气门正时位置数据流，均在正常范围，如图 2-57 和图 2-58 所示。

图 2-56　油质传感器电路

图 2-57　数据流 1

图 2-58　数据流 2

故障排除 维修人员再次对电路图进行分析，发现一个带有共性的现象，相关部件均由集成式电源模块（IVM）供电。是不是因电源模块导致多个部件同时出现供电故障？随即用万用表检查集成电源模块，结果供电正常，接地可靠。维修人员判断可能是集成电源模块内部有瑕疵，导致间歇性故障。更换集成电源模块（该模块更换不用编程设码）后试车，确认故障排除。

维修总结 行驶中变速器自动跳空挡，但无相关故障码的原因，是因为发动机熄火后，变速器控制单元失去发动机转速信号后自动跳到空挡。

该车控制单元内存储的为历史故障码，清除故障码后再次出现，又成为历史故障码，可以认为是故障消除后的间歇性故障。最可能导致熄火的相关故障码一般认为是曲轴位置信号，但很多故障码同时出现时，应该寻找出现故障码相关部件的共同点（供电、接地）。同一模块全部输出的供电间歇性异常，应该先确认模块本身外部供电是否有间隙故障，然后考虑模块内部故障。同一模块部分多路输出的供电间歇性异常，应该优先考虑模块本身故障。

二、2015 年款宝马 750Li 组合仪表提示"传动系统有异常"

故障现象 一辆 2015 年款宝马 750Li（车型代号为 G12），搭载 N63 发动机，行驶里程约 6.5 万千米。车主反映，车辆行驶过程中，组合仪表提示"传动系统有异常"，同时中央信息显示屏（CID）提示"传动系统有异常，不能获得全部动力，勿关闭发动机，否则不能启动"。

故障诊断 接车后首先试车验证故障现象。接通点火开关，启动发动机，发动机顺利启动着机，且发动机怠速运转平稳。进行路试，发动机加速性能良好，未发现任何异常。与客户沟通得知，该车的故障具有一定的偶发性，且故障出现的频率比较低。当故障出现时，发动机转速表指针从正常位置瞬间降到 0 位置，D 挡的显示也随之消失，此时发动机并未熄火，于是立即靠路边停车，将发动机熄火后重新启动，发动机无法启动着机。等待一段时间，尝试启动发动机，发动机又能顺利启动。

用故障检测仪（ISTA）对车辆进行快速测试，读取到的故障码如图 2-59 所示，多是一些关于通信故障的故障码。根据故障码的提示，结合上述故障现象分析，初步判断故障可能出在 PT-CAN 总线上。

查阅相关资料得知，PT-CAN 总线将发动机控制与变速箱控制及安全和驾驶人辅助系统范围内的系统相连接。分析认为，如果 PT-CAN 总线支路上任意一根导线出现对搭铁短路故障，那么就有可能存储多个控制单元 PT-CAN 总线通信故障的故障码，而不会只存储发动机控制单元（DME）PT-CAN 总线通信故障的故障码。为了验证自己的推测，决定对 PT-CAN 总线进行故障模拟测试。根据相关电路分别对 5 号 CAN 导线连接器 R5 * 1B 端子 11（PT-CAN_H 端子）和端子 24（PT-CAN_L 端子）所在的连接线进行搭铁短路测试，故障检测仪读取到的故障码与图 2-59 中的故障码不一样，排除 PT-CAN 总线支路对搭铁短路的可能。尝试对 5 号 CAN 导线连接器 R5 * 1B 端子 24 所在的连接线进行间歇性人为断路测试，故障检测仪读取到的故障码与图 2-59 中的故障码一致，由此推断之前该车的故障可能是由 DME 与 5 号 CAN 导线连接器 R5 * 1B 之间的线路接触不良引起的。断开 DME 导线连接器 A46 * 1B 与 5 号 CAN 导线连接器 R5 * 1B，未发现端子有氧化腐蚀现象；测量 DME 与 5 号 CAN 导线连接器 R5 * 1B 之间 PT-CAN 总线的导通情况，导通良好。将适配器连接在 DME 导线连接器 A46 * 1B 上，用示波器测量 PT-CAN 总线的信号波形（图 2-60），正常。当晃动 DME 导线连接器 A46 * 1B 时，示波器出现了不规则的信号波形（图 2-61），同时组合仪表提示"传动系统有异常"，P 挡的显示也随之消失，由此判定故障部位为 DME 导线连接器 A46 * 1B。挑出 DME 导线连接器 A46 * 1B 端子 41（PT-CAN_H 端子）和端子 42（PT-CAN _ L 端子），仔细检查 2 个端子，发现端子 41、端子 42 的孔径均扩大（图 2-62），推测 DME 侧 PT-CAN 总线端子接触不牢固，进而出现上述故障现象。

故障排除　更换 DME 导线连接器 A46 * 1B 端子 41 和端子 42，进行路试，上述故障现象不再出现，于是将车辆交还给客户，1 个星期后电话回访客户，客户反映车辆一切正常，至此，故障排除。

0x1B9804	发动机关机时间信息，信号：缺少
0x1B9804	发动机关机时间信息，信号：缺少
0x233004	信息 (OBD 传感器诊断状态，0x5E0) 缺失 接收器 DME，发射器 KOMBI
0xCD840A	DME：PT-CAN：通信故障
0xCD8D2C	LIN，信息；电动风扇：缺少
0xCDA683	DME：PT-CAN：线路故障/电气故障

图 2-59　读得的故障码

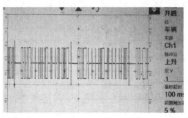

图 2-60　正常时的 PT-CAN 总线信号波形

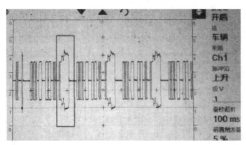

图 2-61　故障时的 PT-CAN 总线信号波形

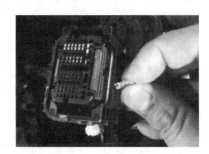

图 2-62　端子 42 的孔径扩大

三、2016 年款宝马 X3 多个系统故障灯点亮报警，无法挂挡行驶

故障现象　一辆 2016 年款宝马 X3 车型（F25），行驶里程约为 5 万千米。驾驶人反映车辆停放后再次启动时，车辆多个系统故障灯点亮报警，并且无法挂挡行驶。

故障诊断　接车后发现车辆的故障报警现象当前存在，仪表中变速器故障报警灯、DSC 故障报警灯、RPA 故障报警灯、EMF 故障报警灯、PDC 故障报警灯点亮报警，中央信息显示屏提示"变速器控制系统失效、动态稳定控制系统失效"，车辆可以正常启动着车，却无法挂入挡位，仪表中没有挡位显示，排挡杆 GWS 背景灯可以点亮。验证车辆虽然显示驻车制动系统 EMF、自动距离报警系统 PDC 失效，但实际测试功能使用正常。连接 ISID 诊断，存储有关于 EGS 不能通信和 EGS 总线故障（PT-CAN 和 PT-CAN2）及多个信息缺失等的故障码且 EGS/PT-CAN 通信故障当前存在。

根据诊断的故障码和现象来看初步判断为：变速器阀体故障；PT-CAN 线路故障；变速器供电、接地的问题；GWS/ZGM 等相关模块通信故障。执行检测计划，调出变速器控制单元 EGS 的控制电路图，如图 2-63 所示，目测检查，EGS 插头没有松脱的现象。

首先进行基础检查，测量自动变速器控制系统的供电 Y21 * 1 的针脚 13 电压为 12.45V，正常；测量自动变速器控制系统唤醒电压 Y21 * 1 的针脚 9 为 12.05V，正常；测量自动变速器控制系统接地 Y21 * 1 的针脚 14，对地导通良好。接下来测量总线的信号电压，具体如下：PT-CAN H 信号电压为 2.60V；PT-CAN L 信号电压为 2.40V；PT-CAN2 H 信号电压为 2.64V；PT-CAN2 L 信号电压为 2.39V。

波形测量，总线的信号电压都在正常范围内。进行进一步检查 PT-CAN 总线线束，线

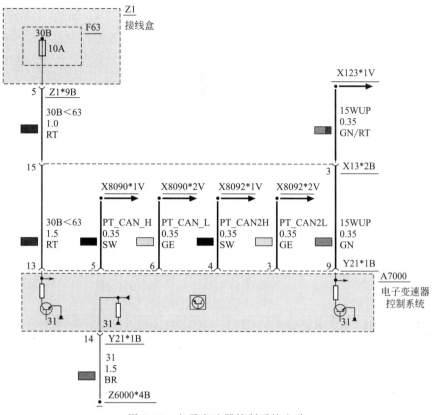

图 2-63　电子变速器控制系统电路

束表面未见破损的现象；检查车身及变速器区域的接地线束，良好。故障分析排查至此，自动变速器得到的供电、接地、总线均显示正常，最后可能存在故障点的就是自动变速器的控制单元 EGS 了。

更换完 EGS 控制单元，试车故障还是出现。寻求厂家的技术支持，回复检查自动变速器的供电。继续检查供电，自动变速器的控制单元供电是由前部接线盒控制单元提供的。于特殊的工作条件（在这些条件下使用不同的系统功能），在车内安装了多个配电器，从而确保在所有工作范围内都能有足够的供电。熔丝位于前部配电器中，除了熔丝之外，还有一些继电器插在或钎焊在线路板上。如果有一个钎焊的继电器损坏，则必须更换整个前部配电器。根据车型系列和车辆装备，前部配电器的线路板上装配有不同的继电器。另外，熔丝布置也取决于车型系列和车辆装备。在前部配电器中实现了接线盒电子装置（JBE）的内部插头连接。在组装后的状态下，配电器和接线盒电子装置组成一个单元，称为接线盒。

直接测量自动变速器控制系统的供电熔丝 F63 的供电，电压为车载电压 12V，正常。但是在检查自动变速器控制系统的 F63 时，却发现 F63 熔丝插孔和其他几个熔丝插孔上另外连接有其他外部导线，很显然不是原车设计的，属于非原厂加装，如图 2-64 所示。

图 2-64　接线盒

故障排除　直接断开加装的导线，还原安装并拆卸相关部件，试车测试，故障现象竟然没有再出现。彻底拆除加装的导线，故障排除。

维修总结　分析可能是加装的部件在工作过程中对自动变速器控制系统造成了干扰，引起了车辆的相关系统的报警，造成变速器系统不能挂挡行驶。

四、宝马 320Li 挂 D 挡自动跳入 P 挡

故障现象　一辆宝马 320Li，车型为 F35，配置 N20 发动机，行驶里程为 49935km，VIN 为 LBV3M2100FM×××××。车辆挂 D 挡行驶，只要车辆往前行驶几米挡位就自动挂入 P 挡。

故障诊断　车辆拖车进店，试车挂 D 挡行驶后马上自动跳入 P 挡，第一反应感觉就是驾驶人侧车门没关好后导致跳挡，电子挡位杆车型以驾驶人侧车门触点信号来识别车门是否关闭。如果没关闭会把挡位自动切换到 P 挡（如果车速大于 15km/h 会自动跳入 N 挡），来保证车辆和人员的安全，但是从仪表状态显示是关闭的。

在测试故障时发现大灯会一下开一下关的动作，而且右前 FEM 模块内部继电器有一下吸合一下断开的声音，仪表伴随继电器吸合断开报警限速功能失效，ISTA 诊断有故障码，如图 2-65 所示。

CAAC0D	CAS / FEM 接口(中控锁和风门状态 , 0x2FC)：信号无效	49924	否
8040BD	总线端 KL.30F 复位或关闭	49924	未知
1B5202	电源，总线端 KL.15N_1：对地短路	49924	否
1B5402	电源，总线端 KL.15N_3：对地短路	49924	否
1B5302	电源，总线端 KL.15N_2：对地短路	49924	否
030410	多功能方向盘 (MFL)：LIN 副控制单元缺失	49281	否

图 2-65　故障码

执行多个检测计划，发现故障码对跳挡故障好像没有直接的联系，都是一些发动机方面的检测计划，而且在出现故障时一直存在，首先应隔离故障。

系上驾驶人侧安全带后发现行驶挡位不跳挡了，测试车辆能正常行驶，为什么会这样？找一辆正常车试验，只要驾驶人侧的安全带系上后，不管左前门关或者没关，挡位都不会跳入 P 挡。宝马车系维修的逻辑思路首先是以左前车门触点信号为准，但是只要系上安全带，此时以安全带系上为准。总之，确保驾驶人在车上就不会自动跳入 P 挡。

此时限速和大灯闪烁的问题还是存在，FEM 模块内部继电器还是有吸合和断开声音，0x8040BD 总线端 KL.30F 复位或关闭。此时此故障码引起了重点关注，查询相关电路图，发现 SZL 和大灯开关的供电都是由 30F 供电，测量 SZL 和大灯开关的供电，在继电器断开的瞬间是没有电压的，如图 2-66 所示。

那么问题来了，首先抛开安全带系不系不说，左前门触点信号到底是不是正常呢？进入 FEM，开关车门读取车门触点信号都是能正常显示的，在跳挡的一瞬间车门触点信号显示一直是关闭的。因此判断应该是 FEM 内部问题导致瞬间的信息缺失，从而无法采集到左前门触点信号，所以从数据流是无法看到正常体现车门的触点信号，从而导致跳入 P 挡。

故障排除　更换 FEM 并编程后故障解决。

维修总结　对于故障首先要对整个系统比较了解，如果一直按照诊断仪的诊断检测计划可能就会跑偏。逻辑思路要清晰，对于故障的确认一定要仔细，没有观察到的故障现象可能对解决问题很重要，其次隔离故障对解决故障的准确性更能提供一个有力的支持。

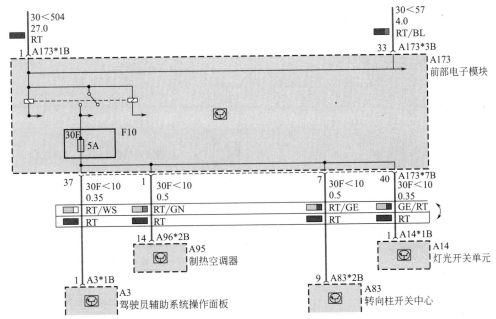

图 2-66　FEM 控制电路

五、2003 年款宝马 530i 有时无法启动

　　故障现象　一辆 2003 年款宝马 530i，车型为 E60，行驶里程约 10 万千米。驾驶人反映车辆有时无法启动，晃动几下挡位把手有时可以启动，陪同驾驶人试车证实了故障现象。

　　故障诊断　故障发生有一定的偶然性，故障发生的时候起动机没有反应，测得蓄电池的电压正常，初步判断为起动机或者其控制的线路发生了故障。于是在发动机完全无法启动时检查车辆的启动系统，如图 2-67 所示。启动时检查起动机 X6510 无信号（S-50），测量车载电压为 14.5V，正常；测量起动机 X6150 信号线启动时的电压为 0V，根据电路图依次查找 S-50 的信号。

　　首先从点火开关处测量，启动时 X33 的 8 脚有电压信号 12V，证明点火开关正常，再往下就是 EWS 的 X1659 的 2 脚也有电压信号 12V。但是测量 X1659 的 1 脚却没有电压。EWS 用于宝马汽车的防盗保险和允许启动。钥匙将数据传送给 EWS 控制模块，如果数据正确，EWS 通过在控制模块内部的一个继电器允许起动机工作，此外通过 DME 的一根数据导线发出一个设码的允许启动信号，EWS 控制模块与插在点火开关内的钥匙进行通信，如果通信过程正常，且钥匙将所有识别和允许启动所需的数据送给了控制模块，那么控制模块就能识别钥匙是否有效且能使用。如果有效且能使用，则控制模块内的起动机继电器可以工作，并通过 DME 的一根数据导线发出一个设码允许的启动信号。对于带有自动变速器的汽车，只有当换挡杆在 P、N 位置时才能通过 EWS 允许启动车辆，EWS 控制模块接收到两次关于换挡杆位置信号：通过导线；通过 K 总线。

　　接下来通过 ISID 进行诊断测试，读取故障码，内容为 EGS 空挡安全开关（P0705）、IKEEGS 信号线受到干扰。执行检测计划，操作变速器换挡开关，依次挂入 P/R/N/D 挡，换挡杆位于 P/N 挡有时不能正确启动的故障显示出来，检查换挡杆拉线调整，正常。根据检测计划提供的电路图（图 2-68），检查变速器 X70004 的 31 号导线的供电，为 12.8V，正常；检查 X70004 至 X8532 所有导线，均正常。继续执行检测计划，检查变速器换挡开关的导线信号 S-GL1/GL3/GL4，当挡位在 P 挡时 L1、L2 应该是车载电压 12V，L3、L4 应该是 0V，但是在 P 挡测量的实际值是 L2 为 0V，N 挡也是 0V，R/D 挡显示正常。脱开变速器上的 X8532，所有导线都能显示为断开状态。连接适配器对 S-GL1、S-GL2、S-GL3、S-GL4 所有导线都供上蓄电池电压，每个开关的信号线都能识别到蓄电池的电压，因此最后判断为变速器挡位开关内部故障。

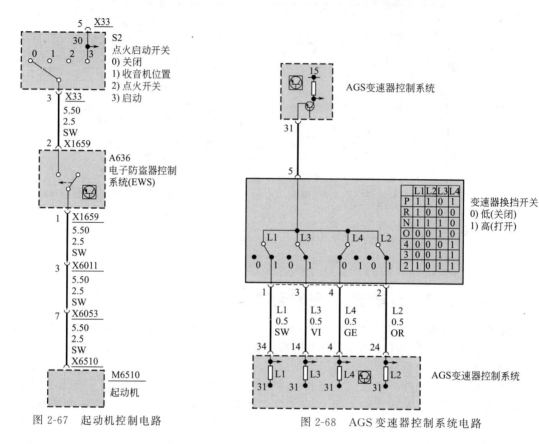

图 2-67　起动机控制电路　　　　图 2-68　AGS 变速器控制系统电路

故障排除　更换变速器挡位开关，故障排除。

维修总结　变速器挡位开关不能正确地输出信号，致使挡位不能正确地显示出来，EWS 无法接收到 P/N 挡的信号，就不能允许起动机启动车辆。

六、2019 年款华晨宝马 5 系启停状态下变速器自动挂 P 挡

故障现象　一辆 2019 年款华晨宝马 5 系（G38），底盘号为 SP46796，搭载 B48（4 缸 2.0L）发动机，据车主反映，该车在启停状态下，发动机启动时挡位会自动挂入 P 挡。另外，根据该车维修记录，该车曾因涉水导致发动机熄火，不久前曾拆装过发动机。

故障诊断　接车后首先进行试车，车主反映的情况属实。连接 ISTA 诊断仪，读取故障信息。系统内存有两条故障信息：CDBB94——信息（传动系统数据，0x1AF）缺失，接收器 DME，发射器 EGS；E11460——信息（传动系统显示数据，0x3FD）缺失，接收器 KOMBI，发射器 EGS。清除故障码后试车，故障依旧存在，再次读取故障码，如图 2-69 所示。

进入 EGS，读取供电电压数据，发现在启停状态下，发动机启动过程中该电压数据出现了骤然下降的情况。通过进一步检查发现变速器接地桩头处已经出现因接触不良而导致的烧蚀痕迹（图 2-70），而且接地螺栓上的螺母出现了松动。

故障排除　对变速器接地点进行处理并拧紧螺母后，该车故障被彻底排除。

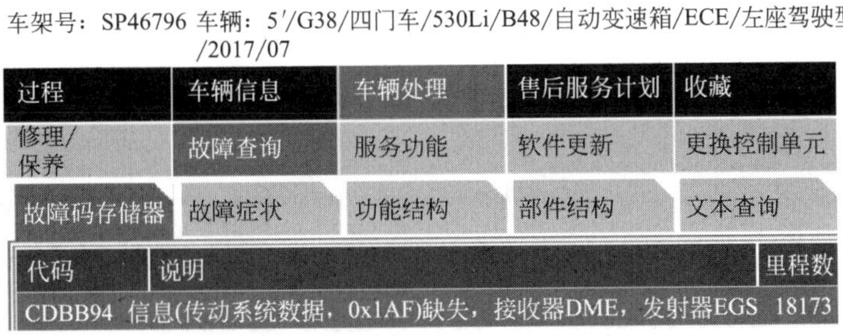

车架号：SP46796 车辆：5′/G38/四门车/530Li/B48/自动变速箱/ECE/左座驾驶型
/2017/07

过程	车辆信息	车辆处理	售后服务计划	收藏
修理/保养	故障查询	服务功能	软件更新	更换控制单元
故障码存储器	故障症状	功能结构	部件结构	文本查询

代码	说明	里程数
CDBB94	信息(传动系统数据，0x1AF)缺失，接收器DME，发射器EGS	18173

图 2-69　故障车相关系统内存储的故障信息

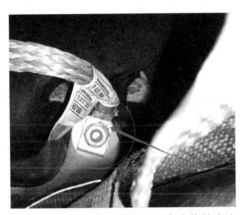

图 2-70　故障车变速器接地处存在烧蚀痕迹

第三章
宝马底盘系统

第一节　空气悬架

一、空气悬架结构特点

为了确保行驶舒适性不受负荷影响，保持不变，在前桥和后桥上标配安装空气悬架。双车桥高度调节系统的系统概览如图 3-1 所示。空气悬架输入输出如图 3-2 所示。双车桥高度调节系统的系统电路如图 3-3 所示。

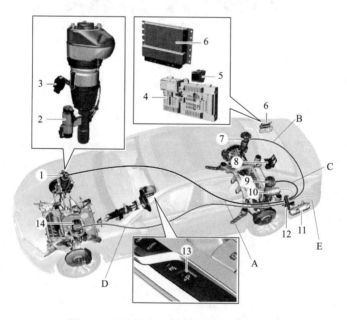

图 3-1　双车桥高度调节系统的系统概览

A—右前压缩空气管路（颜色代码：黑色）；B—右后压缩空气管路（颜色代码：蓝色）；C—左后压缩空气管路（颜色代码：红色）；D—左前压缩空气管路（颜色代码：绿色）；E—蓄压器压缩空气管路（颜色代码：黄色）；1—右前空气弹簧减振支柱；2—右前 EDC 阀（电子减振器控制系统）；3—右前车辆高度传感器；4—右后配电盒；5—空气供给装置继电器；6—垂直动态管理平台 VDP（中央控制单元）；7—右后空气弹簧减振支柱；8—蓄电池正极配电盒；9—左后空气弹簧减振支柱；10—21 蓄压器；11—41 蓄压器；12—空气供给装置；13—高度调节开关；14—左前空气弹簧减振支柱

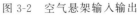

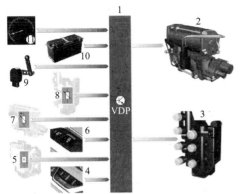

图 3-2　空气悬架输入输出

1—垂直动态管理平台 VDP；2—压缩机；3—电磁阀体；4—驾驶体验开关；5—车门触点开关；6—高度调节开关；7—温度传感器（在压缩机内）；8—压力传感器（在电磁阀体内）；9—车辆高度传感器；10—车载网络电压；11—车速

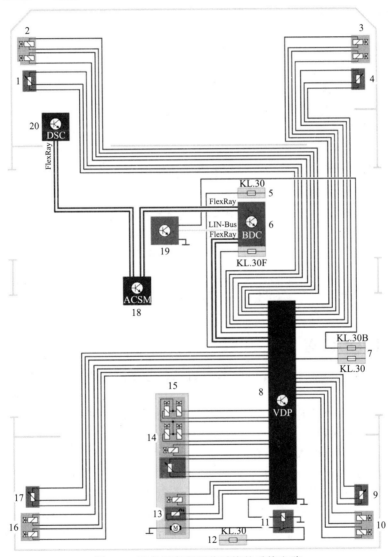

图 3-3　双车桥高度调节系统的系统电路

1—左前车辆高度传感器；2—左前 EDC 阀（电子减振器控制系统）；3—右前 EDC 阀（电子减振器控制系统）；4—右前车辆高度传感器；5—右前配电盒；6—车身域控制器 BDC；7—右后配电盒；8—垂直动态管理平台 VDP；9—右后车辆高度传感器；10—右后 EDC 阀（电子减振器控制系统）；11—空气供给装置继电器；12—蓄电池正极配电盒；13—压缩机；14—电磁阀体；15—空气供给装置；16—左后 EDC 阀（电子减振器控制系统）；17—左后车辆高度传感器；18—碰撞和安全模块 ACSM；19—高度调节开关；20—动态稳定控制系统 DSC

空气悬架用于提高行驶舒适性，主要在静止状态下进行系统调节，从而补偿因车辆负荷产生的高度变化。在惯性作用下，系统无法对因快速驶过转弯路段等产生的行驶动态干扰参数做出反应。行驶期间进行动态调节仅用于补偿因燃油箱容积降低和空气弹簧减振支柱空气温度变化产生的高度变化。空气悬架具有以下优点。

① 由于高度调节系统可在所有负荷状态下将车身高度自动保持在规定水平，因此可提高行驶安全性。

② 通过根据车重自动调节振动特性可确保较高行驶舒适性。

③ 通过高度调节开关手动调节高度可使客户获得更多好处。

用于调节空气悬架的中央控制单元是垂直动态管理平台 VDP，垂直动态管理平台 VDP 控制单元通过四个车辆高度传感器读取当前车辆高度。在调节过程中，垂直动态管理平台 VDP 对电磁阀体的相应电磁阀进行控制。

在静止状态下和低车速下（0～20km/h）根据两个蓄压器的储存容积进行调节。在行驶期间（20km/h 以上）进行调节时，所需压缩空气不由蓄压器提供，而是由压缩机产生并直接输送至相应空气弹簧减振支柱。在特殊情况下也会在静止状态下接通压缩机。

空气弹簧减振支柱内容积增大时会使车身升高，通过四个车辆高度传感器识别出达到规定高度并终止控制相应电磁阀。为了避免频繁进行调节，通过一个三点调节装置进行处理。在此单独通过两个车辆高度传感器来调节后桥，在前桥处根据一个平均值调节相应车辆高度。

为了避免进行电磁阀体维修作业时发生混淆，压缩空气管路采用不同颜色设计。表 3-1 对颜色代码进行了总结。

表 3-1 压缩空气管路采用不同颜色设计

颜色代码	组件	颜色代码	组件
黄色	蓄压器	蓝色	右后空气弹簧减振支柱
黑色	右前空气弹簧减振支柱	红色	左后空气弹簧减振支柱
绿色	左前空气弹簧减振支柱		

二、空气供给装置

如图 3-4 所示，空气供给装置由电动压缩机、电磁阀体以及带减振器的支架等组件构成。

空气供给装置用于产生所需压缩空气并根据要求对电动压缩机、压缩空气室以及四个空气弹簧减振支柱间的空气流进行协调，由垂直动态管理平台 VDP 进行所需计算。为了节省安装空间，该装置由两个独立的蓄压器构成，总容积为 6L，最大蓄压器压力为 1.75MPa。达到最大压力时可提供 105L 的总容积。

电动压缩机通过一个继电器接通，由垂直动态管理平台 VDP 控制继电器。为在压缩机运转状态下不向车内传输振动，空气供给装置通过一个带减振器的支架固定在车身上。为了避免压缩机启动噪声让驾驶员感到不适，几乎仅在行驶期间才会将其接通。如果下列情况同时出现，也会在车辆静止状态下接通压缩机：

① 车辆处于"停留"状态；

② 车载网络电压充足；

③ 车辆高度达到初始化值 —40mm；

④ 蓄压器内压力不足以进行调节。

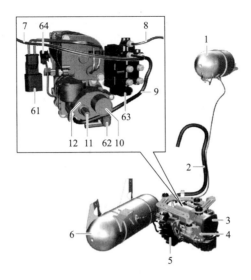

图 3-4 空气供给装置结构

1—2L 蓄压器；2—进气软管；3—电动压缩机；4—带减振器的支架；5—电磁阀体；6—4L 蓄压器；
7—2L 蓄压器压缩空气管路；8—4L 蓄压器压缩空气管路；9—用于为电磁阀体供给空气
的压缩空气管路；10—大气通风装置；11—进气软管接口；12—空气滤清器壳体端盖；
61—电动空气压缩机插接触点；62—电动排放电磁阀插接触点；63—电磁阀
体插接触点；64—温度传感器插接触点

吸入的空气在压缩机前经过空气滤清器净化并在压缩机后经过空气干燥器干燥。进行清洁是为了防止阀体受到污染，在此将水从空气中吸出从而防止车外温度较低时阀体结冰。如果由于空气供给装置内空气湿度过高导致阀体结冰，则无法再进行空气悬架高度调节。为了避免出现这种情况，持续对空气干燥器进行清洁和排水。

空气干燥器内的颗粒物在压力较高时增大空气湿度，在压力较低时再降低空气湿度。如果加注系统时有压缩空气流过颗粒物，颗粒物就会吸收湿气。车辆高度降低时会以较低压力通过空气干燥器引导多余空气，在此所存储的湿气会再次释放到流经的空气中。通过持续进行空气干燥器再生可确保系统正常运行，无须保养。压缩空气系统内的气动接口大多采用标准编号，这样便于区分并防止接口混淆。表 3-2 对标准数字代码进行了概括。如图 3-5 所示为空气供给装置示意。相关技术数据见表 3-3。

表 3-2 标准数字代码的概括

数字代码	含义	数字代码	含义
0	进气接口	2	能量排出
1	能量供给	3	大气

表 3-3 相关技术数据

项目	压缩机	排放电磁阀	温度传感器	电磁阀体
供电/V	12	12	5	12
每个阀门的吸动电流/A	—	0.82	—	0.8~1.0
每个阀门的保持电流/A	—	0.55	—	0.55
最大启动电流/A	110	—	—	—

项目	压缩机	排放电磁阀	温度传感器	电磁阀体
最大恒定电流/A	35	2.5	—	3.1
动态限压/MPa	2.25	—	—	—
电阻	—	9Ω	5kΩ,25℃	6.8kΩ

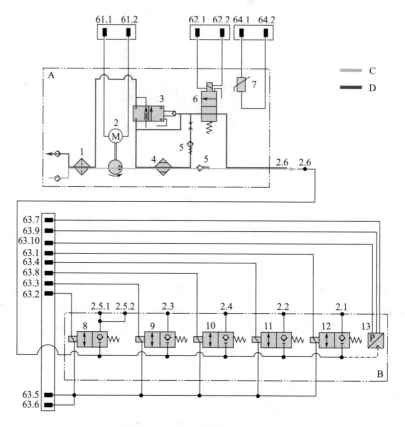

图 3-5　空气供给装置示意

A—空气压缩机；B—电磁阀体；C—加注；D—排出；1—空气滤清器；2—电机；2.1—输出端1能量排出（左前空气弹簧减振支柱）；2.2—输出端2能量排出（右前空气弹簧减振支柱）；2.3—输出端3能量排出（左后空气弹簧减振支柱）；2.4—输出端4能量排出（右后空气弹簧减振支柱）；2.5.1—蓄压器1能量排出；2.5.2—蓄压器2能量排出；3—带限压功能的气动排放阀；4—空气干燥器；5—单向阀；6—电动排放电磁阀；7—温度传感器；8—蓄压器电动电磁阀；9—左后空气弹簧减振支柱电动电磁阀；10—右后空气弹簧减振支柱电动电磁阀；11—右前空气弹簧减振支柱电动电磁阀；12—左前空气弹簧减振支柱电动电磁阀；13—压力传感器

三、电磁阀体

如图 3-6 所示，在电磁阀体内有不同电动电磁阀，通过这些电磁阀可将压缩空气传输到不同空气悬架组件。在垂直动态管理平台 VDP 控制单元内进行所需计算从而控制电动电磁阀。以车桥方式发生高度变化时可通过系统达到以下调节速度：

① 通过蓄压器进行调节，约 10mm/s；

② 通过电动压缩机进行调节，约 2mm/s。

压力传感器的安装位置有一个优点，即可根据控制情况仅通过一个传感器读取蓄压器和

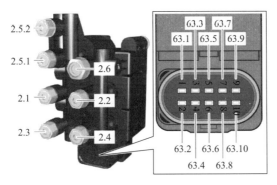

图 3-6　空气供给装置的电磁阀体结构

2.1—输出端 1 能量排出（左前空气弹簧减振支柱）；2.2—输出端 2 能量排出（右前空气弹簧减振支柱）；2.3—输出端 3 能量排出（左后空气弹簧减振支柱）；2.4—输出端 4 能量排出（右后空气弹簧减振支柱）；2.5.1—2L 蓄压器能量排出；2.5.2—4L 蓄压器能量排出；2.6—用于为电磁阀体供给空气的压缩空气管路；63.1—控制用于左前空气弹簧减振支柱的电磁阀；63.2—控制蓄压器电磁阀；63.3—控制用于左后空气弹簧减振支柱的电磁阀；63.4—控制用于右前空气弹簧减振支柱的电磁阀；63.5—接地；63.6—接地；63.7—传感器接地（压力传感器）；63.8—控制用于右后空气弹簧减振支柱的电磁阀；63.9—传感器供电（压力传感器）；63.10—传感器信号输出端（压力传感器）

空气弹簧减振支柱的充气压力。

　　启用蓄压器电动电磁阀时，一个压力传感器向垂直动态管理平台 VDP 控制单元提供有关装置当前充气压力的数据。如果所存储的压力不足以完成高度变化，垂直动态管理平台 VDP 控制单元就会接通压缩机从而产生压力。但是为了不影响舒适性，在静止状态下仅在有限条件下接通压缩机。启用电磁阀从而控制空气压缩弹簧减振支柱时，压力传感器会提供相应空气弹簧减振支柱的充气压力。

四、空气弹簧减振支柱

　　如图 3-7 所示，通过空气弹簧减振支柱内的压力可在所有负荷状态下自动调节车身高度，从而防止承受负荷时车身降低。通过一个电动驱动的压缩机和两个蓄压器为空气弹簧减振支柱供给空气。因此空气悬架工作时不受内燃机运行状态影响，可通过在后桥进行单车轮

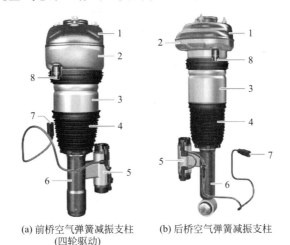

(a) 前桥空气弹簧减振支柱　　(b) 后桥空气弹簧减振支柱
　　　 （四轮驱动）

图 3-7　前桥和后桥空气弹簧减振支柱

1—上部件顶部；2—下部件顶部；3—膜片折叠气囊；4—防尘套；5—电子减振器控制系统 EDC 调节阀；6—减振器筒；7—减振器调节装置电气接口；8—带集成式剩余压力保持阀的气动接口

调节对不均衡负荷（例如通过不平衡负荷产生）进行补偿。

空气弹簧减振支柱用一个膜片折叠气囊取代了螺旋弹簧。通过一个压缩空气接口将空气压入空气弹簧减振支柱内，压力升高使空气弹簧减振支柱膜片折叠气囊展开并使车身升高。空气弹簧减振支柱通风时压力降低，膜片折叠气囊重新缩回且车身降低。

为了避免空气弹簧减振支柱内压力完全降低，在气动接口内有一个剩余压力保持阀。因此松开压缩空气管路时可保持 $180\sim270\mathrm{kPa}$ 的剩余压力。空气弹簧减振支柱参数见表3-4。

注意：空气弹簧减振支柱上带集成式剩余压力保持阀的气动接口无法单独更换。如果尝试取下带集成式剩余压力保持阀的气动接口会导致空气弹簧减振支柱损坏。

表 3-4　空气弹簧减振支柱参数

参数	前桥空气弹簧减振支柱	后桥空气弹簧减振支柱
正常位置的空气量/L	2.87	2.85
弹簧压缩行程/mm	65	86
弹簧伸长行程/mm	76	106.4
供货时的充气压力/kPa	$180\sim270$	$180\sim270$

五、车辆高度传感器

垂直动态管理平台 VDP 控制单元通过四个车辆高度传感器（图 3-8）读取当前车身高度。如图 3-9 所示，车辆高度传感器的最大测量角度为 $70°$，输出 $0.5\sim4.5\mathrm{V}$ 模拟电压信号。车辆高度传感器有供电（5V）、接地连接、信号输出（$0.5\sim4.5\mathrm{V}$）等电气接口。

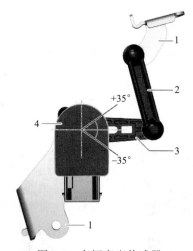

图 3-8　车辆高度传感器

1—支架；2—带球面接头的连杆；3—偏转杆；4—车辆高度传感器

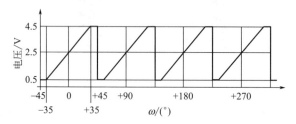

图 3-9　车辆高度传感器的车辆高度信号

更换一个或多个车辆高度传感器后必须通过宝马诊断系统 ISTA 执行服务功能"车辆高度校准"。成功进行车辆高度校准后会将车辆高度数据存储在车身域控制器内并在此用于进行前灯高度调节。

六、运行策略

如图 3-10 所示，可通过高度调节开关和驾驶体验开关手动调节车辆高度。在此共有三种不同的车辆高度（图 3-11）可供选择。高度调节相关参数见表 3-5。

(a) 启用正常高度或运动高度

(b) 启用较高高度

图 3-10　空气悬架调节方式
1—驾驶体验开关上的运动按钮；2—高度调节开关

图 3-11　车辆高度
A—运动高度（－10mm）；B—正常高度（±0mm）；C—较高高度（＋20mm）

表 3-5　高度调节相关参数

情况	较高高度	正常高度	运动高度
车辆高度/mm	＋20	±0	－10
启用高度	高度调节开关	—	(1)驾驶体验开关 (2)车速超过约 140km/h
车速/(km/h)	0～40	1～140	(1)0km/h 至最高车速 (2)140km/h 至最高车速

为了能够通过高度调节开关手动改变车辆高度，必须满足以下条件：

① 行驶准备状态"停留"或"行驶"0～40km/h；

② 车载网络电压充足；

③ 车门关闭；

④ 蓄压器充气压力充足（仅限行驶准备状态"停留"）。

图 3-12 展示了空气悬架的运行策略。

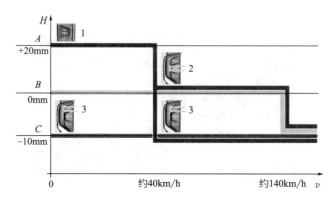

图 3-12　空气悬架运行策略

A—较高高度（+20mm）；*B*—正常高度（±0mm）；*C*—运动高度（−10mm）；*H*—车身高度；*v*—车速；
1—高度调节开关调节到较高高度；2—驾驶体验开关处于舒适位置；3—驾驶体验开关处于运动位置

1. 较高高度

如图 3-13 所示，在 0～40km/h 车速范围内可通过高度调节开关手动启用较高高度（+20mm），驾驶员可通过该高度以较高离地间隙在不造成损坏的情况下克服坡度较大的斜坡，如果超出该车速范围就会自动调节为以下高度。

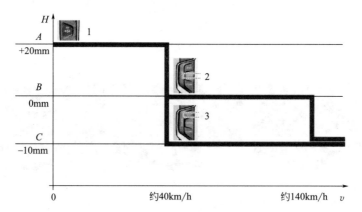

图 3-13　空气悬架运行策略（处于较高高度时）

A—较高高度（+20mm）；*B*—正常高度（±0mm）；*C*—运动高度（−10mm）；*H*—车身高度；*v*—车速；
1—高度调节开关调节到较高高度；2—驾驶体验开关处于舒适位置；3—驾驶体验开关处于运动位置

① 驾驶体验开关处于舒适位置时，车辆高度降至正常水平（±0mm）。

② 驾驶体验开关处于运动位置时，车辆高度降至运动水平（−10mm）。

车速超过 140km/h 时，无论处于哪个开关位置，车身都会自动从正常高度降至运动高度（−10mm）。降至运动高度时具有以下优点：

① 车辆重心较低，从而提高行驶动力性；

② 改善空气动力性，从而降低耗油量。

2. 正常高度

如图 3-14 所示，可通过以下开关位置调节正常高度（±0mm）：

① 高度调节开关调节到正常位置；

② 驾驶体验开关未处于运动位置。

车速超过 140km/h 时，无论处于哪个开关位置，车身都会自动从正常高度降至运动高度（−10mm）。降至运动高度时具有以下优点：

① 车辆重心较低，从而提高行驶动力性；

② 改善空气动力性，从而降低耗油量。

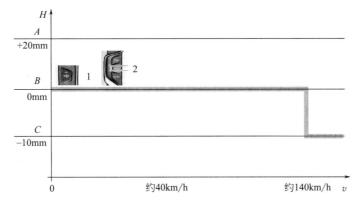

图 3-14　空气悬架运行策略（处于正常高度时）

A—较高高度（+20mm）；*B*—正常高度（±0mm）；*C*—运动高度（−10mm）；*H*—车身高度；
v—车速；1—高度调节开关调节到正常高度；2—驾驶体验开关处于舒适位置

3. 运动高度

如图 3-15 所示，可通过以下开关位置调节运动高度（−10mm）：

① 高度调节开关调节到正常位置；

② 驾驶体验开关处于运动位置。

运动高度（−10mm）通过较低车辆重心可在所有高度提供最高行驶动力性，此外还通过改善空气动力性降低耗油量。

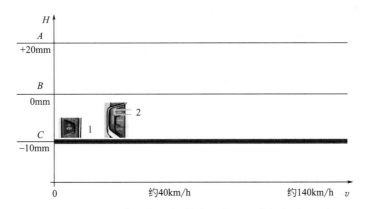

图 3-15　空气悬架运行策略（处于运动高度时）

A—较高高度（+20mm）；*B*—正常高度（±0mm）；*C*—运动高度（−10mm）；*H*—车身高度；
v—车速；1—高度调节开关调节到正常高度；2—驾驶体验开关处于运动位置

第二节　制动器

制动系统概览如图 3-16 所示。

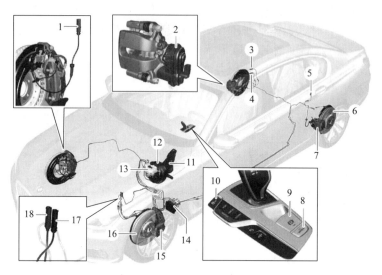

图 3-16　制动系统概览

1—右前车轮转速传感器插接触点；2—EMF 执行机构（电动机械式驻车制动器执行机构）；3—右后车轮转速传感器插接触点；4—右后制动摩擦片磨损传感器插接触点；5—左后车轮转速传感器插接触点；6—后桥制动盘；7—后桥制动钳；8—制动驻车按钮；9—驻车制动按钮；10—DSC 按钮；11—踏板机构支撑座；12—制动助力器；13—制动液补液罐；14—动态稳定控制系统 DSC；15—前桥制动钳；16—前桥制动盘；17—左前车轮转速传感器插接触点；18—左前制动摩擦片磨损传感器插接触点

一、行车制动器

如图 3-17 所示，调整了踏板机构与制动助力器连杆间的固定方式。在此，制动助力器连杆球头卡止在踏板机构上的一个塑料夹内。松开该连接时需要使用一种新型专用工具（图 3-18），拆卸踏板机构时应遵守当前维修说明中的规定。

图 3-17　踏板机构与制动助力器连杆的固定方式
A—制动助力器连杆；B—踏板机构；1—球头；2—塑料夹

图 3-18　用于拆卸踏板机构的专用工具

二、驻车制动器

1. 驻车制动系统特点

宝马 7 系轿车（2001～2008 年）是全球第一款配备电动机械式驻车制动器 EMF 的批量生产车型。之后，很多其他宝马车型都采用了电动驻车制动器系统，使用该系统具有以下优势。

① 由于取消了驻车制动器拉杆和手制动拉线，可提供更多储物空间。

② 可随时正确调节制动摩擦片压紧力。

③ 通过不同附加功能为驾驶员提供支持（例如起步时自动松开）。

④ 辅助制动装置的制动功率较高。

宝马目前采用以下两种不同的电气化系统。

① 电动机械式驻车制动器＝通过双向自增力执行拉线系统作用。

② 电动驻车制动器＝组合式制动钳。

图 3-19 展示了两种系统的比较。

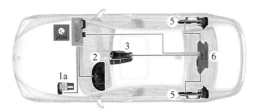 

(a) F01/F02(宝马7系，2008～2015)　　　　(b) 宝马新7系(自2015年起)

图 3-19　F01/F02 电动驻车制动器与宝马新 7 系电动驻车制动器的比较

1a—DSC 控制单元（动态稳定控制系统）；1b—带集成式驻车制动功能的 DSC 控制单元（动态稳定控制系统）；2—组合仪表 KOMBI；3—驻车制动按钮；4—通过组合式制动钳上执行机构执行功能的电动驻车制动器；5—通过双向自增力驻车制动器执行功能的电动驻车制动器；6—带集成式控制单元的 EMF 执行单元（电动机械式驻车制动器）；BDC—车身域控制器；ZGM—中央网关模块

与 F01/F02 拉线系统不同，宝马新 7 系采用电动驻车制动系统，该系统通过一个组合式制动钳执行功能。之前在较重的顶级车辆上通过一个双向自增力驻车制动器来执行驻车制动器功能，该系统的优点是拉紧驻车制动器时制动蹄片自锁功能较强。

如图 3-20 所示，宝马新 7 系电动驻车制动器的主要特点是不再使用单独的控制单元，通过动态稳定控制系统 DSC 控制单元控制电动驻车制动器。在中控台上有一个用于启用或停用电动驻车制动器的驻车制动按钮，通过组合仪表 KOMBI 向驾驶员发出当前系统状态信息。

通过两个安装在制动钳上的执行机构使制动摩擦片承受准确计算的预应力，通过 DSC 控制单元内存储的温度模型可推断出制动盘温度。在制动盘冷却过程中压紧力减小，尤其在高温条件下系统必须张紧摩擦片，张紧时刻和频率根据计算的初始温度发生变化。电动驻车制动器打开时，执行机构仅移回到制动摩擦片达到正确调节间隙。鉴于该调节功能，维修时必须在更换制动摩擦片前使执行机构移回。

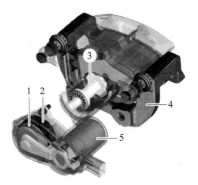

图 3-20　电动驻车制动器执行机构

1—皮带传动机构；2—行星齿轮箱；

3—螺杆螺母；4—制动钳；

5—电机（直流电）

在电动驻车制动器组合式制动钳壳体上有一个带皮带传动机构和行星齿轮箱的电机，控制电机时通过皮带传动机构和行星齿轮箱将作用力传递到螺杆螺母上，通过螺杆螺母实现接合制动摩擦片所需行程。通过电机电流升高，动态稳定控制系统 DSC 可确定预应力。

维修时可按如下方式使移出的螺杆螺母返回基本位置：

① 用于机械转回的专用工具；

② 宝马诊断系统 ISTA 中的服务功能"维修车间模式"。

2. 驻车制动器的功能

（1）动态紧急制动　如果行驶期间超过规定车速时操作了驻车制动按钮，则 DSC 单元就会执行动态紧急制动，通过控制 DSC 液压单元内的六活塞泵和转换阀在所有四个车轮制动器上产生压力。

通过四个车轮转速传感器监控所有车轮的滑转限值，从而确保稳定制动直至车辆静止。一旦车辆静止，就会控制电动驻车制动器的两个执行机构，此时仅通过驻车制动器防止车辆溜车。

（2）自动松开驻车制动器　通过该功能，在驻车制动器启用状态下起步时驾驶员无须再操作驻车制动按钮来执行松开功能。松开电动驻车制动器的前提是：

① 驾驶员车门已关闭；

② 车辆处于"行驶"状态；

③ 已操作电动驻车制动器；

④ 已挂入行驶挡位；

⑤ 已操作加速踏板。

3. 制动试验台

为了在制动试验台上检查电动驻车制动器的制动功率，动态稳定控制系统 DSC 带有转鼓模式。启用转鼓模式后，可在操作驻车制动按钮时通过电动驻车制动器的执行机构进行车辆减速。DSC 不在所有四个车轮制动器上产生压力，由此可确定电动驻车制动器的制动力。根据可信度检查（比较车轮转速）自动识别出转鼓模式，识别过程最长持续 5s（可通过红色驻车制动指示灯缓慢闪烁进行识别）。

启用转鼓模式后，系统处于试验台模式，通过驻车制动指示灯开始以 1Hz 频率闪烁对该状态进行确认。通过驻车制动按钮可分五挡拉紧驻车制动器，第一挡为最小制动功率，操作驻车制动按钮五次后达到最大制动功率，持续操作时系统自动逐挡进行直至达到最大制动功率。在试验台模式下操作驻车制动按钮时驻车制动指示灯的闪烁频率在 1～3Hz 之间变化。检查期间注意未加速、行驶挡位处于 N（空挡）、未操作脚制动器等几个方面。

第三节　轮胎压力监控系统

如图 3-21 所示，在欧洲市场，宝马新 7 系标配非防爆轮胎，但可选装防爆轮胎或备用车轮。某一防爆轮胎充气压力下降时，可根据装载情况以有限车速（最高 80km/h）行驶相应的剩余里程。车辆带有选装配置底盘套件"Executive Drive Pro"时，在行驶期间某一防爆轮胎失压的情况下会通过主动式电动稳定杆自动分配车速，从而最大限度地减轻失压车轮（低于 50kPa）负荷并使正常车轮承受负荷，这样可实现尽可能大的剩余行驶里程。处于中等装载水平时，最大允许剩余行驶里程为 80km。

车辆抛锚时也可用非防爆轮胎替换损坏的防爆轮胎。但需要注意，必须尽快重新用防爆轮胎更换非防爆轮胎。根据具体国家情况，宝马新 7 系带有以下轮胎失压识别系统：

轮胎失压显示 RPA；轮胎压力监控系统 RDC（美国/欧洲）。

(a) 非防爆轮胎　　　(b) 防爆轮胎

图 3-21　轮胎

一、轮胎失压显示 RPA

如图 3-22 所示，轮胎失压显示 RPA 是用于间接测量不同轮胎充气压力的系统。在此并非测量实际轮胎充气压力，而是通过车轮转速传感器持续监控所有车轮的滚动周长。轮胎压力下降时，相应车轮的转角速度会发生变化，车轮转速传感器可对其进行探测并向动态稳定控制系统 DSC 发送相关信号。车速超过 25km/h 和压力下降约 30% 时，系统会发出警告。在此通过组合仪表内的一个指示灯以及中央信息显示屏 CID 内的文本信息向驾驶员发出警告。

图 3-22　轮胎失压显示 RPA 系统概览

1—右前车轮转速传感器；2—中央信息显示屏 CID（不显示轮胎充气压力）；3—右后车轮转速传感器；
4—左后车轮转速传感器；5—组合仪表 KOMBI；6—动态稳定控制系统 DSC；7—左前车轮转速传感器

轮胎充气压力发生变化或更换车轮时必须重新进行系统初始化，可通过控制器在中央信息显示屏 CID 内进行。

二、轮胎压力监控系统 RDC

1. 系统结构

如图 3-23 所示，宝马新 7 系采用轮胎压力监控系统 RDCi，RDCi 是一个直接测量系统，通过各车轮的车轮电子装置确定实际轮胎充气压力。RDCi 无须单独的 RDC 控制单元，RDCi 功能集成在动态稳定控制系统 DSC 控制单元内。使用遥控信号接收器作为所有车轮电子装置发送记录的接收装置，它通过数据总线将相关信息发送至 DSC 控制单元。

对新车轮电子装置进行自适应前系统所需的静止时间进行了调整。之前在配备 RDCi 的车辆上无论总线端状态如何都需要根据情况静止至少 8min，DSC 控制单元才会接受新车轮电子装置的 ID。

车辆状态决定了系统需要多长时间才会接受新车轮电子装置的 ID 并进行自适应。当车辆静止时为5min，车辆行驶时为17min。为使动态稳定控制系统DSC对新车轮电子装置进行自适应，必须在更换车轮后静止至少5min（"静止"状态）或17min（"行驶"状态）。

如果在使用新车轮电子装置前时间不足至少5min（"静止"状态）或17min（"行驶"状态），一段时间后驾驶员会接收到一条检查控制的信息。在此情况下必须根据情况使车辆保持5min（"静止"状态）或17min（"行驶"状态）以上。之后动态稳定控制系统DSC控制单元会自动对新车轮电子装置进行自适应。

即使在发动机关闭状态下，车辆也可通过发动机节能启停功能MSA自动处于"行驶"车辆状态。

图3-23 轮胎压力监控系统RDCi系统概览

1—右前车轮电子装置；2—中央信息显示屏CID（可显示轮胎充气压力）；3—右后车轮电子装置；
4—遥控信号接收器FBD；5—左后车轮电子装置；6—组合仪表KOMBI；
7—动态稳定控制系统DSC；8—左前车轮电子装置

2. 车轮电子装置

如图3-24所示，车轮电子装置根据系统状态处于休眠模式、自适应模式或准备模式。

为了尽可能长地确保电池电量，车轮电子装置需要较长静止时间才会切换为自适应模式。

处于静止模式（车轮静止）15min后，只要车速超过20km/h，车轮电子装置就会开始以自适应模式发送信号。在自适应模式下，在9min内每隔15s（40个记录）向DSC控制单元发送记录。通过在自适应模式下进行发送，DSC控制单元可计算出各车轮电子装置的安装位置。如果用其他车辆的车轮组更换了当前部件且该车轮组静止模式（车轮静止）时间未超过15min，则车轮电子装置就会开始以准备模式发送信号，无法在准备模式下进行车轮电子

图3-24 车轮电子装置

装置自适应。

可在即将把车轮组装到车上之前进行车轮组平衡，因为进行平衡时只有少量记录会以自适应模式发送，还有足够多的记录可确保车轮电子装置进行有效自适应。可通过宝马诊断系

统 ISTA 读取车轮电子装置的电池状态。电池剩余使用寿命以百分数形式显示。

第四节　行驶动态管理系统

一、动态稳定控制系统 DSC

1. DSC 单元结构

行驶动态协调控制系统用于提高主动行驶安全性的核心部分除垂直动态管理平台 VDP 控制单元外，还包括动态稳定控制系统 DSC，该系统可优化所有行驶状态下的行驶稳定性以及起步和加速时的牵引力。此外，它还能识别出不足转向或过度转向等不稳定的行驶状态并使车辆保持在安全行驶轨迹上。

如图 3-25 所示，动态稳定控制系统 DSC 位于车辆前部下方区域内。由于不同制动管路接口直径不同，不会出现不同液压管路混淆的情况。DSC 单元结构如图 3-26 所示。

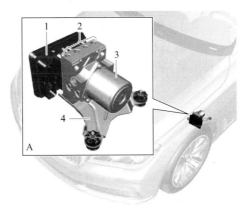

图 3-25　动态稳定控制系统 DSC 安装位置

A—DSC 单元；1—DSC 控制单元；2—DSC 液压单元上的制动管路接口；3—回流泵；4—固定支架

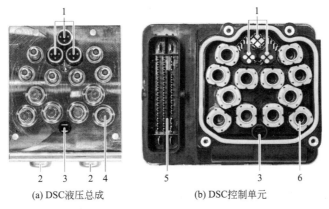

(a) DSC液压总成　　　　(b) DSC控制单元

图 3-26　DSC 单元结构

1—压力传感器；2—液压减振元件；3—DSC 泵控制装置；4—电磁阀
（12 个）；5—控制单元插头；6—电磁阀线圈（12 个）

DSC 控制单元与 DSC 液压单元通过螺栓相互连接在一起。为了降低维修成本，DSC 控制单元可单独更换。在老款车型系列上通过集成式底盘管理系统 ICM 控制单元实现不同行驶动态管理系统的连接。动态稳定控制系统 DSC 控制单元带有一个附加存储器（黑匣子），可存储集成式底盘管理系统 ICM 的一些功能。通过黑匣子存储的算法可对不同行驶动态协调控制系统进行相关协调及控制。

轮胎压力监控系统 RDC 和电动驻车制动器 EPB 的功能已被集成在 DSC 控制单元内。TRW DSC-EBC460 液压回路如图 3-27 所示。

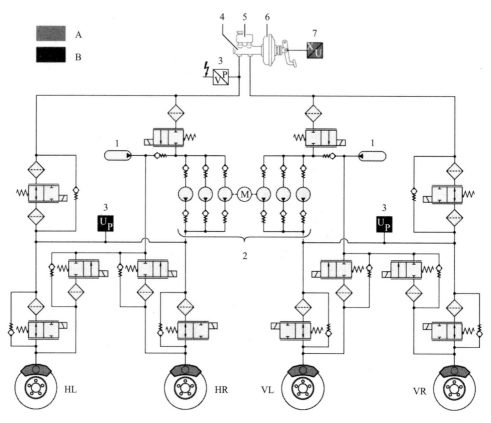

图 3-27　TRW DSC-EBC460 液压回路

A—仅在混合动力型号上安装；B—仅与选装配置"具有停车和起步功能的主动定速巡航控制系统"一起提供；1—液压减振元件；2—六活塞液压泵；3—DSC 压力传感器；4—制动主缸；5—制动液补液罐；6—制动助力器；7—制动踏板行程传感器；AV—输出阀；EV—输入阀；HL—左侧后桥；HR—右侧后桥；TV—隔离阀；USV—转换阀；VL—左侧前桥；VR—右侧前桥

根据驱动方式和配置范围使用不同 DSC 型号。在混合动力型号中，在脚制动踏板机构上有一个附加制动踏板行程传感器，车辆带有选装配置"具有停车和起步功能的主动定速巡航控制系统"时，在液压单元内有两个附加压力传感器。

2. DSC 单元功能

表 3-6 概括了 DSC 单元的不同功能，动态稳定控制系统 DSC 系统电路如图 3-28 所示。

表 3-6　DSC 单元的不同功能

功能	说　明
防抱死制动 系统 ABS	通过有针对性地调节制动压力避免制动时各车轮抱死，车辆转向性能保持不变

功能	说　明
动态稳定控制系统 DSC	车辆有不足转向或过度转向趋势时,通过有针对性地对各车轮进行制动干预使车辆稳定下来
动态牵引力控制系统 DTC	它是动态稳定控制系统 DSC 的一种特殊模式,在该模式下与 ASC 和 DSC 配合使用,主要通过增大干预限值确保在正常路面上在不进行调节干预的情况下实现更加运动的驾驶方式,并在冰雪、砂土或砾石等松软路面上实现最大驱动力
弯道制动控制系统 CBC	通过非对称调节制动压力防止在横向加速度较高情况下略微制动导致车辆向内偏转,改善转弯稳定性
自动稳定控制系统 ASC	通过有针对性地进行驱动轮制动并影响发动机提供的驱动力矩防止驱动轮打滑,由此可优化车辆驱动力,行驶稳定性保持不变
动态制动控制系统 DBC	驾驶员进行紧急制动时,系统通过立即自动施加最大制动压力为驾驶员提供支持,从而确保最佳减速度
自动差速制动系统 ADB-X	模拟差速器锁的功能。某一车轮有打滑趋势时,系统自动对其进行制动,以便通过驱动桥的另一车轮继续获得驱动力
挂车稳定控制功能	可自动识别出车辆和挂车的左右摇摆状态,并通过有针对性地进行制动干预使车辆和挂车稳定下来,同时使车速降至引起左右摇摆的临界车速之下
制动准备	驾驶员迅速松开加速踏板时,可在系统内建立适当的制动压力,由此可使制动摩擦片轻轻接合。如果之后驾驶员进行紧急制动,制动作用就会迅速体现出来
干燥制动	根据车窗玻璃刮水器操作情况,使制动摩擦片以周期方式轻接合,从而使制动盘变干,因此制动时可显著提高制动效率
制动衰减支持	因采用极限驾驶方式导致制动器温度很高且只能通过增大制动力达到所需加速度时,为驾驶员提供制动支持
起步辅助系统	驾驶员松开制动器以便起步时,使车辆在坡路上停住不动约 1.5s,这样可使驾驶员舒适起步,不会出现意外溜车
自动驻车	车辆静止后自动使车辆停住不动,无须在挂入行驶挡位的情况下继续操作制动器。踩下加速踏板时制动器自动松开,车辆正常起步。可通过一个按钮接通和关闭该功能

二、转向系统

电动转向系统通过一个电机产生助力扭矩。无论方向盘上的手力矩程度如何,除纯助力功能外,原则上任意移动方向盘都会影响前车轮,因此该系统是使用多个驾驶员辅助功能例如驻车操作辅助系统 PMA 的前提条件。转向系统结构如图 3-29 所示。电子助力转向系统 EPS 可使平均耗油量降低约 0.3L/100km,另一个优点是无须为助力转向供油。

1. 方向盘

如图 3-30 所示,有三种不同外观的方向盘可供选择。

豪华型方向盘的真皮轮缘带有木质嵌入件,驾驶员可通过多功能开关操作不同驾驶员辅助系统和驾驶员信息系统。

不同型号方向盘直径:运动型方向盘为 382mm;豪华型方向盘为 384mm;标准方向盘为 385mm。可通过选择配置实现附加功能包括:

① 方向盘可加热真皮轮缘;

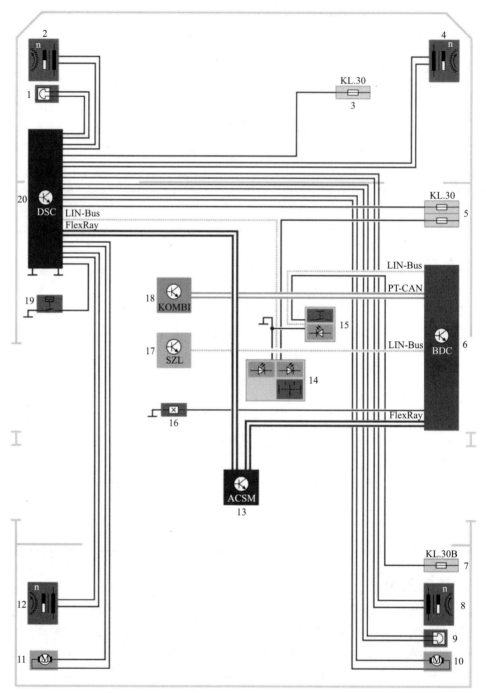

图 3-28　动态稳定控制系统 DSC 系统电路

1—左前制动摩擦片磨损传感器；2—左前车轮转速传感器；3—发动机室配电盒；4—右前车轮转速传感器；5—右前配电盒；6—车身域控制器 BDC；7—右后配电盒；8—右后车轮转速传感器；9—右后制动摩擦片磨损传感器；10—右后电动驻车制动器执行机构；11—左后电动驻车制动器执行机构；12—左后车轮转速传感器；13—碰撞和安全模块 ACSM；14—电动驻车制动器和自动驻车功能按钮；15—DSC 按钮；16—制动信号灯开关；17—转向柱开关中心；18—组合仪表 KOMBI；19—制动液位开关；20—动态稳定控制系统 DSC

② 传递振动触感（方向盘振动），例如车道偏离警告系统或车道变更警告系统等驾驶员

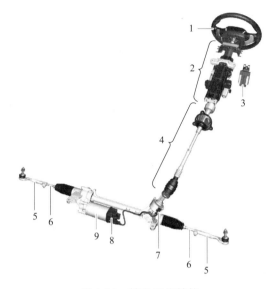

图 3-29 转向系统结构

1—方向盘；2—带电动转向柱调节装置的上部转向柱；3—电动转向柱调节装置控制单元；
4—带滑块的下部转向柱；5—转向横拉杆球头；6—转向横拉杆；7—转向力矩传感器；
8—EPS控制单元（电子助力转向系统）；9—EPS电机（电子助力转向系统）

(a) 运动型方向盘   (b) 豪华型方向盘   (c) 标准方向盘

图 3-30 方向盘型号

辅助系统；

③ 用于堵车辅助功能的放手检测；

④ 用于选装配置运动型自动变速箱（SA 2TB）的手动换挡功能的换挡拨片。

2. 电动转向柱调节装置

电动转向柱调节装置如图 3-31 所示，带电动纵向和高度调节装置的转向柱可使驾驶员通过无级调节方向盘获得符合人机工程学设计的最佳座椅位置和驾驶位置。其调节范围：高度调节±20mm；纵向调节—20～40mm。

3. 转向系统型号

配备有 12V 标准转向系统、12V Integral 主动转向系统、24V Integral 主动转向系统等各种转向系统。不同转向系统采用组件见表 3-7。图 3-32 展示了转向系统概览。

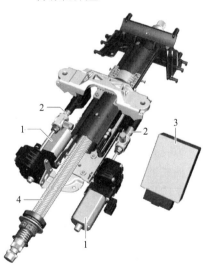

图 3-31 电动转向柱调节装置

1—电机；2—螺杆；3—电动转向柱
调节装置控制单元；4—转向轴

表 3-7　不同转向系统采用组件

组件	12V 标准转向系统	12V Integral 主动转向系统	24V Integral 主动转向系统
采用标准齿条几何形状的电子助力转向系统	●		
采用可变齿条几何形状的电子助力转向系统		●	●
12V 蓄电池	●	●	●
12V 附加蓄电池			●
电源控制单元 PCU（150W DC/DC 转换器）			●
后桥侧偏角控制系统 HSR		●	●

注："●"表示不同转向系统采用的组件。

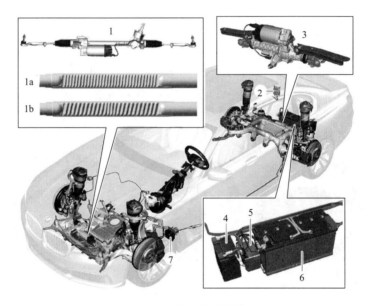

图 3-32　转向系统概览

1—电子助力转向系统（电动机械式助力转向系统）；1a—传统齿条几何形状（标准转向系统）；
1b—可变齿条几何形状（Integral 主动转向系统）；2—电源控制单元 PCU（仅限 24V 转向系统）；
3—后桥侧偏角控制系统 HSR（Integral 主动转向系统）；4—12V 附加蓄电池（仅限 24V 转向系统）；
5—隔离元件（仅限 24V 转向系统）；6—12V 蓄电池；7—动态稳定控制系统 DSC

　　标准转向系统为采用标准齿条几何形状的传统电动机械式助力转向系统（12V）。选装配置 Integral 主动转向系统不再采用带叠加减速器的主动转向系统，而是被带可变齿条的电动机械式助力转向系统（运动型转向系统）和后桥侧偏角控制系统 HSR 所取代。根据车辆前端车桥负荷，在前桥上使用一个 12V 或一个 24V 转向系统。后桥侧偏角控制系统 HSR 基本上以 12V 电压工作。

4. Integral 主动转向系统

　　选装 Integral 主动转向系统时，通过行程决定的齿条啮合面几何形状实现可变转向器传动比。处于转向器中间位置时，转向系统在稳定直线行驶状态下的反应十分精确。施加转向角离开中间位置时，传动比就会明显减小。可变齿条几何形状传动比如图 3-33 所示。前桥 Integral 主动转向系统转向角如图 3-34 所示。

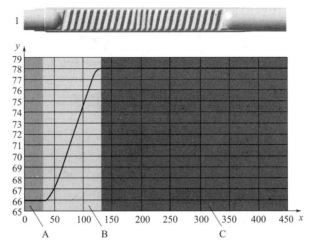

图 3-33　可变齿条几何形状传动比（选装配置 Integral 主动转向系统）
A—处于可变齿条中间位置时转向器传动比较大（0°～45°）；B—过渡区域（45°～130°）；
C—处于可变齿条中间位置以外时转向器传动比较小（＞130°）；x—转向角（°）；
y—转向器传动比（mm/r）；1—可变齿条几何形状（Integral 主动转向系统）

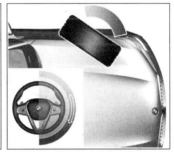

(a) 转向器传动比较大　　　　　　(b) 转向器传动比较小
（可变齿条几何形状）　　　　　　（可变齿条几何形状）

图 3-34　前桥 Integral 主动转向系统转向角

三、后桥侧偏角控制系统运行系统

1. 后桥侧偏角控制系统 HSR

固定在后桥上的后桥侧偏角控制系统 HSR 可实现最大±3°的后车轮转向角，因此与不带后桥侧偏角控制系统 HSR 的车辆相比可使转弯直径减小约 1m。后桥侧偏角控制系统可在约 5km/h 至最高车速范围内执行功能。后桥侧偏角控制系统 HSR 如图 3-35 所示。

由动态稳定控制系统 DSC 发出后桥车轮转向角调节请求，通过电机使组件内部的一个螺杆传动装置转动，该装置使两个前束控制臂线性移动。后桥侧偏角控制系统 HSR 可通过位置传感器确定线性移动从而计算出两个后桥车轮转向角。后桥侧偏角控制系统 HSR 的螺杆传动机构采用自锁式设计，因此系统失灵后车辆行驶特性与没有后桥侧偏角控制系统 HSR 的车辆相同。

安装支撑板时需要一个专用的校正装置，维修时不使用该装置。出于该原因不允许松开后桥侧偏角控制系统 HSR 上的支撑板，若不遵守该要求则需进行后桥四轮定位调整。

注意：维修时不允许松开后桥侧偏角控制系统 HSR 的支撑板！

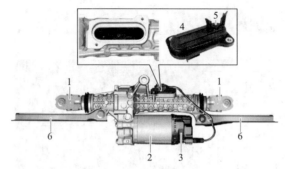

图 3-35　后桥侧偏角控制系统 HSR

1—前束控制臂固定架；2—电机；3—HSR 控制单元（后桥侧偏角控制系统）；
4—螺杆位置传感器（PLCD 传感器）；5—永久磁铁；6—支撑板

2. 运行策略

　　Integral 主动转向系统输入/输出见图 3-36，在不超过约 60km/h 的车速范围内，后桥侧偏角控制系统 HSR 朝与前桥转向系统转向角相反方向转向，这样可提高车辆的转弯性能。超过约 60km/h 的车速范围后，后桥侧偏角控制系统 HSR 朝相同方向转向，这样可使车辆保持直线行驶。Integral 主动转向系统运行策略如图 3-37 所示。

(a) 相反方向转向

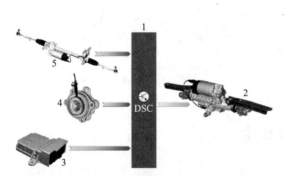

(b) 相同方向转向

图 3-36　Integral 主动转向系统输入/输出

1—动态稳定控制系统 DSC；2—后桥侧偏角控制系统 HSR；
3—横摆率和横向加速度（ACSM）；
4—车轮转速；5—转向角（EPS）

图 3-37　Integral 主动转向系统运行策略

3. 转弯行驶时的行驶动力调节

　　转弯行驶时 DSC 或 Integral 主动转向系统可能进行的行驶动态干预如图 3-38 所示。快速更换车道时，所有车辆都有明显的横摆趋势且可能导致过度转向。动态稳定控制系统 DSC 识别出驾驶员指令与车辆响应间存在偏差时，就会通过进行后桥转向干预稳定车辆，这种快速稳定的干预几乎不会让驾驶员有所察觉，在很大程度上可不再进行时间滞后的 DSC 制动干预，因此车辆更加稳定且行驶动力保持不变。

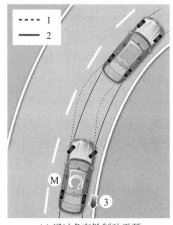
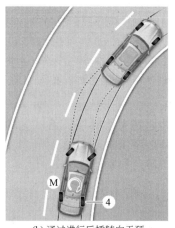

(a) 通过各车轮制动干预
避免不足转向(DSC)

(b) 通过进行后桥转向干预
避免不足转向(HSR)

图 3-38　转弯行驶时 DSC 或 Integral 主动转向系统可能进行的行驶动态干预

M—通过行驶动态管理系统对车辆产生的偏转力矩进行干预；1—不足转向车辆的行驶路线；
2—中性行驶特性车辆的行驶路线；3—各车轮制动干预（DSC）；4—后桥转向干预（HSR）

如果驾驶员在快速行驶时低估了转弯曲率，可能会由于突然出现的不足转向而感到意外。后桥侧偏角控制系统 HSR 在不足转向行驶情况下也可进行校正干预，从而进一步提高主动安全性。

4. 在不同路面上的行驶动力调节

如图 3-39 所示，在单侧光滑路面上紧急制动时，车辆可能会向路面附着力较高的一侧偏转。紧急制动时，传统车辆的驾驶员必须进行校正干预。在附着系数不同的路面上制动时，动态稳定控制系统 DSC 通过进行后桥转向干预调节起到稳定作用的偏转力矩。

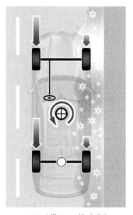
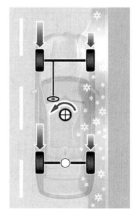
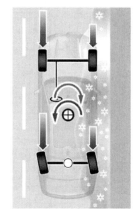

(a) 不带DSC的车辆　　　　(b) 带DSC的车辆　　　　(c) 带DSC和后桥侧偏角
控制系统HSR的车辆

图 3-39　带不同行驶动态管理系统时在附着系数不同的路面上制动

（1）不带 DSC　不带 DSC 的车辆制动时，在干燥路面侧可以获得最大制动力，在湿滑或结冰路面侧只能获得较小制动力。在此产生逆时针偏转力矩，可能会导致车辆向右甩尾。

（2）带 DSC　带 DSC 的车辆制动时，给车轮分配制动力时会使作用于车辆的偏转力矩减小，因此车辆仍然保持良好可控性，制动距离可能会稍有延长。

（3）带 DSC 和后桥侧偏角控制系统 HSR　带 DSC 和后桥侧偏角控制系统 HSR（选装配置 Integral 主动转向系统 SA 2VH）的车辆制动时，DSC 控制单元计算出后车轮转向角。后桥侧偏角控制系统 HSR 的执行机构将转向角计算值转化为两个后车轮的主动车轮转向角。借助由此产生的稳定性偏转力矩可施加最大制动力实现最短制动距离，通过转向干预与制动干预的完美配合可提高主动行驶安全性和车辆行驶动力性。

5. 服务信息

维修时可将转向器完全降下。由于无须繁复的车桥分解工作，因此显著降低了维修成本。24V 转向系统的系统电路如图 3-40 所示。后桥侧偏角控制系统 HSR 系统电路如图 3-41 所示。电动调节式转向柱系统电路如图 3-42。

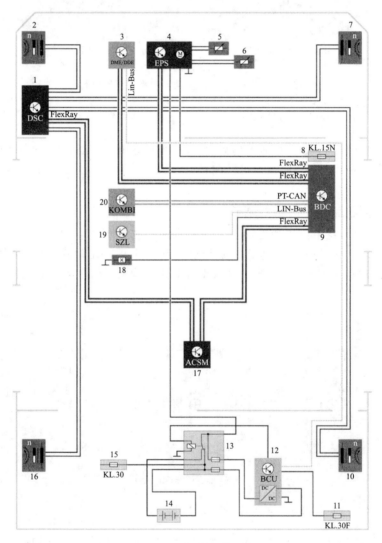

图 3-40　24V 转向系统的系统电路

1—动态稳定控制系统 DSC；2—左前车轮转速传感器；3—发动机控制单元（DME/DDE）；4—电子助力转向系统 EPS（电动机械式助力转向系统）；5—转向力矩传感器 1；6—转向力矩传感器 2；7—右前车轮转速传感器；8—右前配电盒；9—车身域控制器；10—右后车轮转速传感器；11—右后配电盒；12—电源控制单元 PCU（150W DC/DC）；13—隔离元件；14—用于 24V 转向系统的 12V 附加蓄电池；15—蓄电池正极配电盒；16—左后车轮转速传感器；17—碰撞和安全模块 ACSM；18—制动信号灯开关；19—转向柱开关中心 SZL；20—组合仪表 KOMBI

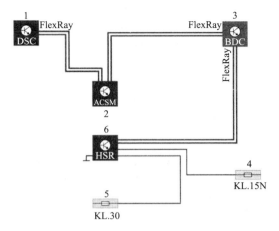

图 3-41　后桥侧偏角控制系统 HSR 系统电路

1—动态稳定控制系统 DSC；2—碰撞和安全模块 ACSM；3—车身域控制器 BDC；
4—右后配电盒；5—蓄电池正极配电盒；6—后桥侧偏角控制系统 HSR

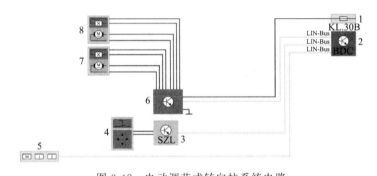

图 3-42　电动调节式转向柱系统电路

1—右前配电盒；2—车身域控制器 BDC；3—转向柱开关中心 SZL；4—转向柱调节按钮；5—记忆开关；
6—电动转向柱调节装置控制单元；7—电机（直流电）；8—电机（直流电）

（1）转向角　电动机械式助力转向系统通过转子位置角度传感器计算出转向角。失去供电时该存储数值会随之丢失，必须重新进行自适应。可在发动机运转期间通过车轮左右转向以静态方式进行或在缓慢行驶期间以动态方式进行。

（2）带防滑链行驶　为了避免带防滑链行驶时车轮罩损坏，必须使后桥侧偏角控制系统 HSR 固定在直线行驶位置处。驾驶员可通过控制器在中央信息显示屏 CID 内进行手动调节，允许最高车速为 50km/h，超过该车速时，后桥侧偏角控制系统 HSR 就会重新自动接通。

四、电子减振器控制系统 EDC

为了满足客户对舒适性和行驶动力性的较高要求，宝马新 7 系标配电子减振器控制系统 EDC。电子调节式减振器是带有相应空气弹簧减振支柱的单元，无法单独更换。在减振器上有两个电动调节阀，可通过该调节阀对调节式减振器的拉伸和压缩阶段分别进行调节。由此可完美抵消车身和车轮振动，可提高安全性、舒适性和行驶动力性。

1. 减振器结构

所用减振器是一个单筒充气支撑杆。承受 1.65MPa 压力的氮气气垫在活塞杆移入期间

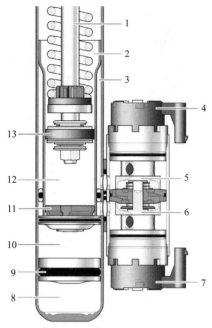

图 3-43 EDC 减振器的内部结构
1—活塞杆；2—工作室；3—溢流管；
4—压缩阶段调节阀；5—压缩阶段舒
适阀；6—拉伸阶段舒适阀；7—拉伸
阶段调节阀；8—气体压力室；9—分
离活塞；10—补偿室；11—底座阀；
12—工作室；13—工作活塞

被压出的机油挤压，因此受到较强压缩。由于气体压力较高，可在所有行驶状态下防止机油产生泡沫，从而确保最佳减振性能。此外由于气体压力较高，还可以约 400N 作用力压出活塞杆，因此几乎无法用手压缩减振器。图 3-43 展示了电动调节式减振器的内部结构。

为在良好路段上实现运动型驾驶方式，同时在恶劣路段上尽可能舒适地缓冲路面干扰，可在减振器内部以可变方式改变机油流。改变机油流会对作用于减振器的作用力产生影响。

减振器有两个调节阀，通过该阀可在弹簧伸长（拉伸阶段）和弹簧压缩（压缩阶段）独立进行阻尼力调节。调节阀通过挤压机油流改变节流横截面的方式来调整阻尼力。节流横截面与阻尼力的关系如下：较大节流横截面＝较小阻尼力；较小节流横截面＝较大阻尼力。可在几毫秒内以无级方式改变节流横截面及相关阻尼力。

（1）压缩阶段 弹簧压缩时，减振器以伸缩套管形式被推到一起，在此处于压缩阶段运行模式。

（2）拉伸阶段 弹簧伸长时，减振器以伸缩套管形式被彼此拉开，在此处于拉伸阶段运行模式。

2. 系统结构

电子减振器控制系统 EDC 系统结构如图 3-44 所示，通过驾驶体验开关对减振器调节进行设置，在此可选择运动型偏硬或舒适型偏软底盘调校。表 3-8 概括了不同调节方式。

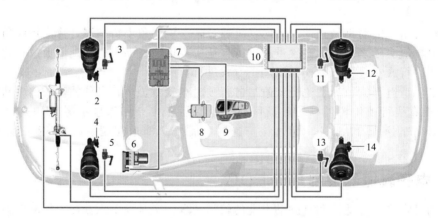

图 3-44 电子减振器控制系统 EDC 系统结构
1—电子助力转向系统 EPS（电动机械式助力转向系统）；2—右前减振器调节装置调节阀；3—右前车辆高度传感器；4—右前减振器调节装置调节阀；5—左前车辆高度传感器；6—动态稳定控制系统 DSC；7—车身域控制器 BDC；8—碰撞和安全模块 ACSM-High；9—驾驶体验开关；10—垂直动态管理平台 VDP；11—右后车辆高度传感器；12—右后减振器调节装置调节阀；13—左后车辆高度传感器；14—左后减振器调节装置调节阀

表 3-8　减振器的不同调节方式

驾驶模式	特性
超级舒适	舒适
舒适/ECO PRO	协调
运动	运动

电子减振器控制系统 EDC 由分别带有两个调节阀的四个电动调节式减振器，垂直动态管理平台 VDP 控制单元，用于探测车轮移动的四个车辆高度传感器，以及用于探测车身移动（提升、俯仰和侧倾）的传感器等组件构成。

垂直动态管理平台 VDP 控制单元根据车身移动、横向和纵向加速度、转向角以及路面状态等不同数据计算出针对减振器内电动调节阀的各车轮控制指令。通过这种方式每秒可连续 100 次改变各减振器的阻尼力，因此始终可根据行驶情况调节符合要求的阻尼力。如果选择了更加运动的驾驶模式，则会减少车身移动。为此会更加迅速和频繁地以偏硬方式调节减振器，这势必会导致舒适性降低。

在标配情况下，通过碰撞和安全模块 ACSM-High 产生垂直车身移动（俯仰、侧倾和提升）。通过车辆高度传感器探测减振器的移入和移出速度，该传感器主要用于确保电子减振器控制系统 EDC 调节更加精准。

3. 减振器电动调节

垂直动态管理平台 VDP 控制单元通过脉冲宽度调制信号控制拉伸和压缩阶段调节阀。未通电时，调节阀处于打开状态，在此状态下减振器调节为最软状态。

（1）压缩阶段调节　如图 3-45 所示，活塞杆移入时，被移入的活塞杆压出的机油量通过底座阀压入补偿室内并在底座阀上产生阻尼力。工作活塞压出的机油量被压缩阶段舒适阀和调节阀挤压，并由此从工作活塞下方工作室进入工作活塞上方工作室，在此通过调节阀的节流横截面调节阻尼力。调节阀关闭时，机油流被主阀挤压，由此可调节最大阻尼力。

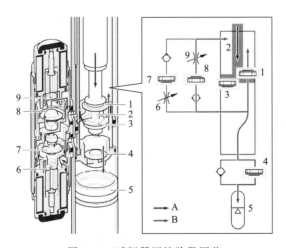

图 3-45　减振器压缩阶段调节
A—减振器移动；B—机油流；
1—压缩阶段主阀；2—工作活塞；3—拉伸阶段主阀；4—底座阀；5—气体压力室；
6—拉伸阶段调节阀；7—拉伸阶段舒适阀；8—压缩阶段舒适阀；9—压缩阶段调节阀

（2）拉伸阶段调节　如图 3-46 所示，活塞杆移出时，气体压力使所需补偿量从补偿室通过底座阀进入工作活塞下方工作室。工作活塞压出的机油量被拉伸阶段舒适阀和调节阀挤压并由此从工作活塞上方工作室进入工作活塞下方工作室，在此通过调节阀的节流横截面调节阻尼力。调节阀关闭时，机油被拉伸阶段主阀挤压，由此可调节最大阻尼力。

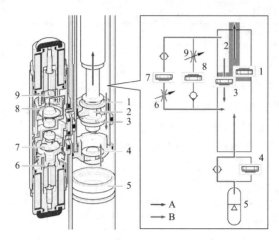

图 3-46　减振器拉伸阶段调节

A—减振器移动；B—机油流；1—压缩阶段主阀；2—工作活塞；3—拉伸阶段主阀；4—底座阀；5—气体
压力室；6—拉伸阶段调节阀；7—拉伸阶段舒适阀；8—压缩阶段舒适阀；9—压缩阶段调节阀

五、稳定杆

如图 3-47 所示，宝马新 7 系的标准配置前桥和后桥传统稳定杆，选装配置前桥和后桥电动主动式侧倾稳定杆 EARSV/EARSH。转弯行驶时，横向加速度（a_q）作用于车辆重心（SP），车身围绕由前桥和后桥运动学特性决定的侧倾轴（RA）侧倾，此时出现侧倾角（ϕ）。

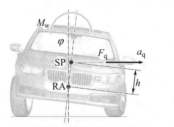
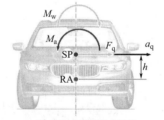

(a) 传统被动式侧倾稳定装置　　　　　　(b) 主动式侧倾稳定装置

图 3-47　静态状态下传统和主动式侧倾稳定装置比较

a_q—横向加速度；F_q—横向力；h—侧倾轴与重心（力臂）间的距离；M_a—主动式
稳定杆力矩；M_w—侧倾力矩；RA—侧倾轴；SP—重心；φ—侧倾角

车辆带有选装配置"Executive Drive Pro"（SA 2VS）时，在不超过特定横向加速度（a_q）的情况下仅通过主动式稳定杆便可补偿侧倾力矩（M_w）。只有当侧倾力矩（M_w）超过主动式稳定杆调节的反力矩（M_a）时，才会出现侧倾角（φ）。图 3-48 对两种稳定杆根据横向加速度形成的不同侧倾角进行了比较。

六、底盘调校

如图 3-49 所示，在标配状态下，前桥和后桥传统稳定杆可在快速转弯行驶或快速避让绕行时减小车身侧倾。但基于传统稳定杆的扭转弹簧特性，也会在一侧路面不平时影响舒适性。如果一侧车轮处的传统稳定杆在动量作用下受到激励会导致减振器弹簧振动，减振器另一侧车轮会执行或"复制"该振动。由于减振器以可转动方式支撑在车身上，因此驾驶员会通过"复制"过程感觉到侧倾振动。

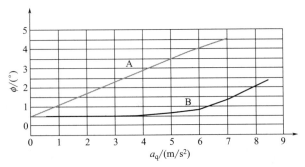

图 3-48   传统稳定杆和主动式稳定杆的侧倾角图
A—传统侧倾稳定装置；B—主动式侧倾稳定装置；a_q—横向加速度；ϕ—侧倾角（°）

通过前桥和后桥稳定杆可显著影响转弯行驶性能。在此，前部与后部车桥间的侧倾力矩比例起到了决定作用，该比例取决于两个车桥的具体稳定杆力矩。表 3-9 概括了可能的侧倾力矩比例和由此获得的车辆行驶性能。图 3-50 展示了使用传统稳定杆时前桥和后桥稳定杆力矩分配比例（侧倾力矩比例）。

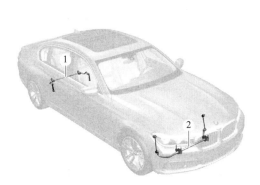

图 3-49   传统稳定杆
1—后桥稳定杆；2—前桥稳定杆

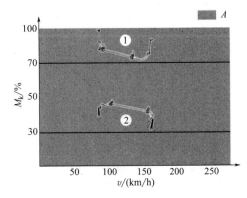

图 3-50   使用传统稳定杆车辆的稳定杆力矩分配比例
A—不足转向侧倾力矩比例；M_k—传统稳定
杆力矩分配比例；v—车速；1—传统前桥
稳定杆；2—传统后桥稳定杆

表 3-9   可能的侧倾力矩比例和由此获得的车辆行驶性能

稳定杆	侧倾力矩比例/%	不足转向	过度转向
前桥偏软/后桥偏硬	<50		●
前桥偏硬/后桥偏软	>50	●	

采用传统稳定杆时，针对具体车辆调节最佳侧倾力矩比例，在此力求达到轻微的不足转向行驶性能。对于普通驾驶员而言，过度转向车辆比不足转向车辆更难控制。

七、专业行政驾驶

装配底盘套件专业行政驾驶"Executive Drive Pro"的不同行驶动态协调控制系统相互

联网，目的是在确保较高行驶舒适性的同时实现完美行驶动力性。通过很多传感器读取垂直动态管理平台 VDP 控制单元的信息，并将相应控制指令发送给不同执行机构，会尽早识别出前方的不平路面和障碍物并采取适当应对措施。图 3-51 提供了整个系统概览。

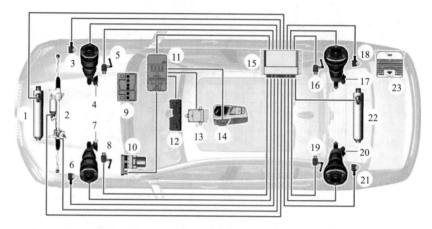

图 3-51 选装配置底盘套件"Executive Drive Pro"系统概览

1—前桥电动主动式侧倾稳定杆 EARSV；2—电子助力转向系统 EPS（电动机械式助力转向系统）；3—右前车轮加速度传感器；4—右前减振器调节装置调节阀；5—右前车辆高度传感器；6—左前车轮加速度传感器；7—左前减振器调节装置调节阀；8—左前车辆高度传感器；9—12V 蓄电池；10—动态稳定控制系统 DSC；11—车身域控制器 BDC；12—立体摄像机；13—碰撞和安全模块 ACSM-Low；14—驾驶体验开关；15—垂直动态管理平台 VDP；16—右后车辆高度传感器；17—右后减振器调节装置调节阀；18—右后车轮加速度传感器；19—左后车辆高度传感器；20—左后减振器调节装置调节阀；21—左后车轮加速度传感器；22—后桥电动主动式侧倾稳定杆 EARSH；23—电源控制单元 PCU

选装配置底盘套件"Executive Drive Pro"包含以下附加组件：
① 所有四个车轮托架上的车轮加速度传感器；
② 前桥和后桥电动主动式稳定杆；
③ 一个附加 12V 蓄电池和一个 DC/DC 转换器；
④ 风挡玻璃内的一个立体摄像机。

出于可实现电动主动式侧倾稳定杆 EARS 更精准的干扰参数调节，避免在不平路面上从一个车轮到另一个车轮进行所谓的"复制"过程，以及通过车轮加速度传感器探测车轮移动并通过车辆高度传感器探测车身移动，可实现电子减振器控制系统 EDC 的精准调节。选装底盘套件"Executive Drive Pro"时使用车轮加速度传感器，对两种信息进行处理可实现简化型碰撞和安全模块控制单元型号（ACSM-Low）的使用。

1. 前瞻式调节

如图 3-52 所示，为使车辆能够尽早针对不同路面情况做好准备，通过不同控制单元读取并处理以下数据从而执行前瞻功能。

① 如果之前通过驾驶体验开关启用了自适应驾驶模式，动态稳定控制系统 DSC 控制单元就会对导航数据进行处理，从而分析路段情况，并在必要时对需要启用的驾驶模式施加影响。例如车辆以较高车速驶近急转弯时，动态稳定控制系统 DSC 就会在无须驾驶员操作的情况下启用运动模式。垂直动态管理平台 VDP 读取该信息并根据控制模式要求控制相应底盘组件；反之，驾驶员模式也可自动从"运动"切换到"舒适"。如果车辆快速行驶离开多弯路段后以恒定车速在直线路段上行驶，系统就会自动切换为"舒适"驾驶模式。因此系统可根据驾驶方式和预计路段情况，在无须手动操作驾驶体验开关的情况下，针对舒适性（舒适模式）和行驶动力性（运动模式）自动调节最佳驾驶模式，无须为此启用目的地引导功能。

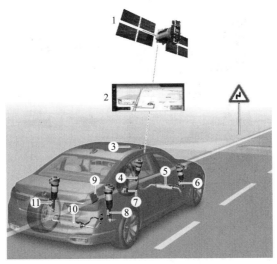

图 3-52　选装配置底盘套件"Executive Drive Pro"前瞻功能

1—卫星式控制单元；2—导航数据；3—立体摄像机（KAFAS 摄像机 3）；4—左前可调试减振器；
5—前桥电动主动式侧倾稳定杆 EARSV；6—右前可调式减振器；7—动态稳定控制系统 DSC；
8—右后可调式减振器；9—垂直动态管理平台 VDP 控制单元；10—后桥电动主动式
侧倾稳定杆 EARSH；11—左后可调试减振器

② 无论选择哪个驾驶模式，垂直动态管理平台 VDP 都会读取风挡玻璃内立体摄像机的信息并对其进行处理。

此外，垂直动态管理平台 VDP 控制单元还会读取很多其他信息（例如驾驶风格分析），并用于对标配安装的电子减振器控制系统 EDC 和电动主动式稳定杆 EARS 进行前瞻式调节。

因此可通过前瞻方式克服前方障碍，驾驶员不会明显感觉到路面不平。车身的垂直移动应较少，因为底盘以智能和前瞻方式对不平路面做出响应。

因此选装配置底盘套件"Executive Drive Pro"具有以下优点：

① 减少弹簧压缩和伸长（EDC）；

② 减少俯仰移动（EDC）；

③ 车身后续振动衰减更加迅速（EDC）；

④ 通过主动式侧倾稳定装置确保转弯行驶时动力性较高（EARS）；

⑤ 通过分离两个稳定杆部分从而避免"复制"路面干扰确保直线行驶时舒适性较高（EARS）。

在表 3-10 驾驶体验开关位置处，底盘套件"Executive drive pro"功能具有不同特性。

表 3-10　Executive drive pro 功能不同特性

驾驶体验开关位置	电动主动式侧倾稳定杆 EARS	电子减振器控制系统 EDC
超级舒适	协调	舒适
舒适/ECO PRO	协调	协调
运动	运动	运动

通过智能化系统联网可在某一传感器系统例如立体摄像机因视野不佳而失灵时，经其他可用传感器进行有效补偿，因此在所有情况下均可获得极高行驶舒适性和行驶动力性。如图 3-53 所示为选装配置底盘套件"Executive Drive Pro"不同调节组件的输入/输出。

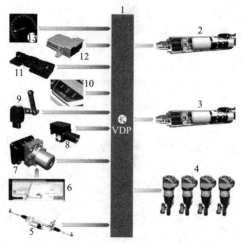

图 3-53　选装配置底盘套件 "Executive Drive Pro" 输入/输出

1—垂直动态管理平台 VDP；2—前桥电动主动式侧倾稳定杆 EARSV；3—后桥电动主动式侧倾稳定杆 EARSH；4—电子减振器控制系统 EDC（四个）；5—转向角（EPS）；6—导航数据；7—车轮转速（DSC）；8—车轮加速度；9—车辆高度；10—驾驶模式；11—路面情况（立体摄像机）；12—横向加速度，纵向加速度和横摆率（ACSM-Low）；13—车速

2. 电动主动式侧倾稳定杆 EARS

宝马汽车车型用电动主动式稳定杆取代了之前所用的液压主动式稳定杆。选装配置 "Executive Drive Pro"（SA 2VS）的电动主动式稳定杆，通过有针对性地利用一个电机向各个稳定杆部分施加机械力矩可减少转弯行驶时的车身侧倾。图 3-54 对主动式液压稳定杆和主动式电动稳定杆进行了系统比较。电动主动式侧倾稳定杆 EARS 系统结构如图 3-55 所示。

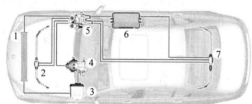

(a) 液压主动式侧倾稳定杆ARS(F01/F02)

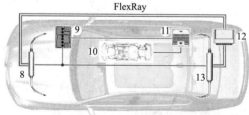

(b) 电动主动式侧倾稳定杆EARS(宝马新7系)

图 3-54　主动式液压稳定杆和
主动式电动稳定杆的系统比较

1—机油冷却器；2—前桥液压主动式侧倾稳定杆 ARS；3—补液罐；4—液压泵；5—阀体；6—垂直动态管理系统 VDM 控制单元；7—后桥液压主动式侧倾稳定杆 ARS；8—前桥电动主动式侧倾稳定杆 EARSV；9—12V 蓄电池（车载网络支持措施）；10—车载网络；11—电源控制单元 PCU（500W DC/DC 转换器）；12—垂直动态管理平台 VDC 控制单元；13—后桥电动主动式侧倾稳定杆 EARSH

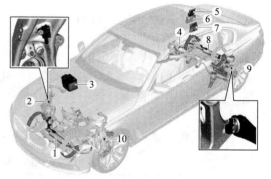

图 3-55　电动主动式侧倾稳定杆 EARS 系统结构

1—前桥电动主动式侧倾稳定杆 EARSV；2—右前车轮加速度传感器；3—发动机室 12V 蓄电池（车载网络支持措施）；4—右后车轮加速度传感器；5—垂直动态管理平台 VDP；6—右后配电盒；7—电源控制单元 PCU（500W DC/DC 转换器）；8—后桥电动主动式侧倾稳定杆 EARSH；9—左后车轮加速度传感器；10—左前车轮加速度传感器

主动式稳定杆电气化具有的优点如下。

① 便于集成到"全混合动力"动力传动系统内可在纯电动行驶期间进行主动式侧倾稳定。

② 便于在直线行驶期间分离两个稳定杆部分可通过避免"复制"路面干扰改善行驶舒适性。

③ 提高效率，只在调节过程期间需要能量，无须像液压系统那样持续保留能量。施加在稳定杆内电机上的复位力可部分转化为电流并输送回车载网络。

电动主动式侧倾稳定杆 EARS 系统主要体现在提高行驶舒适性方面的一个特殊优势是可避免所谓的"复制"过程。在直线行驶受到路面激励时，可使电动主动式侧倾稳定杆左右两侧几乎分离，从而基本上避免复制振动，因此电动主动式稳定杆可弥补传统稳定杆的不足之处。

计算当前横向和纵向加速度、车速、转向角、车轮加速度以及车辆高度等参数主要用于控制电动主动式稳定杆。通过快速处理数据和控制电动主动式侧倾稳定杆 EARS 可迅速抵消出现的侧倾力矩（M_w）。

电动主动式稳定杆剖面图如图 3-56 所示，主动式稳定杆接收垂直动态管理平台 VDP 的调节请求。两个主动式稳定杆控制单元（EARSV/EARSH）读取并处理总线电码，通过控制电机使两个稳定杆部分相对扭转。在永励式同步电机内进行集中能量转化，通过设定的旋转磁场对电机的转动方向、扭矩和转速进行调节。

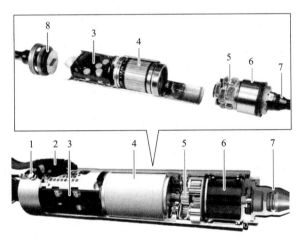

图 3-56　电动主动式稳定杆剖面图
1—接地点；2—电气接口；3—控制单元（EARSV/EARSH）；4—电机；
5—三级行星齿轮箱；6—隔离元件；7—稳定杆连杆；8—力矩传感器

通过按 1∶158 传动比将电机扭矩转化为待传输稳定杆扭转力矩的三级行星齿轮箱进行动力传输。在宝马新 7 系上，目前可提供最大 750N·m 稳定杆扭转力矩。在此系统采用更高扭转力矩设计，从而补偿因路面激励形成的叠加。

在此，行星齿轮箱与稳定杆扭转弹簧间的弹性体隔离元件负责以较低幅度分离高度动态的路面激励，这样有助于进一步实现较高舒适性目标。

组件内部的一个力矩传感器将当前调节力矩反馈给控制单元，通过检查数据可信度可识别出不同故障并存储相应的故障码存储器记录，但无法进行组件维修，出现机械性部件故障时必须整个更换主动式电动稳定杆。

由于主动式电动稳定杆将来也会应用于其他车型，因此必须在安装后（通过可变设码）

在车上进行控制单元自适应，这样可确保电动主动式稳定杆提供与车辆相符的调节力矩。表 3-11 概括了电动主动式稳定杆的技术数据，最大耗电量和最大输出电流数据为短时数值。

表 3-11　电动主动式稳定杆的技术数据

电动主动侧倾稳定杆 EARS	技术数据	电动主动式侧倾稳定杆 EARS	技术数据
质量	14kg	稳定杆最大扭矩	750N·m
控制单元最高温度	120℃	最大耗电量	120A
电机最高温度	160℃	最大输出电流	−100A
电机最大扭矩	7.5N·m		

图 3-57 展示了以约 30％能量回收利用进行驾驶操控时电动主动式稳定杆的耗电量和输出电流，需要注意，该图所示为瞬间情况。根据驾驶操控，电动主动式稳定杆的控制功率与能量回收利用功率存在显著差异。

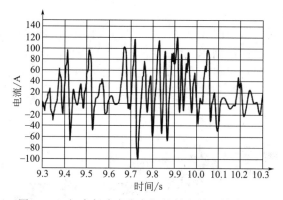

图 3-57　电动主动式稳定杆的耗电量和输出电流

如图 3-58 所示为使 12V 车载网络用电器不受两个电动主动式稳定杆较高负荷电流的影响，通过一个 DC/DC 转换器（500W）使稳定杆与基础型车载网络分离。所需控制能量由位于发动机室内的一个附加 12V 蓄电池提供，因此不会由于能量消耗较高影响其他用电器。

该蓄电池是一个附加蓄电池，可根据车辆配置为车载网络提供能量，因此车辆未配备主动式电动稳定杆时也可使用该蓄电池。

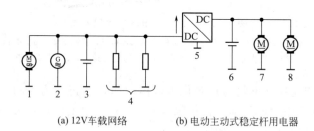

(a) 12V车载网络　　　　(b) 电动主动式稳定杆用电器

图 3-58　DC/DC 转换器功能示意图

1—起动机；2—发电机；3—12V 蓄电池；4—12V 车载网络用电器；5—电源控制单元 PCU
（500W DC/DC 转换器）；6—发动机室 12V 蓄电池（车载网络支持）；7—前桥电动
主动式侧倾稳定杆 EARSV；8—后桥电动主动式侧倾稳定杆 EARSH

3. 调节策略

通过前桥和后桥稳定杆可显著影响转弯行驶性能。在此，前部与后部车桥间的侧倾力矩比例起到了决定作用，该比例取决于两个车桥的具体稳定杆力矩。

表3-12概括了可能的侧倾力矩比例和由此获得的车辆行驶性能。

表 3-12　可能的侧倾力矩比例和由此获得的车辆行驶性能

稳定杆	侧倾力矩比例/%	不足转向	过度转向
前桥偏软/后桥偏硬	<50		●
前桥偏硬/后桥偏软	>50	●	

图3-59展示了前桥和后桥主动式稳定杆特性曲线（侧倾力矩比例）。

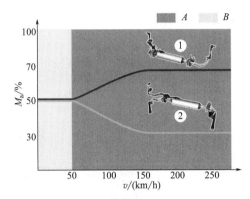

图 3-59　前桥和后桥主动式稳定杆特性曲线

A—不足转向侧倾力矩比例；B—中性侧倾力矩比例；M_a—主动式稳定杆力矩分配比例；

v—车速；1—前桥主动式稳定杆；2—后桥主动式稳定杆

采用主动式稳定杆时可根据具体行驶情况调节侧倾力矩比例从而提高行驶动力性。低速行驶期间（0～50km/h），侧倾力矩比例为 50∶50（中性）。车速提高时，朝"不足转向"方向调节侧倾力矩比例。通过主动式稳定杆施加侧倾力矩会对可传递的车轮侧向力产生影响。如图3-60所示为通过两个主动式稳定杆进行调节实现正侧倾力矩比例示意。

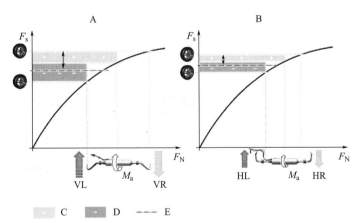

图 3-60　通过两个主动式稳定杆进行调节实现正侧倾力矩比例示意

A—前桥主动式稳定杆力矩较大；B—后桥主动式稳定杆力矩较小；C—可传递的车轮侧向力提高；D—可传递的车轮侧向力减小；E—可传递的某一车桥车轮侧向力的合力；F_s—可传递的车轮侧向力；F_N—车轮支承力；HL—左后车轮主动式稳定杆作用力；HR—右后车轮主动式稳定杆作用力；M_a—主动式稳定杆力矩；VL—左前车轮主动式稳定杆作用力；VR—右前车轮主动式稳定杆作用力

转弯行驶时，通过主动式稳定杆反力矩（M_a）抵消施加作用的侧倾力矩（M_w）。在此根据主动式稳定杆所施加力矩（M_a）提高或降低不同车轮的车轮支撑力。

一个车轮承受非常高的主动式稳定杆作用力时，其可传递侧向力会由于车轮支撑力较高而提高。但另一侧车轮负荷减轻，因此其侧向力会由于车轮支撑力较低而减小。由此形成的车轮支撑力合力表示某一车桥车轮的可传递侧向力。

由于主动式稳定杆作用力提高时负荷减轻，车轮可传递侧向力会随之减小，其减小程度高于承受负荷车轮可传递侧向力的增大程度，因此该车桥车轮的侧向力合力降低。对图 3-60 两个车桥进行直接比较可以看出，后桥可传递侧向力合力高于前桥。因此在极限范围内车辆前车轮可能会滑移，出现不足转向。对于没有经验的驾驶员而言，在这种情况下最好还是重新恢复车辆控制而不要进行过度转向（车辆后桥甩尾）。电动主动式侧倾稳定杆 EARS 系统电路如图 3-61 所示。

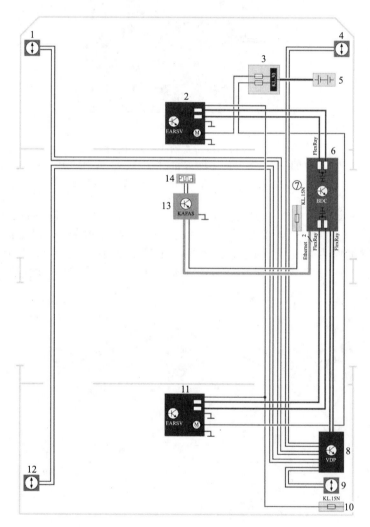

图 3-61　电动主动式侧倾稳定杆 EARS 系统电路

1—左前车轮加速度传感器；2—前桥电动主动式侧倾稳定杆 EARSV；3—发动机室配电盒；4—右前车轮加速度传感器；5—发动机室 12V 蓄电池（车载网络支持措施）；6—车身域控制器 BDC；7—右前配电盒；8—垂直动态管理平台 VDP；9—右后车轮加速度传感器；10—右后配电盒；11—后桥电动主动式侧倾稳定杆 EARSH；12—左后车轮加速度传感器；13—KAFAS 摄像机控制单元；14—立体摄像机

第五节　宝马底盘维修案例

一、2015 年款宝马 740Li 行驶中高度调节系统故障灯点亮

故障现象　一辆 2015 年宝马 740Li（G12），行驶里程约 2 万千米。驾驶人反映车辆行驶中高度调节系统故障灯点亮报警，中央信息显示屏提示车辆底盘高度调节失效。

故障诊断　接车后发现车辆的故障现象当前存在，连接 ISID 进行诊断检测，读取底盘控制系统的故障码为 482979-VDP——蓄压器加注不可信故障，当前不存在；482974-VDP——车辆水平-不可调节故障，当前存在；0304D9-ELSV（LIN）——垂直霍尔传感器短路。

故障信息显示的 VDP 是指垂直动态平台，是行驶稳定控制系统的中央控制单元。VDP 控制单元连接至 FlexRay，两个 51 针插头连接充当电线束接口，右后配电器通过总线端 KL.30 给 VDP 控制单元供电，车身域控制器（BDC）通过总线端 30F 供电。查看故障的说明，如表 3-13～表 3-15 所示。

对空气悬架系统进行基础排查，车辆启动着车后，按压车身高度调节开关，尝试调节车身高度，结果车身高度没有变化。使用 ISTA 的服务功能对车辆前轴和后轴减振高度进行调节，车身高度还是没有变化。直接拆卸空气泵的出气口，激活空气泵，结果发现出气口的压力非常低，用手便可以轻松的堵塞住，由此说明空气泵的功率不足，可能是空气压缩机内部损坏。

故障排除　更换空气泵后，对车身进行高度匹配，删除故障存储，故障排除。

维修总结　在宝马 7 系中包括一个带 EDC 的两轴自调标高悬架控制的标准装备，为了确保与负载情况无关地保持行驶舒适性不变，宝马 7 系标配前轮和后轮空气弹簧，两轴自调标高悬架控制仅与 EDC 组合提供。VDP 控制单元位于后备厢右后方，调节两轴自调标高悬架控制和 EDC。此外在 VDP 控制单元内集成了电动 ARS 逻辑。基于此原因，4 个垂直加速传感器也连接至垂直动态平台控制单元，该控制单元提供 3 种规格：高规格、中等规格、标准型。通过压缩机继电器，VDP 控制单元控制压缩机。

表 3-13　482979-VDP：蓄压器加注不可信故障

故障描述	VDP:空气弹簧系统蓄压器加注故障
故障识别条件	控制单元电压在 9～16V 之间 PWF 状态:驾驶 PWF 状态:PAD
故障码存储记录条件	在 500ms 内完成存储
保养措施	对空气悬架系统进行目测 分析系统加注和压力变化 供电导线和信号线的导线检测 在压力传感器上测量供电电压 在压力传感器上测量信号电压
用于故障后果的提示	发动机关闭时无法进行自调标高悬架控制 始终通过压缩机进行调节
驾驶人信息	检查控制信息:底盘。可继续行驶 检查控制信息:底盘。行驶舒适性受到限制

表 3-14　482974-VDP：车辆水平不可调节故障

故障描述	VDP:车辆悬架标高完全或部分处于极限处,或可进行标高调整 自调标高悬架控制无法自行调整
故障识别条件	控制单元电压在 9～16V 之间 PWF 状态:驾驶 PWF 状态:PAD
故障码存储记录条件	立即确认的故障记录
保养措施	(1)查询反复维修 是:继续进行检测计划中的(2) 否:进行高度匹配 (2)对空气弹簧系统进行目测 (3)检测电气元件 (4)检测机械元件 若要详细排查故障则须执行相应测试模块
用于故障后果的提示	自调标高悬架控制失灵
驾驶人信息	检查控制信息:底盘。行驶舒适性受到限制
服务提示	若要详细排查故障则须执行相应测试模块

表 3-15　0304D9-ELSV（LIN）：垂直霍尔传感器短路

故障描述	如果在连接导线之间识别到短路或者直接在倾斜度调整装置霍尔传感器中识别到短路,则存储故障
故障识别条件	供电电压:8.7～16.5V 控制单元:未识别到 KL.30B 低电压/过压 总线端 KL.30B 接通
故障码存储记录条件	故障反跳≥500ms
保养措施	为了查询故障进行测试步骤 可能的故障原因: (1)倾斜度调整装置霍尔传感器的馈线中对车载网络电压短路; (2)倾斜度调整装置霍尔传感器上直接对车载网络电压短路; (3)控制单元中对车载网络电压短路; (4)故障记录 0x0304D8(倾斜度调整装置霍尔传感器对车载网络电压短路)
用于故障后果的提示	无法调整电动转向柱,只能紧急运行
驾驶人信息	无报警灯
服务提示	故障查询后标准化电动转向柱调整装置

二、2015 年款宝马 740Li 左后空气悬架下塌

故障现象　一辆 2015 年款宝马 740Li（G12），搭载型号为 B58 的发动机，配有空气悬架，因左后空气悬架下塌而进厂检修。

故障诊断　连接故障检测仪（ISTA）对系统进行检测，读取到的故障码如图 3-62 所示。接着查看空气悬架的数据流（图 3-63），从空气悬架的数据流可以看出，左后空气悬架的压力仅为 210kPa，高度仅为 600mm，均明显低于其他空气悬架。从空气悬架的数据流可以看出数据与故障现象之间存在对应关系。

图 3-62　读取到的故障码

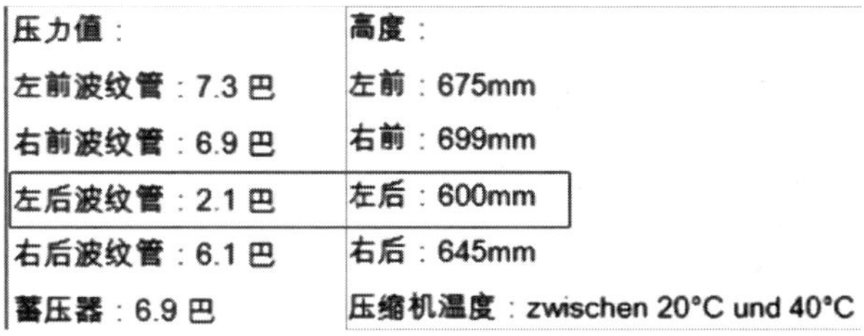

压力值：	高度：
左前波纹管：7.3 巴	左前：675mm
右前波纹管：6.9 巴	右前：699mm
左后波纹管：2.1 巴	左后：600mm
右后波纹管：6.1 巴	右后：645mm
蓄压器：6.9 巴	压缩机温度：zwischen 20°C und 40°C

图 3-63　空气悬架数据流

1 巴（bar）$=10^5$ Pa

用 ISTA 对左后空气悬架执行加注空气的操作，发现左后空气悬架无法上升，有时仅能上升一点，又很快降下。根据该车的故障现象，结合空气悬架的原理分析，认为故障原因可能有左后空气悬架故障、电磁阀体故障及管路故障等。

那么应该如何准确判断故障部位呢？可以拆下左后空气悬架上的空气管路接口，然后用 ISTA 执行加注空气的操作，同时用手感受管路接口处的出气压力，如果出气压力充足，则可以判定为左后空气悬架损坏（如果无法确定管路接口处的出气压力是否正常，可以拆下左前空气悬架上的空气管路接口，同样执行加注空气操作，感受正常的空气悬架管路接口处的压力来进行对比）；如果出气压力不足，则拆下电磁阀体一侧与左后空气悬架连接的管路接口，同样用 ISTA 执行加注空气操作，并感受接口处的压力。如果压力依然不足，则表明电磁阀体存在故障；如果压力充足，则表明相应的空气管路存在故障。

明确了排查的方法后，维修人员拆下左后空气悬架上的空气管路接口，执行加注空气操作后，确认管路接口处的空气压力充足，说明左后空气悬架本身损坏。

故障排除　更换左后空气悬架后试车，故障排除。

维修总结　空气悬架系统的故障现象往往比较复杂，只要细心检查、深入诊断，就可将故障点锁定，将故障排除。

三、宝马 7 系 G12 空气悬架系统偶尔下沉

故障现象　一辆 2016 年款宝马 740Li（G12），右后空气悬架在颠簸的路面行驶偶尔会下沉，CID 提示可以继续行驶，但底盘功能受到限制。正常时车辆静止停放一天，后悬架也不会下沉，左右高度正常，空气悬架也不会漏气。

故障诊断　首先进行车辆快速测试，通过车辆 OBD 接口连接宝马专用故障诊断仪 ISID，读取车辆故障码记忆，故障详细描述如图 3-64 所示。诊断检测仪 ISID 上关于该故障码的描述和提示如图 3-65 所示。

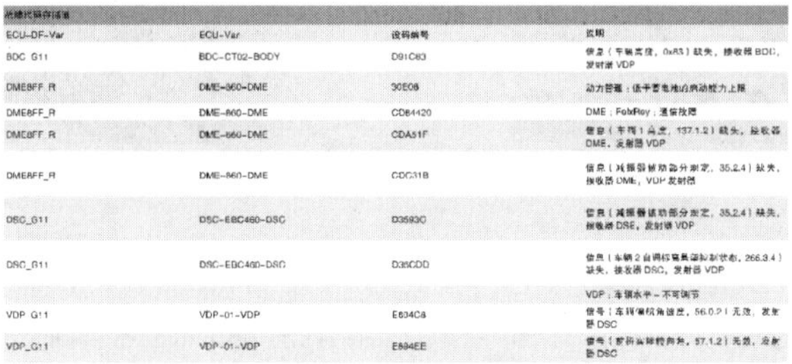

图 3-64　故障详细描述

根据提示措施，ISID 检测计划如下（该检测系统会根据车辆故障分析出哪个部件出现

目检空气悬架的组件。

此时，注意下列可能故障原因：

- 减振支柱损坏
- 高速传感器损坏
- 污染
- 高度传感器上的拉杆弯曲或损坏
- 按照维修说明正确安装
- 供气装置的送气管内弯折(安装地点：左后轮罩饰件)

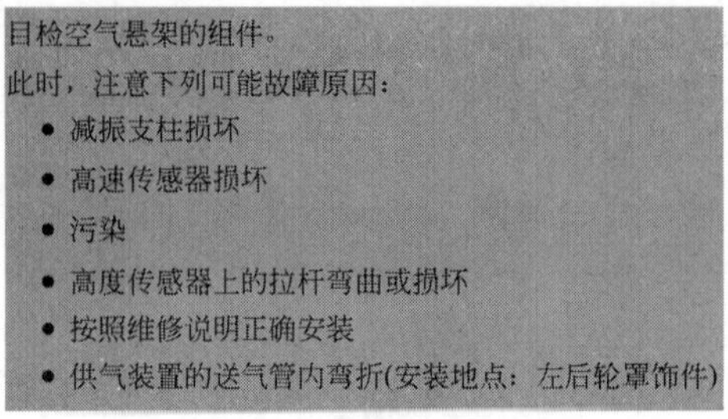

图 3-65　诊断检测仪 ISID 上
关于该故障码的描述和提示

故障的排序，有助于排除故障)：

① 检查高度传感器是否损坏；

② 检查高度传感器与 VDP 之间的线束；

③ 检查垂直动态管理平台 VDP（中央控制单元）软件版本；

④ 检查空气分配阀；

⑤ 检查空气悬架；

⑥ 检查空气管路。

结合检测计划，进行如下检查。

① 检查右后高度传感器安装，正常，其拉杆无弯曲、无损坏；检查右后高度传感器供电电压，正常，数据流也正常，说明高度传感器正常。

② 检查右后高度传感器与 VDP 之间的线束，进行线路测量，无短路、无断路，并对右后高度传感器与 VDP 之间的线束进行"飞线"处理，试车故障依旧，说明排除右后高度传感器与 VDP 之间的线束故障的可能性。

③ 检查车辆软件版本。ISID 快速测试时，集成等级信息中，可以了解到此车的版本是 S15A17-11-520，目前来说是最新的，无可更新集成等级，市场上也无出现大量的同类情况，所以由车辆软件版本而导致此故障的可能性也极小，可以排除。

④ 检查空气分配阀，用专用诊断仪 ISID 对右后空气悬架进行充气、排气均正常，并在分配阀处，进行左后和右后管路接口对调后试车，故障依旧，说明问题不是分配阀导致的。

⑤ 检查空气管路和空气悬架外观安装，未发现异常，气囊也没有出现破损、龟裂，管路无弯折、无破损。用肥皂水进行空气悬架及管路检漏，并未发现有漏气现象。

故障排除　对右后避震器进行拆检，拆检管路接口（图 3-66）时发现密封圈有变形，并且接口内部密封圈有轻微破损（图 3-67）。更换新空气管接口后进行车身高度匹配，多次反复试车，故障排除。

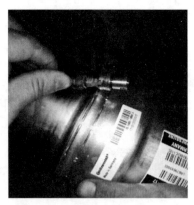

图 3-66　拆检管路接口

图 3-67　接口内部轻微破损的密封圈

维修总结　由于右后空气悬架和空气管路接口处的密封环变形和轻微破损，即使空气泵工作正常，供气压力充足，空气管路和空气悬架不泄漏，但是车辆行驶过程中路面颠簸震动，引起右后空气悬架和空气管路接口处密封环密封性不良，导致右后悬架空气压力降低，右后悬架下沉，后部左右悬架高度不一致，引起 CID 提示底盘功能受到限制的故障现象，通过更换右后空气悬架和空气管路接口，得以排除故障。

四、2010 年款宝马 730Li 空气弹簧无法升起

故障现象　一辆 2010 年款宝马 730Li（F02），行驶里程约 8 万千米。驾驶人反映行驶中车辆后部塌下，车辆 EHC 系统报警，车辆熄火重新启动后，恢复正常。

故障诊断　接车后首先验证驾驶人反映的故障现象，车辆进厂检查，车身高度正常，后桥左右两侧高度正常，暂时没有出现驾驶人反映的故障现象。连接 ISID 进行诊断检测，读取故障码为 480DB0——调节时间过高。

后桥自调标高悬架控制确保车辆高度或最小离地间隙不受负载情况影响，为此通过 2 个空气弹簧在所有负载状态下把车身高度抬起到规定的标准高度。供气装置包括下列组件：驱动压缩机的电机；带空气干燥器的压缩机；带有限压功能的放气阀；带 2 个电磁阀（两位两通阀）的电磁阀体。

供气装置的功能通过控制压缩机和控制电磁阀实现，EHC 控制模块控制这些功能，控制示意图如图 3-68 所示。

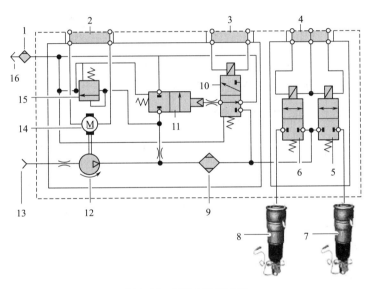

图 3-68　EHC 控制示意

1—空气过滤器；2—2 针插头连接；3—2 针插头连接；4—3 针插头连接；5—用于控制右侧空气弹簧的电磁阀；
6—用于控制左侧空气弹簧的电磁阀；7—右后空气弹簧；8—左后空气弹簧；9—空气干燥器；10—控制阀；
11—带有限压功能的放气阀；12—压缩机；13—进气装置；14—电机；15—安全阀；16—排气装置

压缩机通过一个电机驱动，通过一个继电器为此电机供电。EHC 控制模块持续控制继电器，直至达到规定的标准高度为止。通过一个时间模型监控压缩机温度（保存在 EHC 控制模块中），当超过最大压缩机运行时间时，将抑制下一步的调节。当低于重新接通阈值时，又能进行调节。由压缩机吸入的空气在空气干燥器中穿过一个吸收水分的过滤器，在此过程中空气中的水分被去除。只要空气比过滤器潮湿，过滤器就会吸收水分。在倒流时空气比过滤器干燥，因此水分重新"归还"给空气并向外输出。

放气阀由 EHC 控制模块控制。通过放气阀，空气将经过空气干燥器从电磁阀体中排出。通过排放阀的限压功能按如下方式限制供气装置中的压力：最高压强 1350kPa（与温度有关的公差＋500～650kPa＝较长时间不使用排放阀时的扭断力矩）；空气弹簧集成在减振支柱中，一个铝制套筒围住空气弹簧；空气弹簧在车身和轮架之间构成了气密和可移动的连接，空气弹簧中的空气压力承担当时的车辆负荷；EHC 控制模块从高度传感器获取车辆左

右两侧的高度信息。

选择故障内容执行检测计划，检查空气管路连接，正常，无漏气；检查空气弹簧外观，无破损；检查压缩机外观，正常；执行主动测试压缩机工作，正常；检查高度传感器，安装正常。根据经验，一般情况下此类故障都是由系统漏气引起的。经过多次试车后仍然无法再现故障，为了进一步确认系统是否漏气，拆卸了两个空气弹簧用压缩空气加压后放入水中，

图 3-69　阀体

无气泡产生，可以确认空气弹簧正常。重新思索驾驶人反映出现故障时间点，车辆是在行车的情况下突然后桥下降，说明故障不是由简单的漏气引起的。

检查重点转移至压缩机，空气弹簧的充气和放气是由分配电磁阀体控制的，如果电磁阀体关闭不严会导致空气放气。拆卸分配电磁阀，检查阀体有锈蚀的现象，如图 3-69 所示，按压内部膜片发现上下运动不灵活，拆卸放气阀体检查，情况也是一样，膜片运动不灵活，当分配阀体和放气阀体卡在打开位置时就会出现放气的现象，初步判断此车后部下塌由阀体引起。

故障排除　更换空气压缩机，故障没有再次出现。

维修总结　车辆故障大部分都是由一些具体原因引发的，在检修时，如果能围绕故障现象及相关因素明确维修思路，一定能快速准确地排除故障。

五、宝马 730Li 转向助力突然消失

故障现象　一辆宝马 730Li 轿车，发动机型号为 N52，行驶里程约为 10 万千米。驾驶人反映车辆在行驶过程中，发电机报警灯突然点亮，而且没有了转向助力。

故障诊断　驾驶人将车辆拖至店后，维修人员首先试车，发现发电机报警灯时不时点亮，且车辆没有转向助力，与驾驶人描述的故障现象一致。根据维修经验判断，造成此类故障的直接原因就是发电机皮带出现了问题，再结合该车的使用里程，维修人员判断车辆出现故障的原因应该是发电机皮带老化。

拆开发动机上护板盖，可以明显看到发电机的皮带出现了老化断裂的情况（图 3-70）。同时维修人员还注意到，气门室盖周边有严重的漏油现象，渗漏出来的油液直接滴落在皮带上，造成皮带长时间被污染，出现了老化。对皮带进行更换后试车，故障现象消失，但是在启动车辆的时候，明显听到发电机位置有"吱吱"的异响。仔细听了几次后，维修人员判断应该是皮带的张紧器出现了问题。但是为什么之前驾驶人并没有反映这个情况呢？仔细回想一下发现，因为气门室盖处的渗漏油液也流到了张紧器位置，所以无形中给皮带进行了"润滑"，所以驾驶人并没有发现这个问题。

故障排除　更换发电机皮带和张紧器，清洗气门室盖，更换新的气门室盖垫后进行试

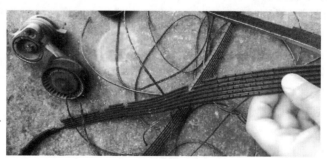

图 3-70　老化断裂的皮带

车，故障消失。

维修总结　故障的最终问题是发电机皮带的问题，最终原因是张紧器故障导致皮带出问题，转向助力的带轮也由发电机皮带驱动，进而导致转向助力出现问题。

六、2013 年款宝马 F06 方向盘故障灯点亮

故障现象　一辆 2013 年宝马 F06（6 系），搭载型号为 N55 的发动机，因方向盘故障灯点亮而进厂检修。

故障诊断　接车后试车验证故障现象，故障现象确实存在。当快速转动方向盘时，方向盘故障灯点亮。连接 ISTA 对车辆进行检测，读取到如图 3-71 所示的故障码。读取 EPS（电子助力转向控制单元）相关数据流，发现故障现象未出现时，EPS 的供电电压约为 28.7V（图 3-72）；故障出现时 EPS 的供电电压降至约 14.3V（图 3-73）。

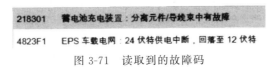

图 3-71　读取到的故障码

图 3-72　故障未出现时 EPS 的数据流

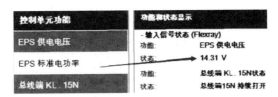

图 3-73　故障出现时 EPS 的数据流

查阅 EPS 相关电路（图 3-74），分析可知，该车 EPS 的供电是由主蓄电池经过 1 个 125A 的熔丝与辅助蓄电池串联后，再经过断路继电器来提供的。由于 2 个蓄电池串联，因

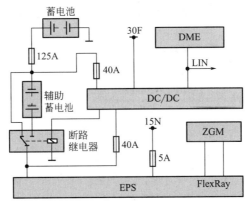

图 3-74　EPS 电路

DC/DC—直流/直流转换器；DME—发动机控制单元；EPS—电子助力转向控制单元；ZGM—中央网关

此供电电压应约为 24V。此外，在这条 24V 的供电线路上，分出 1 根经过 1 个 40A 熔丝的线路通往 DC/DC（直流/直流转换器），DC/DC 据此判断 24V 供电线路是否良好。如果电压低于设定值，DC/DC 则控制断路继电器触点断开，切断主蓄电池与辅助蓄电池之间的连接，并将故障信息通过 LIN 线发送给 DME 控制单元，这也就是故障码 218301 的触发机理。与此同时，由于主蓄电池与辅助蓄电池之间的连接被切断，EPS 得到的供电电压变为 12V，于是在 EPS 内存储了故障码 4823F1。

通过上述原理分析，认为故障原因可能是断路继电器故障或辅助蓄电池故障。那么如何判断究竟是断路继电器故障还是辅助蓄电池故障呢？

将方向盘转至极限位置并保持或快速转动方向盘，测量辅助蓄电池电压。需要注意的是，测量过程中一定要观察实时的动态数据，因为一旦电压低于设定值，DC/DC 就会将断路继电器切断，此时辅助蓄电池就会处于无负载状态，所测得的电压也会迅速恢复至约 12V，但这个电压值是辅助蓄电池无负载时电压，并没有什么意义。

如果辅助蓄电池的电压不正常，则用蓄电池检测仪检测蓄电池状况；如果辅助蓄电池的状态正常，则继续测量断路继电器输出端与 DC/DC 之间的线路。

测量发现，快速转动方向盘时辅助蓄电池的电压低于 6V，怀疑辅助蓄电池有问题。进一步使用蓄电池检测仪对其进行检测，测得辅助蓄电池电压为 12.55V（无负载状态），Start Capacity（启动能量）为 13%，测试的结论为"Battery Unserviceable（蓄电池不可用）"。由此可以断定故障原因为辅助蓄电池损坏。

故障排除　更换辅助蓄电池，并用 ISTA 执行服务功能"记录更换蓄电池"后，故障彻底排除。

维修总结　在检查排除故障时，有一类故障的故障现象并非故障点本身，而是另外的系统出现问题，这类故障我们在诊断时难度相对较大，需要系统分析造成故障现象的各种细节所在，只有这样才能有针对性地排除故障。

七、2013 年款宝马 640i 转向系统故障灯亮

故障现象　一辆 2013 年宝马 640i（F06）双门轿跑车，配置 N55 发动机、自动变速器，VIN 为 WBA6A0105FD59×××××。快速转动方向盘时转向系统故障灯亮，方向盘较重。

故障诊断　ISID 测试有故障码 0x4823F1——EPS 车载电网 24V 供电中断，回落至 12V；0x218101——辅助蓄电池充电装置屏蔽监控，线路故障，如图 3-75 所示。

	辅助电池、辅助电池的充电装置和断路继电器	1	
ABL-DIT-AT6142_BNEBCU	辅助电池、充电和断路继电器	ABL	NotCalled
MEVD172Y	0x218101: 辅助电池充电器：屏蔽监控，线路故障		
EPS_10	0x4823F1: EPS 车载电网：24 伏特供电中断，回落至 12 伏特		
	低电压时的故障查询	1	
ABL-DIT-AT6100_UNTSPA	低压时	ABL	NotCalled
ICM_25	0x48279B: ICM：车辆中电压过低		
	01 总线系统分析：线路故障和通信故障	1	
ABL-DIT-AT6131_01LEITNG	CAN/FlexRay 系统分析：物理总线故障和通信故障	ABL	NotCalled
HSR_01	0xD3C41F: HSR，FlexRay：线路故障		

图 3-75　故障码

根据故障码及故障现象分析，可能此时 EPS 供电电压不足，用万用表测量断路继电器（图 3-76）Q1 * 1B♯1，EPS 供电仅有 12.57V 车载网络电压。影响 24V 供电的因素有车载网络蓄电池老化或损坏；辅助蓄电池充电装置故障（包括供电接地及通信故障）；辅助蓄电池断路继电器故障；辅助蓄电池本身故障；24V 供电线路故障（断路或断路）。

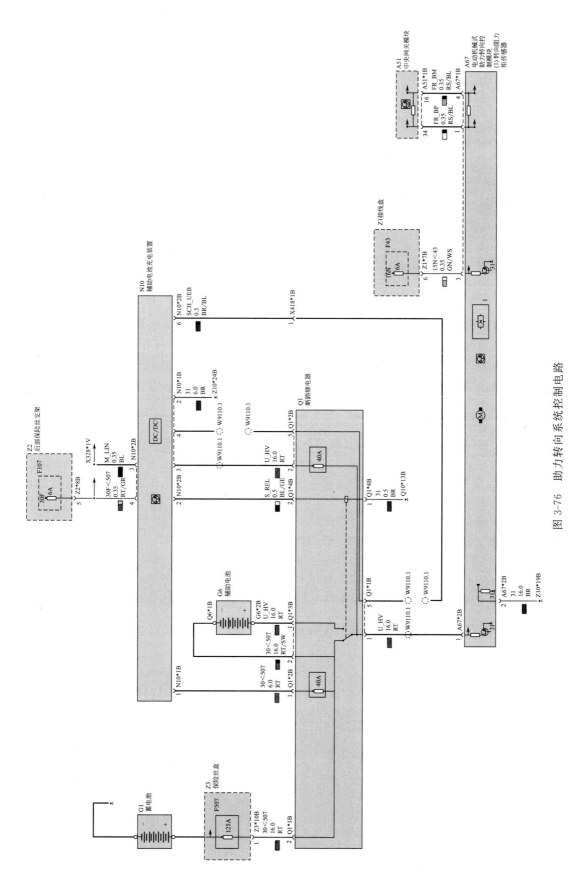

图 3-76 助力转向系统控制电路

首先用博世蓄电池测试仪测量车载网络蓄电池，经测量蓄电池电压为 12.57V，启动能力为 94%，排除蓄电池故障。其次测量辅助蓄电池正极对地电压为 29.1V，负极对地电压为 14.5V，正常。由于辅助蓄电池容量太小无法用蓄电池测试仪测量，况且 24V 未进入工作状态无法用压降法判断其好坏，辅助蓄电池充电装置也没有储存相关故障码，可以先排

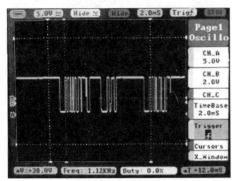

图 3-77　LIN 波形

除。再次测量断路继电器，经测量断路继电器控制信号线电压为 0，正常，为车载网络电压；接地正常，对地电压 0。因为断路继电器由辅助蓄电池充电装置控制，所以继续测量辅助蓄电池充电装置。经测量，充电装置供电电压为 12.51V，正常，接地电压正常，LIN 波形正常（图 3-77）。由于 EPS 的 12V 供电正常，暂时排除线路故障。现在初步判断充电装置损坏。

更换辅助蓄电池充电装置后故障依旧，故障码和以前一模一样。由于考虑不全面导致错误分析，这次万分小心，不放过任何一个可疑目标。之前由于没有检查 24V 供电导线，这次检查线路时发现 EPS 插头 A67 * 2B♯1 附近 EPS 供电线破损且对屏蔽线短路。

24V 的 EPS 导线带有一个导电屏蔽层，该屏蔽层既对 EPS 导线绝缘也对车身绝缘。屏蔽层由低电阻的金属丝网组成，在屏蔽层的两端即 EPS 插头处和辅助蓄电池充电装置端分别引出一根电缆，两根导线与辅助蓄电池充电装置连接。辅助蓄电池通过输入端的两个阻值相同的电阻读取 EPS 导线上的电位。导线正常时两个电阻将测得约一半的供电电压，对地短路时两个电阻将测得电压约 0，对正极短路时将测得导线上的电压。

故障排除　出于安全考虑，用辅助蓄电池充电装置对 EPS 的 24V 供电导线进行监控。当 24V 供电线路存在短路和断路时，辅助蓄电池充电装置切断 EPS 的 24V 供电，此时由车载网络电压对 EPS 供电，因为 EPS 的 12V 供电时蓄电池配电盒上 F507 是一个 125A 的熔丝，对地短路时自己会熔断，所以是安全的。

维修总结　由于该车配置了 SA2VH（集成式主动转向控制 24V 供电），所以当转向负荷较大时 EPS 供电电压不足导致打转向重。之前检查问题时没有仔细分析故障码及对屏蔽监控不太了解造成判断错误。当遇到不熟悉的系统时应当先查看 FUB 文件，读懂电路图，仔细分析工作原理，再根据故障树的逻辑进行检查和维修就能达到事半功倍的效果。

八、2011 年款宝马 X5 转向异响

故障现象　一辆 2011 年款宝马 X5 运动型多功能车，配备型号为 N55 的 3.0T 发动机，行驶里程约为 7 万千米。驾驶人反映该车低速行驶条件下转向时，底盘会出现"咯咯咯"的异响，就像在不平的"搓板路"上行驶一样。

故障诊断　维修人员试车，发现无论是向左还是向右转向，都存在驾驶人所说的异响。举升车辆检查，发现 4 条轮胎均为 2011 年制造，已经使用了 7 年，并且 2 条前轮胎的磨损十分严重（图 3-78）。

该车采用了宝马 xDrive 全时四驱系统，从故障现象结合前轮的磨损情况来判断，应该是

图 3-78　严重磨损的前轮

分动器发出的异响。宝马 X5 车型的 xDrive 系统在正常直线行驶时，会按照 4：6 的比例分配前、后桥的动力；而在转向时，分动器会通过电控多片式离合器将 80％的动力传递至后桥，这样前桥就不会获得过多的驱动力矩，从而以最佳的方式执行转向任务，可以提高车辆机动性，有效防止转向不足。

分动器控制单元（VTG）安装在多片式离合器伺服电机下方，可以控制伺服电机将驱动力矩无级分配至前轴（图 3-79）。而后桥则是始终驱动的，当断开多片式离合器时，所有的驱动力矩都会传递至后桥上。VTG 控制单元会根据以下因素调节分动器内多片式离合器的锁定力矩：来自 DSC 的锁定力矩请求、齿轮油的状态、多片式离合器的磨损情况、伺服电机的负荷、变速器油温。在伺服电机中有一个电机位置传感器，可以识别伺服电机位置，并将位置信息发送给 VTG。此外还有一个温度传感器，用以监控伺服电机的温度，避免伺服电机热过载。

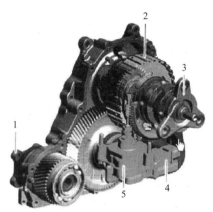

图 3-79　分动器结构
1—输出至前轴；2—多片式离合器；
3—输出至后轴；4—分动器控制
单元（VTG）；5—伺服电机

为了进一步验证是不是分动器故障引起了异响，维修人员用举升机升起本车，然后断开分动器控制单元（VTG）的插接器，此时分动器的伺服电机停止工作，分动器内的多片式离合器也就起不到调节前桥驱动力矩的作用。或者也可以根据电路图，打开后备厢中的熔丝盒，拔下 VTG 的供电熔丝，也可以起到同样的效果。然后将车辆放下并试车，在低速下反复左右转弯，底盘不再出现异响。

影响分动器调节的因素可能有以下几点。首先是分动器油的状态，该车已经行驶约为 7 万千米，有可能油品变质造成多片式离合器结合力不足，离合器片轻微打滑，影响了前后桥驱动力分配，转弯时出现异响。其次是多片式离合器内的摩擦片严重磨损，间隙变大，也会造成同样的结果，但是这需要拆解检修分动器，才能恢复原来的技术参数。此外，也有可能是伺服电机故障，但是此类电器故障，一般都会出现故障码，并且点亮故障灯。

综上所述，征得驾驶人同意后更换了分动器油，路试时最初还有异响存在，行驶一段时间后异响就逐渐消失了，分析应该是最初新的液压油在分动器内分布不均所致。由此也说明本车故障就是分动器油变质所造成的。

故障排除　更换分动器油，故障排除。

维修总结　在该故障的诊断过程中，关键点就是分清分时四驱、适时四驱及全时四驱，熟悉每种驱动形式的结构原理。在判断故障点时也有一些小技巧，不要盲目更换总成试验，可以先通过断开插接器或者拔下熔丝的方法使分动器暂停工作，以此就能判断故障点。

九、2011 年款宝马 535GT 转向系统报警

故障现象　一辆 2011 年宝马 535GT 大旅行车，车型为 F07，搭载 N55 发动机和 8 挡自动变速器，行驶里程约为 17 万千米。驾驶人反映该车转向系统报警。

故障诊断　维修人员检测转向系统，发现 2 个故障码：D3843A——底盘控制单元 ICM 故障；480154——后轮随动转向控制单元 HSR 故障。查阅资料得知，该车的转向系统除了常规的转向机外，还增加了后轮随动转向机，这种转向系统被称作一体化主动转向系统。该系统可以在方向盘转角不变的前提下，大幅度减小车辆在低速行驶时的转弯半径，增加了机动性能。

HSR 装在后备厢的凹槽中，靠近后轮转向机。在后轮转向机上有温度传感器监测伺服

电机的工作温度。后轮转向机上还有伺服电机位置传感器和齿条位置传感器,这些传感器的信号均由 HSR 控制单元进行分析和处理。

在后备厢中找到 HSR 后,检查其插接器,未见异常。根据电路图测量其电源及搭铁的线路,均正常。由此判断是该控制单元内部失效。

故障排除 更换后轮转向控制单元 HSR,故障排除。

维修总结 经过缜密的判断与分析,最终确定故障出现在 HSR 控制单元上,这样可以准确的锁定故障点,节省维修时间。

十、宝马 X5 多个故障指示灯报警

故障现象 一辆 2013 款宝马 X5,行驶里程约为 5 万千米,驾驶人反映下雨天仪表安全气囊故障指示灯、ABS 故障指示灯、DSC 故障指示灯会报警。

故障诊断 接车后,未发现驾驶人所述的故障现象,因驾驶人反映下雨天会报警,于是进洗车机洗车模拟下雨的情况,进入洗车机后故障现象重现(图 3-80)。连接故障检测仪,读取的故障码如图 3-81 所示。

图 3-80 故障车多个故障指示灯报警

故障码存储器列表	
故障码	**说明**
009D12	SINE 内部蓄电池
00E5C4	CID,K-CAN:线路故障
00D104	RDC:K-CAN 线路故障
00E219	信息(后视摄像机限定词状态,0x37A)缺失
00E1C4	RAD / CIC / CHAMP:K-CAN 线路故障
00D904	CAS:K-CAN 线路故障
00E147	CBX-ECALL,K-CAN 线路故障

图 3-81 读取的故障码

根据读取的故障码分析,故障点应该在 K-CAN 总线上。读取故障细节发现 RDC 的频率高达 200 多次,查阅相关资料得知该车配备 RDC(轮胎压力监控)系统,怀疑 RDC 模块有问题。维修人员拆下 RDC 模块,检查相关连接器的连接情况,均正常。吹干 RDC 模块上的水后,发现故障现象消失了。用宽胶带把 RDC 模块包扎好,再次进入洗车机,故障现象再现。读取故障码发现和图 3-81 一致。利用示波器测量 K-CAN 的波形如图 3-82 所示,异常,正常波形如图 3-83 所示。再次梳理一下排查思路,决

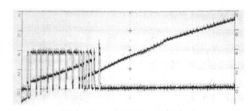

图 3-82 K-CAN 异常波形

定采用节点法排查故障,在检查到后备厢右侧 K-CAN 线束节点处发现低速 CAN 节点线束腐蚀(图 3-84)。

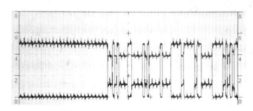

图 3-83 K-CAN 正常波形

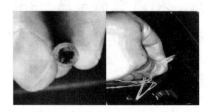

图 3-84 低速 CAN 节点腐蚀

故障排除 重新焊接线束后故障没再出现,测量波形正常。

维修总结 轮胎压力监控(RDC)系统是一个在行驶模式下监控轮胎充气压力的系统。

根据 RDC 控制单元的请求，车轮电阻系统以一定间隔测量轮胎充气压力和轮胎充气温度，并通过遥测技术将信号传送到 RDC 天线。RDC 天线通过总线把信号导回 RDC 控制单元，RDC 控制单元分析接收的数据，然后根据需要将信息传递给驾驶人，驾驶人以此得知各车轮的轮胎压力情况。

十一、2013 年款宝马 320Li 有时转向沉重

故障现象　一辆 2013 年款宝马 320Li，搭载 N20 发动机，行驶里程约为 9 万千米。车主反映，启动发动机，转动方向盘，有时转向沉重，且组合仪表上的发动机故障灯异常点亮。

故障诊断　接车后首先试车验证故障现象。接通点火开关，启动发动机，此时组合仪表上无任何故障灯点亮。转动方向盘，转向也不沉重。用故障检测仪进行检测，读得的历史故障码为"CD0420——ZGM，Flex Ray 控制器报告故障""CD042F——ZGM，Flex Ray：路径 1 上的线路故障""CD8420——DME，Flex Ray：通信故障""D50420——EPS，Flex Ray：通信故障"。根据故障码的提示，初步判断 Flex Ray-1 总线存在间歇性通信故障。

查阅相关资料得知，Flex Ray 是一种新型的通信系统，能够实时可靠地为电气和机械电子元件之间提供数据传输。每个通道的最大数据传输率为 10Mbit/s，此值相当于 PT-CAN（传动系统 CAN）或 D-CAN（基于 CAN 的诊断）数据传输率的 20 倍。每一路总线命名为 Flex Ray-0 总线、Flex Ray-1 总线、Flex Ray-2 总线，以此类推。Flex Ray 除了支持更高的带宽之外，还支持确定性的数据传输，且可以进行容错配置。也就是说，即使个别元件失灵，仍可以允许剩余的通信系统运行。

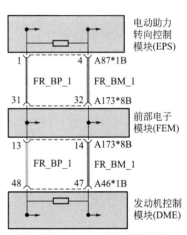

图 3-85　Flex Ray-1 总线电路

查阅相关电路（图 3-85），将专用适配器连接在发动机控制模块（DME）导线连接器上，用宝马专用示波器（IMIB）依次测量 DME 导线连接器 A46 * 1B 端子 47 和端子 48 的信号波形，测得的端子 47 信号波形如图 3-86 所示；测得的端子 48 信号波形如图 3-87 所示。找来一辆正常车，测得的 Flex Ray-1 总线信号波形如图 3-88 所示。将上述测得的信号波形进行对比，判断故障车的 Flex Ray-1 总线信号波形存在异常。断开前部电子模块（FEM，含 ZGM）导线连接器 A173 * 8B，用万用表测量导线连接器 A173 * 8B 端子 31 与端子 32 之间的电阻（即 EPS 内的终端电阻），为 96Ω，正常；测量导线连接器 A173 * 8B 端子 13 与端子 14 之间的电阻（即 DME 内的终端电阻），为 100Ω，但瞬间又变为 ∞，不正常。进一步检查 FEM 与 DME 之间的 Flex Ray-1 总线，发现 Flex Ray-1 总线上的一根信号线（即 FR-BP-1 线）几乎快要断裂（图 3-89）。

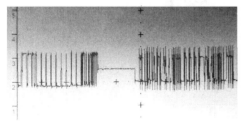

图 3-86　测得的端子 47 信号波形

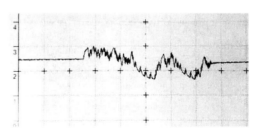

图 3-87　测得的端子 48 信号波形

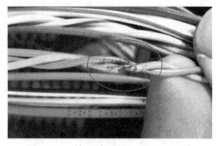

图 3-88　测得的正常车的 Flex Ray-1 总线信号波形　　　　图 3-89　快要断裂的 FR-BP-1 线

故障排除　使用专用的接线器对 FR-BP-1 线进行修理，然后使用收缩管进行密封处理，修复后将车辆交还给车主。1 个月后进行电话回访，车主反映车辆一切正常。至此，故障排除。

十二、宝马 320Li 热车后转动方向盘时有异响

故障现象　一辆 2012 年款宝马 320Li 轿车，车型为 E84，搭载 N46 发动机，行驶里程约为 15 万千米。用户反映该车热车后转动方向盘时有异响。

故障诊断　维修人员试车后发现，该车冷车时一切正常，但经过一段时间的路试后，转动方向盘时能听到转向柱内发出"吱扭"的声音。根据技术公告的提示，拆下转向柱下护板，对转向柱胶套进行了润滑，但故障未能消除。仔细检查胶套的外观，未发现异常。

为了确定异响的来源，维修人员直接断开蓄电池的负极线，拆下主气囊和转向柱控制单元（SZL）。装上负极线后启动发动机试车，发动机温度升高后异响仍然存在。接下来又拆下转向柱胶套试车，故障还是存在。

将车辆举升后拆下发动机下护板用听诊器检查，发现转向机与转向柱下部连接处异响明显，向这个部位喷涂润滑剂后，异响立即消失。此处只有转向柱与转向机连接的十字轴防尘套，将其拆下来检查发现，由于防尘套与转向柱连接端存在松动，所以当十字轴改变角度时，防尘套是上下窜动的，其内壁已磨得发亮，真正的问题出在这里。

故障排除　将防尘套用扎带扎紧后，故障彻底排除。

十三、2010 年款宝马 7 系 CID "转弯性能受到影响"

故障现象　一辆 2010 年款宝马 7 系（车型代号为 F02），搭载 N52 发动机，配备后轴自调标高空气悬架系统，行驶里程约为 8.9 万千米。车主反映，该车因左后空气减振器漏气下塌在 4S 店更换了左后空气减振器，提车后行驶了一段时间，发现组合仪表和中央信息显示屏（CID）经常会提示"转弯性能受到影响"（图 3-90）。

图 3-90　组合仪表提示"转弯性能受到影响"

故障诊断 接车后，用专用故障检测仪（ISTA）检测，读得的故障码为"480DB1——调节时间减少""480DB5——右后降低的调节时间"等。其中故障码480DB1的状态显示为当前存在故障，故障码480DB5的状态显示为未知故障。进行路试，一段时间后，组合仪表和CID提示"转弯性能受到影响"，故障现象的确如车主所述，且有时故障检测仪还能读得故障码"480DB4——左后降低的调节时间"。

鉴于该车刚更换过左后空气减振器，回厂后，查询了上次的维修诊断报告，得知上次进厂维修时系统存储的故障码有"480DB5——右后降低的调节时间""480DB0——调节时间升高"。用ISTA查询故障码480DB5和故障码480DB0的故障描述（图3-91和图3-92），得知故障码480DB5具体是指右后空气弹簧降不下去，而故障码480DB0是指空气弹簧举升不起来，2个故障码的含义截然相反，由此判断上次故障检修时只解决了其中的一个故障，空气弹簧的另一个故障（降不下去）未能解决。利用ISTA服务功能中的"ABL EHC：加注和排空"对左后、右后空气弹簧执行充气操作，发现两个后空气弹簧均能上升到最高位置。但在执行排气操作时，发现两个后空气弹簧均不能下降。进行路试，组合仪表很快就提示"转弯性能受到影响"。

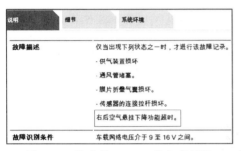

图3-91　故障码480DB5的相关描述

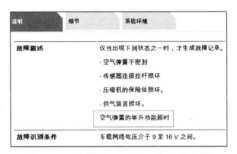

图3-92　故障码480DB0的相关描述

回厂后，查阅后轴自调标高空气悬架的控制原理，推测造成空气弹簧降不下去的可能原因有：高度传感器安装不正确或连接拉杆损坏；高度传感器故障；供气装置上的电磁阀体、排气阀及其线路故障；电磁阀体与左后、右后空气弹簧之间的连接管路堵塞、压扁；供气装置的排气口堵塞；空气弹簧内部堵塞造成无法排气；电子高度控制系统控制模块（EHC）故障。

举升车辆，检查左后、右后高度传感器的安装情况，左后、右后高度传感器安装正确，且2个高度传感器拉杆无变形、脱落现象。用举升机举升车辆，并用宝马专用示波器（IMIB R2）测量左后高度传感器和右后高度传感器的信号波形，测得的信号波形如图3-93所示，未发现信号波形有任何异常，于是决定对供气装置进行进一步检查。

检查供气装置的排气口，未发现堵塞现象。尝试拧松电磁阀体上通往左后、右后空气弹簧的管路接头（图3-94），有气体排出；落下举升机，左后、右后空气弹簧也能够下降，说明左后、右后空气弹簧及其至电磁阀体之间的管路正常。重新拧紧电磁阀体上的管路接头，使用ISTA服务功能中的"ABL EHC：加注和排空"对左后、右后空气弹簧执行充气操作。充气完毕后，拔掉电磁阀体后侧的黑色管路（该管路是来自压缩机的供气管路），使用ISTA对左后、右后空气弹簧执行排气操作，在电磁阀体处有气体排出，说明电磁阀体及其控制线路正常。重新连接电磁阀体后侧的黑色管路，继续对左后、右后空气弹簧执行排气操作，测得供气装置上排气阀导线连接器M6＊2B端子1与端子2的电压为11.43V；测得排气阀控制线路上的电流约为1A，说明排气阀及其控制线路正常。

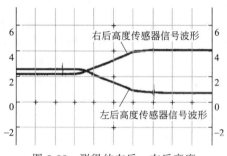

图 3-93　测得的左后、右后高度
传感器信号波形

图 3-94　电磁阀体上通往左后、
右后空气弹簧的管路接头

　　为保险起见，拆下供气装置上的排气阀（图 3-95），对其通电并进行吹气测试，发现无气体排出，说明排气阀内部阀芯锈蚀，并卡滞在关闭位置，分析认为造成排气阀内部阀芯锈蚀的可能原因有：供气装置中的空气干燥器已经失效，使得供气管路中有大量的水分；供气装置的进气口安装不正确，导致在下雨时吸入了雨水。

　　故障排除　更换供气装置，并调整供气装置上进气管路进气口的安装位置，使用 ISTA 对左后、右后空气弹簧执行充气和放气操作，左后、右后空气弹簧的上升和下降功能均恢复正常。进行路试，组合仪表和 CID 不再提示"转弯性能受到影响"，至此故障排除。

图 3-95　排气阀

第四章
宝马车身电气

第一节　供电

一、蓄电池相关部件

1. 蓄电池分布

供电电路如图 4-1 所示，车辆蓄电池是一个 105A·h 的 AGM 蓄电池，使用 AGM 蓄电池

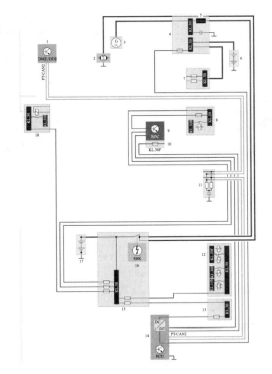

图 4-1　供电电路

1—数字式发动机电子系统 DME/数字式柴油机电子系统 DDE；2—起动机；3—发电机；4—发动机室配电盒；5—跨接
启动接线柱；6—发动机室附加蓄电池；7—发动机室附加蓄电池配电盒；8—右前配电盒；9—车身域控制器 BDC；
10—车身域控制器内的熔丝；11—CAN 终端电阻；12—后部配电盒；13—右侧蓄电池配电盒内的熔丝；14—500W
电源控制单元 PCU；15—蓄电池配电盒；16—安全型蓄电池接线柱；17—蓄电池；18—左前配电盒

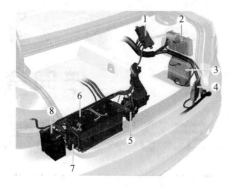

图4-2 蓄电池

1—右侧蓄电池配电盒；2—后部配电盒；3—500W
电源控制单元 PCU；4—150W 电源控制单元 PCU；
5—带安全型蓄电池接线柱的配电盒；6—蓄电池；
7—隔离元件；8—后备厢附加蓄电池

进行供电。根据发动机型号和车辆配置，车上可能有一个、两个或三个蓄电池。后备厢内的启动蓄电池容量为 105A·h（图4-2），发动机室内的附加蓄电池容量为 60A·h（图4-3），24V 转向系统车辆后备厢内的附加蓄电池容量为 12A·h。

针对车载网络支持措施在发动机室内装有一个附加蓄电池，在带有电动主动式侧倾稳定装置的车辆上还通过该蓄电池为两个稳定杆执行机构供电。

2. 智能型蓄电池传感器

智能型蓄电池传感器 IBS 探测 12V 蓄电池的电压、电流以及电极温度等方面数据。IBS 进行信息计算和分析，之后通过 LIN 总线将相关结果发送至上级控制单元（数字式发动机电气电子系统和车身域控制器）。

3. 安全型蓄电池接线柱

如图4-4所示，发生相应严重程度的事故时会触发安全型蓄电池接线柱 SBK。发动机室内蓄电池正极接线柱供电会中断，与之连接的用电器会断电。安全型蓄电池接线柱安装在蓄电池旁配电盒内。

图4-3 发动机室附加蓄电池

1—发动机室配电盒；2—发动机室附加蓄电池；
3—发动机室附加蓄电池配电盒；4—跨接起动接线柱

图4-4 安全型蓄电池接线柱

二、发电机

使用效率更高的发电机，通过降低整流器内的损耗提高发电机效率。在此用主动控制的 MOSFET 晶体管取代造成损耗的二极管，通过提高效率可降低耗油量。根据发动机型号和车辆配置使用不同发电机，使用型号：四缸和六缸发动机使用 180A 和 250A 博世产品；八缸发动机使用 252A Valeo 产品。

三、配电盒及控制单元

1. 集成式供电模块

通过集成式供电模块（图4-5）可为发动机管理系统及其组件提供 12V 供电。

2. 右前配电盒

一个总线端 30B 继电器安装在右前配电盒（图 4-6）内，通过右前配电盒可为用电器提供总线端 30、总线端 30B 和总线端 15N 供电并进行相应熔断保护，右前配电盒的 15N 电源电直接来自于后部配电盒。

图 4-5　集成式供电模块　　　　　　　图 4-6　右前配电盒

3. 左前配电盒

一个总线端 30B 继电器安装在左前配电盒（图 4-7）内，通过左前配电盒可为用电器提供总线端 30 和总线端 30B 供电并进行相应熔断保护。

4. 后部配电盒

在后部配电盒（图 4-8）内装有两个总线端 30F 继电器、两个总线端 30B 继电器、总线端 15N 继电器以及后窗玻璃加热装置继电器等。

所有继电器均采用双稳态设计。车身域控制器通过 LIN 总线控制继电器，通过后部配电盒可控制两个前部配电盒的硬线连接总线端 30B 继电器。

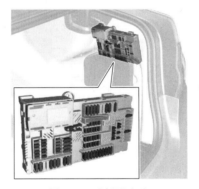

图 4-7　左前配电盒　　　　　　　　图 4-8　后部配电盒

5. 车身域控制器

车身域控制器 BDC 负责控制总线端。一个总线端 30F 继电器安装在 BDC 内，通过 BDC 可为一些用电器提供总线端 30 和总线端 30F 供电并进行相应熔断保护。

6. 采用车载网络支持措施的 PCU

现代化车辆由于用电器较多，因此能量消耗较大，在内燃机不运行和发电机不提供能量（例如发动机自动启停阶段）期间，蓄电池承受非常大的负荷。为了保护蓄电池，电源控制单元 PCU 内装有一个 DC/DC 转换器并在发动机室内装有一个附加蓄电池。

能量管理系统调整条件由车辆使用情况所决定。发动机运行时，通过传统车载网络为附加蓄电池充电。内燃机不运行（例如执行 MSA 关闭功能）期间，由附加蓄电池为传统车载网络提供能量。在电源控制单元 PCU 内有一个与 PT-CAN2 连接的控制单元和一个 500W 功率的 DC/DC 转换器。车辆带有电动机械主动式侧倾稳定装置时，由发动机室内的附加蓄电池为其供电。

四、24V 电子助力转向系统

由于宝马新 7 系八缸和十二缸发动机较重，因此前桥负荷较大，这又会造成转向助力所需功率提高。由于相关电流较大，因此将 EPS 供电提高至 24V。为此需要一个附加蓄电池、一个隔离元件和一个附加蓄电池充电单元，这些组件安装在宝马新 7 系后备厢内。

充电单元负责监控充电状态并通过一个 DC/DC 转换器为附加蓄电池充电。除监控 24V 导线屏蔽层和多项其他条件外，充电单元还接通隔离元件内的继电器，附加蓄电池通过该继电器集成在电路内，只有该继电器接通后才会为 EPS 提供 24V 供电。出现故障时，EPS 也能以 12V 电压运行。24V 转向系统供电电路如图 4-9 所示。

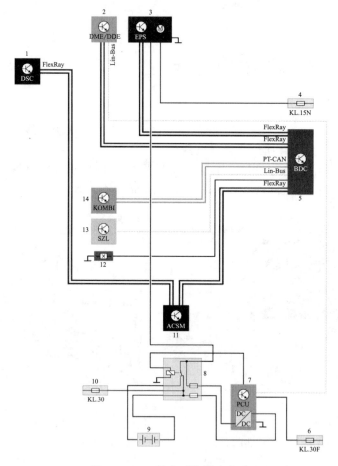

图 4-9　24V 转向系统供电电路

1—动态稳定控制系统 DSC；2—数字式发动机电子系统 DME/数字式柴油机电子系统 DDE；3—电子助力转向系统（电动机械式助力转向系统）EPS；4—右前配电盒内的熔丝；5—车身域控制器 BDC；6—后部配电盒内的熔丝；7—150W 电源控制单元 PCU；8—隔离元件；9—后备厢内的附加蓄电池；10—蓄电池配电盒内的熔丝；11—碰撞和安全模块 ACSM；12—制动信号灯开关；13—转向柱开关中心 SZL；14—组合仪表 KOMBI

带隔离元件的附加蓄电池如图 4-10，电源控制单元（图 4-11）负责监控充电状态并通过一个 DC/DC 转换器为附加蓄电池充电。

图 4-10　带隔离元件的附加蓄电池
1—后备厢内的附加蓄电池；2—隔离元件

图 4-11　150W 电源控制单元

第二节　车外照明装置

一、前部照明装置

在宝马新 7 系上提供标准型 LED、带随动前灯和转弯照明灯的标准型 LED（SA 524）、灯光阵列车灯 II（SA 552）以及宝马激光车灯（SA 5AZ）等车外照明装置型号。前部车外照明装置系统电路如图 4-12 所示，后部车外照明装置系统电路如图 4-13 所示。

宝马新 7 系的前灯型号如图 4-14 所示。后部照明装置如图 4-15 所示。

（1）标准型 LED/带随动前灯和转弯照明灯的标准型 LED　采用标准型 LED 前灯（图 4-16）、带随动前灯和转弯照明灯的标准型前灯时，近光灯和远光灯位于相同反射器内。

（2）灯光阵列车灯　如图 4-17 所示，采用灯光阵列车灯时，还通过灯光阵列内的 LED 进行近光灯光线分配。车辆选装带行人识别功能的宝马夜视系统（SA 6UK）时，通过主前灯内的动态光点进行动物和行人识别。

（3）宝马激光车灯　宝马激光车灯包括灯光阵列车灯的所有功能。使用远光灯时也会根据车速接通激光车灯。宝马激光车灯如图 4-18 所示，接通限值，60km/h 以上车速；关闭限值，55km/h 以下车速。宝马激光车灯将高效 LED 和激光技术各自的优势结合到了一起。LED 车灯可得到较宽照明区域和光量；激光车灯可得到可见范围极大的集中光点。远光灯增强方面，远光灯作用范围翻倍：1lx 能见度界限超过 600m，光照强度超过 3 倍，超过 300lx。

蓝色高功率激光二极管灯光通过一个磷元件转变为高强度白光，通过激光产生的白光亮度增强 10 倍。光源的 10 倍亮度可有效增强 LED 远光灯性能并带来以下优点：

① 作用范围翻倍，因此更加安全；

② 结构更加紧凑，因此带来设计、空气动力学和重量优势；

③ 能量吸收较少，因此耗油量更低。

激光单元（位于前灯内）如图 4-19 所示，激光单元（俯视图）如图 4-20 所示，如图 4-21～图 4-23 所示为激光单元的结构。

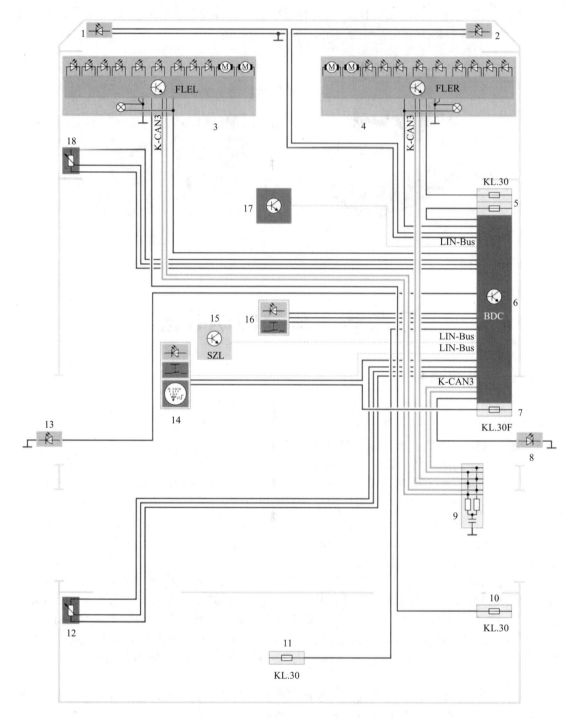

图 4-12　前部车外照明装置系统电路

1—左侧前雾灯；2—右侧前雾灯；3—带左侧前部车灯电子装置 FLEL 的左侧前灯；4—带右侧前部车灯电子装置
FLER 的右侧前灯；5—右前配电盒内的熔丝；6—车身域控制器 BDC；7—车身域控制器内的熔丝；8—右侧车外
后视镜内的转向信号灯；9—CAN 终端电阻；10—右后配电盒内的熔丝；11—蓄电池配电盒内的熔丝；
12—左后车辆高度传感器；13—左侧车外后视镜内的转向信号灯；14—车灯开关；15—转向柱开关
中心 SZL；16—危险报警灯开关/智能型安全按钮；17—晴雨/光照/水雾
传感器 RLSBS；18—左前车辆高度传感器

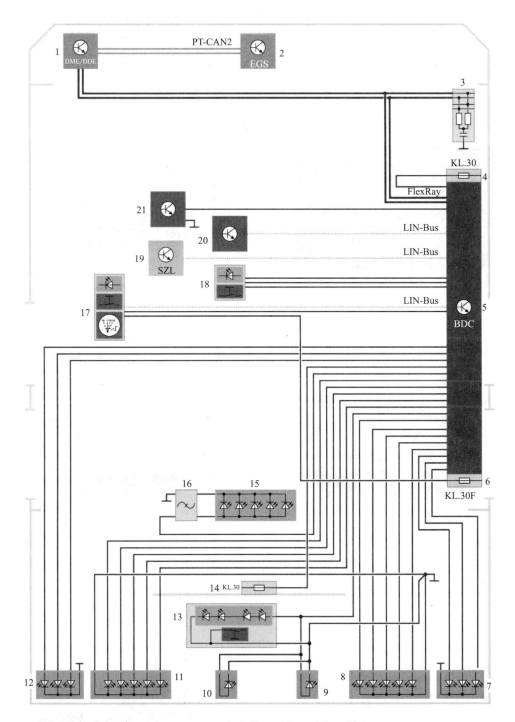

图 4-13　后部车外照明装置系统电路

1—数字式发动机电子系统 DME/数字式柴油机电子系统 DDE；2—变速箱电子控制系统 EGS；3—CAN 终端电阻；
4—右前配电盒内的熔丝；5—车身域控制器 BDC；6—车身域控制器内的熔丝；7—右侧外部尾灯单元；8—右侧
内部尾灯单元；9—右侧牌照灯；10—左侧牌照灯；11—左侧内部尾灯单元；12—左侧外部尾灯单元；13—带后
备厢盖按钮的牌照灯条；14—蓄电池配电盒内的熔丝；15—附加制动信号灯；16—抗干扰滤波器；17—车灯开关；
18—危险报警灯开关/智能型安全按钮；19—转向柱开关中心 SZL；20—晴雨/光照/水雾
传感器 RLSBS；21—制动信号灯开关

(a) 标准型LED/带随动前
灯的标准型LED

(b) 灯光阵列车灯

(c) 宝马激光车灯

图 4-14　宝马新 7 系的前灯型号

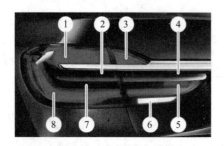

图 4-15　后部照明装置

1,3—转向信号灯；2,8—尾灯；
4,5—后雾灯；6—倒车灯；
7—制动信号灯

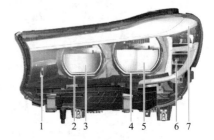

图 4-16　标准型 LED 前灯

1—转弯照明灯（仅限带有 SA 524 时）；2—停车示警灯
和日间行驶照明灯；3—近光灯/远光灯；4—停车示警灯
和日间行驶照明灯；5—近光灯/远光灯；6—转向信号灯；
7—侧面示廓灯（美规）

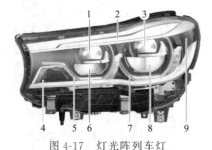

图 4-17　灯光阵列车灯

1,3—近光灯；2—转向信号灯；4—转弯照明灯；
5—停车示警灯、日间行驶照明灯和近光灯；
6,8—远光灯；7—停车示警灯，日间行驶
照明灯和近光灯；9—侧面示廓灯（美规）

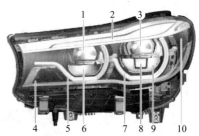

图 4-18　宝马激光车灯

1,3—近光灯；2—转向信号灯；4—转弯照明灯；
5—停车示警灯，日间行驶照明灯和近光灯；
6,9—远光灯；7—停车示警灯，日间
行驶照明灯和近光灯；8—激光车灯；
10—侧面示廓灯

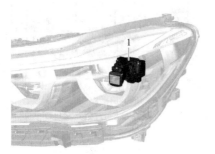

图 4-19　激光前灯

1—激光单元

图 4-20　激光单元

图 4-21　激光单元的结构（已拆下反射器和透镜）

图 4-22　激光单元的结构

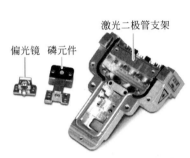

图 4-23　激光单元的结构（已拆下磷元件和偏光镜）

二、远光灯辅助系统

在带有基于摄像机的驾驶员辅助系统 KAFAS 的车辆上，由 KAFAS 执行远光灯辅助系统功能。在不带基于摄像机的驾驶员辅助系统 KAFAS 的车辆上，远光灯辅助系统集成在车内后视镜内（图 4-24），远光灯辅助系统电路如图 4-25 所示。

图 4-24　远光灯辅助系统 FLA

三、车外照明灯展示

根据选装配置情况，车外照明灯展示设计包括：进出车门照明装置和光毯。车外照明灯展示系统电路如图 4-26 所示。

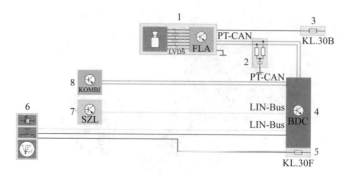

图 4-25　远光灯辅助系统电路

1—远光灯辅助系统 FLA；2—CAN 终端电阻；3—右前配电盒内的熔丝；4—车身域控制器 BDC；5—车身域
控制器内的熔丝；6—车灯开关；7—转向柱开关中心 SZL；8—组合仪表 KOMBI

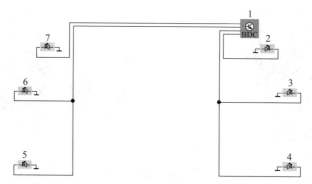

图 4-26　车外照明灯展示系统电路

1—车身域控制器 BDC；2—右侧光毯；3—前乘客车门内的登车照明灯；4—前乘客侧后部车门内的登车照明灯；
5—驾驶员侧后部车门内的登车照明灯；6—驾驶员车门内的登车照明灯；7—左侧光毯

1. 进出车门照明装置

进出车门照明装置安装在相应车门模块内。进出车门照明装置 LED 由车身域控制器 BDC 进行控制。

2. 光毯

如图 4-27 所示，光毯（图 4-28）嵌入车门槛内，客户无法看到。通过使用多透镜阵列系统可在一个很小的结构空间内实现功能，此外还可实现很平的反射角。通过多透镜阵列系统可使图像多重叠加，因此对污物不敏感。由车身域控制器 BDC 控制光毯。

图 4-27　车门槛内的 LED

图 4-28　光毯

四、挂车照明装置

在带有挂车牵引钩的车辆上提供挂车模块 AHM。挂车模块负责执行挂车车灯控制、监控挂车电路以及控制和监控全自动挂车牵引钩等功能。挂车照明装置电路如图 4-29 所示。

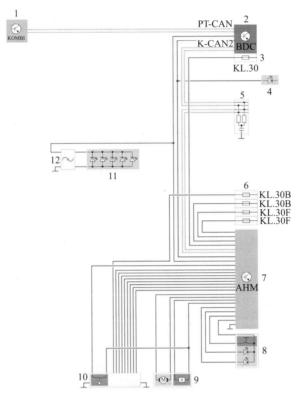

图 4-29　挂车照明装置电路

1—组合仪表 KOMBI；2—车身域控制器；3—车身域控制器内的熔丝；4—前乘客侧车外后视镜；
5—CAN 终端电阻；6—后部配电盒；7—挂车模块 AHM；8—挂车牵引钩按钮；9—挂车牵引钩电机；
10—挂车插座；11—附加制动信号灯；12—抗干扰滤波器

第三节　车内照明装置

一、标准型车内照明装置

根据所选选装配置，车内照明装置采用不同车灯元件。标准型车内照明装置电路如图 4-30 所示。

采用标准型车内照明装置时，车顶功能中心 FZD 内的车内照明灯、后座区中部车内照明灯（不带全景天窗的车辆）以及后座区左侧和右侧车内照明灯（带有全景天窗的车辆）等车内照明灯通过 LIN 总线与车身域控制器相连。手套箱照明灯由手套箱开关接通，后备厢照明灯由后备厢盖锁内的后备厢盖接触开关接通，所有其他车内照明灯直接由车身域控制器控制。

二、环境照明装置

环境照明装置包括六种预定、可选车灯设计，可通过控制器选择车灯设计和亮度，在

CID 内显示所选设计。车内照明装置、环境照明装置电路如图 4-31 所示。

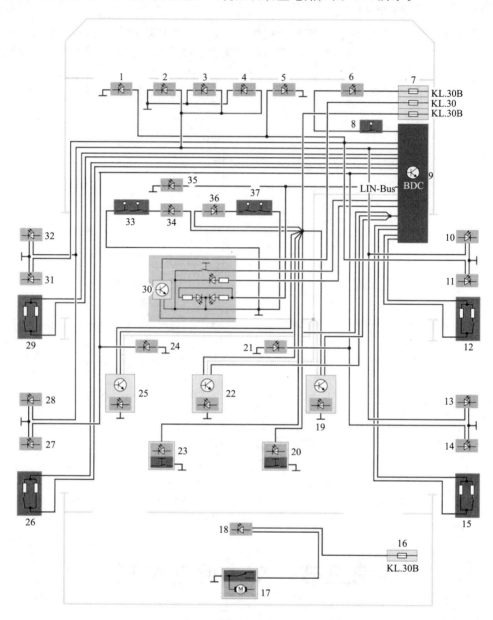

图 4-30　标准型车内照明装置电路

1—左前脚部空间照明灯；2～4—仪表板环境照明装置；5—右前脚部空间照明灯；6—手套箱照明灯；7—右前配电盒内的熔丝；8—手套箱开关；9—车身域控制器 BDC；10—前乘客侧车门饰板照明装置；11—前乘客侧车门登车照明灯；12—前乘客侧前部车门触点；13—前乘客侧后部车门饰板照明装置；14—前乘客侧后部车门登车照明灯；15—前乘客侧后部车门触点；16—右后配电盒内的熔丝；17—后备厢盖锁内的后备厢盖接触开关；18—后备厢照明灯；19—右后车内照明灯（带有全景天窗的车辆）；20—右后化妆镜照明装置；21—右后脚部空间照明灯；22—后部中间车内照明灯（不带有全景天窗的车辆）；23—左后化妆镜照明装置；24—左后脚部空间照明灯；25—左后车内照明灯（带有全景天窗的车辆）；26—驾驶员侧后部车门触点；27—驾驶员侧后部车门登车照明灯；28—驾驶员侧后部车门饰板照明装置；29—驾驶员侧前部车门触点；30—前部车内照明灯；31—驾驶员侧车门登车照明灯；32—驾驶员侧车门饰板照明装置；33—左侧化妆镜开关；34—左侧化妆镜照明装置；35—中控台杂物箱照明装置；36—右侧化妆镜照明装置；37—右侧化妆镜开关

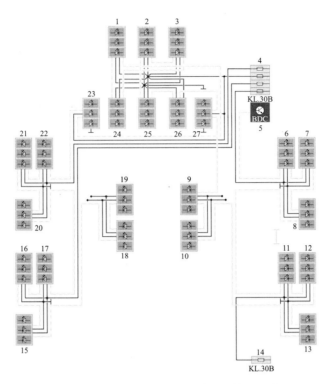

图 4-31　车内照明装置、环境照明装置电路

1—驾驶员侧仪表板环境照明装置；2,3—前乘客侧仪表板环境照明装置；4—右前配电盒内的熔丝；5—车身域控制器 BDC；6—前乘客侧车门杂物箱照明装置；7—前乘客侧车门的车门饰板照明装置；8—前乘客侧车门轮廓线照明装置；9—前乘客座椅靠背照明装置；10—前乘客侧后部脚部空间照明装置；11—前乘客侧后部车门杂物箱照明装置；12—前乘客侧后部车门的车门饰板照明装置；13—前乘客侧后部车门轮廓线照明装置；14—右后配电盒内的熔丝；15—驾驶员侧后部车门轮廓线照明装置；16—驾驶员侧后部车门的车门饰板照明装置；17—驾驶员侧后部车门杂物箱照明装置；18—驾驶员侧后部脚部空间照明装置；19—驾驶员座椅靠背照明装置；20—驾驶员侧车门轮廓线照明装置；21—驾驶员侧车门的车门饰板照明装置；22—驾驶员侧车门杂物箱照明装置；23—左前脚部空间照明灯；24—驾驶员侧仪表板轮廓线照明装置；25—前乘客侧仪表板轮廓线照明装置；26—前乘客侧仪表板轮廓线照明装置；27—右前脚部空间照明灯

环境照明装置使用 RGB（红黄蓝）LED 模块。采用车内环境照明装置时，通过一个独立的 LIN 总线控制照明装置。在此，各 LED 模块通过一个 LIN 总线相互连接。LED 模块的 LIN 总线连接在车辆周围以串联方式实现。

如果 LIN 总线在某处中断或 LED 上的微控制器损坏，就会在该处中断光线继续传输。应在最后 LED 亮起的地方查找故障。

三、灯光效果管理系统

通过灯光效果管理系统控制全景天窗照明装置、G12 后车门内的光刃式 B 柱氛围灯照明装置以及采用高级音响系统时的扬声器挡板照明装置。灯光效果管理系统电路如图 4-32 所示。

扬声器挡板照明装置采用 LED 模块，通过白色 LED 进行光刃式 B 柱氛围灯照明，通过 LED 进行全景天窗照明。通过从灯光效果管理系统至全景天窗和 Touch Command 的 LIN 总线，从灯光效果管理系统至光刃式 B 柱氛围灯和扬声器挡板 LED 模块的 LIN 总线两个局域 LIN 总线控制照明装置。

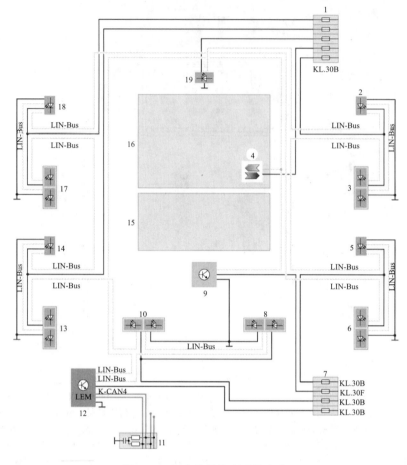

图 4-32　灯光效果管理系统电路

1—右前配电盒内的保险丝；2—前乘客侧车门高音扬声器挡板照明装置；3—前乘客侧车门中音扬声器挡板照明装置；4—全景天窗环境照明装置的供电装置；5—前乘客侧光刃式 B 柱氛围灯；6—前乘客后部车门中音扬声器挡板照明装置；7—右后配电盒内的熔丝；8—右侧后窗台板高音扬声器挡板照明装置；9—Touch Command；10—左侧后窗台板高音扬声器挡板照明装置；11—CAN 终端电阻；12—灯光效果管理系统 LEM；13—驾驶员侧后部车门高音扬声器挡板照明装置；14—驾驶员侧光刃式 B 柱氛围灯；15—后部全景天窗；16—前部全景天窗；17—驾驶员侧车门中音扬声器挡板照明装置；18—驾驶员侧车门高音扬声器挡板照明装置；19—中央扬声器照明装置

组件结构如下。

（1）灯光效果管理系统　如图 4-33 所示，灯光效果管理系统 LEM 控制单元负责控制全景天窗、G12 B 柱内的光刃式 B 柱氛围灯以及高级音响系统的扬声器挡板等照明装置。

（2）全景天窗　车内空间环境照明装置扩大至全景天窗，因此夜间行驶时也可体现高档车顶外观。灯光颜色与车内空间环境照明装置颜色相联系，全景天窗照明装置可单独调节亮度。如图 4-34 所示，通过安装在侧面的 LED 模块和光导纤维可向玻璃输送灯光。灯光在压印图形处折射到车内。

（3）光刃式 B 柱氛围灯　如图 4-35 所示，两个光刃式 B 柱氛围灯安装在后车门内，发出白光。光刃式 B 柱

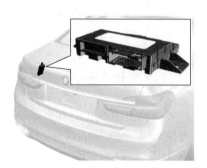

图 4-33　灯光效果管理系统

氛围灯可调节亮度并关闭，操作方式为控制器、后座区娱乐系统、光刃式 B 柱氛围灯上的电容性传感器。

图 4-34　全景天窗照明装置工作原理

1—压印图形；2—光导纤维；3—LED；4—外部染色玻璃；
5—膜；6—内部玻璃（白色玻璃）；7—车内可见光

图 4-35　光刃式 B 柱氛围灯

第四节　宝马车身电气维修案例

一、2016 年款宝马 525Li 开前雾灯时右前大灯闪烁

故障现象　一辆 2016 年款宝马 525Li，配置 N52 发动机，行驶里程为 10265km。每次打开前雾灯时，右前大灯都会闪烁一会儿才会稳定，仪表上伴随有前雾灯失效的提示。

故障诊断　接车后反复测试，确实如驾驶人所说。尝试在不开雾灯的情况下，开关大灯工作正常，只要一打开前雾灯，右前大灯就不停地闪烁 10s 后才工作正常，雾灯的工作很正常。

引起此故障的原因有：灯光开关故障；右前大灯氙气灯泡、氙气灯模块损坏；大灯控制线路故障；前雾灯及其线路故障；车辆配置错误；FRM 内部损坏。

根据故障现象分析，此问题与前雾灯有关系。尝试同时拔掉了两个前雾灯，开关雾灯时故障依旧。分析灯光开关的电路图得知，该开关是由 LIN 线与 FRM 通信，而且雾灯状态也能在仪表上显示并且开关正常，排除了灯光开关故障。接下来同时对调了氙气灯模块及灯泡，故障也没有改变。继续测量右前大灯的供电线，发现供电电压在打开雾灯时很不稳定，这是什么原因造成的呢？

连接 ISID 进行诊断，存在很多故障码，删除后依然有左前雾灯断路或对正极短路故障码，故障当前存在。当拔掉左前雾灯时，故障码没有改变；当拔掉右前雾灯时，报右前雾灯损坏的故障码，插上右前雾灯后故障码可以清除，说明右前雾灯的工作是正常的，左前雾灯的故障一直存在。左前雾灯与右前大灯有什么关系吗？查阅雾灯电路图，如图 4-36 和图 4-37 所示。

依据电路图发现，左前雾灯与右前大灯的控制供电线同为脚步空间模块，分别为 A58 * 3B 插头的 37 号与 38 号针脚，是两根线有问题还是脚步空间模块内部有问题呢？

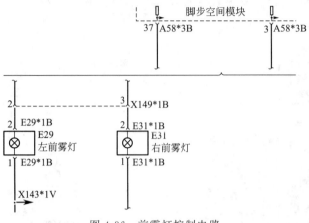

图 4-36　前雾灯控制电路

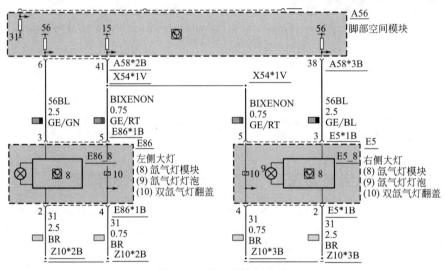

图 4-37　前大灯控制电路

　　尝试在 FRM 处把 A58 ＊ 3B 插头的 37 号针脚（左前雾灯）的插针挑掉后，再把插头插好，打开前雾灯时右前大灯工作正常，左前雾灯的短路故障码内容也变为损坏，但是左前雾灯却在不受控制的情况下亮起，而且与右前雾灯同时点亮。测量左右两个雾灯的供电线，发现两个雾灯的供电线短路。根据电路图显示左前杠角处有两前雾灯的转接插头 X149 ＊ 1B，如图 4-38 所示，会不会是插头处进水导致的呢？

　　拆检发现该插头确实被维修过，且线路连接比较混乱，该插头的搭铁线与左前雾灯的供电线连在一起，左前雾灯的供电线与右前雾灯的供电线接在了一块，如图 4-39 所示。

　　修复线束后，打开雾灯，左右前大灯工作正常，但是显示屏却仍然报前雾灯失效的故障，查阅资料发现该车为 2012 年车型，应该配置的前雾灯是卤素灯，而该车却装了 LED 雾灯（LED 雾灯是在 2013 年 7 月之后才开始使用）。询问驾驶人得知，该车之前改过雾灯，为了不让显示屏报警，用工程师版系统更改了前雾灯的配置。

　　故障排除　修复前雾灯线束，更改车辆的雾灯配置。

　　维修总结　该车由于左前雾灯的供电线短路，而该线恰好与右前大灯的控制线紧挨着，造成打开雾灯时脚步空间模块内部给右前大灯的供电不稳定，从而引发了打开雾灯后右前大灯闪烁的故障。在维修灯光报警问题时一定要注意该车的配置，因为很多车都可能改装过灯光。维修时要多查阅相关资料及电路图，才能更快检查出无关联故障的原因。

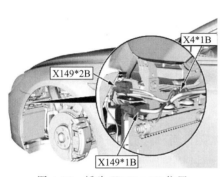

图 4-38　插头 X149 * 1B 位置

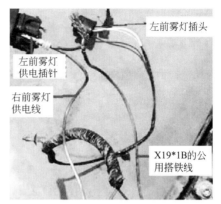

图 4-39　连接线路

二、宝马 GT 535i 右后雾灯不工作

故障现象　一辆 2011 年款德国进口宝马 GT 535i，搭载 N55 发动机，行驶里程约为 3.6 万千米。驾驶人反映，组合仪表提示右后雾灯失效，接通后雾灯开关，右后雾灯不工作。

故障诊断　接车后试车，接通后雾灯开关，左后雾灯亮起，右后雾灯不亮。用故障检测仪（ISTA）检测，脚部空间模块（FRM）中存储有故障信息：FRM 800F75——右侧后雾灯损坏（图 4-40）；执行故障引导检测计划，显示 FRM 的供电、搭铁及相关总线均正常，推断故障存在于右后雾灯灯泡或相关线路上。

拆卸右后雾灯灯泡，与左后雾灯灯泡对调后试车，左后雾灯亮起，右后雾灯还是不亮，这说明右后雾灯灯泡没有问题。查看相关电路（图 4-41），将试灯一端连接在右后雾灯导线连接器 E68 * 1B 端子 2（控制端子）上，另一端连接在导线连接器 E68 * 1B 端子 1（搭铁端子）上；接通后雾灯开关，左后雾灯亮起，试灯不亮；用万用表测量导线连接器 E68 * 1B 端子 2（控制端子）上的电压，为 0V（正常应为蓄电池电压），异常。连接 FRM 导线连接器 A58 * 2B 的适配器 612340（图 4-42），用万用表测量导线连接器

图 4-40　脚部空间模块（FRM）中存储的
故障码（截屏）

A58 * 2B 端子 10 上的电压，为 12.4V，说明 FRM 的控制信号输出正常，推断故障出在导线连接器 A58 * 2B 端子 10 与导线连接器 E68 * 1B 端子 2 之间的线路上。

断开点火开关，测量导线连接器 A58 * 2B 端子 10 与导线连接器 E68 * 1B 端子 2 之间导线的电阻，为 ∞，说明这根导线断路，但是这根导线从驾驶人侧到后备厢，线路比较长，而且基本都是固定在车身大线束上的，到底会在哪里发生断路呢？拆检后备厢的饰板，发现在后备厢的右侧有一捆线束连接车内和车外，并且用防水橡胶保护套包着；取出防水橡胶保护套，剥开线束，发现线束中有 3 根导线已断裂（图 4-43），且其中一根导线的颜色为黑白色，推断该导线就是右后雾灯的控制线。

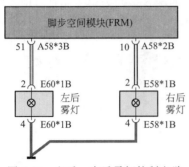

图 4-41 左后、右后雾灯控制电路

图 4-42 FRM 导线连接器 A58 * 2B 的适配器 612340

故障排除 使用专用夹线钳、对接器及防水热缩套管对断路的导线进行修复（图 4-44），修复后重新包裹线束，并使导线排列位置不会在开启和关闭后备厢时发生干涉。处理完毕后试车，右后雾灯工作正常，故障排除。

维修总结 对于相关线路故障的诊断，线路容易出现问题的部位往往是插接器、熔丝盒、线路接头处等，因此在查找故障时，这些部位应作为重点进行检查诊断。

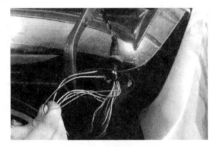

图 4-43 断路的导线

图 4-44 使用专用工具修复断路的导线

三、宝马 X1 灯光报警故障

故障现象 一辆宝马 X1，车型为 E84，配置 N20 发动机，行驶里程为 17353km。仪表经常显示灯光故障，已经维修过两次。

故障诊断 驾驶人反映，每次灯光故障灯报警的时候检查发现都是右前大灯上的转向信号灯不亮，重新熄火发动或者行驶一会儿自己又恢复正常。此前更换了转向灯座带灯泡和转向信号灯插头的针脚，并拆前保险杠检查了线路。用诊断仪诊断有故障码，内容为 FRM 右前行驶方向指示灯损坏（如图 4-45 所示），故障频率多次，执行检测计划控制转向灯工作均正常。

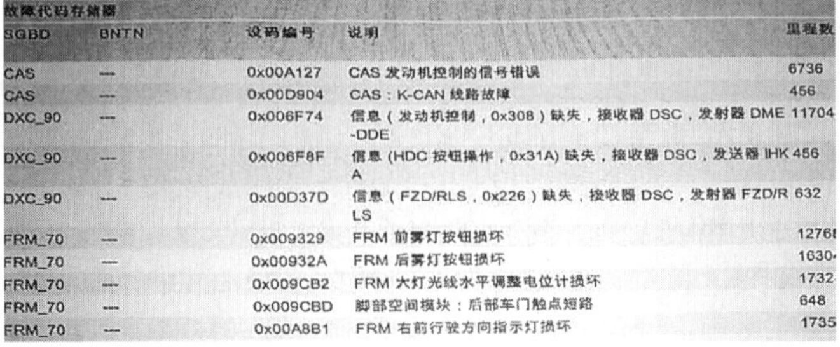

持续时间		0 分钟 56.53 秒 (18.10.2017 14:20:17.132 ... 14:21:13.666)		
故障代码存储器				
SGBD	BNTN	设码编号	说明	里程数
CAS	---	0x00A127	CAS 发动机控制的信号错误	6736
CAS	---	0x00D904	CAS：K-CAN 线路故障	456
DXC_90	---	0x006F74	信息（发动机控制，0x308）缺失，接收器 DSC，发射器 DME 11704 -DDE	
DXC_90	---	0x006F8F	信息（HDC 按钮操作，0x31A）缺失，接收器 DSC，发送器 IHK 456 A	
DXC_90	---	0x00D37D	信息（FZD/RLS，0x226）缺失，接收器 DSC，发射器 FZD/R 632 LS	
FRM_70	---	0x009329	FRM 前雾灯按钮损坏	1276
FRM_70	---	0x00932A	FRM 后雾灯按钮损坏	1630
FRM_70	---	0x009CB2	FRM 大灯光线水平调整电位计损坏	1732
FRM_70	---	0x009CBD	脚部空间模块：后部车门触点短路	648
FRM_70	---	0x00A8B1	FRM 右前行驶方向指示灯损坏	1735

图 4-45 故障码

为了更准确地解决这个故障，确认到底是大灯还是模块或者线路的问题，查好电路图（图4-46），带上万用表，进行路试，多次检测到有灯光报警。打开右前转向灯开关发现右前大灯上的转向灯不亮，进行就地测量，右前大灯插头 X13421 12 号脚对地电压为 12V，4 号脚接地电压为 0。通过测量验证了从 FRM 输出到右前大灯插头是没有问题的，为了验证是否是大灯内部接触不好的问题，在右前大灯转向信号灯的位置拍了两下，转向信号灯即正常。

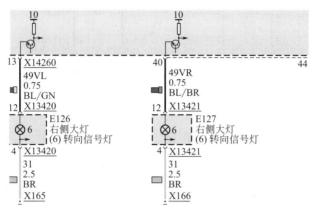

图 4-46　大灯控制电路

故障排除　拆检大灯，检查大灯外观均正常，拆检大灯所有后盖和转向信号灯座，检查大灯后部插头到转向信号灯处线路，正常。在检查转向信号灯座和大灯连接的地方发现间隙很大（图4-47）。与其他车对比，此处接触不好造成转向信号灯经常报警，为了一次性解决问题，更换了右前大灯，试车后故障解决。

维修总结　针对故障最好的思路是能确认到故障，并进行相关隔离，问题虽然简单，但是实际维修多次造成驾驶人的不信任，基本的检查很重要。

图 4-47　间隙位置

四、2011 年款宝马 120i 右前近光灯报警

故障现象　一辆 2011 年款宝马 120i，车型为 F20，行驶里程约为 9000km。驾驶人反映车辆的仪表中报警提示"右前近光灯失效"。

故障诊断　接车后发现仪表中近光灯报警现象依然存在。打开车辆的灯光，进行实际检查，车辆的右前近光灯不亮，左前近光灯和其他灯光则可以正常点亮。拆除右前近光灯目测检查，右前近光灯丝并没有烧断，用万用表测量也没有断路、短路现象。把左右两侧的近光灯对调测试，右前近光灯仍然不亮，左前可以正常点亮。

接下来连接 ISID 进行诊断检测，读取灯光系统相关的故障码：8041A5——一个或多个输出端已超出允许的短路循环数（可设码）；804195——右侧近光灯短路。

选择故障内容，执行检测计划，系统分析 FEM 控制模块至少有一个输出端过多对地短路而被禁用。由于该故障必须高度优先处理，因此直接在短路处理中进行分路。在测试步骤中处理 FEM 控制模块和 REM 控制模块的所有短路问题。右近光灯输出端对地短路点过多，因此被禁用：右近光灯，建议修复线路短路。近光灯和远光灯电路如图 4-48 所示。

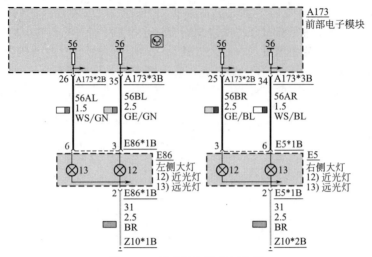

图 4-48　近光灯和远光灯电路

实际测量右前近光灯至 FEM 控制模块之间的线路，并无短路、断路现象。在下一测试步骤中，将重新开通该输出端。为了激活输出端必须进行总线端切换，并且输出端必须打开。右近光灯因短路而被禁用的输出端无法再启用，必须更换 FEM 控制模块。

测量右前近光的供电 E5 * 1B 的 3 脚只有 2.5V 左右的供电，测量左前近光灯 E86 * 1B 的 6 脚有 12V 左右的供电。直接从前部电子模块 FME 处测量，结果一样，所以最终和检测计划分析的一致，为 FEM 内部故障。对车辆进行编程设码，故障无法排除。

故障排除　更换 FEM，再对车辆进行编程设码，右前近光灯可以正常点亮，灯光报警的现象排除，故障排除。

五、2014 年款宝马 X1 后雨刮器工作异常

故障现象　一辆 2014 年款宝马 X1（E84），行驶里程约为 50000km。驾驶人反映车辆的后雨刮器工作异常，只要开大灯开关并且按下后雾灯时雨刮器自动工作。

故障诊断　接车后首先验证用户反映的故障现象，打开大灯 2 挡并按下后雾灯开关时，后雨刮器自动工作，后雾灯的亮度与后雨刮器的摆动有周期性的变化。连接 ISID 进行诊断检测，读取和故障现象相关的故障存储如下：00A6CD-JBE——后窗雨刮器卡住；00A8BF-FRM——左侧后雾灯/两级制动信号灯损坏；00A8C0-FRM——右侧后雾灯/两级制动信号灯损坏；00A8BF-FRM——后雾灯/两级制动信号灯损坏；

根据故障码和故障现象初步确定为线路故障，可能的原因如下：后雾灯正极线与后雨刮器电机线存在互相短路；后雾灯与后雨刮器搭铁是否良好（是否同一搭铁）；JBE 内部故障。雨刮器、挡风玻璃清洗泵和大灯清洗装置的泵由接线盒电子装置（JBE）控制单元控制。雨刮器开关与转向柱开关中心（SZL）连接。开关状态通过 F - CAN 发送至 DSC 控制单元，然后由 DSC 控制单元通过 PT - CAN 发送至 JBE 控制单元。在自动运行模式下，雨天/行车灯传感器（RLS）记录降雨强度，它将数据通过 LIN 总线发送车顶功能中心（FZD），然后 FZD 将降雨强度通过 K - CAN 发送至 JBE。

下列雨刮器/清洗装置的继电器安装在前部配电器中：雨刮器继电器 K36（可单独更新，未安装在车型系列 E7x 中）；雨刮器继电器/雨刮器挡位 1/2 转换继电器 K37（不可单独更新）；后窗雨刮器继电器 K91（可单独更新）；大灯清洗装置继电器 K6（生产日期在 2007 年 3 月之前可单独更新）。

后窗雨刮器控制电路如图 4-49 所示，其车身接地的点是共用节点 X494，如图 4-50 所示，包括后尾灯、抗干扰滤波器、后备厢插座等。测量雨刮器电机的负极线与搭铁点的阻值为无穷大，测量后雾灯负极线与搭铁点的电阻值为无穷大，由此可以初步确定为故障原因。拆解维修发现 ISTA 给出的搭铁点位置存在误差，实际查找搭铁点在 C 柱上部，如图 4-51 所示。

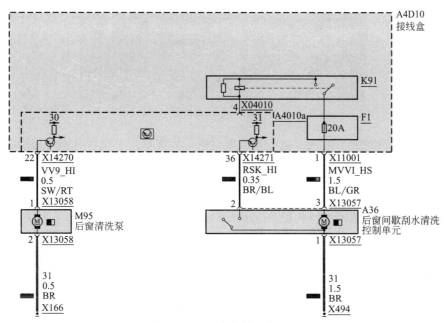

图 4-49　雨刮器控制电路（一）

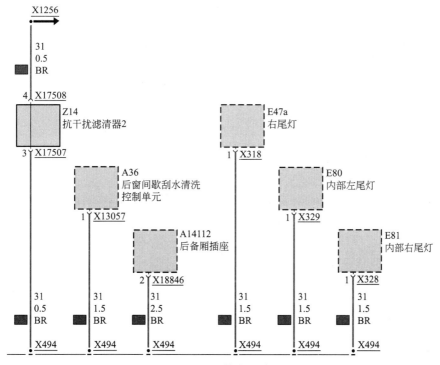

图 4-50　雨刮器控制电路（二）

图 4-51 搭铁点位置

故障排除 紧固螺栓后，反复验证雨刮器电机、后雾灯，工作恢复正常，故障排除。

维修总结 这是一起因搭铁不良而造成的故障，这类故障的典型现象就是打开这个用电器，却会使其他用电器工作，诊断这类故障的快捷方法就是检查它们的共同搭铁点。

六、宝马 X5 后部车窗有时无法升降

故障现象 一辆宝马 X5 运动型多功能车，搭载 N20 发动机，行驶里程约为 4.5 万千米。用户反映车辆后部车窗有时无法升降。

故障诊断 维修人员接车后操作车窗开关发现，用驾驶员侧车门组合开关控制 2 个后部车窗，无任何反应；分别用左后和右后车门上的开关控制车窗也是无反应，前部 2 个车窗都可以正常工作。将车辆停放一会，有时后部车窗又可以升降。用诊断仪对车辆进行快速测试，存在故障码（图 4-52）。

BDC	BDC-LR01-BODY	0x030100	后部驾驶员侧车门电动车窗 13：当前存在故障 升降机：继电器断开，无输出电压
BDC	BDC-LR01-BODY	0x030101	后部驾驶员侧车门电动车窗 12：当前不存在故障 升降机：继电器接合，无输出电压
BDC	BDC-LR01-BODY	0x030107	后部驾驶员侧车门电动车窗 12：当前不存在故障 升降机：霍尔传感器损坏或断路
BDC	BDC-LR01-BODY	0x03011E	后部驾驶员侧车门电动车窗 13：当前存在故障 升降机：在继电器上缺失输入电压
BDC	BDC-LR01-BODY	0x030120	后部驾驶员侧车门电动车窗 13：当前存在故障 升降机：系统未进行标准化 *
BDC	BDC-LR01-BODY	0x030180	前乘客侧后车窗升降机 13：当前存在故障 ：继电器断开，无输出电压
BDC	BDC-LR01-BODY	0x030181	前乘客侧后车窗升降机 12：当前不存在故障 ：驾驶员侧车门升降机 ：继电器接合，无输出电压
BDC	BDC-LR01-BODY	0x030187	前乘客侧后车窗升降机 12：当前不存在故障 ：霍尔发生器、驱动装置断路
BDC	BDC-LR01-BODY	0x03019E	前乘客侧后车窗升降机 13：当前存在故障 ：在继电器上缺失输入电压
BDC	BDC-LR01-BODY	0x0301A0	前乘客侧后车窗升降机 13：当前存在故障 ：系统未进行标准化

图 4-52 快速测试的结果

根据故障码分析故障原因可能是车窗电机故障；BDC（主域控制单元）故障；线路故障；供电故障；软件故障（未遇到类似故障，可能性低）。根据故障码，执行相关的检测计划，检查 BDC 控制单元供电及搭铁，正常，车窗熔丝都正常。调用 BDC 的数据流，查看车窗升降按钮状态，都可以正常识别。查看当前技术措施，无相关的维修措施。用服务功能对后部车窗进行初始化，可以初始化成功，不久后故障再次出现。查看此车维修历史，发现车辆在 2016 年因内饰进水拆装过地毯。拆下 2 个后门饰板，测量右后车窗电机电压，在工作时有电压输出，此时车窗可以正常升降，不工作时无电压输出，可以排除车窗电机故障。查

询车窗的相关电路（图 4-53），测量 M67（右后车窗升降机驱动装置）插接器的 5 号、6 号、1 号、4 号、3 号端子分别与 BDC 插接器的 3 号、2 号、6 号、8 号、7 号端子之间的电阻，阻值均小于 0.5Ω，测量驾驶员侧后部车窗，情况一样。由以上检测判断为 BDC 内部故障，更换 BDC 后试车未发现异常，于是将车辆交付。

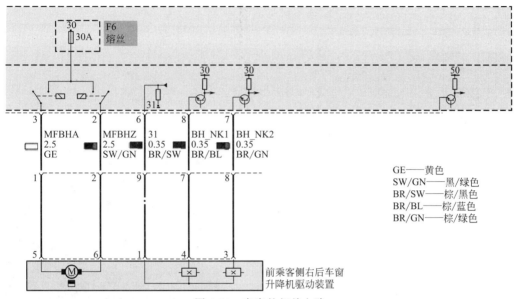

图 4-53　车窗的相关电路

用户使用一个星期后反映后部车窗完全不能升降，故障码和之前一样，难道新的 BDC 又坏了？重新调整维修思路，是不是有遗漏的地方没检查到位？前门车窗一直正常，后部车窗失效，再次查看控制单元 BDC 的数据流，查看车窗升降按钮的状态，可以识别，输入端正常。用诊断仪控制 2 个后车窗，无反应，由此可以判断是处理和输出有问题，重新对线路进行测量，未发现异常。为什么后面 2 个车窗都无反应，难道有什么共同之处吗？查询相关电路图，2 个后部车窗升降机驱动装置在 BDC 内的熔丝 F2、F6 都与蓄电池后部熔丝盒内的熔丝 F500 连接（图 4-54）。测量 BDC 与熔丝 F500 连接的 6 号端子的供电电压为 12V，但是在操作后部车窗升降开关时电压为 10V，不正常。

电路图中显示连接熔丝 F500 输出端的这根供电线无中间插接器，于是将后部蓄电池上的配电盒进行分解，发现此处的接头已经烧蚀，并有维修过的痕迹（图 4-55），导致此处线路虚接，判断为后部蓄电池上的熔丝盒损坏。

故障排除　更换后部熔丝盒后，故障彻底排除。

七、宝马 1 系发动机故障灯点亮

故障现象　一辆宝马 1 系轿车，发动机型号为 N13，行驶里程约为 7 万千米。用户反映该车加速无力，发动机故障灯点亮。

故障诊断　维修人员接车后首先确认故障现象与用户描述的一致。使用故障诊断仪检测车辆，发现有多个故障码存在：102A01——空气质量计，信号电气故障；120408——增压压力调节，作为后续反应关闭；122002——循环空气减压阀，控制对地短路；130002——VANOS 进气电磁阀，控制对地短路；1B5302——电源，总线端 K1 15N _ 2 对地短路；1C0202——油压调节阀，控制对地短路。从故障码的形势来看，基本都是对地短路，说明应该是某个传感器工作异常。

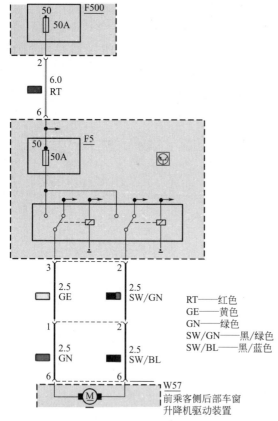

RT——红色
GE——黄色
GN——绿色
SW/GN——黑/绿色
SW/BL——黑/蓝色

W57
前乘客侧后部车窗
升降机驱动装置

图 4-54　后部车窗的电路图　　　　　　图 4-55　后部熔丝盒内的熔丝

维修人员对空气流量计、增压压力调节阀、VANOS 进气电磁阀和油压调节器供电电压进行检测，无电压存在，测量传感器导线均正常，怀疑可能是发动机电子伺控系统（DME）出现问题。根据电路图检查 DME 供电系统，测量电源分配控制单元（PDM）至 DME 供电电压，发现 Z11 3B 的 1 号端子无输出电压，其他端子供电正常。

此问题会不会是因为发动机某个传感器短路，引起 PDM 出现了故障？为了验证传感器是否存在异常，维修人员根据电路图（图 4-56），对调了 PDM 中 Z11 3B 的 1 号端子和 2 号端子（图 4-57），故障依旧。将所有的传感器插接器都拔下来，然后逐一进行恢复，从而判

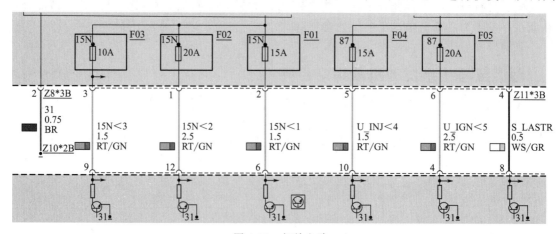

图 4-56　相关电路

断是哪个传感器出现了问题。

图 4-57　对调 1 号端子和 2 号端子

当把油压调节插接器重新装好后，发现关于空气流量计、增压压力调节阀、VANOS 进气电磁阀和油压调节器故障码再次出现。由此判断是油压调节器自身存在问题，导致 PDM 出现了故障。店中正好有一辆在进行维修的同款车型，只将已知良好的 PDM 与故障车的 PDM 进行对调试验，故障依旧；只将已知良好的油压传感器与故障车的进行对调，故障依旧；将已知良好的 PDM 和油压传感器同时与故障车的进行对调，故障不再出现。

故障排除　更换电源分配控制单元和油压传感器后试车，故障排除。

八、宝马 X5 转向灯不会自动熄灭

故障现象　一辆 2007 年款宝马 X5 运动型多功能车，车型为 E70，搭载 N55 发动机，行驶里程约为 21 万千米。用户反映该车转向灯不会自动熄灭。

故障诊断　维修人员接车后首先确认故障现象与用户描述的一致。组合开关内部通常应该有一个机械装置使转向灯拨杆复位，但拆解组合开关检查，却没有发现机械式回位机构。

查阅维修资料得知，该车是通过转向灯开关向脚部空间控制单元（FRM）发送信号，来控制转向灯闪烁的，当方向盘回正后，FRM 根据转向角传感器的数据使转向灯自动熄灭。查看 FRM 中转向开关信号数据，无异常。查看动态稳定控制单元（DSC）中的转向角传感器数据，也无异常。尝试用正常车的 FRM 做替换性试验，转向灯功能恢复正常，说明问题出在 FRM 上。

故障排除　更换脚部空间控制单元，故障排除。

第五章
驾驶辅助系统

第一节　基于摄像机的驾驶员辅助系统

　　宝马新 7 系的基于摄像机的驾驶员辅助系统（KAFAS），可以让日常驾驶心无旁骛。可提供主动侧面碰撞保护的车道保持辅助系统，使用安装在车辆前部和侧面的雷达传感器及立体摄像机，记录车道标记、前方行驶车辆及从侧面或后方接近的车辆。在 70～210km/h 车速范围内，系统通过校正式转向干预辅助驾驶员，使车辆保持在车道内并主动避免发生侧面碰撞，让驾驶员在享受驾驶乐趣的同时有效保障人身安全。由于新宝马新 7 系对 KAFAS 摄像机的要求进一步提高，因此用立体摄像机（图 5-1）取代了大家已熟知的单目摄像机。

图 5-1　KAFAS 立体摄像机

　　如图 5-1 所示，KAFAS 立体摄像机由安装在同一壳体内、相距约 20cm 的两个高分辨率 CMOS 单目摄像机组成。KAFAS 立体摄像机的壳体现在还用作采用更高效计算处理器的 KAFAS 控制单元的设备支架。

　　CMOS（CMOS 为互补金属氧化物半导体）摄像机电流消耗较低且结构尺寸较小，帧率非常高。行驶期间在约 2km 行驶距离内校准 KAFAS 立体摄像机，同时 KAFAS 立体摄像机还是碰撞警告、带城市制动功能的碰撞警告以及行人警告、车道偏离警告系统、交通标志识别系统的主要部件。

　　KAFAS 立体摄像机为具有停车和起步功能的主动定速巡航控制系统、转向和方向导向辅助系统（包括堵车辅助系统）、带主动式侧面碰撞保护功能的车道保持辅助系统和限速辅助等系统提供支持。

一、探测范围

　　通过左侧与右侧摄像机光学路径的透视区别，立体摄像机既能测量与某一目标的距离，而且也能测量目标在路面以上的高度。如图 5-2 所示，与单目摄像机仅对距离进行估算不同，立体摄像机可以对 20～30cm 至 40m 范围内的物体进行相当精准的判别。

KAFAS 立体摄像机内的分析电子装置基本上利用实现空间视觉的原理，这里称为两个图像间的视差位移。通过 KAFAS 立体摄像机不仅可以确定某一目标的位置，而且还能确定该目标的移动和移动方向，针对所识别目标的每一个像素都可确定水平、垂直和纵向轴上的移动方向。KAFAS 立体摄像机可对车辆前方最远约 40m、车辆左右两侧最远约 5m 的范围进行探测。KAFAS 立体摄像机的纯环境识别范围约为 500m。

图 5-2　KAFAS 立体摄像机探测范围

二、KAFAS 识别

1. 目标识别

KAFAS 立体摄像机探测车辆前方情况并通过图像处理识别出探测区域内移动和静止车辆的完整尾部，同时 KAFAS 立体摄像机负责确定车道信息、车辆位置和车辆移动情况。通过 KAFAS 立体摄像机的图像数据可将目标准确识别为车辆并将其横向运动识别为变更车道，此外还可通过 KAFAS 立体摄像机识别出行人和骑车人（图 5-3）。

即使在不利条件下，例如出现如图 5-3 示例中这样光线条件较差、背景对比不鲜明或多个目标连续紧密的情况，两个独立的光学路径也具有显著优势。通过立体摄像机的冗余式图像探测，仅通过一次拍摄便可准确识别出障碍物并确定其尺寸。

图 5-3　KAFAS 立体摄像机识别行人的示例
（行人从侧面进入道路且一半被挡住）

2. 交通标志识别

KAFAS 立体摄像机还负责识别限速交通标志，在宝马新 7 系上也可实现禁止超车和取消禁止超车识别。

3. 车道识别

如图 5-4 所示，安装在车内后视镜底座内的 KAFAS 立体摄像机监控车辆前方区域，对车辆前方最远约 40m、车辆左右两侧最远约 5m 范围内的车道进行拍摄。之后通过集成在 KAFAS 立体摄像机内的 KAFAS 控制单元分析图像数据，通过图像处理，控制单元在 KAFAS 立体摄像机拍摄的图像中搜索道路标线。

根据所在国家、道路类型或当前环境条件，图像中的道路标线可能会存在很大差异。系统能够识别出各种道路标线和标线类型，可分析的道路标线必须首先能够通过 KAFAS 立体摄像机和 KAFAS 控制单元进行识别，可分析的行驶车道平均宽度必须超过 2.5m。

4. 路面状况识别

如图 5-5 所示，在宝马新 7 系上，KAFAS 立体摄像机还探测路面状况。在采用选装配置 Executive Drive Pro（SA 2V）的车辆上，系统根据探测数据，通过动态驾驶 ARS、电子减振器控制系统 EDC 等的不同调节参数以及与双车桥空气悬架协调配合，根据路面状况对底盘设置进行相应调节。

在 15～100km/h 车速下可主动地、更加舒适地克服障碍物困难，这样可使车身垂直运动较少，因为车辆"伴随道路"行驶，驾驶员不会明显感觉到路面不平。

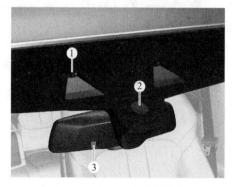

图 5-4　KAFAS 立体摄像机
1—KAFAS 立体摄像机；2—晴雨/光照/水雾传感器；
3—电致变色防眩车内后视镜的光电二极管

图 5-5　通过立体摄像机识别出路面不平

三、功能限制

如图 5-6 所示，出现以下情况时，可能会由于光学系统的物理学限制导致 KAFAS 立体摄像机的功能以及相应辅助系统的功能受到限制：

图 5-6　KAFAS 立体摄像机受限示例

① 大雾、大雨（雨水四溅）或大雪；
② 对面照射光线强烈；
③ KAFAS 立体摄像机的探测区域或挡风玻璃上有污物；
④ 急转弯；
⑤ 分界线缺失、磨损、看不清、聚集或分离或无法明确识别，例如在施工区域内；
⑥ 分界线被冰雪、污物或积水覆盖；
⑦ 分界线被物体遮挡；
⑧ 过于靠近前方车辆；
⑨ 车内后视镜前的挡风玻璃起水雾、有污物或被标签等装饰遮挡；
⑩ 通过 START-STOP 按钮启用行驶准备状态后 10s；

⑪ 在交付车辆或更换摄像机后马上进行的 KAFAS 立体摄像机校准过程中。

由于功能限制和系统限制，可能会出现不发出警告和禁止以及过迟或无故发出警告和禁止的情况，因此必须确保可以随时主动进行干预，以免发生危险。图 5-7 展示了宝马新 7 系辅助系统所用主传感器的安装位置及相关概览。

图 5-7　宝马新 7 系传感器辅助系统所用主传感器的安装位置及相关概览
1—右侧雷达传感器 RSR 控制单元；2—KAFAS 立体摄像机；3—右侧车道变更警告系统（主控单元）；
4—左侧车道变更警告系统（副控单元）；5—左侧雷达传感器 RSL 控制单元；6—主动定速
巡航控制系统 ACC；7—夜视系统摄像机

第二节　碰撞警告

由于现在道路交通流量不断增大，车辆上的辅助系统变得越来越重要。无论在高速公路、乡村道路还是城市环境下，这些系统都可为驾驶员提供支持。

例如城市交通带来的挑战越来越艰巨，驾驶员必须要考虑到骑车人和行人。在此，带城市制动功能的行人警告等系统可提供相关支持。例如在与树林毗邻的乡村道路上（有野兽出没）行驶时，夜视系统可为驾驶员提供支持。车道偏离和车道变更警告系统以及侧面碰撞警告系统也有助于确保更高道路交通安全性，通过自动制动干预或主动转向干预或者通过两种方案相结合可减少发生事故的概率。

在宝马新 7 系上，基于摄像机的碰撞警告是选装配置行驶辅助系统（SA5AS）的组成部分，通过 KAFAS 立体摄像机实现功能。在可能存在碰撞危险的情况下系统会向驾驶员发出警告：首先通过光学信号发出预警，提示驾驶员注意相关情况；情况进一步恶化时，通过光学和声音信号发出严重预警。警告设计方案为，驾驶员迅速采取行动尚可避免发生碰撞。

一、碰撞警告工作原理

如图 5-8 所示，基于摄像机的驾驶员辅助系统（KAFAS）立体摄像机探测车辆前方情况并通过图像处理识别出探测区域内移动和静止车辆的完整尾部。在带有选装配置具有停车和起步功能的主动定速巡航控制系统（SA 5DF）的车辆上，除KAFAS立体摄像机图像数据外，还会对雷达传感器信息进行分析。

根据计算出的其他车辆的位置、距离和相对速度，在危险情况下触发相应警告等级"预警"或"严重警告"。进行预警时会使车辆制动器做好最大制动的准备，并降低制动辅助系统的触发限值。驾驶员有意靠近前方车辆时可通过降低系统灵敏度避免触发造成干扰的警报。

1. 带城市制动功能的碰撞警告

如图5-9所示，带城市制动功能的碰撞警告为基于摄像机的碰撞警告增加了一种制动功能，该功能在约5km/h至最高约80km/h车速范围内执行。在此车速范围内，如果发出严重警告后驾驶员尚未做出任何反应，就会以最高$4m/s^2$的减速度进行车辆减速，制动干预时限约为1.5s。通过这种方式避免对后方交通造成附加危险。

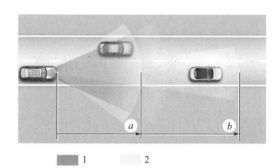

图5-8　监控范围示意图

a—近距离；b—远距离；1—KAFAS立体
摄像机探测范围；2—雷达传感器探测范围

图5-9　通过KAFAS摄像机进行车辆识别的示例

1—同一车道上的车辆；
2—其他车道上的车辆

2. 带城市制动功能的行人警告

如图5-10所示，带城市制动功能的行人警告设计用于避免在城市区域内与行人发生碰撞并减轻事故后果。在约10km/h至最高约60km/h车速范围内，系统发出可能与行人碰撞的警告，并在即将发生碰撞前通过制动干预提供支持。KAFAS立体摄像机探测车辆前方情况并通过图像处理识别出探测区域内的行人。

根据计算出的所识别行人的位置、距离和移动情况，在紧急情况下触发严重警告。配备带城市制动功能的行人警告时不提供预警功能。

图5-10　通过KAFAS摄像机进行行人识别的示例

二、警告和制动功能

碰撞警告的工作原理基于识别和警告算法。通过图像处理识别出摄像机探测范围内的行人和车辆，将要发生碰撞时会在组合仪表KOMBI以及选装配置平视显示屏内显示一个警告符号，警告功能分为两级（表5-1）。根据所识别目标的当前移动预测其进一步移动并结合目标移动确定碰撞危险。如果警告算法将某种情况划分为危险等级，就会根据多级警告方案进行警告和制动。针对行人和车辆的警告及制动干预有所不同。

表 5-1　仪表预警显示及功能

符号	说明
	预警: 车辆符号以红色亮起 增大车距,必要时制动
	严重警告: 车辆符号以红色闪烁并发出声音信号 要求通过制动器进行干预,必要时避让绕行
	严重警告: 行人符号以红色闪烁并发出声音信号 要求通过制动器进行干预,必要时避让绕行

1. 预警

例如由于与前方车辆速度差较高以及与前方或静止车辆距离很近而存在碰撞危险时,就会发出预警。发出预警时,在组合仪表 KOMBI 和平视显示屏内亮起红色车辆符号。预警只针对车辆、不针对行人而发出,可在中央信息显示屏 CID"智能型安全系统"菜单内设定预警时刻。

碰撞警告取决于自身车速。针对碰撞警告设计的车距明显小于法规要求的最小车距,因此遵守法规要求的最小车距仍是驾驶员的责任所在。

2. 严重警告

车辆以相对较高的速度差接近前方车辆或行人,即将遇到碰撞危险时,系统会尽可能晚地且仅在即将发生碰撞危险时才发出严重警告。严重警告触发时刻的设计方案为,只有通过马上进行最大制动或通过避让绕行才能避免发生碰撞。

因此无法通过驾驶员有意触发或控制严重警告功能。严重警告针对车辆和行人而发出,例如车辆非常缓慢地接近前方车辆或行人时,即使在车距非常近的情况下也不会发出严重警告。这种有意造成的行驶情况只会触发预警,系统会避免触发意义不大但会造成干扰的严重警告。严重警告无法单独停用,严重警告触发时刻也无法设置。如果不想触发严重警告,必须停用"碰撞警告"前端保护功能。

发出严重警告时,在组合仪表 KOMBI 和平视显示屏内闪烁红色车辆符号和行人符号,此外还发出一个声音警告信号。在 $10\sim60km/h$ 车速范围内发出针对行人的严重警告,在约 $5km/h$ 以上车速发出针对车辆的严重警告。

发出严重警告时也会使制动系统预先做好准备,以便更迅速、更有效地进行减速。通过这些措施可在发出警告的同时为驾驶员提供有针对性的支持,从而能够有效做出反应。

注意: 严重警告不能免除驾驶员根据交通情况调节车速和驾驶方式的责任。

3. 制动干预

如果驾驶员无法通过自身反应避免事故,作为最后一步就会自动进行制动干预。通过约 $4m/s^2$ 的减速度进行制动,在不超过约 $18km/h$ 的速度差条件下可避免发生事故。如果速度差较高，就会以少量形式降低碰撞速度。与驾驶员能够支持系统作用一样，驾驶员也可随时通过转向移动（避让绕行）、加速或紧急制动干预对自动紧急制动进行控制，从而终止该功能。

在 10～60km/h 车速范围内进行针对行人的制动干预，在 5～60km/h 车速范围内进行针对车辆的制动干预。执行制动干预需要接通动态稳定控制系统 DSC。图 5-11 展示了碰撞警告的时间过程。识别出驾驶员进行避让绕行时，不会进行制动干预。

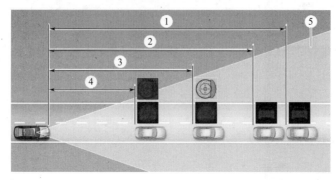

图 5-11　碰撞警告的时间过程

1—碰撞警告（时间提前）；2—碰撞警告（时间较晚）；3—严重警告（声音警告信号，制动系统预先做好准备且制动辅助系统进行相应调节）；4—进行 4m/s² 的减速度制动（城市制动功能仅适用于 5～60km/h 车速范围）；5—KAFAS 立体摄像机识别范围

三、操作方式及系统限制

1. 操作方式

如图 5-12 所示，通过智能型安全按钮接通和关闭碰撞警告及行人警告，可在中央信息显示屏 CID "智能型安全系统" 菜单内设定碰撞警告的预警时刻。严重警告无法单独停用，严重警告触发时刻也无法设置。如果不想触发严重警告，必须停用 "碰撞警告" 前端保护功能。通过 "长时间" 操作智能型安全按钮可关闭碰撞警告。

图 5-12　宝马新 7 系智能型安全按钮位置

1—智能型安全按钮

行人警告也无法单独配置或停用，停用行人警告时也必须停用 "碰撞警告" 前端保护功能，通过 "长时间" 操作智能型安全按钮进行操作。

2. 系统限制

（1）识别范围　碰撞警告的识别功能受到限制，因此可能会导致无法发出警告或延迟发出警告，可能无法识别出高速撞向缓慢行驶的车辆、突然驶入的车辆或紧急制动的车辆、尾部特殊的车辆或尾灯装置无法完全看到的车辆、部分遮挡的车辆以及前方两轮车等。

（2）功能限制　当出现大雾、大雨（雨水四溅）或大雪、光照不充足时，对面照射光线强烈，KAFAS立体摄像机的探测区域或风挡玻璃有污物，急转弯时，通过START-STOP按钮启动发动机后10s，在交付车辆或更换摄像机后马上进行的KAFAS立体摄像机校准过程中等方面情况时，KAFAS立体摄像机的功能以及相应驾驶员辅助系统的功能可能会受到限制。由于功能限制和系统限制，可能会出现不发出警告和禁止以及过迟或无故发出警告和禁止的情况。因此必须确保可以随时主动进行干预，以免发生危险。

第三节　车道偏离、变更及侧面警告系统

一、车道偏离警告系统

车道偏离警告系统是选装配置行驶辅助系统和高级行驶辅助系统的组成部分。车道偏离警告系统在约70km/h以上车速记录车道标线，并在无意间离开车道时向驾驶员发出警告，组合仪表KOMBI显示情况见表5-2。由KAFAS立体摄像机提供有关可用车道和道路标线的所需信息，根据计算出的相对于自身车辆的相对位置、偏差和曲率发出相应警告。

如果驾驶员无意间超出道路标线（未操作转向信号灯）或离开车道分界线，就会通过方向盘轻微振动接收到触觉警告并可做出相应反应。方向盘的振动与越过异形标记线时的振动作用类似，可通过iDrive在设置菜单内设置所需方向盘触觉反馈特性。

如果驾驶员越过车道时操作了转向信号灯，车道偏离警告系统就会发出信号，说明此为所需车道变更且不发出警告。可在智能型安全系统子菜单内对车道偏离警告系统进行个性化配置。

表 5-2　组合仪表 KOMBI 显示情况

符号	说明
	系统已启用,不满足警告前提条件
	已识别出至少一条车道分界线,可发出警告

1. 主动转向干预

如图5-13所示，在带有侧面碰撞警告系统（包含在选装配置高级行驶辅助系统内）的车辆上，主动转向干预为驾驶员提供支持。如果驾驶员未对车道偏离警告系统发出的警告做出反应并越过道路标线，就会通过短时主动转向干预辅助其保持车道。

如图5-14所示，主动转向干预可通过方向盘感知，但驾驶员可随时对其进行控制。在驾驶员"控制"系统情况下会终止主动转向干预。

在带有侧面碰撞警告系统的车辆上，可在iDrive菜单内接通和关闭针对车道偏离警告系统的"转向干预"功能。宝马新7系高级行驶辅助系统（SA5AT）/车道偏离警告系统的系统电路如图5-15所示。

图 5-13　宝马新 7 系主动转向干预

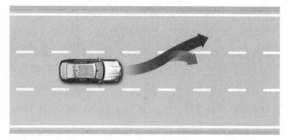

图 5-14　宝马新 7 系车道偏离警告系统（主动转向干预）

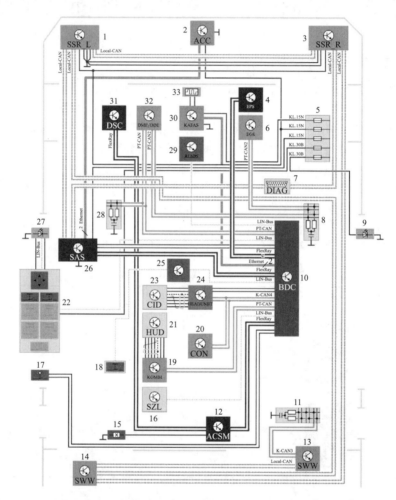

图 5-15　宝马新 7 系高级行驶辅助系统（SA5AT）/车道偏离警告系统的系统电路

1—左侧雷达传感器 RSL 控制单元（用于左前侧面碰撞警告系统的侧面雷达传感器）；2—主动定速巡航控制系统 ACC；3—右侧雷达传感器 RSR 控制单元（用于右前侧面碰撞警告系统的侧面雷达传感器）；4—电子助力转向系统 EPS；5—右前配电盒熔丝；6—变速箱电子控制系统 EGS；7—诊断插座；8—CAN 终端电阻；9—右侧车外后视镜玻璃内的信号单元（LED）；10—车身域控制器 BDC；11—CAN 终端电阻；12—碰撞和安全模块 ACSM；13—右侧车道变更警告系统（主控单元）；14—左侧车道变更警告系统（副控单元）；15—驾驶员安全带锁扣开关；16—转向柱开关中心 SZL；17—驾驶员车门锁开关；18—智能型安全按钮；19—组合仪表 KOMBI；20—控制器 CON；21—平视显示屏 HUD；22—驾驶员车门开关组件；23—中央信息显示屏 CID；24—Head Unit High 2 HU-H2；25—音响系统操作面板；26—选装配置系统 SAS 控制单元；27—左侧车外后视镜玻璃内的信号单元（LED）；28—CAN 终端电阻；29—晴雨/光照/水雾传感器 RLSBS；30—KAFAS 立体摄像机；31—动态稳定控制系统 DSC；32—数字式发动机电子系统 DME/数字式柴油机电子系统 DDE；33—KAFAS 立体摄像机加热装置

2. 关闭标准

车道偏离警告系统在70～210km/h车速范围内执行功能。当在驾驶员操作了转向信号灯、在施工区域内、车道宽度小于2.60m情况时不发出警告。终止发出警告的情况包括：约3s后自动进行；只要驾驶员重新返回自身车道；操作了转向信号灯；进行紧急制动和转向操作时以及通过动态稳定控制系统DSC进行干预时等。

3. 系统限制

当大雾、大雨或大雪，急转弯或车道狭窄，分界线被冰雪、污物或积水覆盖，分界线被物体遮挡以及分界线缺失、磨损、看不清、聚集或分离或者不明确，例如在施工区域内等情况时无法执行或只能有限提供系统功能。

车道偏离警告系统无法替代驾驶员本人对道路和交通情况做出判断，仅用于为驾驶员提供支持。车道偏离警告系统发出警告时，不要过于剧烈地转动方向盘。

二、车道变更警告系统

1. 控制机理

如图5-16所示，车道变更警告系统可识别出自身车辆变更车道可能会发生危险的交通情况。例如远处车辆快速从后方驶近本车或车辆位于死角区域时，就会出现这种交通情况。

驾驶员自己可能无法或很难对这种情况做出评估，特别是在光线阴暗的条件下。雷达传感器可识别出死角区域内的车辆并在任何光线条件下都能进行工作。为此，这些传感器能够主要根据天气情况在最远70m距离内进行有效探测。

图 5-16　宝马新 7 系通过雷达传感器进行车辆识别（车道变更警告系统）

有车辆快速驶近或驶入自身车辆侧后方死角区域内时，系统支持准确进行情况评估。如果占用自身车辆旁边的车道，雷达传感器会识别出相邻车道上的车辆。车道变更警告系统SWW控制单元（雷达传感器）位于后保险杠下方（图5-17）。

车道变更警告系统SWW1控制单元（主控单元）位于右侧，车道变更警告系统SWW2控制单元（副控单元）位于左侧。识别出车辆且启用系统时，通过车外后视镜内的相应显示告知驾驶员情况。通过在进行车道变更操作前发出信号可使驾驶员充分做好车道变更准备，从而及时避免危险情况。新宝马7系车外后视镜玻璃内的信号单元（LED）如图5-18所示。

图 5 17　宝马新 7 系车道变更警告系统 SWW（雷达传感器）

图 5-18　宝马新 7 系车外后视镜玻璃内的信号单元（LED）

如果在系统识别出危险的情况下驾驶员想要变更车道且通过操作转向信号灯做出指示，就会触发第二个较严重的"警告"等级。车外后视镜内的显示随即以较高强度闪烁且方向盘开始振动，以此提醒驾驶员注意必须通过哪些操作元件进行干预，从而消除危险情况。为了避免发生碰撞，驾驶员必须使车辆返回自身车道内。

2. 主动转向干预

如图5-19所示，在带有侧面碰撞警告系统（包含在选装配置高级行驶辅助系统内）的车辆上，可根据"智能型安全系统"菜单内的设置实现系统短时主动转向干预，从而辅助车辆返回自身车道。

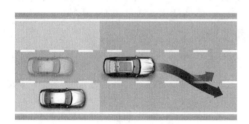

图5-19 宝马新7系车道变更
警告系统（主动转向干预）

同时，车外后视镜内的相应车道变更警告系统显示进行闪烁，在70～210km/h车速范围内进行辅助式转向干预。主动转向干预可通过方向盘感知，但驾驶员可随时对其进行控制。在驾驶员"控制"系统情况下会终止主动转向干预。

在带有侧面碰撞警告系统的车辆上，可在iD-rive菜单内接通和关闭针对车道变更警告系统的"转向干预"。宝马新7系行驶辅助系统/车道变更警告系统的系统电路如图5-20所示。

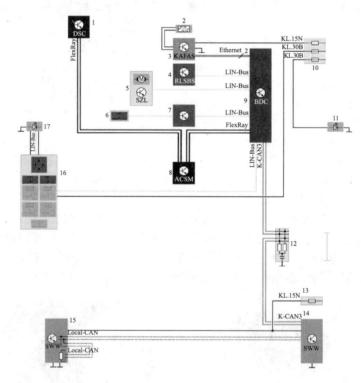

图5-20 宝马新7系行驶辅助系统/车道变更警告系统的系统电路
1—动态稳定控制系统DSC；2—KAFAS立体摄像机加热装置；3—KAFAS立体摄像机；4—晴雨/光照/水雾传感器RLSBS；5—转向柱开关中心SZL；6—智能型安全按钮；7—音响系统操作面板；8—碰撞和安全模块AC-SM；9—车身域控制器BDC；10—右前配电盒熔丝；11—右侧车外后视镜玻璃内的信号单元（LED）；12—CAN终端电阻；13—右后配电盒熔丝；14—左侧车道变更警告系统（副控单元）；15—右侧车道变更警告系统（主控单元）；16—驾驶员车门开关组件；17—左侧车外后视镜玻璃内的信号单元（LED）

3. 系统限制

当出现大雾、大雨或大雪，急转弯或车道狭窄，保险杠上有污物、结冰或带有标签，以及当驶近车辆的车速超过自身车速较高时等情况时，无法执行或只能有限提供系统功能。

三、侧面碰撞警告系统

侧面碰撞警告系统是带主动式侧面碰撞保护功能的车道保持辅助系统的组成部分。带主动式侧面碰撞保护功能的车道保持辅助系统包含在选装配置高级行驶辅助系统内，无法单独获得侧面碰撞警告系统。

如图 5-21 所示，侧面碰撞警告系统警告驾驶员避免发生侧面碰撞。识别出自身车辆侧面有车辆或护栏等物体从而可能发生侧面碰撞时，就会警告驾驶员避免发生碰撞。四个雷达传感器监控车辆旁边区域，可在任何光线条件下且主要根据天气情况进行工作。

如图 5-22 所示，出现碰撞危险时，车外后视镜内的相应显示（根据方向，左侧或右侧）以较高强度闪烁且方向盘开始振动。之后通过主动转向干预支持驾驶员使自身车辆进入自身车道安全区域内（图 5-23），在 70～210km/h 车速范围内进行辅助式转向干预。转向干预可通过方向盘感知，但驾驶员可随时对其进行手动控制。

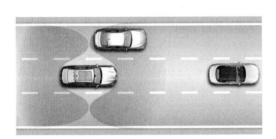

图 5-21　通过雷达传感器进行车辆识别
（侧面碰撞警告系统）

图 5-22　车外后视镜玻璃内
的信号单元（LED）

1. 工作条件

作为启用带转向干预功能的侧面碰撞警告系统的前提条件，必须通过 KAFAS 立体摄像机识别出道路标线。如果未识别出道路标线或在 30～70km/h 车速范围内行驶，只会启用降低侧面碰撞警告功能，在此仍通过车外后视镜内的显示闪烁和方向盘振动来执行该警告功能。

执行降低侧面碰撞警告功能时，不主动进行车辆横向导向，在此情况下仅通过一次与危险相

图 5-23　发生侧面碰撞危险时带主动转向
干预功能的侧面碰撞警告系统

反设计的转向脉冲来提醒驾驶员注意。执行侧面碰撞警告功能时无法仅关闭转向干预功能。如果上次关闭发动机时功能处于接通状态，开始行驶后就会重新自动启用侧面碰撞警告系统。

2. 系统限制

当出现大雾、大雨或大雪，急转弯或车道狭窄，保险杠上有污物、结冰或带有标签，过于靠近前方车辆以及当驶近车辆的车速超过自身车速较高等情况时，无法执行或只能有限提供系统功能。

第四节　夜视系统

在宝马新 7 系上，可选装配置带行人和动物识别功能的夜视系统。夜视系统可在夜间最佳条件下识别出最远约 100m 处的行人和动物，尤其可在光线阴暗和恶劣路段上（例如在与树林毗邻的乡村道路上行驶时）为驾驶员提供支持。识别出危险情况时，系统会在必要时提醒注意道路上的行人和动物。集成在宝马肾形格栅内的夜视系统摄像机（图 5-24）拍摄车辆前方区域，并将数据传输至夜视系统电子装置 NVE，其安装位置如图 5-25 所示。在 5℃以下会接通加热装置，从而避免摄像机结冰。由夜视系统电子装置 NVE 对图像数据进行分析，并通过 FBAS 将相应图像信息传输至 Head Unit。

 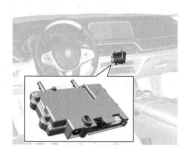

图 5-24　夜视系统摄像机　　　　图 5-25　夜视系统电子装置 NVE 控制单元安装位置

一、夜视系统的功能

如图 5-26 所示，系统可识别出与行人或动物形似的温热物体，并根据需要在中央信息显示屏 CID 上显示出来。目标识别作用范围：行人识别最远约 100m；大型动物识别最远约 150m；中型动物识别最远约 70m。

图 5-26　宝马新 7 系夜视系统识别范围

1—夜视系统摄像机识别范围；2—识别出行人时的夜视系统摄像机图像（中央信息显示屏 CID 显示）；
3—识别出动物时的夜视系统摄像机图像（中央信息显示屏 CID 显示）

夜视系统识别出行人并确定其位置和距离。在考虑到车速和转向角的情况下，系统计算出是否存在危险，并在组合仪表 KOMBI 和平视显示屏 HUD 内（如果有的话）显示警告标志（预警）。

在紧急情况下还会发出声音警告信号（严重警告），警告限值也取决于行人或动物移动还是静止，具体如图 5-27 所示。

1. 预警

如图 5-27 所示，如果系统识别到警告区域内有行人或动物，就会发出预警。根据行人或动物所在位置，预警显示一个位于自身车道内或在自身车道内移动的以黄色亮起的行人或动物符号。可以识别出特定人小以上的动物，例如鹿。

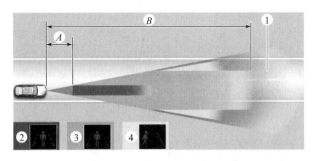

图 5-27　夜视系统警告区域（预警）

A—最小距离约 8m；*B*—行人预警最大距离约 100m（长度取决于车速）；1—夜视系统摄像机识别范围（拍摄角度约 24°）；2—识别出行人的严重警告区域；3—预警警告区域（行人位于车道上）；4—预警警告区域（行人穿越车道）

2. 严重警告

如图 5-28 所示，只有即将发生碰撞危险时才会发出严重警告。严重警告触发时刻的设计方案为，只有通过马上进行最大制动或通过避让绕行才能避免发生碰撞。发出严重警告时，会使车辆制动器做好最大制动准备。

组合仪表 KOMBI 和平视显示屏 HUD 内的严重警告显示一个位于车道内以红色闪烁的行人或动物符号，此外还发出一个声音警告信号。

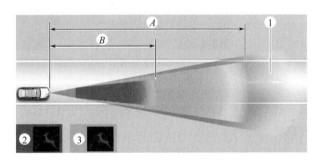

图 5-28　夜视系统警告区域（严重警告）

A—动物预警最大距离约 160m（长度取决于车速和所识别动物的大小）；*B*—动物严重警告最大距离约 100m（长度取决于车速和所识别动物的大小）；1—夜视系统摄像机识别范围（拍摄角度约 24°）；2—识别出动物的严重警告警告区域；3—预警警告区域（识别范围的宽度取决于动物的大小及其移动情况）

3. 中央信息显示屏 CID 显示

发出行人或动物警告与中央信息显示屏 CID 内的夜视系统摄像机图像无关。如图 5-29 所示，警告内容不再通过中央信息显示屏 CID 显示，而是仅在组合仪表 KOMBI 和平视显示屏 HUD 内显示。如果夜视系统摄像机图像处于启用状态，就会以黄色符号显示所识别的行人和动物（图 5-30）。

二、动态标记灯

动态标记灯已包含在选装配置带行人和动物识别功能的宝马夜视系统内。

通过夜视系统摄像机识别行人或动物，在 30～100m 的范围内有针对性地进行照明，不

图 5-29　识别出行人时中央信息显示屏 CID 内的夜视系统摄像机图像

图 5-30　识别出动物时中央信息显示屏 CID 内的夜视系统摄像机图像

仅照亮行人或动物，驾驶员也可在路面上看到一条光带。通过这种方式，驾驶员可在始终关注路况的同时注意潜在的危险源。与行人不同，识别到动物时只会以闪烁形式照明。

系统会一直照亮所识别的目标，直至其不再位于警告区域内。根据情况最多可单独照亮两个目标。为此通过三次闪烁使驾驶员注意危险目标，持续照亮期间会启用组合仪表 KOMBI 上的蓝色指示灯。发出警告期间，驾驶员可通过操作远光灯瞬时接通功能关闭用于当前警告的动态标记灯。

1. 前提条件

为了能够使用动态标记灯，需要满足：车灯开关必须处于"自动"位置；不允许在警告区域内存在光源；近光灯、远光灯或部分远光灯必须亮起等前提条件或情况。

图 5-31　热成像摄像机/夜视系统按钮
1—夜视系统按钮

可在 iDrive 菜单内接通和关闭动态标记灯。为此使用控制器做出"我的车辆"，"车辆设置"，"智能型安全系统"，"动态标记灯"等选择。

2. 操作方式

在光线阴暗的情况下，每次开始行驶后都会自动接通夜视系统。如图 5-31 所示，通过操作车灯操作单元内的夜视系统按钮，驾驶员可接通和关闭中央信息显示屏 CID 内的夜视系统摄像机显示，还可通过 iDrive 设置夜视系统显示的亮度和对比度。

3. 系统限制

当出现在陡坡上和急转弯；摄像机有污物或风挡玻璃损坏；大雾、大雨或大雪；车外温度较高等情况时，功能可能会受到限制且不会发出警告或发出错误警告。

也可能会出现错误进行或不进行行人或动物识别的情况。例如以下情况时可能会出现：

① 行人或动物被全部或部分遮挡，特别是头部被遮挡；

② 行人未处于直立姿势，例如躺下时；

③ 骑车人未使用传统车轮自行车，例如斜躺自行车；

④ 系统受到机械影响后，例如发生事故后。

特别是虽然可在中央信息显示屏 CID 内看到小型动物，但可能无法通过目标识别将其识别出来，因此可能也不会发出警告。

注意： 系统不能免除准确评估能见度和交通情况的自身责任，只能由驾驶员负责控制车辆以及车速。

第五节　全景系统

环视系统可在停车入位、掉头或遇到复杂的出口和十字路口时提供支持。全景系统是选装配置环视系统（SA 5DL）的组成部分。

一、环视系统

环视系统可以以最佳方式再现车辆环境并在中央信息显示屏 CID 顶部视图和 3D 视图内进行显示。

环视系统由前部摄像机、集成在车外后视镜内的两个摄像机、倒车摄像机 RFK 和顶部后方侧视摄像机 TRSVC 控制单元组成。摄像机从多个可选视角探测区域并通过以太网将信息发送至 TRSVC 控制单元。四个摄像机的图像通过 3D 计算机图像从不同视角组合为环绕车辆的空间视图。TRSVC 控制单元通过一根以太网导线将视频信号传输至 Head Unit，在此处通过一根 APIX 导线将视频信号传输至中央信息显示屏 CID。可选择固定设置视图或自由选择视图（例如挂车缩放和驶入自动洗车设备），还可在中央信息显示屏 CID 内显示辅助线等辅助功能。

1. 自动摄像机视角

根据具体行驶情况，系统自动提供相应的摄像机视角，从而在驻车和掉头期间为驾驶员提供最佳支持。自动摄像机视角根据转向情况提供相应视图，会考虑具体行驶方向以及驻车距离监控系统 PDC 提供的车距信息。只要识别出障碍物，视图就会切换为车辆前方或后方区域固定显示，或根据需要也切换为相应侧面视图。

2. 侧面视图

该视图可通过显示侧面环境在路沿处或遇到其他侧面障碍物时辅助进行车辆定位。侧面视图采用从后向前的视角，遇到危险情况时会自动对焦到可能的障碍物上。图像显示既可针对车辆左侧，也可针对车辆右侧。

3. 前部摄像机

如图 5-32 所示，前部摄像机可在驶入和驶出停车位以及掉头时为驾驶员提供支持。前部摄像机探测车辆前方区域，并在中央信息显示屏 CID 内进行显示，无法单独直接选择前部摄像机视图。驾驶员必须选择"自动"摄像机或根据需要接通"全景系统"功能。摄像机视角无法看到的车辆周围区域用灰色阴影显示。

图 5-32　CID 内的前部摄像机图像视图

4. 全景系统

如图 5-33 所示，全景系统可在复杂的出口和十字路口处提前了解交叉行驶情况，从而为驾驶员提供最佳支持。驾驶员可能会很晚才看到或看不到被侧面障碍物遮挡的道路使用者。为了改善视野，前部摄像机和倒车摄像机探测侧面道路区域。可根据所挂行驶挡位启用前部摄像机或倒车摄像机。

图 5-33　CID 内的全景系统视图

显示屏视图上的黄线表示车辆前端和后端。摄像机图像在某些区域会产生不同程度的变形，因此不适用于评估距离。通过全景系统按钮启用功能，需要停用时则再次操作该按钮。车速超过约 15km/h 时会自动停用全景系统功能，切换行驶挡位（从"D"挡切换为"R"挡或相反）后也会停用全景系统功能。

如图 5-34 所示，在宝马新 7 系上，可自动启用基于 GPS 的全景系统功能。只要接收到 GPS 信号，便可将需要自动接通全景系统的位置存储为启用点。针对前部摄像机可存储最多十个启用点。

图 5-34　宝马新 7 系在规定启用点自动接通

驾驶员存储启用点的方法：到达需要自动接通全景系统的位置后停车；操作全景系统按钮，之后向左推动控制器；选择"添加启用点"（显示当前位置），通过选择"添加启用点"进行确认。

可能的话，会连同地点和街道或连同 GPS 坐标一起存储启用点。此外，也结合行驶方向存储启用点。驾驶员可让中央信息显示屏 CID 显示已存储的启用点，可通过 iDrive 接通和关闭使用启用点功能。

5. 倒车摄像机

如图 5-35 所示，倒车摄像机 RFK 可在驶入和驶出停车位以及掉头时为驾驶员提供支持。倒车摄像机 RFK 探测车辆后方区域并在中央信息显示屏 CID 内进行显示。

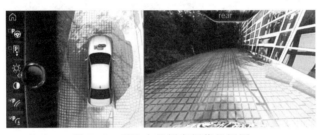

图 5-35　CID 内的倒车摄像机视图

6. 移动摄像机视角

选择移动摄像机视角时，在中央信息显示屏 CID 内会显示围绕车辆的圆形轨道。通过转动控制器或通过触摸功能可选择圆形轨道上的规定视角，在带有选装配置手势控制的车辆上也可通过该功能控制移动摄像机视角。

通过摄像机符号表示当前视角。根据视图，在中央信息显示屏 CID 内显示（部分）车辆周围环境。通过向侧面推动并按下控制器或通过触摸屏点击启用的摄像机符号可离开视图。如图 5-36 所示，如果通过手势控制进行操作，就会在中央信息显示屏 CID 右侧屏幕上显示手势符号。

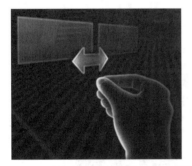

图 5-36　通过手势控制转动摄像机视图

图 5-37　带全景系统按钮的开关组件
1—驻车辅助按钮；2—全景系统按钮

二、外部摄像机操作

如图 5-37 所示，成功启用摄像机系统后，驾驶员可通过 iDrive 选择相应图像视图或摄像机。宝马新 7 系 CID 内的外部摄像机视图（摄像机视角）如图 5-38 所示。启用摄像机系统的方式有：

① 通过操作驻车辅助按钮或摄像机按钮（全景系统）以手动方式启用；

② 通过挂入行驶挡位"R"；

③ 通过"自动 PDC"功能自动启用；

④ 只要之前存储过启用点，便可通过基于 GPS 自动启用全景系统功能自动启用。

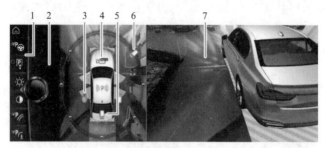

图 5-38　宝马新 7 系 CID 内的外部摄像机视图（摄像机视角）

1—功能栏；2—选择窗；3—侧面视图；4—自动摄像机视角；5—倒车摄像机；6—移动摄像机视角；7—摄像机图像

三、辅助功能

如有需要，驾驶员可通过"清洗装置视图"和"挂车缩放"功能获得额外支持。

1. 清洗装置视图

清洗装置视图可在驶入自动洗车设备时为驾驶员提供支持。选择清洗装置视图时，会在即将驶入自动洗车设备前在中央信息显示屏 CID 内显示俯视图像视图，同时会在图像内显示自身轮胎轨迹从而改善定向。可通过 iDrive 在"清洗装置"菜单项下功能栏内启用清洗装置视图。

2. 挂车缩放

挂车缩放视图可在挂有挂车时提供支持，为此在中央信息显示屏 CID 内放大显示挂车牵引钩图像区域（图 5-39）。驾驶员可通过两个静态圆形区段估算挂车与挂车牵引钩的距离，通过转向角决定的对接线辅助挂车与挂车牵引钩相连接，可通过 iDrive 在"挂车牵引钩缩放"菜单项下功能栏内启用挂车缩放功能。

图 5-39　CID 内的挂车缩放视图

1—"挂车牵引钩缩放"

3. 侧面保护

侧面保护功能提醒驾驶员车辆侧面有障碍物，从而在驶入和驶出停车位以及掉头时为驾驶员提供支持。为了防止车辆侧面与障碍物碰撞，必要时会在中央信息显示屏 CID 内显示车辆侧面的附加障碍物标记。

4. 车门开启角度

停车并挂入选挡杆位置"P"后会在中央信息显示屏 CID 内显示最大车门开启角度（图 5-40）。

图 5-40　CID 内的车门开启角度视图

如果车辆车门区域有障碍物且被侧面保护功能识别出来，就会在中央信息显示屏 CID 内显示相应标记。障碍物标记显示仅指出车门区域有障碍物，不会通过摄像机系统强制显示，因为车门区域为模拟形式。因此仅提示驾驶员车辆侧面有物体，但不会具体说明车门是否与所识别障碍物碰撞，驾驶员必须自己判断是否会发生碰撞。"驻车辅助线"和"障碍物标记"也可通过 iDrive 在相应菜单项下功能栏内启用和停用。

摄像机系统不能免除准确评估交通情况的自身责任，有发生事故的危险。应根据交通情况调整驾驶方式，还应通过直接观察监督交通情况和车辆周围情况并结合具体情况进行主动干预。

四、系统组件

在宝马新 7 系上，前部摄像机位于两个前部装饰格栅之间（图 5-41），在车外后视镜内集成有两个后视镜摄像机（图 5-42）。

图 5-41　前部摄像机安装位置

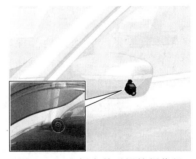

图 5-42　左侧车外后视镜摄像机

1. 倒车摄像机

倒车摄像机可在驶入和驶出停车位以及掉头时为驾驶员提供支持，在中央信息显示屏 CID 内显示车辆后方区域。通过集成在图像内的距离和转弯圆辅助线、显示的障碍物标记以及根据需要提供的挂车缩放功能为驾驶员提供额外支持。车道辅助线取决于转向角并在方向盘转动过程中进行连续调节。

转弯圆辅助线只能与车道辅助线一起在倒车摄像机图像内显示。转弯圆辅助线表示水平路面上最小的转弯走向，方向盘转动一定程度后只显示一个转弯圆辅助线。

为了便于连接挂车，可放大显示挂车牵引钩图像区域。可通过控制器在"挂车牵引钩缩放"菜单项下功能栏内执行接通和关闭功能。倒车摄像机位于后备厢盖拉手内（图 5-43）。

控制单元集成在倒车摄像机 RFK 内，是 K-CAN3 上的总线设备。通过一根 FBAS 导线将视频信号直接传输至 Head Unit High 2 HU-H2，计划以后实现倒车摄像机的以太网连接。在带有选装配置环视系统的车辆上，倒车摄像机不带集成式控制单元。在带有环视系统的车辆上，倒车摄像机通过以太网与 TRSVC 控制单元相连。

2. TRSVC 控制单元

外部摄像机从多个视角探测车辆周围区域并通过以太网将信息发送至 TRSVC 控制单元。TRSVC 控制单元通过一根以太网导线将视频信号传输至 Head Unit。Head Unit 通过一根 APIX 导线将信号传输至中央信息显示屏 CID。TRSVC 控制单元位于驾驶员侧脚部空间内（图 5-44）。

图 5-43　倒车摄像机安装位置　　　　图 5-44　TRSVC 控制单元

第六节　驻车距离监控系统

如图 5-45 所示，驻车距离监控系统 PDC 可在驶入和驶出停车位时为驾驶员提供支持，通过声音信号和视觉显示表示目前与障碍物的距离。在宝马新 7 系的标准配置中已包含前部和后部驻车距离监控系统，通过后部保险杠饰板内的四个超声波传感器和前部保险杠饰板内的另外四个超声波传感器测量与障碍物的距离。

图 5-45　CID 内的驻车距离监控系统 PDC 视图

一、系统组件

宝马新 7 系驻车距离监控系统的系统组件位置如图 5-46 所示。在不带驻车操作辅助系统、带有驻车距离监控系统 PDC 的车辆上配备一个独立的控制单元，进行诊断时将其识别为 PMA 控制单元，在总线示意图中也将其称为 PMA 控制单元。也就是说，在此不再对 PDC 与 PMA 控制单元名称进行区分（但就硬件规格而言，各控制单元仍然有所区别，且软件根据具体规格进行调整）。

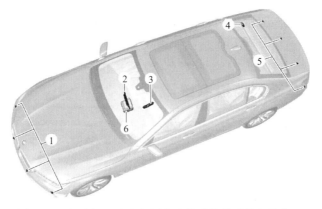

图 5-46　宝马新 7 系驻车距离监控系统的系统组件位置

1—前部驻车距离监控系统超声波传感器；2—中央信息显示屏 CID；3—操作单元；4—驻车操作辅助系统
PMA 控制单元；5—后部驻车距离监控系统超声波传感器；6—Head Unit High 2 HU-H2

二、自动 PDC

不仅在挂入行驶挡位 R 的情况下，而且在挂入行驶挡位 D 的情况下也会自动启用驻车距离监控系统 PDC。此外，当车辆以约 5km/h 以下车速接近某一目标时也会自动启用自动 PDC。

如驾驶员以约 50km/h 车速沿道路行驶，长时间行驶后接近位于道路右侧的大门入口，大门入口宽 2.80m，左右两侧各有一堵墙，此时车辆向右转弯以便驶入大门入口。假设在上述示例中空间非常有限且由于转弯半径条件不利车辆以不足约 0.6m 距离接近大门入口左侧围墙，在车辆接近围墙时车速未超过约 4km/h 的情况下自动启用驻车距离监控系统 PDC。出现向前行驶时与车辆前方物体距离不足约 0.6m，倒车时与车辆后方物体距离不足约 1.5m，以及车速未超过约 4km/h 等情况时会自动启用驻车距离监控系统 PDC。

在中央信息显示屏 CID 内自动启用停车牌。驻车距离监控系统 PDC 的启用距离根据具体情况而定，因此可变。如图 5-47 所示，只有所识别目标（车辆前方或后方）直接位于车道内（有碰撞危险）时才会发出声音。如果所识别目标不直接在车道内，仅在中央信息显示屏 CID 内发出视觉反馈。

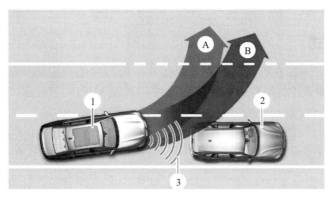

图 5-47　目标识别

A—不接触目标的车道（驾驶员获得视觉反馈）；B—接触目标的车道（驾驶员获得视觉和声音反馈）；
1—转弯车辆；2—所识别目标；3—通过 PDC 传感器探测障碍物

如果通过自动 PDC 探测到目标，必须重新启用系统，从而避免例如在自动洗车设备内无意间接通，当车速超过 5km/h 或切换行驶挡位重新启用。将行驶挡位切换到空挡位置时，不会自动启用驻车距离监控系统 PDC，从而同样避免例如在自动洗车设备内接通。可通过 iDrive 接通和关闭识别出障碍物时自动接通功能。

三、主动式驻车距离监控系统

驻车距离监控系统 PDC 功能增加了主动式驻车距离监控系统功能。在步行速度下（车速低于约 6km/h）识别出车辆后方有障碍物时，该功能会自动使车辆制动直至停车。在操作加速踏板且出现障碍物的情况下会进行制动器预调节并提醒驾驶员轻踩制动踏板，在未操作加速踏板且与障碍物距离很近的情况下该功能会以最大制动力制动直至停车，这样可避免发生碰撞并降低损坏程度。

可随时通过操作加速踏板对自动制动干预进行控制，进行自动车辆制动直至停车后可通过轻踩加速踏板慢慢靠近障碍物。可通过 iDrive 接通和关闭主动式驻车距离监控系统功能。

关闭动态稳定控制系统 DSC 时，也会停用主动式驻车距离监控系统。如果在动态稳定控制系统 DSC 关闭状态下接通主动式驻车距离监控系统，也会自动启用 DSC。

注意： 系统不能免除准确评估交通情况的自身责任，还应通过直接观察监督交通情况和车辆周围情况并结合具体情况进行主动干预。

四、侧面保护

在带有驻车操作辅助系统的车辆上提供侧面保护功能，集成在保险杠侧面的四个超声波传感器所探测的障碍物信息可通过驻车距离监控系统（PDC）进行分析。

系统仅显示之前驶过时超声波传感器识别出的静止障碍物，无法识别出之后障碍物是否移动，因此在静止状态下所显示的标记在约 13s 后会变为灰色，CID 不同显示的含义见表 5-3。

表 5-3   CID 不同显示的含义

中央信息显示屏 CID 显示	含义
彩色标记	提醒注意识别到的障碍物
灰色标记	尚未探测车辆旁边区域
无标记	未识别出障碍物

五、操作方式

如图 5-48 所示，出现在行驶准备接通状态下挂入行驶挡位 R 或 D，在行驶准备接通状态下手动操作控制器旁开关组件内的驻车辅助按钮或自动 PDC 已启用，且满足自动启用所需的所有边界条件等情况时，会主动接通驻车距离监控系统。

可通过控制器在"设置"菜单内接通和关闭识别出障碍物时自动接通功能；可通过控制器在"设置"菜单内接通和关闭主动式驻车距离监控系统功能。针对所用相应识别发射器存储相关设置。

距离测量结果和距离警告通过音响扬声器发出的声音及中央信息显示屏 CID 的显示提供给驾驶员。接近目标时，通过音响扬声器发出间隔音相应反映出位置。例如识别出车辆左后方有物体时，就会从左后侧扬声器发出信号音，与目标距离约为 25cm 或更近时就会发出持续音。与娱乐系统的声音输出不同，驻车距离监控系统的声音输出可对音量进行设置。

随距离或车速关闭功能，行驶约 50m 或车速超过 36km/h 后就会关闭。出现故障时，会在中央信息显示屏 CID 内显示一条检查控制信息（PDC 失灵，请相关人员检查系统）。此外还会在中央信息显示屏 CID 内以阴影方式显示传感器探测范围。

为确保功能完全正常，必须保持超声波传感器洁净且未结冰。使用高压清洗设备清洁传感器时，应避免高压水束直接且长时间对着传感器。此外，使用高压清洗设备时应与传感器保持至少30cm 的距离。

图 5-48　带驻车辅助按钮的开关组件
1—驻车辅助按钮

驻车距离监控系统无法替代驾驶员本人对交通情况做出判断。驾驶员也要通过直接观察车辆周围的交通情况，否则可能撞到驻车距离监控系统识别范围外的道路使用者或物体。车内和车外声音较大的声源可能会压过 PDC 声音信号。

第七节　交叉行驶警告系统

在宝马新 7 系上首次采用了交叉行驶警告系统。交叉行驶警告系统可在驶出停车位以及其他复杂的日常情况下例如在复杂的入口和出口处为驾驶员提供支持。根据车辆配置，可提供后部和前部交叉行驶警告功能。

交叉行驶警告系统可识别出车辆前方或后方（根据车辆配置）从侧面接近的目标，可在驶出停车位和进入交叉行驶车流时提醒驾驶员注意交叉行驶情况，并在必要时发出警告。

一、工作原理

如图 5-49 所示，如果识别出有移动目标以当前车速会在接下来约 3s 内进入车辆前方或后方区域内，就会发出视觉和声音警告。

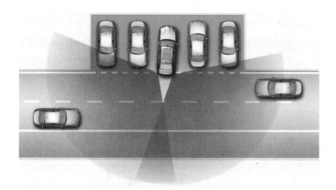

图 5-49　交叉行驶警告系统示例（驶出停车位过程）

此外还会通过后部交叉行驶警告功能控制车外后视镜玻璃内的 LED，在此通过车道变更警告系统的信号单元进行显示。根据目标接近车辆的方向控制左侧或右侧车外后视镜内的显示。

在约 7km/h 以下车速时，交叉行驶警告功能启用。该功能的其他前提条件还包括侧面雷达传感器可探测到街道或正在接近的目标。雷达传感器可探测距离车辆 30～40m 范围内的目标。

二、后部交叉行驶警告功能

后部交叉行驶警告功能可在例如倒车驶出停车位时为驾驶员提供支持，并在不易看清交通情况的条件下提醒可能会与交叉行驶车流发生碰撞。后部交叉行驶警告功能包含在选装配置行驶辅助系统内，在中央信息显示屏 CID 驻车距离监控系统 PDC 图像内显示警告。

配合选装配置倒车摄像机使用，以后会为后部交叉行驶警告功能在中央信息显示屏 CID 内增加一项附加显示，在摄像机视频图像内以红色显示条形式显示警告。

驾驶员挂入行驶挡位"R"或驻车距离监控系统 PDC 启用时，会主动接通后部交叉行驶警告功能。在带有选装配置环视系统的车辆上，如果之前启用了全景系统，也会主动接通后部交叉行驶警告功能。后部交叉行驶警告功能在 0～7km/h 车速范围内执行。

三、前部交叉行驶警告功能

前部交叉行驶警告功能可在例如从出口处或复杂十字路口处驶入交叉行驶车流时为驾驶员提供支持。前部交叉行驶警告功能包含在选装配置高级行驶辅助系统（SA 5AT）内，因此装有前部交叉行驶警告功能时，会自动配备后部功能。在中央信息显示屏 CID 驻车距离监控系统 PDC 图像内显示警告。

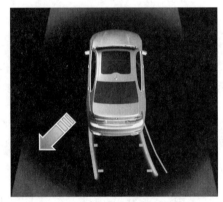

驻车距离监控系统 PDC 启用且车速未超过约 7km/h 时，会主动接通前部交叉行驶警告功能。在带有选装配置环视系统（SA 5DL）的车辆上，如果之前启用了全景系统，也会主动接通前部交叉行驶警告功能。与后部交叉行驶警告功能相同，前部功能也在 0～7km/h 车速范围内执行。传感器识别出车辆时，PDC 视图内的相应边缘区域以红色闪烁（图 5-50）。

图 5-50　PDC 视图内的交叉行驶警告系统

在中央信息显示屏 CID 的 PDC 显示图像内通过前部摄像机或倒车摄像机视频图像内的红色显示条来显示警告。全景系统视图启用时通过中央信息显示屏 CID 内的红色显示条来显示交叉行驶警告功能（图 5-51），既可针对前方视图也可针对倒车视图（图 5-52）为驾驶员提供交叉行驶警告功能。

图 5-51　全景系统（前部交叉行驶警告功能）

图 5-52　全景系统（后部交叉行驶警告功能）

第八节　驻车操作辅助系统

驻车操作辅助系统（PMA）可为驾驶员提供多方面的支持。一方面辅助系统可以测量停车位大小并根据测量结果确定停车位是否够大；另一方面可减少驾驶员停车入位的操作。

一、部件组成及电路

1. 部件组成

如图 5-53 所示，驻车操作辅助系统（PMA）的驻车辅助按钮是驻车操作辅助系统 PMA 的主要操作部件，前部保险杠内的两个附加超声波传感器负责在行驶期间测量停车位；通过后部保险杠饰板内的四个超声波传感器和前部保险杠饰板内的另外四个超声波传感器测量与障碍物的距离；通过位于后部保险杠内的另外两个超声波传感器在停车入位过程中

图 5-53　驻车操作辅助系统 PMA 的系统组件

1—驻车操作辅助系统超声波传感器；2—数字式发动机电子系统 DME；3—车身域控制器 BDC；4—中央信息显示屏 CID；5—Head Unit High 2 HU-H2；6—碰撞和安全模块 ACSM；7—控制器 CON；8—驻车辅助按钮；9—后部侧面驻车距离监控系统超声波传感器；10—驻车操作辅助系统 PMA 控制单元；11—后部驻车距离监控系统超声波传感器；12—转向柱开关中心 SZL；13—组合仪表 KOMBI；14—选装配置系统 SAS 控制单元；15—动态稳定控制系统 DSC；16—数字式发动机电子系统 2DME2；17—电子助力转向系统 EPS；18—变速箱电子控制系统 EGS；19—前部驻车距离监控系统超声波传感器

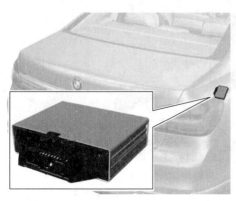

图 5-54　驻车操作辅助系统 PMA
控制单元安装位置

准确探测横向停车位；通过附加 PDC 传感器测量与所识别目标的距离。

在带有选装配置驻车操作辅助系统的车辆上，通过 PMA 控制单元（图 5-54）提供驻车距离监控系统 PDC 和驻车操作辅助系统功能。

2. 系统电路图

图 5-55 展示了驻车和掉头时使用的所有系统组件，根据车辆配置也可能安装部分系统组件。

3. 工作原理

驻车操作辅助系统 PMA 可辅助驾驶员将车停入与道路平行（纵向停车）和垂直（垂直停车）的停车位。为此，在以约 35km/h 以下车速驶过时，无论之前是否启用，系统都会对可能的停车位进行测量。

通过集成在前部车轮罩内的两个附加超声波传感器测量停车位，这两个传感器与驻车操作辅助系统 PMA 控制单元连接，在该控制单元内还执行驻车距离监控系统 PDC 功能。这两个超声波传感器的功能与驻车距离监控系统 PDC 相似，即发出超声波脉冲并接收回声脉冲。

为在停车入位过程中准确探测垂直停车位，在宝马新 7 系后部保险杠内装有另外两个超声波传感器，通过附加 PDC 传感器测量与所识别目标的距离。只要发现了长度和宽度满足要求的停车位且系统已经启用，就会在中央信息显示屏 CID 内显示该车位。在接下来的过程中由驻车操作辅助系统 PMA 负责包括转向、制动和选挡的整个车辆操控。

监控车辆周围情况仍像以前一样是驾驶员的责任所在。根据车辆周围情况的需要，驾驶员可随时对自动停车入位操作进行干预。在搜索停车位和停车入位过程中驾驶员可通过集成显示获得有关停车位本身、停车入位辅助状态和相应处理说明以及与其他目标距离的所有信息。

驻车操作辅助系统 PMA 可能会在转向过程中跨越或撞到路沿，因此必须确保可以随时进行干预，否则可能会造成车轮和轮胎或车辆损坏。驻车操作辅助系统 PMA 无法替代驾驶员本人对停车入位过程负责，因此必须确保可以随时主动进行干预，以免发生危险。

二、驻车操作辅助系统工作条件

执行驻车操作辅助系统 PMA 功能需要满足的基本前提包括：

① 车门必须处于关闭状态；

② 后备厢盖必须处于关闭状态；

③ 驾驶员必须系上安全带；

④ 驻车制动器必须已松开。

1. 测量停车位

可在行驶期间测量停车位，为此需要注意向前直线行驶车速不超过约 35km/h 以及与停车列的最大距离为 1.5m 等参数。例如如果搜索停车位时在超声波传感器探测范围内探测到路沿，大多数情况下会将其识别为与道路平行的停车位。

如图 5-56 所示，搜索与道路垂直的停车位时，路沿大多数情况下不在超声波传感器的探测范围内（探测范围约为 4.2m）。驻车操作辅助系统相关参数见表 5-4。

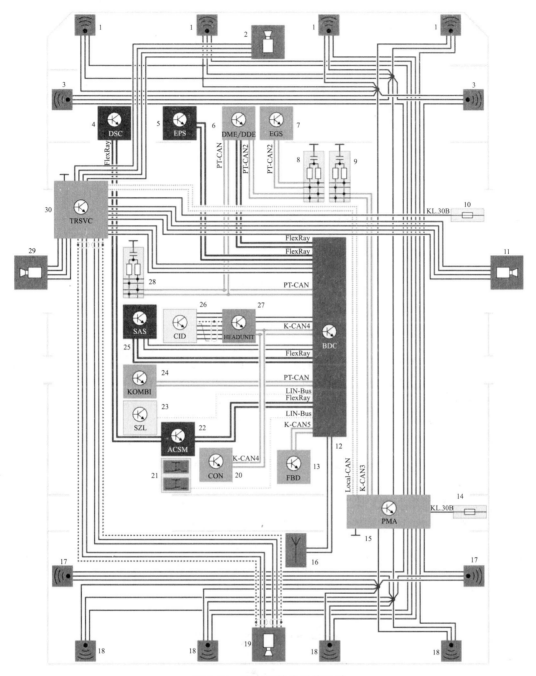

图 5-55　驻车和掉头系统电路

1—前部驻车距离监控系统超声波传感器；2—前部摄像机；3—驻车操作辅助系统超声波传感器；4—动态稳定控制系统 DSC；5—电子助力转向系统 EPS；6—数字式发动机电子系统 DME/数字式柴油机电子系统 DDE；7—变速箱电子控制系统 EGS；8，9，28—CAN 终端电阻；10—右前配电盒内的熔丝；11—右侧侧视摄像机；12—车身域控制器 BDC；13—遥控信号接收器 FBD；14—右后配电盒内的熔丝；15—驻车操作辅助系统 PMA 控制单元；16—遥控驻车天线；17—后部侧面驻车距离监控系统超声波传感器；18—后部驻车距离监控系统超声波传感器；19—倒车摄像机 RFK；20—控制器 CON；21—用于启用摄像机的驻车辅助按钮和操作按钮；22—碰撞和安全模块 ACSM；23—转向柱开关中心 SZL；24—组合仪表 KOMBI；25—选装配置系统 SAS 控制单元；26—中央信息显示屏 CID；27—Head Unit High 2 HU-H2；29—左侧侧视摄像机；30—顶部后方侧视摄像机 TRSVC 控制单元

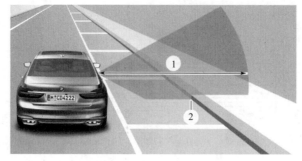

图 5-56 通过超声波传感器探测路沿

1—探测范围约为 4.2m，超声波传感器的垂直探测角度为 ±30°；2—探测路沿

表 5-4 驻车操作辅助系统相关参数

项目	相关参数
停车位大小	车辆长度＋约 0.8m
目标长度	至少 0.5m
所识别目标的最小数量	1
停车位最小深度	约 1.5m

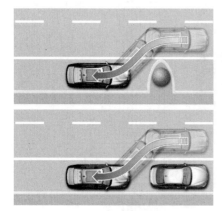

图 5-57 纵向停车原理

（1）与道路平行的合适停车位（纵向停车） 纵向停车原理如图 5-57 所示，纵向停车的停车位要求见图 5-58，车辆探测的目标最小长度必须约为 0.5m。目标长度为 0.5m 时，PMA 传感器还需要通过探测路沿来确定此为纵向停车位，从而停入纵向停车位内。

（2）与道路垂直的合适停车位（垂直停车） 垂直停车原理见图 5-59，垂直停车的停车位要求见图 5-60。驾驶员必须自行判断垂直停车位的深度。由于存在技术限制，系统只能大致确定垂直停车位的深度。

2. 探测通用型停车位

由于存在系统技术限制，车辆无法始终识别出正确停车位，因此可能会错误识别停车位或将不适用的停车场或非停车位识别为停车位。图 5-61 展示了可能表示上述内容的一种情况。

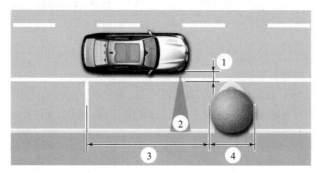

图 5-58 纵向停车的停车位要求

1—与停车列或目标的最大距离为 1.5m；2—超声波传感器的水平探测角度为 ±40°，探测范围约为 4.2m；
3—停车位长度＝车辆长度＋约 0.8m；4—目标或车辆长度至少为 0.5m

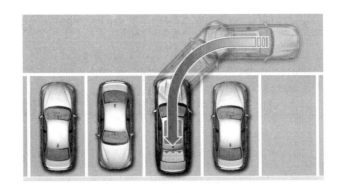

图 5-59　垂直停车原理

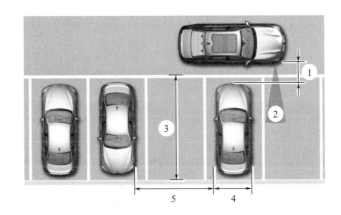

图 5-60　垂直停车的停车位要求

1—与停车列的最大距离为 1.5m；2—超声波传感器的水平探测角度为 ±40°，探测范围约为 4.2m；3—停车位最小深度为自身车辆长度；4—车辆或目标宽度至少为 0.5m；5—停车位宽度＝车辆宽度＋约 0.7m，最大不超过 5m

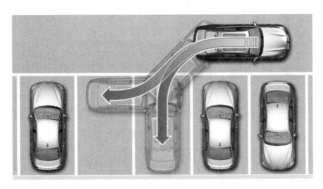

图 5-61　探测通用型停车位

　　所探测的停车位大小既适合垂直于道路也适合平行于道路停车入位。由于没有路沿，车辆无法准确确定停车位，系统提示存在通用型停车位，在此情况下驾驶员必须自行决定如何停入车位。车辆探测到通用型停车位时，在中央信息显示屏 CID 内出现的显示见图 5-62。

3. 侧面保护

　　如图 5-63 所示，侧面保护功能提醒车辆侧面有障碍物，从而在驶入和驶出停车位以及

图 5-62　CID 内的通用型停车位显示

掉头时为驾驶员提供支持。通过分别集成在前部和后部保险杠侧面的两个超声波传感器测量与障碍物的距离。车辆自身移动会使传感器所识别的障碍物形成沿车辆侧面的运动轨迹，这会在中央信息显示屏 CID 内显示出来（图 5-64），在可能发生碰撞的情况下还会发出一个声音警告。

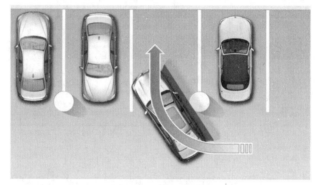

图 5-63　侧面保护

图 5-64　CID 内的侧面保护视图

系统不考虑接近静止车辆的障碍物，因为在此情况下系统无法进行正确分析。识别前提是车辆自身移动。在中央信息显示屏 CID 内显示的距离标记在停车后显示约 13s，只有车辆移动后才会重新显示距离标记。

三、操作方式

1. 启用驻车操作辅助系统 PMA

原则上可通过两种方式启用驻车操作辅助系统 PMA。

（1）通过驻车辅助按钮启用　如图 5-65 所示，中控台上的驻车辅助按钮启用时会在中央信息显示屏 CID 内显示驻车辅助菜单。只要发现停车位就会向驾驶员提供处理说明，通过系统支持帮助其完成驻车过程。在自动停车入位过程中驾驶员必须一直按住驻车辅助按钮直至停车入位过程完成。

（2）通过"挂入倒车挡"之后"操作 iDrive 控制器"启用　挂入倒车挡时会在中央信息显示屏 CID 内显示驻车辅助菜单和停车位搜索状态，但此时尚未启用驻车操作辅助系统 PMA，驾驶员可通过中央信息显示屏 CID 功能栏内的驻车操作辅助系统 PMA 符号注意到这一点。为了借助系统支持完成停车入位，必须使用控制器在中央信息显示屏 CID 功能栏内选择相应符号，从而启动停车入位过

图 5-65　带驻车辅助按钮的开关组件
1—驻车辅助按钮

程。在自动停车入位过程中驾驶员必须一直按住驻车辅助按钮直至停车入位过程完成。

2. 驻车过程（纵向停车）

随后在中央信息显示屏 CID 内通过驻车辅助系统符号右下方的一个对钩向驾驶员显示驻车辅助系统处于启用状态。

如图 5-66 所示，如果行驶期间通过驻车辅助按钮启用了驻车操作辅助系统 PMA，就会在 CID 内通过停车位搜索提示驾驶员注意。找到一个停车位时就会在中央信息显示屏 CID 内的相应一侧进行显示。同时驾驶员会看到停车提示，系统提示驾驶员通过操作相应方向的转向信号灯对停车位进行确认。可通过操作驻车辅助按钮启动停车入位过程，必须按住驻车辅助按钮，之后驾驶员必须松开制动踏板，仍然按压按钮直至驻车过程结束。完成后通过信号音和相关信息提示驾驶员停车入位过程已完成，驻车操作辅助系统 PMA 挂入 P 挡以防车辆溜车。

图 5-66　通过 PMA 执行驻车过程（纵向停车）

3. 关闭标准

（1）手动关闭标准　可根据需要随时停用驻车操作辅助系统 PMA。驾驶员可使用控制器在中央信息显示屏 CID 功能栏内选择相应符号，从而停用系统。此外也可通过松开 iDrive 控制器旁开关组件内的驻车辅助按钮来停用驻车操作辅助系统 PMA。

出现故障时，会在中央信息显示屏 CID 内显示一条检查控制信息（驻车辅助系统失灵，请相关人员检查系统）。

（2）自动关闭标准　出现松开驻车辅助按钮提示时，握紧方向盘或自动转向时，选择与控制显示说明不符的挡位时，加速时，拉紧驻车制动器时，接通与所需停车侧相反的转向信号灯时，车速超过约 10km/h 时，路面有积雪或路面光滑时，后备厢盖打开时，遇到无法跨越的障碍物时（例如路沿突然出现障碍物时），超过停车入位进程或停车入位持续时间最大

数值时等方面情况，就会自动关闭驻车操作辅助系统 PMA。

四、系统限制

当目标识别受到超声波测量物理学规律的限制，如物体比较纤细或呈楔形时，物体处于高处且突出（例如墙体伸出部分或装载物），物体带有角和尖锐棱边等情况，发出持续音之前或之后，已显示的低矮物体（例如路沿）可能会进入传感器的死角区域。无法识别位于高处、突出的物体，例如墙体伸出部分，也可能会识别出这种并不合适的停车位。

为确保功能完全正常，必须保持超声波传感器洁净且未结冰。使用高压清洗设备清洁传感器时，应避免高压水束直接且长时间对着传感器。此外，使用高压清洗设备时应与传感器保持至少 30cm 的距离。

注意： 驻车操作辅助系统 PMA 无法替代驾驶员本人对交通情况做出判断，驾驶员也要通过直接观察车辆周围的交通情况，否则可能撞到驻车距离监控系统 PDC 识别范围外的道路使用者或物体。车内和车外声音较大的声源可能会压过驻车操作辅助系统 PMA 或驻车距离监控系统 PDC 的信号音。

第九节　遥控驻车

新款宝马 7 系首次采用了遥控驻车功能。如图 5-67 所示，这种新型辅助系统可通过宝马显示屏钥匙遥控车辆驶入和驶出停车位。通过这种方式，系统可在无法实现驾驶员舒适上下车的狭窄正向停车位（例如车库和停车楼内）为驾驶员提供支持。遥控驻车具有的优点有：避免上下车困难，避免上下车时撞到车门，更有效地利用停车空间。

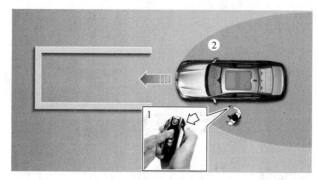

图 5-67　遥控驻车
1—宝马显示屏钥匙；2—遥控驻车操作范围

一、遥控驻车功能

1. 功能演示

由驻车距离监控系统和驻车操作辅助系统的超声波传感器以及环视系统摄像机在其系统限制内监控整个驻车过程，在此过程中驾驶员位于车外。驾驶员负责通过直接观察车辆周围情况并能够随时通过显示屏钥匙终止驻车过程。如果驾驶员离开了操作范围，车辆就会自动停止。

在驻车过程中可通过宝马显示屏钥匙使车辆移动其车辆长度的 1.5 倍距离。在此过程中车速约为 1.8km/h，只能在向前停车入位过程中进行最小转向校正。在通过遥控驻车功能驶出停车位过程中不进行转向干预，因此只能以直线方式驶出停车位。

遥控驶入和驶出停车位并非强制关联，就是说，驾驶员可自行驶入停车位，之后遥控驶出停车位；反之亦然，但只能向前遥控驶入停车位。遥控驻车应用情况概览如图 5-68 所示。

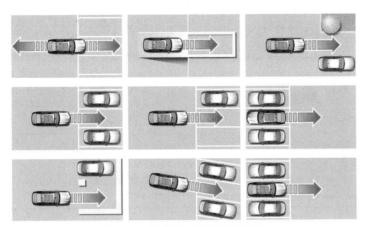

图 5-68 遥控驻车应用情况概览

2. 停车位要求

如图 5-69 所示，为了通过遥控驻车功能自动实现停车入位，必须满足特定情况或前提，可在最大 5% 的上下坡路上进行遥控驻车。表 5-5 概括了可进行和不可进行遥控驻车的情况。

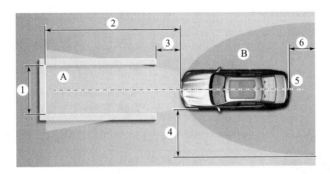

图 5-69 遥控驶入停车位的前提条件

A—可能的停车范围；B—可能的操作范围；1—最小停车位宽度为 2.7m；2—最大移动距离为 9m；3—与停车位最大距离为 2m；4—驾驶员与车辆侧面最大距离为 1.5m；5—通过微小转向校正补偿相对于停车位中心的最大 3°扭转和最大 10cm 偏移；6—驾驶员与车辆后方最大距离为 3m

表 5-5 可进行和不可进行遥控驻车的情况

驻车情况	说明
	车辆以直线方式向前驶入停车位
	车辆以直线方式向前且略微偏移地驶入停车位

驻车情况	说明
	车辆向前驶入停车位并进行最小转向校正。
	车辆向前驶入停车位并停车,扭转过大。解决方案:将车辆停在停车位中间(可能需要多次停车入位)
	车辆向前驶入停车位并停车,偏移过大。解决方案:将车辆停在中间

二、驻车过程

1. 宝马显示屏钥匙

宝马显示屏钥匙取代了标准遥控器并支持标准遥控器的所有功能。此外还提供调出车门和车窗状态,调出防盗报警装置状态,接通和关闭驻车暖风,调出可达里程,调出服务信息,遥控驶入停车位等方面的功能。如图 5-70 所示为宝马显示屏钥匙(320×240 像素分辨率的 2.2in 大 LCD 触摸显示屏,1in=2.54cm)。

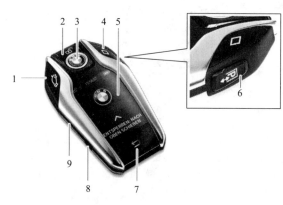

图 5-70　宝马显示屏钥匙

1—打开/关闭后备厢盖;2—开锁;3—上锁;4—可编程按钮;
5—触摸显示屏;6—遥控驻车按钮;7—返回;
8—接通/关闭显示屏;9—Micro USB 接口

通过宝马显示屏钥匙上的触摸显示屏和遥控驻车按钮进行遥控驻车操作,这样可对功能进行直观操作并通过所需操作和系统限制为驾驶员提供直接反馈。

必须在整个驻车过程中按住遥控驻车按钮,否则不会启动停车入位过程或在松开按钮时会对车辆进行紧急制动(之后会挂入电动驻车制动器)。终止车辆与宝马显示屏钥匙之间的数据传输也会启动制动功能直至车辆静止,因为只能在车辆近距离内传输数据。

通过宝马显示屏钥匙可向驾驶员显示很多有针对性的处理说明和故障信息,因此可向驾驶员提供有关遥控驻车功能操作的直接反馈和提示。

2. 遥控驻车功能启用

使用前,遥控驻车功能必须处于启用状态,图 5-71 概括了启用遥控驻车功能的步骤。系统不能免除准确评估交通情况和驻车情况的自身责任。由于存在系统限制,并非在所有情况下系统均可自动做出适当反应,有发生事故的危险,应观察交通情况和驻车情况并结合具体情况进行主动干预。未经授权人员例如儿童可能会在车内没人的情况下通过宝马显示屏钥匙使车辆移动,有发生事故的危险,应防止未经授权人员使用宝马显示屏钥匙。

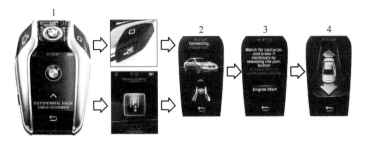

图 5-71　启用遥控驻车功能的步骤

1—通过按压侧面按钮启用显示屏，之后通过滑动运行解锁；2—建立与车辆的连接，为此或者在主菜单内选择遥控驻车随即按住遥控驻车按钮，或者在解锁后立即按住遥控驻车按钮；3—通过宝马显示屏钥匙启动发动机；
4—通过按下箭头符号或推动车辆符号来控制车辆行驶方向

3. 驶入停车位

表 5-6 描述了遥控驶入停车位的方式以及在此期间执行的车辆功能。可随时通过宝马显示屏钥匙使车辆停住：通过松开方向箭头（通过轻微制动干预使车辆制动直至静止）；通过松开遥控驻车按钮进行紧急制动（车辆进行紧急制动并挂入电动驻车制动器）。

表 5-6　遥控驶入停车位的方式以及在此期间执行的车辆功能

序号	图示	驾驶员	车辆
1		(1)在正向停车位前停车 (2)关闭发动机并挂入变速箱挡位 P (3)下车 (4)通过宝马显示屏钥匙启用遥控驻车功能	
2		(1)在操作范围内定位 (2)按住遥控驻车按钮 (3)一直等到显示功能准备就绪 (4)通过宝马显示屏钥匙启动发动机	(1)启用电动驻车制动器 (2)启动发动机 (3)启用行车制动器 (4)松开电动驻车制动器
3		朝向前方向按压宝马显示屏钥匙上的方向箭头并在此期间观察车辆周围情况	(1)从 P 挡切换为 D 挡 (2)松开行车制动器 (3)驶入停车位 (4)保持规定车速 (5)调节距离 (6)进行转向校正
4		随时可以改变方向 朝向前方向按压宝马显示屏钥匙上的方向箭头	(1)制动直至静止 (2)从 D 挡切换为 R 挡 (3)松开行车制动器 (4)倒车行驶 (5)保持规定车速 (6)调节距离

序号	图示	驾驶员	车辆
5	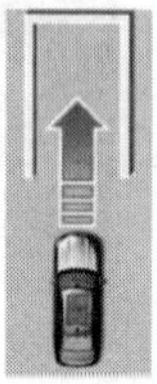	为了再次改变方向,朝向前方向按压宝马显示屏钥匙上的方向箭头	(1)制动直至静止 (2)从R挡切换为D挡 (3)松开行车制动器 (4)驶入停车位 (5)保持规定车速 (6)调节距离 (7)进行转向校正
6	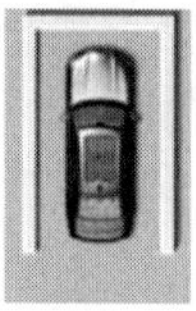	(1)顺利完成驶入停车位过程时,松开遥控驻车按钮 (2)通过宝马显示屏钥匙关闭发动机 (3)通过宝马显示屏钥匙停用遥控驻车功能 (4)使车辆上锁	(1)制动直至静止 (2)启用行车制动器 (3)从D挡切换为P挡 (4)挂入电动驻车制动器 (5)关闭发动机

4. 驶出停车位

表5-7描述了遥控驶出停车位的方式以及在此期间执行的车辆功能。

表5-7　遥控驶出停车位的方式以及在此期间执行的车辆功能

序号	图示	驾驶员	车辆
1	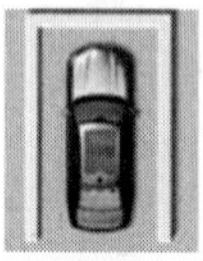	(1)在操作范围内定位 (2)通过宝马显示屏钥匙启用遥控驻车功能	(1)发动机关闭 (2)已挂入变速箱挡位P和电动驻车制动器
2	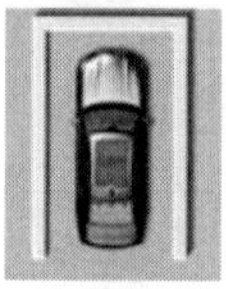	(1)按住遥控驻车按钮 (2)一直等到显示功能准备就绪 (3)通过宝马显示屏钥匙启动发动机	(1)启动发动机 (2)启用行车制动器 (3)松开电动驻车制动器
3	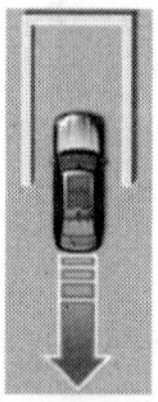	朝向后方向按压宝马显示屏钥匙上的方向箭头并在此期间观察车辆周围情况	(1)从P挡切换为R挡 (2)松开行车制动器 (3)从停车位驶出 (4)保持规定车速 (5)调节距离
4	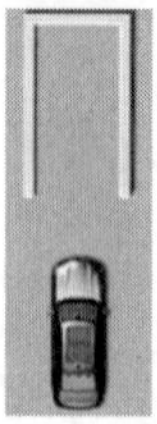	(1)顺利完成驶出停车位过程时,松开遥控驻车按钮 (2)通过宝马显示屏钥匙关闭发动机 (3)通过宝马显示屏钥匙停用遥控驻车功能	(1)制动直至静止 (2)启用行车制动器 (3)从R挡切换为P挡 (4)挂入电动驻车制动器 (5)关闭发动机

5. 遇到障碍物时制动

识别出障碍物时,遥控驻车功能使车辆制动直至静止并防止车辆溜车(启用行车制动器并挂入变速箱挡位P)。

注意:只有遇到PDC传感器持续识别出的障碍物时才会制动;无法识别出例如过平的

或超出 PDC 传感器探测范围的障碍物；如果驾驶员未加注意，会有发生事故或物品损坏的危险。

如果移开了所识别的障碍物，可继续执行该功能最多 30s。如果超出该时间，遥控驻车功能就会关闭发动机并挂入电动驻车制动器。可随时通过宝马显示屏钥匙使车辆停住：通过松开方向箭头（通过轻微制动干预使车辆制动直至静止）；通过松开遥控驻车按钮（车辆进行紧急制动并挂入电动驻车制动器）。

为确保在遥控驻车期间进行制动干预，启用遥控驻车功能时对制动系统进行检查。在此以规定压力控制制动活塞并分析由此产生的制动压力。如果产生的制动压力超出规定范围，就会停用遥控驻车功能。

6. 关闭事件

遥控驻车功能没有降低功能特性，故障或关闭事件会直接导致系统停用或车辆制动至静止状态。

三、部件组成

顶部后方侧视摄像机 TRSVC 控制单元和 SAS 控制单元是遥控驻车功能的主要系统组件。通过驻车距离监控系统和驻车操作辅助系统的超声波传感器以及环视系统摄像机进行环境识别。进行驾驶员或宝马显示屏钥匙定位时使用舒适登车系统天线和遥控驻车天线。图 5-72 突出展示了遥控驻车功能系统组件。遥控驻车功能的输入/输出如图 5-73 所示。

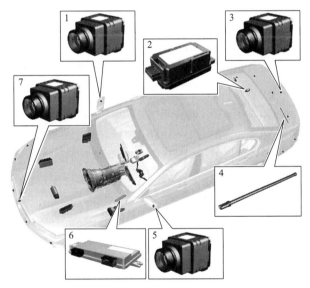

图 5-72 遥控驻车功能系统组件

1—右侧侧视摄像机；2—遥控信号接收器 FBD；3—倒车摄像机 RFK；4—遥控驻车天线；5—左侧侧视摄像机；
6—顶部后方侧视摄像机 TRSVC 控制单元；7—前部摄像机

1. 纵向导向

如图 5-74 所示，顺利启用并按压遥控驻车按钮后，驾驶员通过按压箭头符号规定所需行驶方向。由此要求的行驶方向（2）被发送至遥控信号接收器（B），并通过车身域控制器（M）和 TRSVC 控制单元（N）传输至 SAS 控制单元（I）。在整个驻车过程中，车身域控制器通过遥控驻车天线（L）和舒适登车系统天线检查驾驶员是否位于操作范围（1）内。由于装有遥控天线，因此车辆后方的操作范围超过仅通过舒适登车系统天线实现时的范围。

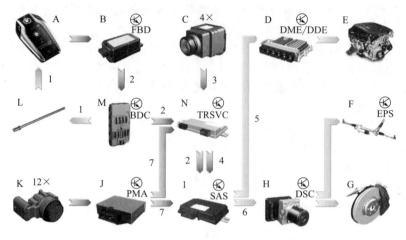

图 5-73 遥控驻车功能的输入/输出

A—宝马显示屏钥匙；B—遥控信号接收器 FBD；C—环视系统摄像机；D—数字式发动机电子系统 DME/数字式柴油机
电子系统 DDE；E—驱动装置；F—电动机械式助力转向系统 EPS；G—制动系统；H—动态稳定控制系统 DSC；
I—选装配置系统 SAS 控制单元；J—驻车操作辅助系统 PMA 控制单元；K—超声波传感器；L—遥控驻车天线；
M—车身域控制器 BDC；N—顶部后侧视摄像机 TRSVC 控制单元；1—车辆或宝马显示屏钥匙定位；
2—要求的行驶方向；3—环视系统摄像机数据；4—曲率规定值；5—驱动力矩规定值；
6—转向和制动力矩规定值；7—有关当前障碍物及其位置的信息

负责纵向导向的 SAS 控制单元由此确定相应规定值（5 和 6），并将其发送至 DSC 控制单元（H）和数字式发动机电子系统 DME 或数字式柴油机电子系统 DDE（D）。根据驻车操作辅助系统 PMA（7 和 J）提供的距离信息，系统自动进行制动和加速。

2. 横向导向

启用遥控驻车功能期间，TRSVC 控制单元（N）通过超声波传感器（K）和环视系统摄像机（C）测量停车位。通过这种方式可计算出停车终止线和最大允许曲率，并将其发送给 SAS 控制单元（I）。在 SAS 控制单元内根据这些数据计算"规定曲率"。"规定曲率"是所需车辆行驶轨道的曲率。

计算的规定曲率由 SAS 控制单元传输至 DSC 控制单元（H），并在此换算为转向力矩供电动机械式助力转向系统 EPS 使用。此外，还在 DSC 控制单元内计算车速。

3. 系统限制

系统不能免除准确评估交通情况和驻车情况的自身责任。由于存在系统限制，并非在所有情况下系统均可自动做出适当反应，有发生事故或物品损坏的危险。应观察交通情况和驻车情况并结合具体情况进行主动干预，在挂车模式下通过遥控驻车功能提供驻车支持。

出现路面不平，例如碎石路面，路面光滑，上坡或下坡坡度较大，停车位内有树叶堆积或雪堆等情况时，该功能可能会受到限制。

第十节　定速巡航控制系统

在宝马新 7 系上采用两种定速巡航控制系统：具有制动功能的定速巡航控制系统 DCC 已包含在标准配置中；具有停车和起步功能的主动定速巡航控制系统为选装配置。配置高级行驶辅助系统也可获得具有停车和起步功能的主动定速巡航控制系统。

高级行驶辅助系统（SA5AT）的另一个特点是带有转向和方向导向辅助系统以及堵车辅助系统。具有停车和起步功能的主动定速巡航控制系统与转向和方向导向辅助系统以及堵车辅助系统配合使用可为驾驶员提供最佳支持。

应该注意的是，定速巡航控制系统可为驾驶员提供支持，但不能免除驾驶员根据交通情况调节车速、车距和驾驶方式的责任。驾驶员必须根据需要进行主动干预，例如制动、转向或避让绕行等，否则可能会发生事故。

一、具有制动功能的定速巡航控制系统

具有制动功能的定速巡航控制系统也称为动态定速巡航控制系统（DCC）。在车流量较少的道路上，动态定速巡航控制系统（DCC）可不受行驶阻力（坡度、下坡行驶和车辆负荷）干扰，通过保持车速恒定不变来减轻驾驶员的负担。但是仍由驾驶员负责控制车辆，驾驶员可随时通过制动或加速来控制DCC功能。

1. 调节功能

定速巡航控制系统根据驾驶员设置的预期车速和实际车速计算出一个规定加速度及规定减速度。驾驶员可通过多功能方向盘MFL上的翘板开关设置所需车速或所需加速度。

（1）转弯行驶时的定速巡航控制系统　转弯行驶时的定速巡航控制系统又称为"横向加速度调节功能"，用于在定速巡航控制系统接通情况下防止车辆转弯行驶时横向加速度超过舒适限值。系统根据车速和横摆率计算出横向加速度，并将该数值与随车速变化的限值进行比较，从而实现下列看似矛盾的目标：在驾驶员希望以较高横向加速度行驶的情况下，避免进行限制过强的干扰性干预。在高速行驶时进行有效干预，从而显著降低动力性。大多数驾驶员都会因横向加速度过高感觉不舒服，因此会采用较低限值。转弯速度调节功能的输出参数也是纵向加速度的规定值。

部分规定值的优先级排序，系统按照上述调节功能的纵向加速度规定值，根据具体情况选择具有最高优先级的规定值。在此通过信号过滤避免切换规定值时出现突然跳跃。

（2）干扰力评估　为了通过执行机构实现经过优先级排序的纵向加速度，必须计算出加速度和制动力。例如：为了达到相同的纵向加速度，上坡行驶时比在平坦路面上行驶时需要更大的驱动力。如果需要在上坡行驶时减速，则所需制动力低于平坦路面。为了准确计算出所需作用力，不仅需要道路坡度的精确数值，而且需要车辆重量、滚动阻力、空气阻力和其他加速作用力的相关数据。

由于没有针对所有这些干扰力的传感器系统，通过比较实际车辆移动参数和根据有效驱动力及制动力计算出的预期车辆移动参数这两项参数计算出一个评估值，在进一步的纵向加速度规定值处理过程中添加或扣除由此得到的干扰力数值。

2. 控制执行机构

为了实现调节功能计算出的纵向加速度并补偿出现的干扰力，必须产生相应的驱动力和/或制动力。为了使车辆加速，通常会向传动系统提供一个规定值。在下坡坡度较大的特殊情况下，可能还需要通过控制制动器来使加速度限制在特定数值。

需要车辆减速时，系统首先确定传动系统可达到的减速效果以及发动机和变速箱的制动作用。将该数值发送至数字式发动机电子系统DME或数字式柴油机电子系统DDE以及变速箱电子控制系统EGS。如果仅靠传动系统自身无法实现该数值，则将所需附加数值发送至动态稳定控制系统DSC。如果通过明显操作制动器来达到预期车辆减速度，也会接通车辆的制动信号灯。

3. 控制开关操作

如图5-74所示，驾驶员可对设置车速进行微调和粗调，系统通过控制传动系统和制动

器调节车速。通过多功能方向盘 MFL 上的左侧开关组件进行操作，每次轻按翘板开关可使车速提高或降低 1km/h，每次将翘板开关压过压力点都会使车速提高或降低 10km/h，超过约 30km/h 后，DCC 就会恒定保持所选车速。

像以前一样，在组合仪表内通过一个围绕车速表移动的标记显示预期车速。需要时会对组合仪表内的显示提供文字补充说明。如果车辆自身减速度不足以保持预设车速，就会相应控制制动器。设置车速的调节范围最高限制在 210km/h。

启用 ECOPRO 或运动模式时也会将定速巡航控制系统调节为节省燃油或运动的驾驶方式。采用 ECOPRO 驾驶模式时，在某些情况下可能会由于节省燃油的驾驶方式导致超过或低于设置的预期车速，例如下坡或上坡行驶时。

图 5-74　动态定速巡航控制系统 DCC 按钮

1—用于启用或停用动态定速巡航控制系统 DCC 的按钮；2—用于更改设置车速的翘板开关；3—用于启用或停用限速功能的按钮；4—用于调出一个已存储设置车速/临时关闭定速巡航控制系统的按钮

自动中断巡航系统的情况有：

① 进行制动；

② 离开选挡杆位置 D；

③ 启用动态牵引力控制系统 DTC 或停用动态稳定控制系统 DSC；

④ 动态稳定控制系统 DSC 进行调节。

二、具有停车和起步功能的主动定速巡航控制系统

1. 控制功能

在宝马新 7 系上，具有停车和起步功能的主动定速巡航控制系统作为选装配置提供。如

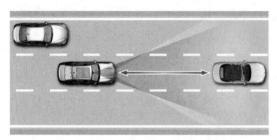

图 5-75　具有停车和起步功能的主动定速巡航控制系统工作示意

图 5-75 所示，具有停车和起步功能的主动定速巡航控制系统调节驾驶员设定的预期车速，并根据交通情况自动调节针对前方车辆的预选跟车距离（可将轿车、货车和摩托车识别为车辆）。具有停车和起步功能的主动定速巡航控制系统在高速行驶直至车辆静止期间均可发挥作用，在此范围内，系统对车距和车速进行自动调节。

根据驻车时间，可自动或根据驾驶员指令实现从静止状态起步。如图 5-76 所示，具有停车和起步功能的主动定速巡航控制系统不仅可识别出缓慢停住的车辆，而且可识别出静止车辆。由于改善了前方区域监控，系统可更迅速地对驶入、驶出以及转弯车辆做出反应。

通过连接 KAFAS 立体摄像机扩展了使用范围。由具有停车和起步功能的主动定速巡航控制系统对图像数据进行分析，摄像机探测到车辆尾部时，KAFAS控制单元便可准确识别出车辆。此外 KAFAS 控制单元还负责确定车道信息、车辆位置和车辆移动情况。

除图像数据外，还通过雷达传感器探测和分析雷达数据。汇总图像数据和雷达数据可实现准确识别道路标线并区分静止车辆及其他固定物体。

由一个 77GHz 雷达传感器发射电磁波束，雷达传感器接收和分析物体的反射回波，由此可获得雷达传感器前方物体信息，其中包括大小、距离以及由此计算出的速度。系统的雷达传感器可主要根据天气情况识别出最远 200m 的前方车辆。传感器位于前部保险杠进气口格栅后方（图 5-77 和图 5-78）。

图 5-76　通过汇总雷达传感器和 KAFAS 立体摄像机数据进行目标识别

图 5-77　前部雷达传感器安装位置
1—具有停车和起步功能的主动定速巡航控制
系统的传感器；2—可拆卸格栅

图 5-78　前部雷达传感器

由于改善了雷达传感器的探测功能并通过 KAFAS 立体摄像机的图像数据进行校准，也可识别出相邻车道上的车辆。如果这些车辆驶入您的车道，具有停车和起步功能的主动定速巡航控制系统就会根据驶入或前方车辆调节车速，随后将恒定保持驾驶员所选的时间间隔。

具有停车和起步功能的主动定速巡航控制系统在前方没有车辆时调节车速，在传感器系统识别出自身车道内有缓慢行驶车辆时自动切换到车距调节功能。必要时，系统的停车和起步功能可使车辆完全停下。

注意： 如果前方车辆静止后再次行驶，系统就会向驾驶员发出提示信息。驾驶员必须对提示信息进行确认才能重新起步，通过操作 RES/CNCL 按钮或加速踏板进行确认。只有在静止时间很短的情况下（约 3s），才会通过具有停车和起步功能的主动定速巡航控制系统自动完成起步过程。

因此，具有停车和起步功能的主动定速巡航控制系统不仅在交通顺畅的情况下，而且在堵车情况下也可为驾驶员提供支持，无论是在多车道的高速公路和乡村道路上，还是在市内封闭道路和环形道路上。设置车速的调节范围最高限制在 210km/h。

启用 ECOPRO 或运动模式时也会将具有停车和起步功能的主动定速巡航控制系统调节为节省燃油或运动的驾驶方式。采用 ECOPRO 驾驶模式时，在某些情况下可能会由于节省燃油的驾驶方式导致超过或低于设置的预期车速，例如下坡或上坡行驶时。

2. 调节功能

（1）定速巡航控制系统　具有停车和起步功能主动定速巡航控制系统的定速巡航控制原理与动态定速巡航控制系统 DCC 基本相同。

（2）转弯行驶时的定速巡航控制系统　具有停车和起步功能的主动定速巡航控制系统的转弯速度调节功能以动态定速巡航控制系统 DCC 的调节特性为基础。如果在转弯行驶时目标丢失，就会等待一定时间探测目标是否重新出现（交替转弯）。

只有目标不再出现或传感器系统未识别出任何目标时才会加速。通过动态稳定控制系统 DSC 和导航系统的数据探测急转弯，并在必要时调节车速。

（3）车距调节　车距调节功能是具有停车和起步功能的主动定速巡航控制系统的核心功能。

驾驶员可通过多功能方向盘 MFL 上的多功能按钮分四个挡位选择预期车距。具有停车和起步功能的主动定速巡航控制系统根据选择结果计算出与前方车辆的规定车距，从而进行调节。在带有选装配置主动定速巡航控制系统的车辆上，通过两个用于减小和增大车距的按钮调节车距。在带有选装配置高级行驶辅助系统的车辆上通过翘板开关调节车距。

具有停车和起步功能的主动定速巡航控制系统根据选择结果计算出规定车距，从而进行调节。根据所用钥匙存储最后选择的跟车距离。在车辆行驶期间，规定车距与车速成正比。在低速行驶和车辆静止期间，具有停车和起步功能的主动定速巡航控制系统不再使用与车速成正比的车距，而是使用以米为单位的固定值。

如果在根据当前车辆状态预先计算的自身车道上有车辆驶入或驾驶员接近某一前方车辆，具有停车和起步功能的主动定速巡航控制系统就会根据驶入或前方车辆准确调节车速。车距调节功能将经过处理的具有最高评估等级的目标数据作为输入参数使用。车距调节功能特别考虑到以下两种情况。

① 最大加速度和最大减速度。低于约 50km/h 时，具有停车和起步功能的主动定速巡航控制系统的最大加速度和最大减速度为动态数值。该数值与驾驶员自己使用且感觉舒适的加速度和减速度数值一致。出现紧急情况需要比舒适调节状态下更高的减速度时，会通过一个视觉和声音信号要求驾驶员自己控制车辆。

具有停车和起步功能的主动定速巡航控制系统根据具体情况可达到约 $2m/s^2$ 的最大加速度和约 $4m/s^2$ 的最大减速度。

② 车流稳定性。在交通密集和行驶非常缓慢的情况下，因紧急加速和制动造成的碰撞危险增加。因此，具有停车和起步功能的主动定速巡航控制系统的车距调节功能负责及早做出反应，但不会比前方车辆减速更快。跟车行驶时，系统可达到约 $2.5m/s^2$ 的最大减速度，在驻车过程中可达到约 $4m/s^2$ 的最大减速度。

（4）要求控制车辆　如果由于速度差很高或最大减速度不足等导致具有停车和起步功能的主动定速巡航控制系统无法继续调节安全车距或识别出危险情况，就会发出两声较短的警告音，并在组合仪表或平视显示屏内闪烁橙色车辆符号。系统继续进行调节并要求驾驶员控制车辆和相应保持车距。

3. 操作方式

（1）启用和停用　具有停车和起步功能的主动定速巡航控制系统的启用和停用方式与动态定速巡航控制系统基本相同，不仅可在行驶期间，也可在静止状态下启用具有停车和起步功能的主动定速巡航控制系统。出于安全原因，在静止状态下操作脚制动器的同时只能使功能处于准备状态或停用功能。

如果功能处于启用状态，可通过按压 RES/CNCL 按钮使其终止。此时无法继续保持车距和车速，组合仪表内的预期车速变为灰色。驾驶员可通过多功能方向盘 MFL 上的左侧多功能按钮分四个挡位选择预期车距。根据所用钥匙存储最后选择的跟车距离。

图 5-79 展示了不带转向和方向导向辅助系统（包括堵车辅助系统）车辆多功能方向盘 MFL 上用于辅助系统的按钮设置。

图 5-79　主动定速巡航控制系统按钮

1—用于调节自身车辆与前方车辆车距的按钮（增大车距）；2—用于启用或停用具有停车和起步功能的主动定速巡航控制系统的按钮；3—用于更改设置车速的翘板开关；4—用于启用或停用限速功能的按钮；5—用于调节自身车辆与前方车辆车距的按钮（减小车距）；6—用于调出一个已存储设置车速/临时关闭定速巡航控制系统的按钮

如图 5-80 所示，像以前车型一样，在组合仪表内通过一个围绕车速表移动的标记显示预期车速。具有停车和起步功能的主动定速巡航控制系统启用时该标记为绿色，在"准备"状态下为灰色，显示上次调节的设置车速。此外还会在启用具有停车和起步功能的主动定速巡航控制系统后或驾驶员调节预期车速后显示当前数值作为操作反馈，并在改变车距时短时显示符号作为操作反馈。显示符号包括设置车速和车距显示条等。每次重新操作时，显示内容就会再次出现 3s。

图 5-80　具有停车和起步功能的主动定速巡航控制系统启用时组合仪表内的显示

在两个圆形仪表（车速表和转速表）之间显示驾驶员设置的车距挡位以及保持安全跟车距离所针对的前方车辆。针对所用相应识别发射器存储车距设置。具有停车和起步功能的主动定速巡航控制系统与动态定速巡航控制系统一样，可根据需要在组合仪表内提供针对显示符号的文字补充说明。调节功能启用时，也可在平视显示屏内进行显示。

如果由于速度差很高等原因导致系统无法继续调节安全车距，就会通过一个闪烁的车辆符号和一个声音信号要求驾驶员重新完全控制车辆（表 5-8）。

表 5-8　仪表中不同的显示内容代表的含义

符号	说明
	显示内容为黑色/灰色，不显示车辆符号；系统中断

符号	说明
	车距调节功能短时禁用,因为正在操作加速踏板
	车辆符号和车距显示条以红色闪烁并发出声音信号:要求通过制动器进行干预,必要时避让绕行
	车距调节功能启用:具有停车和起步功能的主动定速巡航控制系统根据设置车距进行调节(车距1) 此外车速表上用于具有停车和起步功能的主动定速巡航控制系统的车速表标记以绿色亮起
	车距调节功能启用:具有停车和起步功能的主动定速巡航控制系统根据设置车距进行调节(车距2) 此外车速表上用于具有停车和起步功能的主动定速巡航控制系统的车速表标记以绿色亮起
	车距调节功能启用:具有停车和起步功能的主动定速巡航控制系统根据设置车距进行调节(车距3) 此外车速表上用于具有停车和起步功能的主动定速巡航控制系统的车速表标记以绿色亮起。车距3大致相当于车速表数值的一半(单位:m),首次接通系统时会自动进行预设
	车距调节功能启用:具有停车和起步功能的主动定速巡航控制系统根据设置车距进行调节(车距4) 此外车速表上用于具有停车和起步功能的主动定速巡航控制系统的车速表标记以绿色亮起
	与前方车辆距离过近时就会显示该符号

(2) 系统电路图 宝马新7系具有停车和起步功能的主动定速巡航控制系统的系统电路如图5-81所示。

三、限速辅助

限速辅助功能是具有停车和起步功能的主动定速巡航控制系统的一项子功能,在采用前瞻性驾驶方式时通过使用将来的限速为驾驶员提供支持。在此通过使用滑行功能、反拖力矩和制动力矩带来可测定的耗油量优势。

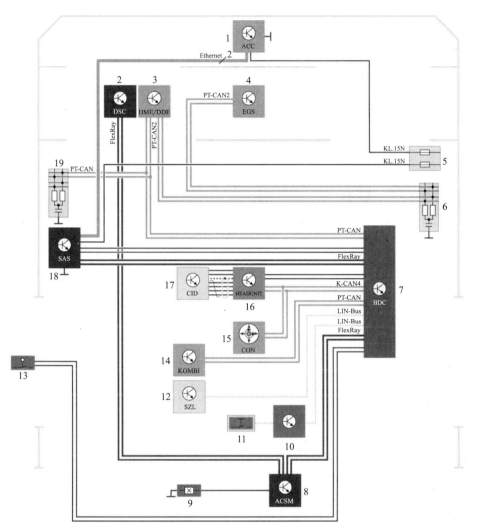

图 5-81　宝马新 7 系具有停车和起步功能的主动定速巡航控制系统的系统电路

1—具有停车和起步功能的主动定速巡航控制系统；2—动态稳定控制系统 DSC；3—数字式发动机电子系统 DME/数字式柴油机电子系统 DDE；4—变速箱电子控制系统 EGS；5—右前配电盒内的熔丝；6,19—CAN 终端电阻；7—车身域控制器 BDC；8—碰撞和安全模块 ACSM；9—驾驶员座椅安全带锁扣触点；10—音响系统操作面板；11—智能型安全按钮；12—转向柱开关中心 SZL；13—驾驶员车门触点开关；14—组合仪表 KOMBI；15—控制器 CON；16—Head Unit High 2 HU-H2；17—中央信息显示屏 CID；18—选装配置系统 SAS 控制单元

1. 操作方式

如图 5-82 所示，启用具有停车和起步功能的主动定速巡航控制系统且接通限速辅助功能时，在组合仪表信息显示屏上就会出现一个绿色符号和"辅助"字样。

2. 功能显示

在组合仪表内向驾驶员显示可采用的系统识别限速，通过按压多功能方向盘 MFL 上的左侧翘板开关接受所显示的车速。在组合仪表内显示一个绿色箭头符号，以此告知驾驶员应朝哪个方向操作翘板开关。如果驾驶员接受建议，系统就会采用所显示车速并通过定速巡航

图 5-82　限速功能启用时组合仪表上的显示

1—在车速表内,当前车速与新预期车速之间的区域带有绿色标记;2—系统接通时显示亮起;
3—通过一个绿色箭头表示新车速高于或低于设置的预期车速;4—限速信息显示;5—交通标志牌
以绿色亮起;识别出限速变化时立即生效;6—距离数据表示可能会在特定距离发生限速变化

控制系统进行自动调节,采用后组合仪表内的显示(绿色箭头)就会熄灭。

(1) 采用所识别限速作为预期车速　在组合仪表内显示一个"绿色箭头"符号,以此告知驾驶员应朝哪个方向操作翘板开关。如果驾驶员接受建议,系统就会采用所显示车速并通过定速巡航控制系统进行自动调节,采用后组合仪表内的显示(绿色箭头)就会熄灭。

(2) 拒绝采用所识别限速作为预期车速　与"绿色箭头"方向相反操作翘板开关时,系统会认为不希望采用车速建议,因此驾驶员可自己决定是否接受建议。

(3) 调节车速　驾驶员可通过个性化设置将限速用作实际车速,可设置的公差范围为 $-15\sim+15\text{km/h}$(相对于所识别的限速)。

在不带选装配置导航系统的车辆上应注意,在车辆系统设置中应调节为所在国家适用的距离单位,否则设置出现偏差会导致限速分析错误,进而造成所采用的推荐车速与实际情况不符。

注意:系统不能免除准确评估能见度和交通情况的自身责任,只能由驾驶员负责控制车辆以及车速。

四、限速装置

通过限速装置(手动限速器)可限定 30km/h 以上的可达到的最大车速,低于设置限速时不执行系统限制,必要时驾驶员可通过用力踩下加速踏板(将加速踏板完全踩到底)有意识地超过限速。车速降至限速以下时,系统就会重新自动切换为限制功能。无法通过手动限速器进行主动制动干预。就是说,无意中超过设置限速时(例如下坡行驶时),系统不会进行制动。

通过多功能方向盘 MFL 上的 LIM 按钮启用和停用手动限速器,当前车速会被用作限速。在静止状态下启用时,系统自动将 30km/h 设置为限速。车速表上的标记根据相应预设车速进行设置。

注意:只有以恒定车速行驶时才能使用系统功能,只能由驾驶员负责控制车辆以及车速。

第十一节　宝马驾驶辅助维修案例

一、2015 年款宝马 740Li（G12）显示屏报警"驾驶辅助系统受限"

故障现象　一辆 2015 年款宝马 740Li（G12），配置 B58 发动机，行驶里程为 8252km，VIN 为 WBA7E4109GG××××××。CID 显示屏报警"驾驶辅助系统受限"，如图 5-83 所示。

图 5-83　显示屏报警

故障诊断　接车后检查 CID 确实显示驾驶人辅助系统受到限制，智能安全按钮亮黄色灯，操作按钮显示智能部分功能能使用。

连接 ISTA 诊断读取故障码为 482136——ACC 传感器/FRSF：调整。执行检测计划，直接提示检查 ACC 支架或者校准 ACC。

因此检查了车辆外观，只发现保险杠边缘有轻微的油漆擦伤。查询此车未出过事故及维修过前保险杠，因此重新校准了 ACC，并校准成功。路试刚开始 2km 正常，之后显示屏再次报警。诊断仪诊断再次有上述故障，拆开前保险杠检查发现 ACC 上部支架与水箱下部散热格栅之间有磨损，如图 5-84 所示红色区域。

更换 ACC 支架后重新校准路试 10km 左右，自动跟车功能都正常（自动调节跟车的距离，前车走车子走、前车停车子自动停），准备试车结束的时候再次报警，读取的故障码如图 5-85 所示。

图 5-84　磨损位置

Signalfehler	03 总线系统分析：信号故障
ABL-DIT-AT6131_01SIGNAL	CAN/FlexRay 系统分析：接口故障信息"信号无效"
DSC_G11	0xD35DE2：信号（车辆前部区域监控雷达 1，98.2.4）无效，发射器 SAS

图 5-85　故障码

故障排除　执行检测计划，无明确的结果，并且出现故障后将车辆熄火，过几分钟再次试车又恢复正常，行驶 10km 后故障又重复出现，但是故障码和之前一模一样。在没有头绪的过程中，了解了一个很有用的信息，在安装 ACC 支架位置的时候螺栓孔不对，果断再次检查 ACC 支架处，发现 ACC 支架下部用螺栓固定在下部小内杠上面，上部用铆钉铆接在上部大内杠上面，在安装过程中支架固定在上部内杠位置不对，就调整了下部小内杠的位置才安装上，拆掉上部的铆钉，发现位置差半个螺栓孔，应该是小内杠的位置上移了，更换小内杠后重新校准试车，正常，如图 5-86、图 5-87 所示。

维修总结　ACC 雷达是一个非常精密的系统，识别到位置差一点就会退出系统工作。校准的时候一定要地面平整，牌照架一定要拆掉，不拆可能导致误差。ACC 雷达（驾驶人辅助系统）失效时，其他辅助系统还是能正常工作的。

图 5-86　调整位置

图 5-87　更换内柱

二、宝马 M5 轿车定速巡航系统无法工作

故障现象　一辆 2005 年款宝马 M5 轿车，行驶里程约为 4 万千米，驾驶人抱怨该车有时无法执行定速巡航功能。

故障诊断　试车后发现，该车的定速巡航功能能够执行，但有时会自动退出，感觉像是定速巡航的条件不满足或受其他因素的影响（例如制动或 DSC 系统干预等）而退出。经过反复试车，发现此故障有一定的规律性，当车速低于 90km/h 以下时一切正常，只要加速到 90km/h（包括 90km/h）以上时定速巡航功能就会自动退出。如果车速高于 90km/h 时则不能执行定速巡航功能。

在进行故障检修工作之前，首先需要了解该车定速巡航的工作原理。定速控制可从车速约 30km/h 起激活，车辆保持并存储用转向轴开关设定的速度。当驾驶员操纵组合控制杆或轴向点动按钮时，该信号就会向转向柱开关中心 SZL 发送一个信息，该信息被 SZL 以数字信号的形式发送到光纤 byteflight 上，然后通过网关 SGM 送到 PT-CAN 上，数字式发动机电子伺控系统 DME 接收到该信号后就会控制节气门等执行器动作，最终实现信号的执行。

首先连接**故障诊断**　仪进行快速检测，无相关故障码存储。根据路试时车速低于 90km/h 时正常，可以肯定信号的产生和信号的传递是正常的，也就是说定速巡航开关、SZL 以及 PT-CAN 都是正常的，问题很可能是因为激活定速巡航的条件不满足或执行系统有问题，按照这个思路进行检修应该不会错。

首先分析使定速巡航退出的条件，包括：实施制动；挂入变速器 N 挡；打开 DTC 动态牵引力控制系统或关闭了 DSC 动态稳定控制系统；拉紧了驻车制动器；动态稳定控制系统 DSC 实施干预。连接诊断仪进行路试，读取数据流，可以看出制动信号、变速器挡位信号以及驻车制动信号都正常，发动机系统相关数据也都正常。打开或关闭 DTC 动态牵引力控制系统，系统也能够正确识别。如果在行车过程中 DSC 实施了干预，仪表上应该有 DSC 灯闪烁的提示，而该车在行驶中故障出现时没有 DSC 灯闪烁，难道还有其他因素，还是诊断思路错了呢？

正在百思不得其解时，突然发现此车的后轮轮胎型号做了更换，故障根源找到了！原车的轮胎型号为前轮 255/40 R19，胎高为 102mm，后轮 285/35 R19，胎高为 99mm。而该车更换的后轮轮胎型号为 295/30 R19，胎高约为 88mm。分析一下 DSC 的工作原理，在行车的过程中，DSC 控制单元通过传感器获得偏航角速度、横向加速度、车轮转速、转向角以及制动力等数据，通过这些数据计算出车辆当前的运动状态，然后将实际状态与 DSC 控制单元中计算出的标准值比较。当实际值与标准值出现偏差时，DSC 被激活，并进行制动系统和发动机控制干预，因此 DSC 可在物理限制内实现最高的主动安全性能。由于该车只更换了后轮轮胎型号，相对原车轮胎高度低了约 11mm（图 5-88），也就是车轮半径小了，在运行过程中车速较低时，前后轮的转速差在正常范围内，车速较高时转速差就超出了极限值，DSC控制单元就误认为后轮在打滑，从而进行了主动干预，定速巡航也就退出了工作。

故障排除　更换了与原车相同型号的轮胎后，试车故障排除。

维修总结　由于维修人员主观地认为DSC系统主动干预时仪表会有提示，造成了维修方向偏离，所以在车辆的维修过程中千万不能犯主观主义的错误。

图 5-88　轮胎高度变化

三、宝马 X3 仪表提示紧急呼叫系统工作异常

故障现象　一辆2015年款宝马X3运动型多功能车，车型为F25，搭载N20发动机，行驶里程约为5万千米。用户反映该车仪表提示紧急呼叫系统工作异常。

故障诊断　维修人员试车发现，该车组合仪表及中央显示屏均有紧急呼叫系统的故障提示，且呼叫按钮指示灯在闪烁。但按下呼叫按钮，仍然可与救援中心正常联系。检测远程信息处理控制单元（TCB），发现存在"B7F338——安全气囊激活数据缺失，当前存在，频率为5次"的故障码。根据故障码的性质判断，应属于总线类故障。

根据电路图的指示，安全气囊控制单元（ACSM）与TCB之间是通过电信数据总线来连接的。测量总线信号的波形（图5-89），正常。参考PUMA措施61856422-06，对车辆进行编程。在编程过程中发现TCB的IP地址无效，断电30min后再试，仍然提示IP地址无效。

考虑到呼叫功能仍然正常，只是与安全气囊之间的数据传递有问题，于是决定检查它们之间的数据总线。拆下仪表台及中央扶手台检查，发现仪表台的固定支架压住了一根线束。将线束剥开检查，发现ACSM与TCB之间的数据总线被挤压变形（图5-90）。

故障排除　修复线束并合理布线后，故障彻底排除。

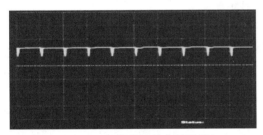

图 5-89　电信总线的信号波形

图 5-90　线束被压伤的位置

四、2018 年款宝马 320Li 便捷启动功能失效

故障现象　一辆2018年款宝马320Li轿车，车型为F35，搭载B48发动机，行驶里程约为2万千米。用户反映该车便捷启动功能失效。

故障诊断　维修人员试车后发现，该车的2把钥匙都无法正常启动车辆。将钥匙靠近启动按钮，发动机可以启动，说明问题出在信号的接收上。但用钥匙遥控车门，车门反应正常。考虑到无论是遥控锁车还是便捷启动，信号都是通过无线接收器（FBD）完成的，而遥控锁车正常，说明FBD的问题可以排除。

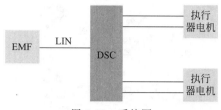

图 5-91　系统图

对遥控器进行测试，发现其电池的储电量和信号的场强都正常（图 5-91），所以遥控器的问题也可以排除。再观察车身控制单元（FEM）的数据，发现在环形天线收到遥控器的信号 2min 后，FBD 还没有收到遥控器的信号（图 5-92）。既然 FBD 和遥控器的问题都排除了，那问题很可能出在天线上。

检查车内天线，没有发现异常（图 5-93）。将天线逐个替换到正常车上做试验，也都正常。到此为止，能够想到的问题都被排除了，可是诊断却毫无进展。对问题重新考虑后突然醒悟到，遥控车门与便捷启动所使用的通信频率是不同的，它们应该是使用独立的信号通道。当初仅通过遥控锁车正常便判断 FBD 没有问题，这个出发点是不对的。而且在测试中，诊断仪也给出了更换 FBD 的提示。尝试替换 FBD（图 5-94），故障现象消失，问题果然出在这里。

故障排除　更换无线信号接收器，故障排除。

Zeit	电池正常，在用户登录的情况下通信	无线电信号的场强：
14:20:12.14	100.000	38.976
Einheit:	%	%

图 5-92　遥控器的测试数据

反馈信号

持续时间: 2 分钟 5.94 秒 (14:35:59.075 ... 14:38:05.015)

未能通过遥控接收器识别到遥控钥匙，尽管环形天线读取了有效的遥控钥匙。

更新下列部件:

● 遥控接收器

图 5-93　测试数据

(a) 前部车内天线　　　　(b) 后部车内天线

图 5-94　车内天线正常

五、2017 年款宝马 530Li 驾驶员辅助系统报警

故障现象　一辆 2017 年款宝马 530Li 轿车，车型为 G38，搭载 B48 发动机，行驶里程约为 5 万千米。用户反映该车驾驶员辅助系统报警。

故障诊断　维修人员试车后发现，进入行驶状态后，信息屏确实开始出现报警。停车熄火等待一段时间后，再次启动车辆，报警会消失，但进入行驶状态报警仍然出现。检测驾驶员辅助控制单元，发现有"48214A——主动巡航系统 ACC 的雷达传感器失效"的故障码存在。查阅资料得知，该传感器集成在 ACC 控制单元内，可以探测车辆前方 60～200m 范围内的物体，并通过信号处理得到物体的位置和速度信息。雷达的工作频率为 77GHz，具有很强的抗干扰能力。

检查传感器的外观，发现污垢较多。清洁后试车，故障依旧。由于雷达波束的方向性很强，所以必须保证传感器的安装位置准确无误。检查传感器支架，未发现异常。对传感器进行初始化后，其垂直及水平方向上的修正角都在正常范围内，说明传感器的安装没有问题。尝试与试驾车替换传感器后试车，发现故障现象消失，说明问题出在传感器本身。

故障排除　更换主动巡航控制单元，故障排除。

六、2012 年款宝马 X6 环视摄像机故障

故障现象　一辆 2012 年款宝马 X6，行驶里程约为 3 万千米。用户反映车辆仪表和中央信息无法使用，仪表中和中央信息显示器侧视摄像机有故障。启用倒车或者侧视摄像机画面时，中央信息显示摄像画面抖动得非常厉害，并且很不清晰。

故障诊断　接车后车辆的故障现象当前存在，仪表中摄像机故障报警的图像还在显示。连接 ISID 进行诊断测试，读取和摄像机系统相关的故障内容如下：00AB68——TRSVC FBAS 输出端，短路或断开的导线；00AB47——TOPVIEW 不可用；00AB48——REAR VIEW 不可用。故障码中存储的"00AB47 TOP VIEW 不可用"表示车辆的侧视摄像机不能用。"00AB48 REAR VIEW 不可用"表示后摄像机不可用，两个故障的说明一致。

根据装备情况，有不同的基于摄像机的系统可供使用。技术上通过不同的摄像机和一个共用控制模块 TRSVC 来实现。该基于摄像机的驾驶员辅助系统目前具有外后视镜摄像机、倒车摄像机的功能。通过中央控制台操纵装置上的一个按钮激活摄像机，摄像机图像通过中央信息显示器（CID）中的分区显示屏幕进行显示。自速度达到 15km/h 起，系统自动关闭。也可通过中央控制台操作面板上的一个按钮激活倒车摄像机。两个外后视镜摄像机位于驾驶员外后视镜和前乘客外后视镜的下面。外后视镜摄像机通过局域互联网总线、LVDS 数据导线等导线与 TRSVC 控制模块连接。倒车摄像机安装在后备厢盖拉手的右边，倒车摄像机通过局域互联网总线、LVDS 数据导线等与 TRSVC 控制模块连接。

两个外后视镜摄像机和倒车摄像机都通过 LVDS 数据导线将其信号向 TRSVC 控制模块提供。通过 FBAS 导线将信号转发到视频开关（VSW）（视装备而定安装），接着转发到车辆信息控制模块（CIC）。CIC 将图像数据通过 LVDS 数据导线发送至中央信息显示器（CID），在 CID 内将令图像数据得以显示。

接下来查看表 5-9 和表 5-10 所示故障码的说明，故障部位为环视摄像机 TRSVC。其中对于"00AB68 TRSVC：FBAS 输出端，短路或断开的导线"建议执行视频诊断测试模块（ABL），借助视频诊断可以检查信号源的所有输出端和汇点的所有输入端。信号源可以是夜视系统；全景摄像机（自 F01 起）；视频模块；DVD 转换匣；Smartphone 视频连接。汇点可以是：主机、视频开关（自 F01 起）、后座区视听设备（自 F01 起）。因为视频开关位于信号源和汇点之间，所以检查视频开关的输入端和输出端。视频诊断自动进行，借助视频诊断能够实现生成测试图、显示安装系列、显示有故障的组件以及处理有故障的组件的故障等功能。

表 5-9　00AB68 TRSVC：FBAS 输出端，短路或断开的导线

故障描述	在输出端识别到短路或断开的导线
故障识别条件	$U = 9 \sim 16V$
故障码存储记录条件	120ms
保养措施	可能的故障原因： (1) CIC； (2) 环视摄像机 执行下列测试模块（ABL）：视频诊断
故障影响和抛锚说明	可能的感觉：无 故障停车提示：无
驾驶员信息	无
服务提示	无

表 5-10　00AB48 REAR VIEW 不可用

故障描述	当通过倒车摄像机的泊车功能不可用时此故障被 PDC 记录
故障识别条件	9V＜蓄电池电压＜16V；总线端 KL.15 接通
故障码存储记录条件	总线端 KL.15 接通
保养措施	无 PDC 故障。检查 TRSVC 倒车摄像机
故障影响和抛锚说明	可能的感觉：无 故障停车提示：无
驾驶员信息	无
服务提示	无

接下来执行下列测试模块（ABL）：视频诊断，确定安装的视频组件：主机、视频模块、环视摄像机。选择环视摄像机生成测试图，正常 TRSVC 摄像图像将以每 10s 的频率依次显示在中央信息显示屏上，结果显示没有侧视图。视频诊断测试结果显示 TRSVC 故障。

故障排除　最终确定为 TRSVC 控制模块故障，更换 TRSVC 控制模块，对车辆进行编程设码，故障排除。

七、2010 年款宝马 X5 侧视摄像机线路故障

故障现象　一辆 2010 年款宝马 X5，车型为 E70，行驶里程约为 10 万千米。用户反映车辆的 3 个摄像机启用时，仪表中出现摄像机故障灯报警的现象，显示器可以正常显示各个摄像机拍摄的画面，但是在画面上显示摄像机有异常。

故障诊断　接车后先验证用户反映故障现象，启用倒车摄像机，车辆后部画面可以正常显示在中央信息显示屏中，显示屏的左上方出现"倒车摄像机有异常的"检查控制信息，仪表正中央出现摄像机图像的黄色故障报警图案。

用 ISID 诊断测试，读取故障内容如下：

① 00CA94——LIN 总线故障，右侧外后视镜摄像机；

② 00CA95——LIN 总线故障，左侧外后视镜摄像机；

③ 00CA98——LIN 总线故障，倒车摄像机。

查看其中一个故障的细节描述，如表 5-11 所示。

表 5-11　00CA94——LIN 总线故障，右侧外后视镜摄像机

故障描述	LIN 总线通信故障
故障识别条件	$U=10\sim16V$
故障码存储记录条件	根据 6 个丢失的模块
保养措施	(1)检查控制模块 (2)检查导线/插头 (3)检查右侧外后视镜摄像机
故障影响和抛锚说明驾驶员信息服务提示	否

这款车不仅配置了倒车摄像机，还安装了两个外后视镜摄像机，称作全景摄像机。可以通过不同的摄像机和一个共用控制模块 TRSVC 来实现。从驾驶员侧不能观看前乘客侧的某个区域，因为此区域被外后视镜和 A 柱遮盖。为了仍旧能够观看这个区域，在外后视镜上有外后视镜摄像机。外后视镜摄像机是全景摄像机的组成部分，两个外后视镜摄像机通过一

根 LVDS 数据导线向 TRSVC 控制模块提供信号。两个外后视镜摄像机位于驾驶员外后视镜和前乘客外后视镜的下面。外后视镜摄像机通过局域互联网总线、LVDS 数据导线与 TRS-VC 控制模块连接。

通过中央控制台操纵装置上的一个按钮激活摄像机，摄像机图像通过中央信息显示器（CID）中的分区显示屏幕进行显示。自速度达到 15km/h 起，系统自动关闭，也可通过中央控制台操作面板上的一个按钮激活倒像机。

摄像机和 TRSVC 控制模块之间的 LVDS 数据导线由一根 FBAS 导线和一个局域互联网总线构成。FBAS 导线用于传输图像数据。通过局域互联网总线可以在 TRSVC 控制模块和摄像机之间进行通信。出于此原因，可能会出现摄像机显示图像，但是 TRSVC 控制模块和摄像机之间的通信不正常的情况。在这种情况下，TRSVC 控制模块单元无法与摄像机进行通信，并将记录故障用于所有摄像机。在大多数情况下，LVDS 数据导线进水是引起此问题的原因。在大多数情况下是这样的，当一台摄像机上的局域互联网总线损坏时，将在所有已安装的摄像机上显示故障。

选择故障内容执行检测计划，系统建议拔下 TRSVC 上的所有摄像机，分别依次单独插入每一个摄像机，由系统进行分析。三个摄像机的 LVDS 导线的颜色分别为：倒车摄像机（蓝头）；左外后视镜摄像机（黑色）；右外后视镜摄像机（红色）。

接下来根据系统的要求首先全部拔下 TRSVC 上的所有摄像机的导线插头，依次单独安装上去，由系统进行分析。分析结果显示右侧后视镜摄像机或者 LVDS 导线有故障，并建议更换右后视镜摄像机和右侧的 LVDS 导线。

图 5-95　摄像机插头

撬开右侧外后镜的外壳，拔下摄像机的插头检查。发现摄像机有一个针脚已经发霉，如图 5-95 所示。尝试对右后视镜摄像机发霉针脚进行清洗处理，但安装上去之后仍偶尔出现报警的现象。最后更换右后视镜摄像机和 LVDS 导线，多次试车测试，故障现象没有再次出现，故障排除。

八、2010 年款宝马 X5 侧视摄像机故障

故障现象　一辆 2010 年款宝马 X5，车型为 E70，行驶里程约为 1 万千米。用户反映车辆在使用环视摄像机时仪表中的摄像机报警灯点亮报警，中央信息显示屏出现"俯视系统异常"的文字信息提示。中央信息显示屏可以显示车辆的后侧和左前侧拍摄的图像，无法显示车辆的右前侧图像。

故障诊断　这里的俯视系统是指车辆的环视摄像机系统，包括两个安装在倒车镜下侧的侧视摄像机和安装在后备厢上面的后摄像机。侧视摄像机可以通过变速器选挡杆旁操作面板上的一个带有摄像机图案按钮启用，或者通过中央控制器操作中央信息显示屏（CID）启用。侧视摄像机功能启用后，只要车速低于 30km/h，在 CID 中就以分屏方式显示摄像机图像。两个侧视系统摄像机也通过 LVDS 数据导线将信号提供给 TRSVC（环视摄像机控制模块）。这些信号通过 F-BAS 导线继续发送至视频开关 VSW 和车辆信息计算机（CIC），CIC 通过 LVDS 导线将图像数据发送至 CID，图像数据在 CID 中显示。后部摄像机通过挂入倒车挡或操作选挡开关旁的 PDC 按钮来启用，信号传递途径和侧视摄像机相同，车速超过 20km/h 或向前行驶 20km/h 时停用后部摄像机。侧视摄像机安装位置和侧视系统功能如图 5-96 所示。

连接 ISID 进行全车诊断，读取相关故障内容为：CA98——LIN 总线故障，倒车摄像机；CA95——LIN 总线故障，左侧外后视镜摄像机；AB9C——右侧外后视镜摄像机未调

校；AB7F——右侧外后视摄像机，电流故障；ABA0——倒车摄像机未调校；AB9D——左侧外后视镜摄像机未调校；CA94——LIN总线故障，右侧外后视镜摄像机。根据读取的故障内容，好像3个摄像机都有故障，但实际车辆的左侧和后部倒车摄像机是可以通过CID显示所拍摄的图像的，无法正常显示右侧的图像。选择故障内容"AB7F——右侧外后视摄像机，电流故障"进行检测计划的分析判断，结果判断为右侧外后视摄像机故障。

故障排除　更换右侧外后视摄像机，故障排除。

图 5-96　侧视摄像机安装位置和侧视系统功能
1—侧视系统摄像机的分屏图像；2—左侧后视镜侧视系统摄像机的图像；3—右侧后视镜侧视系统摄像机的图像；4—车辆前部左侧图像；5—车辆前部右侧图像

九、宝马 728Li 停车距离报警系统工作不正常

故障现象　车主反映最近一段时间停车距离报警系统（PDC系统）过于灵敏，有时候只要挂入倒车挡，而周围并没有障碍物，该系统就会发出报警声。再有就是转动方向盘期间，该系统有时候也会发出报警声。

故障诊断　连接GT1诊断仪进行自诊断，选择E38底盘车型，对全车电控系统进行快速测试，完成后查看故障清单，在列表中没有找到PDC项目的故障信息。继续点击"控制单元功能"键，对PDC系统进行**故障诊断**，结果没有发现系统的诊断项目。这就是说，无法对PDC系统进行自诊断。结合维修经验，认为这种情况与车辆诊断系统的配置状况有关，即只有当某个系统出现故障时，车辆诊断系统才会显示该诊断项目及其相关信息。

考虑两种检修方案：一是人为设置故障（如拔掉某个元件插头），使PDC系统记录故障码，这样就能够进入PDC系统的自诊断菜单；二是通过常规的检查方法来查找故障原因，然后再采用对换法确认故障部件。采用第二种方案进行检查，启动发动机，在挂挡起步的过程中，发现换挡杆即使挂在P挡位，PDC系统也会发出短促的蜂鸣音，看来有可能是由某个超声波传感器探头脏污造成的。该车在前、后保险杠上各安装了4个超声波传感器，逐一用手触摸各超声波传感器探头表面，都能感觉到有微微的振动，说明至少在线路连接方面是正常的。另外在触摸每一个超声波传感器探头表面时，PDC系统都会发出频率更快的报警声，这似乎证明所有的超声波传感器都是良好的。

故障排除　经过综合分析，认为PDC模块的故障可能性最大。打开后备厢盖，在熔丝／

继电器盒后面找到 PDC 模块，它是一个白色塑料小方盒，上面有 3 个线束插座，分别为白色、黑色和黄色。将这 3 个插头拆下来，发现有轻微氧化现象。处理后安装 PDC 模块，试车，故障现象消失，检修工作结束。

故障总结　PDC 模块是车身总线的用户，在检测过程中，GT1 诊断仪搜索不到 PDC 模块，但能够搜索到车身总线的其他用户（模块），说明故障与总线通信无关，而与 PDC 模块性能电源线、地线、总线连接不良有关，或者是 PDC 模块本身损坏。

十、宝马 320i 倒车时 PDC（倒车雷达）蜂鸣器持续响起

故障现象　一辆宝马 320i，行驶里程约为 6.6 万千米，倒车时 PDC（倒车雷达）蜂鸣器持续响起。

故障诊断　启动发动机，挂入 R 挡，在前后 2m 左右无任何障碍物的情况下，倒车蜂鸣持续器长响。使用 ISID 诊断无故障码。

根据 PDC 电路（图 5-97）可知，倒车辅助系统由 PDC 模块、前后共 8 个超声波传感器、PDC 蜂鸣器、PDC 开关组成。超声波传感器感知前后各 2.5m 范围内的障碍物，当障碍物距离超声波传感器 25cm 时，PDC 模块控制蜂鸣器持续响起（当传感器表面有污物、湿气、冰雪时同样也可触发持续鸣响，所以传感器表面应保持清洁，不要用高压清洗设备直接喷洗传感器）。PDC 按钮信号由 IHKA 通过 K-CAN 传递给 PDC 模块，可开启或关闭蜂鸣器。

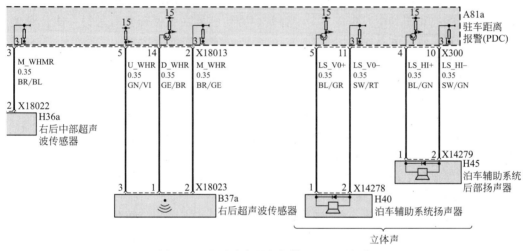

图 5-97　宝马泊车距离报警（PDC）电路

本着由简入繁的原则，根据故障现象与 PDC 工作原理，首先检查 8 个超声波传感器表面是否脏污、ISID 诊断是否有故障码。再根据经验，打开点火开关，将挡位移入 R 挡，用手指轻触超声波传感器，感觉是否有麻麻的感觉（有麻麻的感觉就证明该传感器处于工作状态）。通过以上检查均未发现问题，此时再使用 ISID 读取 PDC 模块的数据流，

很明显，故障点出在右前超声波传感器。在前后均无障碍物的情况下，右前超声波传感器感知距离为 24cm，正好符合"当障碍物距离超声波传感器 25cm 时，PDC 模块控制蜂鸣器持续响起"。另左前超声波传感器显示为 172cm，也可判定为故障传感器（正常值应为254cm）。

故障排除　更换右前、左前超声波传感器，故障排除。

故障总结　此案例告诉我们，应熟悉相关系统的工作原理与标准数据，再利用诊断设备

进行检查，便能快速找到故障点。

十一、2013 年款宝马 730Li 驻车制动报警

故障现象　一辆 2013 年款宝马 730Li，车型为 F02，行驶里程约为 4000km。用户反映车辆停放后再次启动，仪表中 EMF 黄色故障报警灯点亮报警，显示器中显示驻车制动失效，车辆可以正常行驶。

故障诊断　接车后首先通过 ISID 进行诊断检测，读取故障内容如下。480A0D——DSC：EMF，故障，车速信号。480526——驻车制动器按钮：功能照明灯电源供应。这里的 EMF 是指电动机械式驻车制动器，驾驶员可以通过拉动驻车制动按钮启用 EMF 驻车制动功能。此驻车制动器用作停车制动器。驻车制动器通过中央控制台中的驻车制动器按钮操作。驻车制动器用于确保静止的车辆不会自行移动。在发动机关闭时，EMF 承担驻车功能，通过伺服单元以电动机械方式拉紧。在发动机运转时，动态稳定控制（DSC）承担驻车功能，通过 4 个车轮制动器以液压方式拉紧。识别到驾驶员不在场（安全带触点和车门触点）时以机械方式拉紧。伺服单元固定在后桥架梁上。驻车制动器的伺服单元已防水密封，在售后服务时不能打开壳体。伺服单元由 EMF 控制模块、电动机、变速器以及力传感器等部件组成。

后部分电器为 EMF 供电（2 个总线端 KL.30）。拉线可通过电动机与法兰连接的传动机构进行电动机械式调整，此时拉线分别作用于一个锁止后轮鼓式制动器的扩张锁止器上。力传感器向 EMF 控制模块提供调节力信号。记录调节力是确保所需的制动力所必需的。在力传感器内（拉线终止于其中）集成了一个弹簧，力传感器在弹簧压紧时进行一次位移测量，此位移测量以霍尔效应为基础。

驻车制动器按钮位于中央控制台内，在选挡按钮（GWS）后面。驻车制动器按钮在手制动器操作逻辑中模拟：向上拉驻车制动器按钮驻车制动器激活；向下按驻车制动器按钮驻车制动器退出工作。

此外，DSC 还将以调频信号的形式，将处理后的车轮转速发送至 EMF（通过后轮转速进行测定）。此信号在一根单独的导线上传送，此信号对于识别车辆静止特别重要。ICM 控制模块将行驶速度发送至 EMF，还使用自动变速器的变速器输出转速进行可信度检查。

驻车制动器按钮上还有一个功能照明，该功能照明通过红色 LED 提醒驾驶员驻车制动器已接合，EMF 控制模块直接控制这个 LED。

查阅厂家的技术通函发现有相关的案例及解决方案，主题为"黄色 EMF 警告灯和检查控制信息"。生产日期介于 2013 年 6 月 28 日与 2013 年 10 月 2 日之间的 F02 车型，故障现象就是组合仪表中显示 EMF 的检查控制信息和黄色的警告。故障是由于 EMF 开关的内部设计改变造成的，对车辆制动系统的操作没有影响。通过诊断仪检查 EMF 和 DSC 控制模块中的故障码：EMF 存储有故障码"480526——驻车制动器按钮：功能照明灯电源供应"。DSC 存储有故障码"480A0D——DSC：EMF，故障，车速信号"。这辆车的故障现象、诊断测试的内容和此通函的故障现象、诊断内容一样。车辆的生产日期也在范围之内，所以确定为 EMF 开关故障。

故障排除　更换 EMF 开关后故障排除，删除故障存储，试车，黄色 EMF 警告灯和检查控制信息没有再次出现，故障排除。

第六章
宝马仪表及操作系统

第一节　仪表及操作系统

一、显示和操作元件简介

如图 6-1 所示，在宝马新 7 系上也采用宝马经典显示和操作方案。在此保留了 iDrive 的主要特点，例如分开显示和操作元件、直接在驾驶员前方分开行驶功能以及集成在车辆中部的舒适功能。

通过使中控面板朝驾驶员方向以及在方向盘上布置驾驶员辅助功能着重强调以驾驶员为本。此外，多功能方向盘 MFL 还可使驾驶员快速访问最重要的通信和娱乐功能。

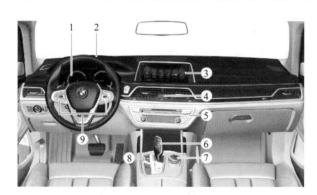

图 6-1　宝马新 7 系驾驶室部件布置
1—组合仪表；2—平视显示屏；3—中央信息显示屏；4—智能型安全按钮；5—暖风/空调/收音机操作面板；
6—选挡开关；7—控制器；8—驾驶体验开关；9—多功能方向盘

1. 中控台操作元件

设计方案注重清晰、理想的驾驶室布局，车内空间还采用了其他创新型操作元件。中央信息显示屏 CID 增加了触摸操控功能。通过触摸操控功能也可控制其他功能，例如暖风和空气调节。

还首次通过手势控制实现了功能应用。宝马新 7 系的一个全新操作元件是 BMW Touch Command，在此用可拆卸平板电脑（BMW Touch Command）取代了 F01/F02 的后座区控制器。中控台上的操作元件如图 6-2 所示。

2. 收音机操作单元

如图 6-3 所示，在宝马新 7 系引入全新设计收音机操作单元的同时，也对优选按钮进行了重新布置。在八个优选按钮中，有一个按钮预先分配了 Connected Drive 访问功能。可通过同时按下按钮 1 和 7 的方式来删除优选按钮占用设置。

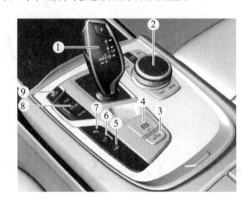

图 6-2　中控台上的操作元件

1—选挡开关；2—控制器；3—自动驻车；4—电动机械式驻车制动器；5—双车桥空气弹簧；

6—环视系统；7—驻车距离监控系统；8—驾驶体验开关；9—动态稳定控制系统

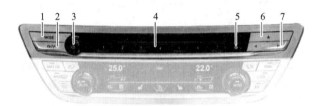

图 6-3　收音机操作单元

1—更换娱乐系统数据源；2—交通广播；3—打开/关闭、音量调节；4—优选按钮；5—Connected Drive；

6—CD/DVD 弹出按钮；7—更换电台/曲目

3. 触摸操控

图 6-4 概括了在宝马新 7 系上通过触摸式输入可控制哪些功能和应用。

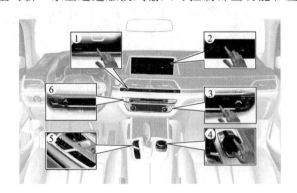

图 6-4　宝马新 7 系驾驶室触摸操控概览

1—暖风和空调分层［自选装配置四区调节式自动空调（SA 4NB）起］；2—触摸操控式中央信息显示屏；

3—暖风和空调操作面板［自选装配置四区调节式自动空调（SA 4NB）起］；4—带触摸式操作面板

的控制器；5—中控台上的按钮；6—收音机操作单元上的优选按钮

二、组合仪表

1. 总体介绍

在宝马新 7 系上使用一个基本型组合仪表和一个多功能仪表显示屏（SA 6WB）。无论是基本型组合仪表还是多功能仪表显示屏（SA 6WB）均带有一个 TFT 显示屏，可根据情况显示与驾驶员有关的信息。仪表型号不同时，显示屏尺寸也不同。这种灵活的信息显示方式可确保最高清晰度和舒适度，主要用于达到以下改善效果：

① 通过对相关功能进行理想布置并根据情况进行显示，尽可能避免驾驶员注意力分散；

② 通过根据行驶情况调节显示等级和设计改善驾驶体验；

③ 通过新型显示仪表的显示或功能（例如组合仪表内的图中图、地图视图）改善行驶舒适性。

2. 基本型

作为标准配置，宝马新 7 系采用带有两个模拟仪表的基本型组合仪表（燃油表和发动机温度表）。图 6-5 概括了宝马新 7 系基本型组合仪表的指示和警告灯。

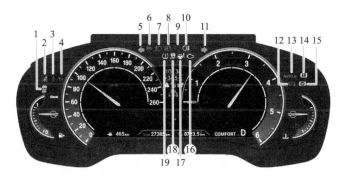

图 6-5   宝马新 7 系基本型组合仪表指示和警告灯

1—动态稳定控制系统已停用，动态牵引力控制系统已启用；2—车道偏离警告系统；3—安全带提醒；4—安全气囊警告灯；5—左侧转向信号灯；6—停车示警灯和/或近光灯已启用；7—前雾灯；8—远光灯辅助系统；9—远光灯；10—后雾灯；11—右侧转向信号灯；12—驻车制动器；13—自动驻车已启用；14—制动系统；15—防抱死制动系统 ABS；16—发动机功能；17—转向系统；18—动态稳定控制系统；19—轮胎压力监控系统

3. 多功能型

宝马新 7 系也可通过选装配置形式提供多功能仪表显示屏（SA 6WB）。如图 6-6 所示，指示和警告灯既包括显示屏上的图形显示，也包括固定式腔体灯。例如在显示屏内显示转向信号灯，在固定式腔体灯内进行危险报警灯显示。

三、平视显示屏

如图 6-7 所示，在宝马新 7 系上作为选装配置提供的全色平视显示屏（SA 610）可比上一代车型 F01/F02 的显示图像增大 70%（图 6-8）。图像增大为带有新功能并提供优质图像显示的平视显示屏 HUD 的新型显示和操作方案创造了平台。

在距离观察者眼睛约 2.4m 处可看到虚拟图像。新型 HUD 的控制和操作方式与上一代产品相同。平视显示屏通过 APIX 连接与组合仪表相连，平视显示屏亮度根据环境亮度进行调节，在此根据晴雨/光照/水雾传感器（RLSBS）数据进行控制，可通过控制器调节特性曲线（图像亮度与 RLSBS 输入信号）。此外还可通过滚花轮手动改变夜间模式亮度，可通过控制器专门调节图像位置和图像旋转。

图 6-6   多功能仪表显示屏指示和警告灯

1—停车示警灯/行车灯；2—防抱死制动系统 ABS；3—危险报警灯；4—后座区安全带提醒；5—安全带提醒；
6—车道偏离警告系统；7—安全气囊系统；8—左侧转向信号灯；9—前雾灯；10—远光灯辅助系统；
11—远光灯；12—后雾灯；13—右侧转向信号灯；14—转向系统；15—自动驻车；16—危险报警灯；
17—驻车制动器；18—动态稳定控制系统已停用/动态牵引力控制系统已启用；19—制动系统；
20—动态稳定控制系统；21—轮胎压力监控系统；22—发动机功能

1. 设置

图 6-7   平视显示屏

可自行设置平视显示屏的显示内容，如进行标准、简洁以及个性化设置。标准模式下，平视显示屏所有显示均启用。简洁模式下，将平视显示屏显示减至必要内容。个性化模式下，平视显示屏所有显示均启用。

2. 信息显示

如图 6-9 所示，在平视显示屏（SA 610）内可显示各种有助于确保交通安全性和行驶舒适性的内容。其中包括以下显示：欢迎屏幕；辅助系统（具有停车和起步功能的主动定速巡航控制系统，限速，超过限速时发出警告，动态定速巡航控制系统，堵车辅助系统，交通标志识别，包括禁止超车显示，前方道路预测辅助系统，限速辅助，夜视系统，行人警告以及碰撞警告）；检查控制信息；导航系统［扩展型转弯提示（动画），导航警告提示］；列表（娱乐系统，通信系统，语音处理系统）；驾驶模式；展示模式。平视显示屏系统电路如图 6-10 所示。

(a) F车型系列投射图像   (b) 宝马新7系投射图像

图 6-8   HUD 显示尺寸比较

图 6-9   平视显示屏显示

3. 售后服务

可通过控制器在车辆平视显示屏上进行打开/关闭平视显示屏、图像内容设定、高度设置、图像亮度以及旋转设置等方面的设置。售后服务部门可通过宝马维修车间信息系统进行图像几何校正。

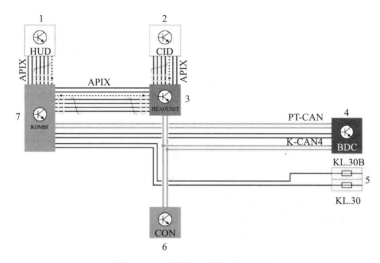

图 6-10　平视显示屏系统电路

1—平视显示屏 HUD；2—中央信息显示屏 CID；3—Headunit；4—车身域控制器 BDC；
5—保险丝；6—控制器 CON；7—组合仪表 KOMBI

四、控制器

如图 6-11 和图 6-12 所示，控制器 CON 仍是中央操作元件。控制器带有七个直接切换按钮和一个触摸式操作面板，直接切换按钮的布置方式经过相应调整或采用全新设计。

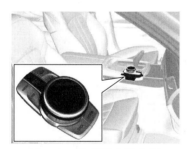

图 6-11　控制器安装位置

图 6-12　控制器

RADIO 和 MEDIA 功能集成在一个 MEDIA 按钮内。NAV 按钮的新特点是分为一个MAP 按钮和一个 NAV 按钮。双击 MENU 按钮时会在中央信息显示屏 CID 内打开一个优选列表，其中包含上次所选的菜单。

MENU 按压一次：主菜单。按压两次：优选。COM：通信系统。MEDIA：媒体/收音机。NAV：目的地输入菜单。MAP：导航地图。BACK：上一个显示板。OPTION：选项菜单。

1. 触摸操控

如图 6-13 所示，在宝马新 7 系上取消了触控盒TBX 控制单元，在 Headunit 内通过触摸式操作面

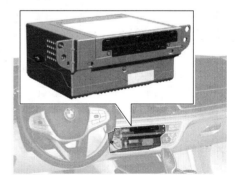

图 6-13　Headunit High

板输入的字符进行识别。

2. 操作方式

（1）优选　如图 6-14 所示，优选功能可为用户更便捷地操作上次所选的菜单。需要调出优选功能时必须按压控制器上的 MENU 按钮两次（双击），最多可显示 20 个上次所选的菜单。

（2）MAP　按压控制器上的 MAP 按钮时会直接打开导航地图（图 6-15），进行例如目的地输入时仍通过 NAV 按钮调出导航主菜单。

图 6-14　优选

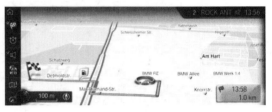

图 6-15　导航地图

五、中央信息显示屏

12.3in 中央信息显示屏 CID 已在标配状态下带有触摸操控功能，因此成为与控制器同等重要的操作仪表。CID 的分辨率为 1440×540 像素。

1. 显示

如图 6-16 所示，宝马新 7 系的操作界面采用全新设计，在此用图板方式取代了列表式布置方式，这样主要便于通过触摸操控进行选择。

图 6-16　中央信息显示屏主菜单

主菜单包含媒体/收音机、通信系统、导航系统、Connected Drive、我的车辆以及通知等菜单选项。

2. 触摸操控

CID 触摸操控功能已包含在宝马新 7 系标准配置中。后座区娱乐系统的显示屏不带触摸操控功能，可通过遥控器或 BMW Touch Command（SA 6U9）来控制选装配置后座区娱乐系统。

（1）识别　为了更加便捷地进行触摸操控，手部靠近时主菜单内的图形符号会变大，各菜单的所列项目也会突出显示以便操作。如图 6-17 所示，为了识别靠近 CID 的手部，在 CID 壳体左右两侧均装有可探测靠近情况的红外线传感器。

如果车辆已带有选装配置手势控制（SA6U8），就会通过手势摄像机探测手部靠近 CID 的情况。此时 CID 内的红外线传感器停用，从而避免相互干扰。电话触摸式输入只能用手指而非物体来操作触摸式操作面板。

（2）主菜单　如图 6-18 所示，可通过左上角

图 6-17　CID 包括红外线 LED

的主页符号返回主菜单，就像通过控制器 MENU 按钮返回一样。操作按钮两次可打开优选视图。

图 6-18　触摸操控主菜单

六、手势控制

通过手势控制（SA 6U8）实现了功能应用。可通过在选挡开关与仪表托架之间定向移动来轻松执行例如在目的地引导处输入家庭地址等功能。

1. 摄像机

（1）结构　如图 6-19 所示，手势摄像机是一个 TOF 摄像机，集成在车顶功能中心 FZD 内。如图 6-20 所示，TOF 摄像机具有非常灵敏的识别度，因此最适于进行手势识别或控制。TOF 摄像机的基本工作原理与雷达或回声探测仪类似，发送信号并记录周围环境的反射信号。采用这种摄像机时会将光波前传输至空间深处并针对传感器的每个像素测量光从该点返回所需的时间，通过"飞行时间原理"进行时间测量。手势摄像机采用脉冲调制方式，进行脉冲调制时会发出一个较短光脉冲，同时开始测量时间。

图 6-19　带手势摄像机的车顶功能中心 FZD
1—手势摄像机

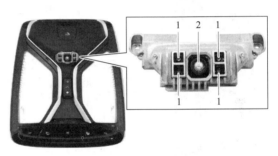

图 6-20　手势摄像机
1—红外线 LED；2—光学元件

（2）功能　如图 6-21 所示，四个红外线 LED（与电视遥控器类似）以脉冲形式照明手势互动区域。手势摄像机识别出所照明场景的反射光线，并根据光飞行时间的时间差计算出摄像机与反射物体的距离。由此，除像素亮度值外还可确定与摄像机的距离。通过该技术可产生一张最终用于手势识别的 3D 图。图 6-22 展示了手势摄像机记录的内容。在此可以明显看到一只手正在做出手势。

（3）探测范围　如图 6-23 所示，手势摄像机的探测范围从方向盘、中央信息显示屏 CID 一直延伸至手套箱。不要近距离（不足 7cm）直视红外线 LED，这样会导致眼睛受伤。

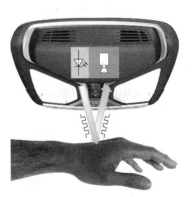

图 6-21　手势摄像机功能

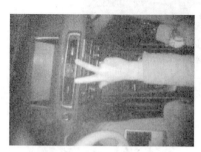

图 6-22　手势摄像机视图　　　　　图 6-23　手势摄像机探测范围

2. 操作

可通过控制器对手势控制进行个性化设置或者接通和关闭（表 6-1）。在此对可选手势进行了相应限制，从而确保有效的手势识别以及良好的客户认可度。

表 6-1　不同手势代表的功能

手势	操作	功能	手势	操作	功能
	朝控制显示 CID 屏幕方向前后移动食指	接听电话；确认检查控制信息		向前伸出食指沿逆时针方向用手部画圆。大约经过一个圆周动作后便可识别出手势	降低音量
	沿控制显示 CID 宽度方向朝前乘客侧移动手部	拒接电话；关闭弹出窗口		拇指和食指捏在一起，沿水平方向左右移动手部	环视系统：转动摄像机视图
	向前伸出食指沿顺时针方向用手部画圆。大约经过一个圆周动作后便可识别出手势	提高音量		向前伸出食指和中指	可个性化设置的手势

可将目的地引导至家庭地址、静音切换、上次所用的菜单、下一曲目/电台、上次拨打的电话、通知以及关闭中央信息显示屏 CID 等功能分配给可个性化设置的手势。手势摄像机系统电路如图 6-24 所示。车顶功能中心 FZD 将探测到的手势发送至 BDC，BDC 再通过 OABR 以太网连接将数据传输至 Headunit。

在某些情况下手势识别可能会受到干扰，如摄像机镜头被遮挡、摄像机镜头有污物、在识别范围以外做出手势、戴有手套或装饰物以及在车内吸烟。

七、遥控器

宝马新 7 系标配两个遥控器，每个遥控器都有一个可更换电池。根据车辆配置和国家规格，客户可针对遥控器不同操作按钮功能进行个性化设定。

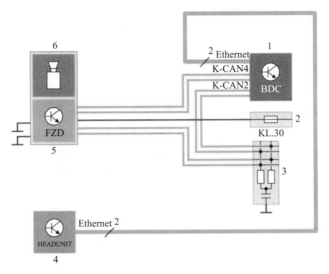

图 6-24　手势摄像机系统电路

1—车身域控制器 BDC；2—熔丝；3—CAN 终端电阻；4—Headunit；

5—车顶功能中心 FZD；6—手势摄像机

1. 应急识别

如果遥控器的发射应答器与车辆之间出现传输问题进而无法建立行驶准备，在此情况下可提供"应急识别功能"。通过一条检查控制信息提醒客户未识别出遥控器。

如图 6-25 所示，出现相应检查控制信息时，将遥控器保持在转向柱标记处，之后立即（在约 10s 内）踩下制动器并按下 START-SROP 按钮。

图 6-25　遥控器应急识别

通过该功能可在遥控器电池放电情况下建立行驶准备。应急识别功能既可用于遥控器，也可用于显示屏钥匙。显示屏钥匙的发射应答器位于背面大约上锁按钮高度（宝马徽标）处。

2. 显示屏钥匙

宝马新 7 系通过选装配置形式提供的显示屏钥匙取代标准遥控器。显示屏钥匙将遥控器、识别发射器、驻车暖风无线连接以及触摸显示屏集成在一把钥匙上。

（1）结构　如图 6-26 所示，该显示屏为 320×240 像素分辨率的 2.2inLCD 大彩色显示屏，通过划动和触摸手势操作显示屏。宝马新 7 系带有选装配置驻车暖风或辅助系统"遥控驻车"时，就会自动随车提供一把显示屏钥匙。

在供货范围内用带有一把附加机械钥匙的宝马显示屏钥匙取代了标准遥控器，使用显示屏钥匙时应一同携带机械钥匙。显示屏钥匙支持标准遥控器的所有功能，但不带集成式钥匙。

此外还可调出不同状态，客户可了解其车辆信息（例如可达里程），还可控制其他应用程序（例如"遥控驻车"功能）。针对显示屏钥匙采用了特定车辆设置，例如日期和时间、语言或单位，在显示屏钥匙上最多可显示 27 种语言。在钥匙上，最多分为 5 个主菜单，主

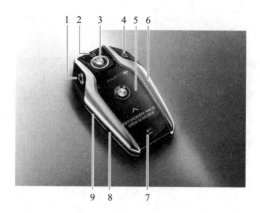

图 6-26 显示屏钥匙

1—打开/关闭后备厢盖；2—开锁；3—上锁；4—可编程按钮；5—显示屏；6—停车入位辅助；
7—返回；8—接通/关闭显示屏；9—Micro USB 充电接口

菜单又分为不同子菜单。如可以显示如图 6-27 所示可达里程信息，图 6-28 所示停车入位辅助信息等。

图 6-27 可达里程显示
1—可达里程状态

(a)停车入位辅助 (b)与车辆建立连接

图 6-28 停车入位辅助显示

只有带有选装配置遥控驻车时才提供停车入位辅助按钮。停车入位辅助功能可通过宝马显示屏钥匙上的图形说明引导用户完成驻车过程。驻车过程中断时会在此显示不同故障和信息通知。

（2）作用范围　在车辆周围约 50m 范围内可使用所有钥匙功能。钥匙离车辆越远，可使用的功能就越少。

（3）电池充电　与标配遥控器不同，显示屏钥匙带有一个充电电池。显示屏钥匙电池电量降低时，就会自动关闭显示屏。在电池完全放电前可一直保持标准按钮功能。为了提高电池运行时间，可完全关闭显示屏，为此按住侧面的打开/关闭按钮 4s 以上。

如图 6-29 所示，可将显示屏钥匙以上锁按钮朝上的方式放入无线充电盒槽内或者通过左侧 Micro USB 接口将显示屏钥匙与一个 USB 接口（充电接口）连接，这两种不同方式都可为显示屏钥匙的电池充电。

图 6-29 无线充电盒

注意：在无线充电盒内也可为智能电话进行充电，但充电时只允许有一样物品在无线充电盒内。

通过无线充电盒上的一个 LED 显示充电状态或故障通知。无线充电盒的不同显示说明其充电状态：蓝色表示正在为设备充电，橙色表示没有为设备充电，红色表示充电故障。

第二节　仪表及操作系统维修案例

一、2009 年款宝马 730Li 启动时仪表黑屏

故障现象　一辆 2009 年款宝马 730Li，车型为 F02，行驶里程约为 8 万千米。驾驶人反映车辆启动时仪表偶尔出现黑屏的现象，并且仪表黑屏时发动机立即熄火，故障出现没有特定的规律。

故障诊断　接车后首先验证驾驶人反映的故障现象，前几次启动发动机时车辆能正常启动，后经过多次测试实验，驾驶人反映的故障现象终于出现，启动后发动机自动熄火，仪表黑屏。观察到故障发生的时候，感觉像发动机运行过程瞬间突然断电。连接 ISID 进行诊断检测，读取和发动机相关的故障内容为 930732——起动机运行时有发动机启动故障：继电器搭接片。

查看故障码的说明，如表 6-2 所示。

表 6-2　930732 故障码说明

故障描述	通过回读进行导线测量：回读电平 > 阈值高，一旦总线端控制关闭总线端 KL.15，便记录该故障
故障识别条件	总线端 KL.15 接通
故障码记录条件	3s 后生成故障记录
保养措施	检查启动继电器的功能，如有必要，更新继电器或 CAS 如果继电器正常，则检查起动机供电电压，必要时进行更新 如果起动机供电电压正常，则单独检查起动机功能，必要时更新
故障影响和抛锚说明	起动机转动，尽管缺少控制（车辆可能蹿跳），点火开关仍然熄灭，即总线端 KL.15 自动断开，车辆启动之后，通过按压按钮，起动机继续转动，发动机熄火

选择故障内容执行检测计划，维修措施指引和故障码说明的维修保养措施一致，如下：

① 检查启动继电器的功能，如有必要，更新继电器或 CAS；

② 如果继电器正常，则检查起动机供电电压，必要时更新；

③ 如果起动机供电电压正常，则单独检查起动机功能，必要时进行更新。

通过点击启动/停止按钮可开始车辆启动，通过总线端 KL.30 为直流机供电。如果发动机已启动，将抑制起动机小齿轮处的超越离合器，起动机小齿轮则由飞轮驱动。基于起动机小齿轮和齿圈之间的大传动比（约 15∶1）可能导致起动机损坏，接着起动机小齿轮将自动停止。

起动机直接连接到总线端 KL.30 和总线端 KL.50L。CAS 控制单元或 FEM 控制单元或 BDC 控制单元通过总线端 KL.50L 控制启动继电器，该启动继电器是继电器和电磁铁的组合件。启动继电器具有两个线圈：吸引线圈和保持线圈

起动机工作时，两个控制线圈控制活动铁芯使启动齿轮与飞轮齿圈啮合。如果电磁开关关闭，将通过总线端 KL.30 为直流电机提供电压。同时，由于关闭电磁开关，移入线圈将短路，仅能通过吸持线圈保持电磁开关。如果发动机已启动，吸持线圈将不通电换挡。因此

打开电磁开关，蓄电池和直流电机之间的电路已中断。车辆启动控制电路如图 6-30 所示。

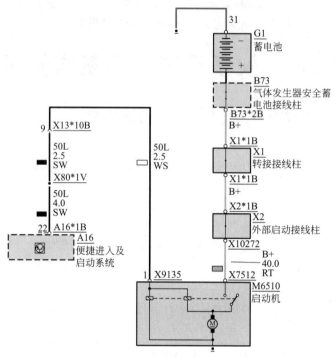

图 6-30　车辆启动控制电路

接下来在启动状态下测量 KL.50L，正常时，发动机启动时电压为 12V，成功启动后电压变为 0。若自动熄火及仪表熄灭，发动机启动时电压为 12V，成功启动后变为 8～9V，然后熄火。在故障详细说明中可以看到这句话"通过回读导线进行测量：回读电平阈值高"。根据前面起动机工作原理分析，CAS 通过 KL.50 控制起动机启动和关闭。当发动机启动后，CAS 通过总线信息已经知道发动机成功启动并正常工作，所以会断开 KL.50 控制，结束起动机工作。

如果 CAS 断开 KL.50 的控制，那么这根线是不应该有电的，如果这个时候这条线仍然有电，则会记录故障信息。故障的可能原因为起动机故障、CAS 内部故障、控制线路故障几个方面。

故障排除　测量线路对地、正极、导通均正常，无短路现象，可排除线路故障。故障现象不是一直存在，偶然出现，属于偶发性故障，故障不出现的时候什么都是好的，正常启动的时候 CAS 都能正确输出控制信号，CAS 坏的概率较低。故障码指向比较明确，而且经过分析，起动机吸合接触片如果不回位则能解释得通此故障现象。判断为起动机继电器的搭接片机械故障，导致无法回位，CAS 识别到 KL.50 有反馈电压，将电源都断开起保护作用，更换了起动机，多次试车测试，故障现象没有再次出现，故障排除。

维修总结　便捷进入及启动系统（CAS）或前部车身电子模块（FEM）或车身域控制器（BDC）通过总线端 KL.50L 将电压接通到启动继电器，借助启动继电器和中间轴，或者行星齿轮变速器，将通过飞轮齿圈干预起动机小齿轮。在起动机小齿轮啮合后，将以启动转速从起动机的直流电机中转出发动机曲轴。

二、2013 年款宝马 X1 遥控器功能失效

故障现象　一辆 2013 年款宝马 X1，车型为 E84，行驶里程约为 9000km。驾驶人反映

车辆的两把遥控器同时失效，距离车辆稍微远一点，不能进行遥控开锁或者闭锁。站在车辆旁边，遥控器功能又会偶尔正常。

故障诊断　接车后首先验证驾驶人反映的故障现象，直接在车辆的后边操作遥控器，车辆的开锁或者闭锁功能偶尔可以使用，距离车辆超过 2m，开锁或者闭锁功能立即失效，一直无法正常使用。连接 ISID 进行诊断检测，车辆的便捷上车及启动系统没有相关的故障存储。添加检测计划，系统分析建议检测择优多项式天线供电、接地是否正常。便捷进入及启动系统控制电路如图 6-31 所示。

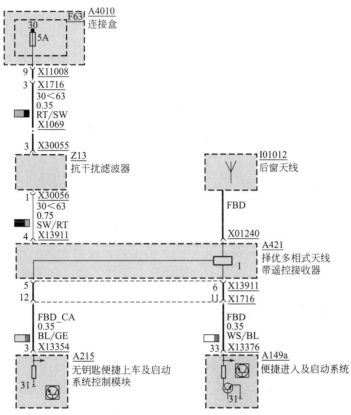

图 6-31　便捷进入及启动系统控制电路

择优多项式天线接收器安装在后备厢玻璃的上部。拆卸后备厢背面的饰板，结果发现饰板内有很多玻璃碎片，很显然后部玻璃更换过。继续检查，发现玻璃上部的加热线没有连接，连接车身的部分被剪切断掉，并且玻璃上没有遥控器天线的连接插头的线束，择优多项式天线接收器上的插头（X01240）空着。仔细对比还发现，玻璃上缺少天线，如图 6-32 所示。很显然，这不是原厂标准的玻璃。再次询问驾驶人，驾驶人才告知，前几天玻璃被人敲碎，为了图便宜更换了一块玻璃。正厂的规范玻璃上带有天线（收音机的 FM/AM 天线、择优多项式天线接收器天线），并且在图 6-32 标示的位置有一段导线（连接择优多项式天线接收器），所以车辆的故障便是后部玻璃上没有安装遥控器的天线引起的。

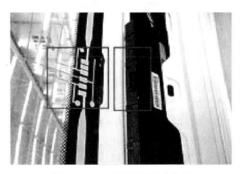

图 6-32　玻璃安装天线位置

故障排除　更换原厂的后部玻璃，故障排除。

维修总结　遥控器发送的信号由择优多项式天线接收器接收和解调,在信号处理后将数据传输至 CAS 用于分析。CAS 对遥控器的信号进行识别,如果信号合法则控制开锁或者闭锁。

三、2010 年款宝马 325i 遥控钥匙无法锁车

故障现象　一辆 2010 年款宝马 325i,车型为 E90,配置 N52 发动机,行驶里程为120892km。遥控钥匙无法锁车。

故障诊断　根据驾驶人描述试车,使用遥控器进行上锁、解锁,结果无法执行,后备厢盖也无法自动打开。使用仪表台中控锁按键开锁和上锁正常,车辆可以正常启动,同时询问驾驶人得知该车仅剩下这一把钥匙。

连接 ISID 进行诊断,并没有发现与该故障有关的故障码,由于遥控开锁涉及的部件比较多,决定从遥控器的控制原理进行诊断。

查阅相关资料得知,遥控器的无线信号走向为遥控器→天线→择优多相式模块通过遥控服务信号线→CAS 通过 CAN 数据线→JBE→各个门锁块。当然该款车 JBE 还需从 FRM 中获得主驾驶门锁状态才能执行动作(主驾驶门必须是关闭状态方可锁车)。由于我们使用仪表台中控锁开关可以打开和关闭车门,那么 JBE 肯定可以接收到来自 FRM 的主驾门打开/关闭的状态。为了验证,我们通过诊断仪读取驾驶人侧车门的开关数据流,与车门开与关的状态相符合。至此可以排除 FRM、JBE、四门锁块及其线路故障,将范围缩小到 CAS 以上的部件。分析可能引发上述故障的原因有:遥控器自身故障;天线故障;择优多相式模块及其线路故障;遥控服务信号线故障;CAS 及其线路故障。

由于只剩下一把遥控器,故不能使用替换法做实验。该车的遥控器电池为着车后自充

图 6-33　频率测量

电,故无须更换,而且电池也无法取出测量,若强行取出可能会损坏遥控器。为保险起见,我们找来钥匙频率检测仪测量钥匙的频率,按下遥控器任一按键时检测的频率与钥匙标注频率相同,如图 6-33 所示,由此基本可以排除遥控器自身故障。

查询并依据电路图(图 6-34)继续检查天线线路,未见异常。测量择优多项式模块到 CAS 的遥控服务信号线的电压为 4.8V(此款车正常电压为 5V 左右),说明此时该电压正常。当按下遥控器任一按键时,未见电压波动,正常车辆则可以下降到 4.2 左右(当然此信号应该用示波器测量更为准确)。到此可以基本确定车辆根本没有接收到遥控钥匙的信号。

检测择优多相模块的供电和接地,发现该模块没有 12V 供电,紧接着测量熔丝 F63,发现此处 5A 的熔丝熔断,更换该熔丝后遥控器正常,反复测试未见异常。

交车两天后车主再次进店报修该故障,检查发现该熔丝再次熔断,是择优多相模块有问题,还是其线路有问题呢?查看电路图未发现与该模块有共用熔丝的元件,仔细检查熔丝到择优多相式模块的红紫色供电线路,发现故障点,如图 6-35 所示。

故障排除　更换熔丝,修复破损线束。

维修总结　该车故障是由于择优多相模块的供电线束意外破损,造成在行驶过程中接地短路烧坏了熔丝,造成遥控器无法使用。遇到熔丝烧坏的车辆,应该仔细检查其烧坏原因,避免重复维修。同时我们更应该借助设备科学地检测相关部件的好坏,避免走弯路。

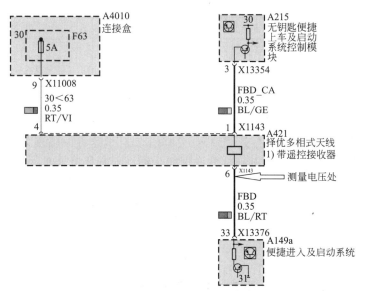

图 6-34　便捷进入及启动系统电路

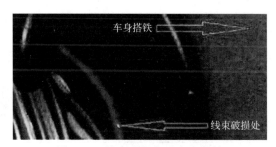

图 6-35　线束破损位置车身搭铁

四、2013 年款宝马 320Li 中央信息显示器有时候黑屏

故障现象　一辆 2013 年款宝马 320Li，车型为 F35，行驶里程约为 2000km。驾驶人反映车辆中央信息显示器有时候会突然变成黑屏。

故障诊断　接车后发现驾驶人反映的故障现象当前存在，中央信息显示器还处于黑屏状态。车辆的音频系统可以正常播放声音。在和驾驶人验证故障现象时发现车辆的空调一直没有开启，驾驶室内的温度很高，在征得驾驶人的同意后开启车辆的空调制冷功能。随着驾驶室内的温度逐渐下降，中央信息显示器闪烁了几下，然后就自动打开显示正常的菜单画面。显示器的黑屏和车内的温度有关联。

接下来连接 ISID 进行诊断检测，读取和车辆相关的故障内容为 "B7F8C6 CID——由于温度过高亮度下降"。查看故障码细节描述，如表 6-3 所示。

表 6-3　故障码 B7F8C6 说明

故障描述	该故障码存储记录表示因温度过高而造成驾驶人可察觉的功能限制。如果中央信息显示器温度较高，便会令亮度降低。亮度降低是中央信息显示器的一项保护功能。在温度降低后(例如车辆在背阴处或空调器运行)，将重新恢复正常功能。中央信息显示器将区分以下温度范围:不超过 75℃,正常运行;75～92℃,逐渐降低背光照明;超过 92℃,全部关闭。在背光照明激活后,将进行周期性探测

故障识别条件	供电电压介于 9～16V。总线端 15 接通
故障码存储记录条件	设置 40ms，复位 1600ms
保养措施	非 CID 故障，当车外温度较高或强烈的阳光暴晒后可能出现该故障
故障影响和抛锚说明	温度过高时 CID 变暗

CID 保持黑屏，一般发生在如 CID 上温度过高时（例如停车时太阳照射过于强烈），故障原因是过热保护性关闭，记忆存储故障码 B7F8C6。对于这种故障现象更换零件不能解决问题，这是 CID 的保护功能。温度降低后（例如车辆不停在阳光下或运行空调），功能将重新恢复正常。

故障排除　向驾驶人解释故障现象产生的原因，建议车辆停车时避免太阳光直接照射中央显示器，合理使用车辆的空调制冷功能后，故障现象便没有再次发生过。

维修总结　由故障码细节描述可知，这是车辆中央信息显示器 CID 的一种自我保护功能。

五、2004 年款宝马 7 系车钥匙无法拔出

故障现象　一辆 2004 年款的宝马 7 系车，车型为 E66，搭载型号为 N62 的发动机，行驶里程约为 17 万千米，因钥匙无法拔出而进厂检修。据驾驶人反映，故障发生时，钥匙无法拔出，且中央显示屏会出现"发动机关闭时变速器挡位 P 自动挂入"的故障提示信息。

故障诊断　接车后试车验证故障现象，故障现象并未出现。连接故障检测仪调取故障码，读得的故障码为"0051ACEGS——便捷进入及启动系统的信息（钥匙插入识别传感器）缺失"（图 6-36）。

扩充的故障类型 当前不存在故障 不可信信号数值 故障不会警示灯亮起 环境条件		
条件	第一条故障记录	最后一条/高频故障记录
里程数	170045km	
频率	50	
CAN S按钮状态	无故障	无故障
CAN点动按钮状态	无故障	无故障
串行导线位置状态	无故障	无故障
CAN位置状态	无故障	无故障
驾驶员侧车门状态	无故障	无故障
车辆识别钥匙已锁上状态	无故障	无故障
CAN总线端KL.15状态信号	故障或替代值	故障或替代值
蓄电池电压	无故障	无故障
点火开关状态	12.4V	11.52V
	Zuandung ALS	Zuandung EN

图 6-36　读得的故障码

经过反复试车，故障现象出现，中央显示屏显示"发动机关闭时变速器挡位 P 自动挂入"。分析可知，造成钥匙在点火开关内无法拔出的原因无非有两个方面：一方面是 P 挡信号存在问题，系统没有接收到换挡杆挂入 P 挡的信号，则会控制钥匙无法拔出点火开关；另一方面则是钥匙插入识别存在问题。虽然从现象上看都是钥匙无法被拔出，但这两者是有本质区别的，可以通过数据流和相应的故障码进行明确判断。

用故障检测仪读取无钥匙进入及启动系统（CAS）控制单元内相关数据流（图 6-37），

发现钥匙明明插在点火开关内，系统却无法显示钥匙编号，而是显示钥匙不在点火开关内，且霍尔传感器弹出盒的状态也始终显示为"关闭"。由此可以确定，钥匙插入识别存在问题。

故障排除　更换集成有钥匙卡槽的 CAS 控制单元后试车，故障现象未再出现，于是将车交还给驾驶人。2 周后进行电话回访，确认故障排除。

维修总结　宝马 7 系车的点火开关按钮和钥匙卡槽与 CAS 模块集成于一体。

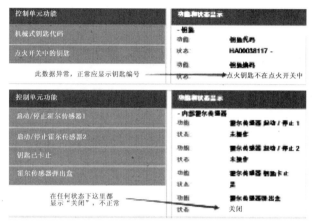

图 6-37　CAS 控制单元内异常的数据流

六、2019 年款华晨宝马 5 系遥控钥匙失效

故障现象　一辆 2019 年款华晨宝马 5 系（G38），底盘号为 SP46796，搭载 B48（4 缸 2.0L）发动机，该车遥控钥匙不起作用，便捷启动也失效，必须将钥匙贴近方向盘下方才能启动发动机。

故障诊断　接车后首先验证故障现象，车主所描述的故障现象属实。按下启动按钮后，仪表台显示"将遥控钥匙对准转向柱"的提示信息。

对故障现象进行分析，与故障相关的部件可能包括遥控钥匙、天线、FBD、点火按钮等。如果只考虑遥控钥匙不起作用这单一故障，可基本排除天线和点火按钮的因素，可能的故障原因有遥控钥匙或 FBD 故障。测量遥控钥匙电池电压为 3.1V 左右，在正常范围之内，目测遥控钥匙，未发现进水或腐蚀等异常现象。连接 ISTA 诊断仪，系统内未存储相关的故障信息。

由于当时手头只有一把遥控钥匙，无法快速判断是遥控钥匙故障还是 FBD 相关故障。另外，由于系统内没有存储相关的故障信息，笔者只好尝试拔下 FBD 供电熔丝后，重新连接 ISTA 诊断仪，系统依旧没有存储任何故障信息。此时要考虑到一个因素：是否存在 FBD 相关故障无法被识别或被记录的可能？

对遥控钥匙和遥控接收器执行 ABL 操作，可以看到遥控接收器显示未应答（图 6-38）。

根据故障车型遥控系统电路图（图 6-39），断开 BDC 侧的 8B 插头，分别测量 K-CAN7 的 39 号和 40 号端子的对地电压，均为 11V 左右，且按下遥控时电压无变化。由此可见，此处电压存在异常。拔下 F244 熔丝，再次测量 K-CAN7 的 39 号和 40 号端子的对地电压，均为 0，说明之前所测得的电压是由 FBD 提供的。

根据上述检测，CAN 总线上的电压接近电源电压，这是不是由于 FBD 接地线断路导致供电电压直接流向 CAN 总线？为了验证上述假设，拆检后部盖板，发现 FBD 线路上的接地线已断开（图 6-40）。

故障排除　对 FBD 接地线重新进行包扎处理后，该车故障被彻底排除。

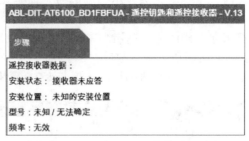

图 6-38 对故障车的遥控钥匙和遥控接收器执行 ABL 操作

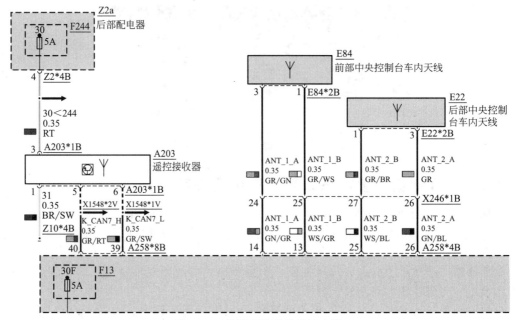

图 6-39 故障车型遥控系统电路

图 6-40 故障车 FBD 线路上的接地线已断开

和接收器执行 ABL 进行初步判断。

维修总结 通过本案例，有以下几点体会。

① FBD 只对原车遥控钥匙做出响应，也只有用原车钥匙才能测出波形的变化。

② FBD 相关线路出现故障时，系统可能不存储故障信息。

③ 用原车遥控钥匙进行操控时，FBD 可以单独响应并通过 K-CAN7 做出波形变化。

④ 拔下 BDC 的 8B 插头测量 FBD 侧 K-CAN7 的电压，不工作时高低线的电压均为 0，操作遥控时的电压应为正常 CAN 线波形电压。

⑤ FBD 是否存在故障，可通过对遥控钥匙

第七章
宝马空调系统

第一节　空调系统结构

一、空调结构分区

1. 结构

采用新开发的暖风和空调器，根据配置情况最重约为 11.5kg。首次采用新型制冷剂 R1234yf。由一个集成在空调器内的无电刷鼓风机电机通过两个微尘滤清器向车内空间供给车外空气，可通过右侧脚部空间接触到微尘滤清器和鼓风机电机。在暖风热交换器前装有一个电气辅助加热器，可辅助调节车内空气。IHKA 控制单元插装在暖风和空调器内，在此不通过螺栓连接而是仅通过左侧和右侧滑动条导向并通过一个可从下方按压的压板进行固定。

在宝马新 7 系上提供三种型号的自动恒温空调 IHKA。从技术角度，空调系统分为不同区域（例如驾驶员、前乘客、后座区）。第一个数字表示可分别调节的温度设置，第二个数字表示可单独调节空气量的区域。带有选装配置 4/3 区和 5/6 区 IHKA 时，针对驾驶员和前乘客在两个温度调节器之间装有一个带触摸式表面（触摸式操作面板）的全色显示屏。

2. 空调区域

3/2 区 IHKA 结构如图 7-1 所示，4/3 区 IHKA 结构如图 7-2 所示，6/5 区 IHKA 结构如图 7-3 所示。

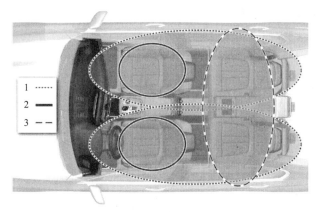

图 7-1　3/2 区 IHKA 结构

1—驾驶员侧/前乘客侧空气量调节；2—驾驶员/前乘客温度调节；3—后座区温度调节，仅限分层

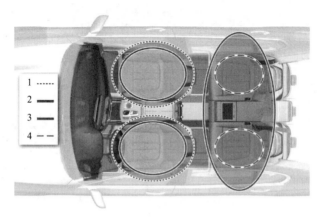

图 7-2　4/3 区 IHKA 结构

1—驾驶员/前乘客空气量调节；2—驾驶员/前乘客温度调节；3—后座区
空气量调节；4—后座区左侧/右侧温度调节

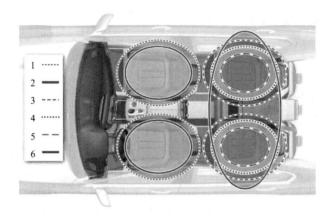

图 7-3　6/5 区 IHKA 结构

1—驾驶员/前乘客空气量调节；2—驾驶员/前乘客温度调节；3—车顶左侧/右侧后部空调系统空气
量调节；4—车顶后部空调系统温度调节；5—后座区左侧/右侧温度调节；6—后座区空气量调节

3. 操作元件

以 3/2 区 IHKA 为例对区域划分进行说明。第一个数字表示不同温度区，整个乘员区
可进行三种不同设置。第二个数字表示不同空气量调节方式，整个乘员区可进行两种调节。
该 IHKA 型号称为 2.5 区 IHKA。其他空调配置型号见表 7-1。

表 7-1　其他空调配置型号

参数	3/2 区 IHKA	4/3 区 IHKA	带后部空调系统的 6/5 区 IHKA
温度	前部:左侧/右侧 后部:中间,仅限分层	前部:左侧/右侧 后部:左侧/右侧	前部:左侧/右侧 后下方:左侧/右侧 右上方:左侧/右侧,通过分层
空气量	前部:左侧/右侧 后部:无	前部:左侧/右侧 后部:中间,共同用于左侧/右侧	前部:左侧/右侧 后下方:中间,共同用于左侧/右侧 后上方:左侧/右侧

参数	3/2 区 IHKA	4/3 区 IHKA	带后部空调系统的 6/5 区 IHKA
驾驶员/前乘客操作面板	 标准型操作面板,不带触摸操控功能	 触摸式操作面板	 触摸式操作面板
后座区操作面板	 标准型后座区操作面板,仅限分层	 后座区操作面板	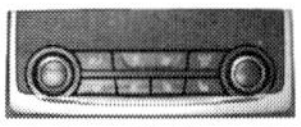 后座区操作面板  后部空调系统操作面板

4. 系统结构

以 6/5 区 IHKA 为例,图 7-4 展示了车上各组件的安装位置。

二、冷却液循环回路

如图 7-5 所示为车内暖风冷却液循环回路。根据发动机型号,管路铺设方式有所不同。横截面也随发动机相应调整。在所有车型上冷却液管路和制冷剂管路始终在车辆左侧通过侧围板引入车内。

三、新型制冷剂循环回路结构

图 7-4　6/5 区 IHKA 系统结构

如图 7-6 所示,为了使用新型制冷剂 R1234yf,在所有车辆型号上均在发动机室内左侧引入输送接口。制冷剂管路和冷却液管路均在此处通过,后部空调系统也由发动机室内的制冷剂压缩机负责供给。

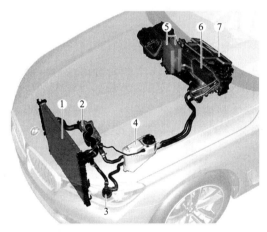

图 7-5　冷却液循环回路

1—冷却液散热器;2—发动机水泵;3—电动冷却液泵;
4—补液罐;5—微尘滤清器;6—暖风热交换器;
7—暖风和空调器

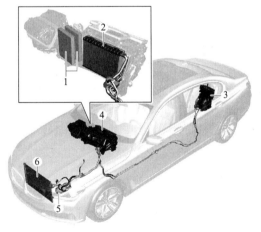

图 7-6　制冷剂循环回路

1—微尘滤清器;2—蒸发器;3—后部空调系统;
4—暖风和空调器;5—制冷剂压缩机;6—冷凝器

1. 制冷剂压缩机

制冷剂压缩机经过技术改进和功率优化。根据配置型号使用两种功率等级的制冷剂压缩机，较高功率等级始终与制冷剂 R1234yf 一起使用。

2. 蓄能蒸发器

等红灯时可通过发动机节能启停功能 MSA 关闭内燃机，在此情况下不向蒸发器输送制冷剂，因此仅提供有限制冷能量用于冷却车内空间。等红灯时间较长时，必须重新启动内燃机以进行车内冷却，这会违背高效动力措施并提高耗油量。

出于该原因使用了一个蓄能蒸发器（图 7-7），蓄能蒸发器位于空气蒸发器前方。蓄能蒸发器加注一种潜在介质，该介质具有极佳的制冷能量吸收和存储能力。通过在正常运行模式下流过的冷空气可对蓄能蒸发器进行加注，从而可使发动机静止时间几乎翻倍。

3. 制冷剂管路（内部热交换器 IWT）

如图 7-8 所示，在制冷剂循环回路内使用了一个新型部件即内部热交换器 IWT。这根特殊软管在软管和管路系统中通过从蒸发器流出的约 5℃ 的制冷剂将冷凝器约 55℃ 的已冷凝制冷剂冷却至约 45℃，由此可提高蒸发器功率并在制冷功率相同的情况下降低制冷剂循环流动量，这样可实现较小的空调压缩机功率消耗从而降低耗油量。流向压缩机的制冷剂所含热量会使制冷剂完全蒸发，这可防止带出的液态制冷剂进入制冷剂压缩机内。

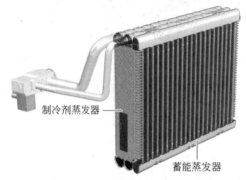

图 7-7 蓄能蒸发器

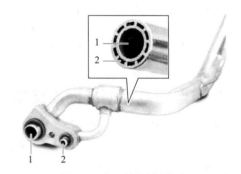

图 7-8 新型制冷剂管路
1—抽吸管路（回流至空调压缩机）；2—压力管路（供给蒸发器）

4. 通过冷却液冷却的空调冷凝器

如图 7-9 所示，在 B48（仅限中国）和 B58 发动机型号上首次使用通过冷却液冷却的空调冷凝器取代了之前冷却套件内的空调冷凝器。低温循环回路负责冷却压缩增压空气（通过一个冷却液空气热交换器）和通过空调压缩机压缩变热的制冷剂（通过一个冷却液制冷剂热交换器）。通过一个功率调节式电动冷却液泵可调节空调系统和内燃机要求的冷却功率。

5. 制冷剂 R1234yf

根据欧盟法规，在所有新车型上只允许使用温室效应（GWP，全球变暖潜势）<150 的制冷剂。新型制冷剂 R1234yf 的 GWP=4，而 R134a 的 GWP=1430，明显超过了最高限值 150，因此不允许继续针对新车使用。

制冷剂循环回路内安装的 R1234yf 空调系统加注阀与 R134a 空调系统加注阀在几何形状上有所不同，因此 R1234yf 空调维修站（图 7-10）与 R134a 设备相比还带有其他维修连接装置。需要加注 R1234yf 制冷剂时，可通过车辆加注阀上的灰色螺旋盖识别出来。需要加注 R134a 时，像以前一样在车辆加注阀上使用黑色螺旋盖。制冷剂加注量没有变化。

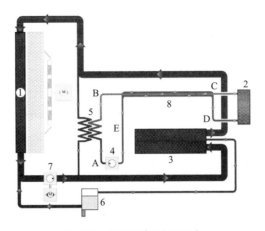

图 7-9　低温冷却循环回路

1—低温冷却液散热器；2—空调系统蒸发器；3—间接增压空气冷却器；4—制冷剂压缩机；5—冷却液和
制冷剂热交换器；6—补液罐；7—电动冷却液泵；8—内部热交换器 IWT；A—热交换器/冷凝器入口制
冷剂温度（80℃）；B—热交换器/冷凝器出口制冷剂温度（55℃）；C—内部热交换器 IWT 出口制冷剂
温度（45℃）；D—蒸发器出口制冷剂温度（5℃）；E—内部热交换器 IWT 出口制冷剂温度（15℃）

使用空调维修站进行维修包括使用相应设备在开始抽吸过程前对车上所用制冷剂进行气体试验，该试验可防止不同制冷剂污染设备。空调维修站识别出杂质约 3% 时，进行第二次气体试验后便不再允许设备执行抽吸过程，必须按照专业方式对受到污染的不明混合气体进行废弃处理。

必须绝对避免两种气体混合，法规要求也不允许这样做。如果在日常维修车间工作中将 R134a 与 R1234yf 混合在一起，必须按照专业方式将产生的制冷剂混合液排出车辆空调系统并进行废弃处理。应由气体供应商或适合的废弃处理企业进行废弃处理。

图 7-10　R1234yf 使用的空调维修站和加注瓶

第二节　空调系统操作功能

一、3/2 区 IHKA 的功能

1. 3/2 区 IHKA 功能

如图 7-11 所示，3/2 区空调系统是宝马新 7 系的标准配置，可对驾驶员、前乘客以及后座区三个不同温度区进行设置，只能由驾驶员和前乘客调节空气量。旋转式调节器分别针对驾驶员和前乘客实现分层功能，可通过前部 IHKA 操作面板上的 "SYNC" 按钮将当前驾驶员设置移植到前乘客侧。3/2 区 IHKA 电路如图 7-11 所示。

2. 3/2 区 IHKA 操作面板

3/2 区 IHKA 操作如图 7-12 所示，驾驶员和前乘客可在左右两侧分别进行温度调节并单独选择自动程序。在该操作面板上通过按钮控制所有功能，根据配置情况可通过 IHKA 操作面板控制驾驶员/前乘客空气量、座椅加热装置和座椅通风装置。

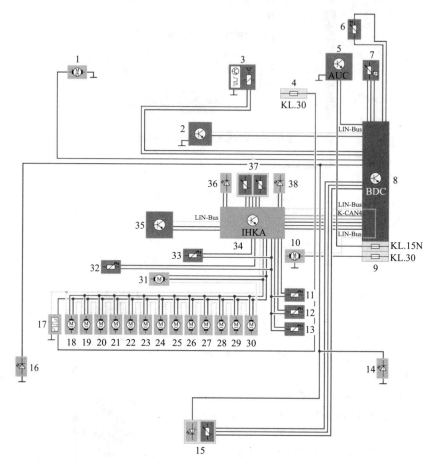

图 7-11　3/2 区 IHKA 电路

1—辅助水泵；2—晴雨/光照/水雾传感器；3—空调压缩机；4—发动机室配电盒熔丝；5—AUC 传感器；6—车外温度传感器；7—制冷剂压力传感器；8—车身域控制器 BDC；9—右前配电盒熔丝；10—鼓风机电机；11—蒸发器温度传感器；12—左侧脚部空间温度传感器；13—右侧脚部空间温度传感器；14—右侧 B 柱新鲜空气格栅照明装置；15—带照明装置的后座区分层调节器；16—左侧 B 柱新鲜空气格栅照明装置；17—电气辅助加热器；18—左侧脚部空间步进电机；19—左侧分层步进电机；20—后座区通风步进电机；21—右侧脚部空间步进电机；22—除霜步进电机；23—右侧通风步进电机；24—右侧分层步进电机；25—左侧通风步进电机；26—循环空气步进电机；27—左前混合空气风门步进电机；28—右前混合空气风门步进电机；29—通风和脚部空间（左侧）步进电机（仅限带有标准型 IHKA 时）；30—新鲜空气步进电机；31—鼓风机电机；32—左侧通风温度传感器；33—右侧通风温度传感器；34—自动恒温空调 IHKA；35—驾驶员/前乘客 IHKA 操作面板；36—出风口滚花轮照明装置；37—带滚花轮的分层调节器；38—出风口滚花轮照明装置

图 7-12　3/2 区 IHKA 操作面板（不带触摸操控功能）

3. 温度分层设置

如图 7-13 所示，带有标准配置 3/2 区 IHKA 时，可使用"红蓝滚花轮"分别针对驾驶员和前乘客设置温度分层。通过滚花轮进行调节时，在中央信息显示屏 CID 上会出现相应显示，几秒钟后会重新自动关闭。

图 7-13 标准型驾驶员/前乘客分层调节器

4. 后座区 3/2 区 IHKA 操作面板

如图 7-14 所示，带有 3/2 区 IHKA 时，通过分层功能调节后座区温度，由驾驶员/前乘客设置后座区空气量。

图 7-14 标准型后座区 3/2 区 IHKA 操作面板

二、4/3 区 IHKA 的功能

如图 7-2 所示，带有配置型号 4/3 区 IHKA 时，在后座区装有一个附加操作面板。后座区乘员可通过该操作面板单独调节温度并共同调节空气量。可通过前部 IHKA 操作面板上的"SYNC"按钮将当前驾驶员设置移植到后座区。4/3 区电路如图 7-15 所示。

1. 4/3 区 IHKA 操作面板

如图 7-16 所示，4/3 区 IHKA 操作方案采用了同样应用于 6/5 区 IHKA 的全色显示屏。现在位于两个温度调节器之间的显示屏下部区域首次采用了触摸式操作面板。可根据配置情况通过触摸方式控制驾驶员/前乘客空气量以及座椅加热装置/座椅通风装置和芳香器，为此必须触摸显示屏上的符号。只要识别出接触了触摸式操作面板，中央信息显示屏 CID 就会显示信息页面，向操作者提供有关所需设置的信息，几秒钟后该页面会自动关闭。

带有 4/3 区 IHKA 和 6/5 区 IHKA 时，驾驶员针对温度、空气量和空气分布的当前设置可通过 SYNC 按钮移植到前乘客侧和后座区。

2. 温度分层设置

如图 7-17 所示，带有 4/3 区和 6/5 区 IHKA 时，在标准配置中通过"红蓝滚花轮"实现的温度分层功能首次分别针对驾驶员和前乘客在中间出风口下方提供用于调节分层的触摸式操作面板。进行调节时既可以用手指"推动"，也可以在所需位置进行点击，之后指针直接跳至点击位置。还有一种可能是点击相应限位位置（蓝色或红色），之后指针朝相应方向跳动一挡。只要识别出触摸了系统，在中央信息显示屏 CID 上就会出现相应显示。

3. 后座区 4/3 区 IHKA 操作面板

4/3 区 IHKA 还有一个后座区操作面板（图 7-18），在此后座区乘员可分别针对左侧和右侧调节温度，空气量和空气分布可针对后座区一起调节。带有 4/3 区 IHKA 时，驾驶员针对温度、空气量和空气分布的当前设置可通过 SYNC 按钮移植到前乘客侧和后座区。

4. Touch Command

宝马新 7 系首次采用了新型操作元件 Touch Command（SA 6U9）。可拆卸的平板电脑不仅取代了后座区控制器，而且还包含了其他功能。如图 7-19 所示，也可通过 Touch Command 执行后座区 IHKA 操作面板的所有设置和功能。

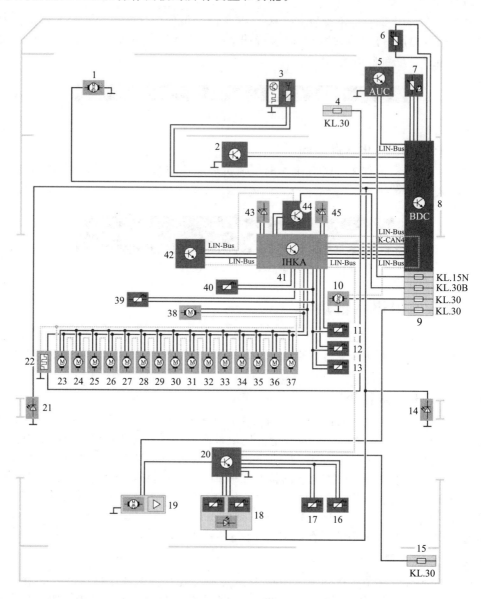

图 7-15　4/3 区电路

1—辅助水泵；2—晴雨/光照/水雾传感器；3—空调压缩机；4—发动机室配电盒熔丝；5—AUC 传感器；6—车外温度传感器；7—制冷剂压力传感器；8—车身域控制器 BDC；9—右前配电盒熔丝；10—鼓风机电机；11—蒸发器温度传感器；12—左侧脚部空间温度传感器；13—右侧脚部空间温度传感器；14—右侧 B 柱新鲜空气格栅照明装置；15—右后配电盒熔丝；16—右后脚部空间温度传感器；17—左后脚部空间温度传感器；18—后座区中部新鲜空气出风口温度传感器；19—鼓风机电机；20—后座区 IHKA 操作面板；21—左侧 B 柱新鲜空气格栅照明装置；22—电气辅助加热器；23—新鲜空气步进电机；24—循环空气步进电机；25—除霜步进电机；26—左侧通风步进电机；27—右侧通风步进电机；28—左侧分层步进电机；39—右侧分层步进电机；30—左侧脚部空间步进电机；31—右侧脚部空间步进电机；32—后座区左侧空气分布步进电机；33—后座区右侧空气分布步进电机；34—后座区左侧混合空气风门步进电机；35—后座区右侧混合空气风门步进电机；36—后座区左侧混合空气风门步进电机；37—后座区右侧混合空气风门步进电机；38—间接通风步进电机；39—左侧通风温度传感器；40—右侧通风温度传感器；41—IHKA 控制单元；42—驾驶员/前乘客 IHKA 操作面板；43—出风口滚花轮照明装置；44—触摸操控式分层调节器；45—出风口滚花轮照明装置

触摸式表面(触摸式操作面板)

图 7-16　4/3 区 IHKA 操作面板 （带触摸操控功能）

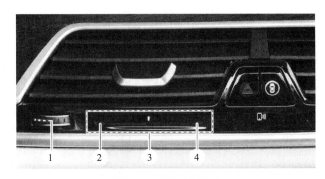

图 7-17　触摸式分层
1—用于打开/关闭驾驶员中间出风口的旋转式调节器；2—分层区域较冷；
3—触摸区 （触摸式操作面板）；4—分层区域较热

图 7-18　后座区 4/3 区 IHKA 操作面板

图 7-19　Touch Command

5. 空气处理

（1）芳香器　选装配置"环境空气套件"（SA 4NM）以套件形式提供芳香器和离子灭菌器。该套件仅与 4/3 区或 6/5 区 IHKA 一起提供。芳香器通过最多四种可选香味 （每种各有两个等级）中的一种使车内变得清香，可同时将这八个可选芳香剂盒中的两个放入前乘客侧手套箱内的一个伸缩式小盒内。

之后客户可决定使用所放两种香味中的哪一种。只能通过 iDrive 控制器在中央信息显示屏 CID 内选择所放芳香剂盒从而选择使车内变得清香的香味，可以通过中央信息显示屏 CID 内的菜单或空调操作面板上的按钮选择 1～3 挡强度。通过空调操作面板按钮进行操作时，在中央信息显示屏 CID 内会自动打开一个信息窗口。无法混合两种香味。

在此按照规定时间间隔，根据设置强度，以脉冲方式通过所选芳香剂使车内变得清香。因为人的嗅觉能够迅速嗅到当前气味，之后便不再对其有所感觉。进入车内时会根据个性化配置车辆钥匙 （钥匙记忆功能）的设置营造一种"欢迎氛围"，之后会根据强度设置每

90s～5min 重新通过安装在芳香器单元（图 7-20）内的一个单独风扇使空气经过芳香剂盒进入车内空间。变清香后的空气仅通过仪表板上部中间的一处位置进入车内空间，为此必须确保乘员区间接通风得到保障。如果在中央信息显示屏 CID 内停用芳香器，芳香器单元的集成式风扇还会继续运行约 30s 以便清洁系统。

如图 7-21 所示，在左侧和右侧驾驶型车辆上，芳香器单元均位于前乘客侧手套箱内，但芳香剂盒（图 7-22）抽屉的安装位置和操作方式有所不同。在左侧驾驶型车辆上，抽屉装置从上向下打开。在右侧驾驶型车辆上，抽屉装置从右向左移动打开。芳香器电路如图 7-23 所示。

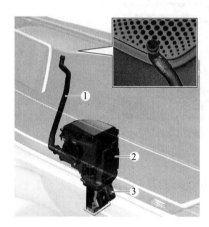

图 7-20　左侧驾驶型车辆芳香器单元
1—从芳香器单元至仪表板出风口的空气管路；
2—芳香器单元；3—芳香剂盒

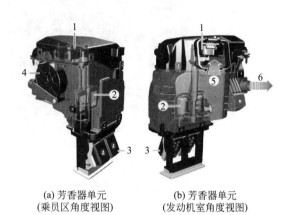

(a) 芳香器单元
(乘员区角度视图)　　(b) 芳香器单元
(发动机室角度视图)

图 7-21　左侧驾驶型车辆带有两个芳香剂盒的芳香器单元
1—用于控制不同香味空气风门的伺服电机；2—空气风门；
3—芳香剂盒；4—芳香器单元鼓风机；5—空气入口；
6—芳香剂清香空气出口

图 7-22　芳香剂盒

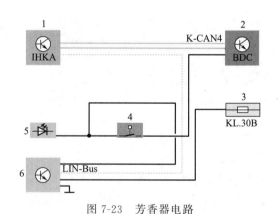

图 7-23　芳香器电路
1—IHKA 控制单元；2—车身域控制器；3—右前配电盒熔丝；
4—手套箱开关；5—手套箱照明灯；6—芳香器控制单元

（2）芳香剂盒　芳香剂盒由零件销售部门提供，最长可保存两年半。在平均消耗情况下，一个芳香剂盒可使用 3～6 个月。空的芳香剂盒可作为生活垃圾进行废弃处理。每个芳香剂盒都有一个 SIM 卡，可通过一根 LIN 总线提供芳香剂盒香味、液位和寿命等信息。芳香剂盒上的端盖通过橡胶密封件与盒身密封，可防止存放芳香剂盒期间香味溢出。芳香剂盒端盖使用方式如图 7-24 所示，将芳香剂盒装入芳香器单元前取下其推开式端盖，可将端盖推入芳香剂盒背面，但装入芳香器单元时无须这样操作。

（3）香味型号　芳香剂盒的 1 号香味比 2 号香味淡一些。在所有配备相应空气套件（SA 4NM）的车辆上均提供包含蓝色套件（Blue Suite）、绿色套件（Green Suite）、金色套件（Golden Suite）和真实套件（Authentic Suite）四种香味的入门级套件，其香味型号包含在 1 号（较淡）或 2 号（较浓）中。

（4）离子灭菌器　新型系统则在车辆使用期间始终工作且不在中央信息显示屏 CID 内关闭。离子灭菌器的任务是使空气负离子进入车内空间，目的是尽可能地消除空气中的致病微生物（例如病菌、过敏原）。通过附着负离子并与分子连接，使流经空气中的污物颗粒变重并落到地面上。

如图 7-25 所示，位于中部出风口空气通道内的发射器通过 $2000 \sim 3000V$ 高电压放电来运行。但所消耗电流仅为 $0.53 \mu A$ 左右，因此没有危险。流经发射器的空气仅产生空气负离子。这些负离子可与更多氧气结合，从而有助于提高舒适感和注意力。

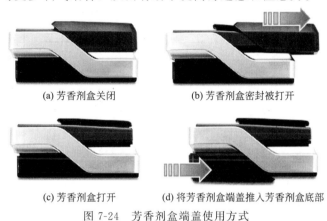

(a) 芳香剂盒关闭　　　　(b) 芳香剂盒密封被打开

(c) 芳香剂盒打开　　　　(d) 将芳香剂盒端盖推入芳香剂盒底部

图 7-24　芳香剂盒端盖使用方式

离子灭菌器控制单元安装在 IHKA 控制单元附近的暖风和空调器上。在控制单元上有三个电气接口，一个三芯接口用于 LIN 总线通信和供电，另外两个接口为两芯，负责为空气通道内的发射器提供所需高电压。在此主控控制单元为 IHKA，系统可进行诊断，支持启动时通过向发射器施加高电压进行自检。第三次向发射器施加高电压失败后就会关闭系统并在中央信息显示屏 CID 内显示一条故障信息。离子灭菌器电路如图 7-26 所示。

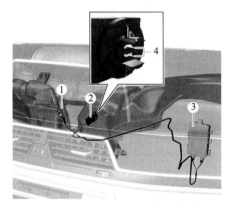

图 7-25　发射器

1—驾驶员侧发射器；2—前乘客侧发射器；
3—离子灭菌器控制单元；4—发射器

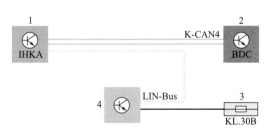

图 7-26　离子灭菌器电路

1—IHKA 控制单元；2—车身域控制器 BDC；
3—右前配电盒熔丝；4—离子灭菌器控制单元

三、后部空调系统

后部空调系统电路如图 7-27 所示。如图 7-28 所示，后部空调系统操作单元集成在车顶内衬中，可通过分层功能调节左侧和右侧温度并分别调节左侧和右侧空气量。

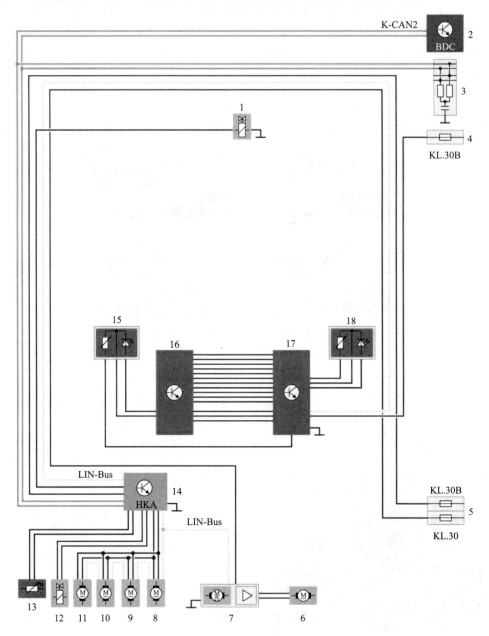

图 7-27 后部空调系统电路

1—前部制冷剂循环回路关断阀；2—车身域控制器 BDC；3—CAN 终端电阻；4—右前配电盒内的熔丝；
5—右后配电盒；6—HKA 鼓风机电机；7—HKA 鼓风机电机输出级；8～11—HKA 风门控制步进电机；
12—后座区制冷剂循环回路关断阀；13—后部空调系统蒸发器温度传感器；14—后部空调系统 HKA
控制单元；15—左后车顶内衬通风格栅，带照明装置的旋转式调节器和温度传感器；16—左侧 HKA
后部空调系统操作元件；17—右侧 HKA 后部空调系统操作元件；18—右后车顶内衬通风格栅，
带照明装置的旋转式调节器和温度传感器

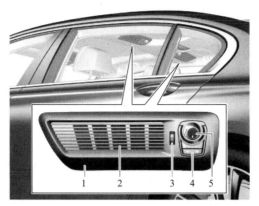

图 7-28　车顶中的后部空调系统操作面板
1—后座区车顶内衬中的后部空调系统操作面板；2—后座区车顶内衬中的通风格栅；
3—可调节气流方向；4—空气量调节；5—温度调节

第三节　宝马空调系统维修案例

一、宝马 730Li 空调制冷效果不好

故障现象　一辆宝马 730Li，车型为 E66，配置 N52 发动机、6HP45 变速器，行驶里程约为 9.4 万千米。驾驶人反映空调制冷效果非常不好。

故障诊断　接车后连接空调压力表，启动车辆。打开空调后冷凝器风扇正常工作，空调压力表显示低压 500kPa、高压 130kPa，很显然压缩机工作不良。这时车内响起了报警音，观察仪表发现室外温度变成了－40℃。为了准确地排除故障，连接 ISID 读取故障码，并没有发现与室外温度有关的故障，有一个关于油箱油位传感器的故障。

室外温度的不正确也会影响空调的制冷能力，先观察一下故障现象，打开点火开关后温度显示是正确的 32℃，但是启动车辆以后 5～10min 就会变成－45℃，也就说明了室外温度这个回路成了断路。车外温度传感器通过传统的导线与组合仪表组成的回路，造成断路的原因可能有三个方面：车外温度传感器损坏；两根导线有接触不良；组合仪表内部损坏或插头接触不良。

由简及难，先更换了一个新的室外温度传感器，故障依旧。再拔掉组合仪表后的插针，直接测量两根导线的通断及对地通断，没有发现问题。难道仪表内部损坏？但是为什么没有报故障？先试着通过 21 项仪表功能进行了复位，RAM 重新装载软件，故障依旧没有解决。

看着诊断仪上的故障码，难道会与这个故障有关联（燃油箱左侧油位传感器不可信，当前存在；右侧油位传感器内部故障）？首先查找电路图，如图 7-29 所示。

从电路图可知，燃油箱油位传感器也是通过传统的导线向组合仪表传送信息。查资料得知，组合仪表内集成了一个用于转化输入与输出信号所需的控制模块和两个计算机，其中一个计算机用于显示器和照明装置以及旅程电脑和检查控制信息，另一个用于控制指针式仪表和固定安装的指示灯和报警灯。猜想会不会油位传感器信号不正常造成单个计算机处理不及时而造成休眠的？为了验证，拔掉左侧油位传感器插头后，故障不再出现。

故障排除　于是更换两个油位传感器，传感器工作正常，空调制冷效果恢复正常。

维修总结　此车故障主要原因是看似无关的故障竟然是息息相关的，所以在查找故障时

一定要总体考虑，这更说明了笔者对知识的系统掌握不够全面，以后还需多加努力！

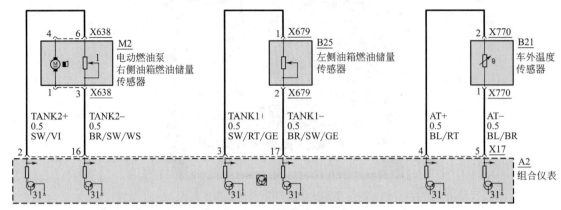

图 7-29　油位传感器电路

二、宝马 535i 断开点火开关后空调鼓风机常转

故障现象　一辆 2011 年款宝马 535i 车，搭载 N55 发动机，行驶里程约为 10.6 万千米。驾驶人反映，断开点火开关后，空调鼓风机常转。

故障诊断　接车后试车，发现该车空调制冷正常，但空调温度、风速大小及出风模式均无法调节，且断开点火开关后，空调鼓风机常转。用故障检测仪（ISID）检测，读得了当前故障码：801209——LIN 总线电源对搭铁短路。

查看相关电路（图 7-30），得知空调控制单元导线连接器 A95 * 1B 端子 1 负责给所有的风门电动机供电；端子 4 为 LIN 线端子，各个风门电动机均连接在该 LIN 线上，空调控制单元按预先设定的编码对相应的风门电动机进行动作控制。

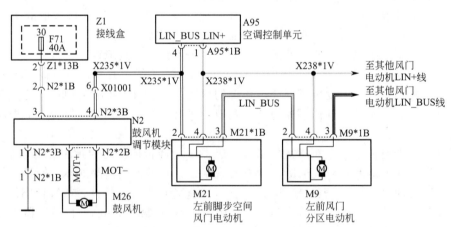

图 7-30　鼓风机及风门电动机电路

拆下空调控制单元，断开导线连接器 A95 * 1B，测量端子 1 上的电压，为 0V；测量端子 4 上的电压，为 12V。为什么断开导线连接器 A95 * 1B 后，LIN 线上还有电压呢？进一步查看相关电路，发现鼓风机调节模块也连接在风门电动机的 LIN 线上。脱开鼓风机调节模块的导线连接器，测量发现 LIN 线上的电压消失。重新连接导线连接器 A95 * 1B，测得其端子 1 上的电压约为 12V，端子 4 上的电压约为 10V，正常。此时用故障检测仪检测，故障码 801209 变为非当前存在。诊断至此，怀疑鼓风机调节模块损坏。

更换鼓风机调节模块后试车，故障依旧，且故障码 801209 变为当前存在。重新理清思路，怀疑风门电动机及鼓风机的线束有问题，以致在诊断过程中故障现象时有时无。拆下仪表台，检查风门电动机及鼓风机的线束，发现蒸发器右侧的右前脚部空间风门电动机线束因与仪表骨架发生刮蹭而破损（图 7-31），且其中 1 根红色供电线绝缘层破损严重，推断该车故障是由此处导线对搭铁短路引起的。

图 7-31　蒸发器右侧的右前脚部空间
风门电动机线束破损

故障排除　修复破损的导线并重新固定好线束后试车，空调鼓风机不再常转，空调系统工作正常，故障排除。

维修总结　破损的导线导致故障出现，其原因是线束与仪表骨架发生刮蹭而破损，这说明，在诊断过程中，做好常规检查是重要的。

三、2007 年款宝马 750Li 空调制冷效果突然失效

故障现象　一辆 2007 年款宝马 750Li，车型为 E66，行驶里程约为 30 万千米。驾驶人反映车辆空调的制冷效果偶尔突然失效，风口吹出的是温度很高的热风。出现故障时不用做任何操作，制冷功能又会自动恢复正常。故障出现没有特定的规律，车辆在正常行驶中、怠速状态下和刚启动着车时都出现过故障。有时几天不出现故障，有时一天又出现几次故障。

故障诊断　接车后验证驾驶人反映的故障现象，车辆的制冷效果正常。连接 ISID 进行诊断检测，空调系统没有相关的故障存储。对空调系统进行最基础的检查，回收制冷剂，抽出了 1070g 制冷剂，不缺制冷剂。

接下来对制冷剂循环管路进行抽空检漏，重新添加标准规定的制冷剂 1100g，然后在车辆的各种工况下进行车辆的制冷功能的测试。终于在一次刚启动车辆不久后开启空调时，发现车辆的空调制冷功能处于失效状态。读取空调系统相关的数据流，如图 7-32 所示。

空调压缩机不带离合器，它总是与发动机一起运转。在内部进行调节，由空调控制单元通过脉冲宽度调制 PWM 信号从外部控制。制冷剂输出量及其压力在制冷剂压缩机内由 7 个活塞产生，活塞的升程由 1 个斜盘控制，斜盘的位置由内部压缩比控制，而内部压缩比又由集成在制冷剂压缩机内的电气调节阀控制。调节阀通过改变曲柄箱压力来控制斜盘上力的平衡。调节阀在失电时处于打开状态，这样就产生一个几乎垂直的不偏转的斜盘位置，此时压缩机功率在 0～2％ 之间，此状态只用于维持内部润滑。当电子控制装置用一个 12V、0.85A、400Hz 的按脉冲宽度调制的信号 PWM 对其进行控制时，调节阀关闭。这就使得曲柄箱压力降低，结果是，斜盘大幅度偏转并由此提高压缩机功率，由此可在 2％～100％ 之间实现压缩机功率的无级调节。

功能和状态显示	
综述	
功能：	冷风功能
状态：	关闭
功能：	冷风功能 最大
状态：	打开
功能：	制冷剂压力
状态：	932kPa
功能：	压力传感器供电源
状态：	4.94V
功能：	压缩机制冷能力
状态：	93%
功能：	水阀右
状态：	打开
功能：	水阀左
状态：	打开
功能：	热交换器温度右
状态：	34℃
功能：	蒸发器温度
状态：	33.8℃

图 7-32　数据流

由上述的理论概述中来分析出空调系统的数据流，蒸发器的温度显示为 33.80℃，说明空调系统没有制冷能力。两个热交换器虽然显示为打开状态，但热交换的温度显示为 34.00℃。热交换器的控制也是占空比控制，这里打开实际为关闭热交换器的冷却热循环。制冷剂压力传感器的电源正常，循环回路的制冷压力只有 932kPa。压缩的制冷能力却显示为 93％，几乎达到了最大功率，但实际空调系统为什么会没

有制冷效果呢？这说明了压缩机内部控制部件出现问题。对比其他正常的这款车的制冷压力在同样的空调设置条件下可以达到 1300kPa 以上，制冷剂压力偏低，所以最终确认为空调压缩机存在故障。

故障排除　更换空调压缩机，按照标准要求对压缩机进行冷冻油添加、空调循环回路抽空、检漏、制冷剂添加，再根据 ISTA 系统要求进行新压缩机的磨合，最后反复测试车辆的空调制冷功能，空调的制冷功能一直很正常。车辆交付给驾驶人使用，长期观察，空调系统的制冷功能没有再次出现过故障。

维修总结　压力传感器安装在冷凝器和蒸发器之间的高压管路中，根据系统压力的不同，压力传感器向操作面板中的电子控制装置传送一个 0.4~4.6V 间的模拟信号。

四、2011 年款宝马 X5 JBE 控制单元连续损坏

故障现象　一辆 2011 年款宝马 X5，车型为 E70，行驶里程约为 9 万千米。驾驶人反映车辆的燃油指示显示不准，燃油已经添加到跳枪，而燃油指针显示还在最低位置。

故障诊断　接车后验证驾驶人反映的故障现象，初步检查发现除燃油指示不准确之外，车辆还存在其他故障现象。车辆启动时风扇高速运转，空调系统无法制冷，车辆后窗玻璃一键功能失效，不能初始化。连接 ISID 进行诊断检测，读取车辆的故障存储有：009319——KOMBI 左燃油液位传感器异常；00931A——KOMBI 右燃油液位传感器异常；009C5E——JBE 制冷剂压力传感器异常；00A6E4——JBE 左燃油液位传感器异常；00A8E5——JBE 右燃油液位传感器异常。

单独就驾驶人反映的故障现象来分析，车辆的燃油液位显示不准确，无非存在以下几个方面的原因：左右油位传感器故障；传感器连接模块的导线插头故障；组合仪表故障；控制单元故障；软件出错。

诊断系统内储存有和燃油液位相关的故障码，接下来进行燃油显示相关的基础排查。调出车辆的仪表功能测试，执行检查步骤，KOMBI 功能测试正常，读取左右油位分别为 28L 和 24L，与车辆实际添加燃油基本符合。查看 KOMBI 数据流，左右都能显示正确油位，在车辆上的仪表查看油位又不能显示，存在矛盾的现象。调出燃油液位传感器的电路，如图 7-33 所示。

直接通过燃油箱检测口，断开燃油泵的连接端子，测量左右油位传感器电阻分别 85Ω 和 105Ω，测量结果可信。测量传感器至 JBE 导线连接，正常，导线阻值为 0.29Ω。读取 JBE 数据流发现左右传感器电阻值都显示 6545Ω，不正常，也与实际在传感器端测量的不符合。

由于故障存储中还有"009C5E——JBE 制冷剂压力传感器异常"的故障内容，再对制冷剂压力传感器进行基础性排查。调出的控制电路如图 7-34 所示。测量 JBE 控制单元 X14271 端子 30 对制冷剂压力传感器的供电，电压为 5V，正常；测量 JBE 控制单元 X14271 端子 61，制冷剂压力传感器的信号，电压为 5V，正常；测量 JBE 控制单元 X14271 端子 26，制冷剂压力传感器的接地，电压为 10V。对地测量不应该有电压，说明对 JBE 内部电源短路。单独挑出接地线针脚人为对其做接地信号，空调制冷功能恢复。

由此证明 JBE 控制单元已经损坏，于是直接更换了 JBE 控制单元，删除故障存储，车辆的各个燃油指示、空调系统后窗升降等都恢复了正常。车辆交付给驾驶人一周后，因为相同的故障再次入厂，检查结果仍然为 JBE 控制单元故障，说明 JBE 连接或者控制的部件其线路或者本身存在短路的可能。直接检查和故障现象关联的部件——燃油液位传感器。拆开右侧燃油液位传感器时，发现了一条线束已经破皮，仔细检查发现装配后线束的破损处碰到油泵供电端，存在直接短路的现象。

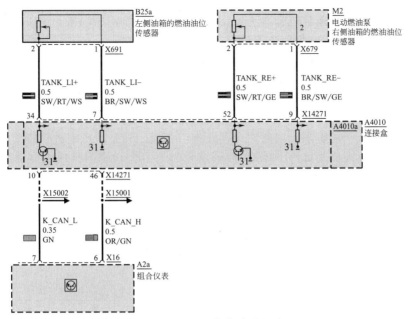

图 7-33　燃油液位传感器电路

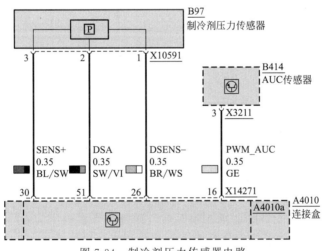

图 7-34　制冷剂压力传感器电路

故障排除　重新包扎破损的线束，固定线束的位置，再次更换 JBE 控制单元，持续观察，故障没有再次出现，故障彻底排除。

维修总结　在维修过程中，常规检测是非常重要的，常规检测可以排除一些故障现象比较烦琐的问题，起到快速排除故障的效果。

五、2012 年款宝马 X5 空调不制冷

故障现象　一辆 2012 年款宝马 X5（E70），配置 N55 发动机。驾驶人反映空调不制冷，出风口出热风，之前空调制冷时一边出热风，一边出冷风。

故障诊断　首先验证驾驶人反映的现象属实，打开空调开关时，从机舱侧发现空调压缩机离合器未接通。导致空调压缩机离合器未接通的原因有：空调压缩机离合器电磁线圈损

坏；线路短路或断路；JBE故障；制冷剂压力传感器损坏；空调系统内压力过高等。

连接宝马诊断仪，读取故障信息为"JBE压缩机离合器异常"和"JBE驾驶员侧热交换器水阀异常"。选择故障内容执行检测计划，建议执行元件测试。元件测试在车辆熄火的状态下进行，主要测试压缩机的电磁离合器是否动作，测试时间为30s。如果压缩机的电磁离合器功能正常，执行元件测试时会听到电磁离合器吸合的啪嗒声，测试控制期间没有听到压缩机吸合的啪嗒声。接下来测量压缩机电磁离合器的供电，如图7-35所示。

空调A/C开关接通，3号脚为压缩机电磁离合器供电线，测量结果为12V，再测量压缩机的电磁离合器线圈的电阻，电磁离合器线脚（正极）和空调压缩机壳体（接地）之间的电磁离合器电阻，标准值为2.5～15Ω。测量结果为无穷大，说明压缩机电磁离合器线圈发生了断路。接下来检查水阀故障。而该车故障报驾驶员侧水阀对地短路，测量其供电电压，电路如图7-36所示。

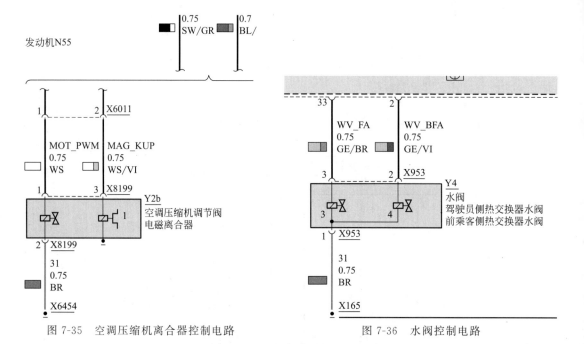

图7-35　空调压缩机离合器控制电路　　　　图7-36　水阀控制电路

车辆发动并空调接通时，插头插在水阀上，测量3号脚电压为0，2号脚电压为电源电压。拔下插头测量2号、3号脚电压都为12V。测量水阀内线圈电阻，驾驶员侧为80Ω，前乘客侧为0（电阻大，代表线圈短路），即判断水阀损坏。

故障排除　更换暖风水阀，故障排除。

维修总结　该车配置的是高级型自动恒温空调，其上由于暖风热交换器被驾驶员侧和乘客侧分开，因此安装了一个各自独立控制的双水阀，两侧的温度可以独立控制。车辆的暖风系统是由JBE控制模块控制一个双水阀实现两侧的暖风功能，水阀由电磁阀控制，电磁阀通电（12V）时则控制水阀完全关闭，电磁阀不通电时则控制水阀完全打开。这里的控制是采用PWM控制信号，通过测量电压方式可以判断故障点，并根据需要向暖风热交换器提供冷却液的流量，这样就控制了车厢内部加热空气的温度。

第八章
被动安全系统

第一节　系统总体介绍

在宝马新 7 系车型上使用第五代高级碰撞和安全模块 ACSM 作为被动安全系统的中央安全气囊控制单元。被动安全系统的中央传感器系统集成在 ACSM 控制单元内而非安装在集成式底盘管理系统 ICM 内，采用这种设计是因为高级碰撞和安全模块 ACSM 位于车辆中部。

一、被动安全电路与总线系统

ACSM5 是 FlexRay 上的总线设备，因此高级碰撞和安全模块 ACSM 可直接通过 FlexRay 将中央传感器系统的传感器数据发送至动态稳定控制系统 DSC，以前则由集成式底盘管理系统 ICM 提供这些数据。安全气囊系统的总线概览如图 8-1 所示，欧规车辆系统电路如图 8-2 所示，美规车辆系统电路如图 8-3 所示，美规车辆系统概览如图 8-4 所示。

二、被动安全系统的功能

1. 高级碰撞和安全模块的任务

高级碰撞和安全模块的任务是持续评估所有传感器信号，以便从中识别出碰撞情况。高级碰撞和安全模块 ACSM 根据传感器信号及其评估结果识别出碰撞方向及碰撞强度。高级碰撞和安全模块 ACSM 分析传感器信息，随后采取相应措施以便有选择地触发所需乘员保护系统。同时高级碰撞和安全模块 ACSM 对系统自身进行监控并以安全气囊指示灯熄灭的方式表示系统处于准备状态。

如果运行期间出现故障，就会在一个故障码存储器内存储故障，进行诊断时可对故障码存储器进行读取。识别出碰撞情况时，会将具体情况以碰撞信号形式提供给总线网络内的其他设备。之后各控制单元根据碰撞严重程度执行各自的工作。这些工作包括：打开中控锁、启用危险报警灯、接通车内照明灯以及发出自动紧急呼叫。

高级碰撞和安全模块的另一项功能是安全带声音警告功能，即通过视觉和声音信号提醒驾驶员系好安全带。通过安全带锁扣开关确定驾驶员是否系好安全带。在美规车辆上还会监控驾驶员和前乘客座椅的位置。

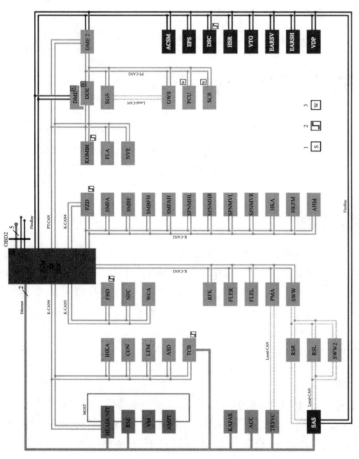

图 8-1　安全气囊系统的总线概览

ACC—主动定速巡航控制系统；ACSM—高级碰撞和安全模块；AHM—挂车模块；AMPT—顶级高保真音响放大器；ASD—仿真声效设计；BDC—车身域控制器；CON—控制器；DDE—数字式柴油机电子系统；DME—数字式发动机电子系统；DME2—数字式发动机电子系统 2；DSC—动态稳定控制系统；EARSH—后部电动主动式侧倾稳定装置；EARSV—前部电动主动式侧倾稳定装置；EGS—变速箱电子控制装置；EPS—电子助力转向系统（电动机械式助力转向系统）；FLA—远光灯辅助系统；FLER—右侧前部车灯电子装置；FLEL—左侧前部车灯电子装置；FZD—车顶功能电子装置；GWS—选档开关；HEADUNIT—Headunit；HKA—后座区自动空调；HKFM—后备厢盖功能模块；HSR—后桥侧偏角控制系统；IHKA—自动恒温空调；KAFAS—基于摄像机的驾驶员辅助系统；KOMBI—组合仪表；LEM—灯光效果管理系统；NFC—近距离通信系统；NVE—夜视系统电子装置；PCU—电源管理系统；RFK—倒车摄像模块；RSE—后座区娱乐系统；RSL—左侧雷达传感器；SMFA—驾驶员座椅模块；RSR—右侧雷达模块；SMFAH—右侧前部座椅系统（避让辅助系统）；SAS—选择配置系统；SCR—选择性催化剂还原；SMBF—前乘客座椅模块；SMBFH—前乘客侧座椅模块；SPNMVR—右前座椅气动模块；SWW—驾驶员座椅模块；SWW—车道变更警告系统；SPNMHL—左后座椅气动模块；SPNMHR—右后座椅气动模块；SPNMVL—左前座椅气动模块；VDP—垂直动态管理平台；VM—视频模块；VTG—分动器；WCA—无线充电模块；ZGM—中央网关模块；TCB—远程通信系统（副控单元）；TRSVC—顶部后方侧视摄像机，VDP—顶部后方点控制单元；1—用于 FlexRay 总线系统启动和同步的启动节点控制单元；2—有唤醒电压控制单元；SWW2—车道变更警告系统（主控单元）；制单元；3—还与总线端 15WUP 连接的控制单元

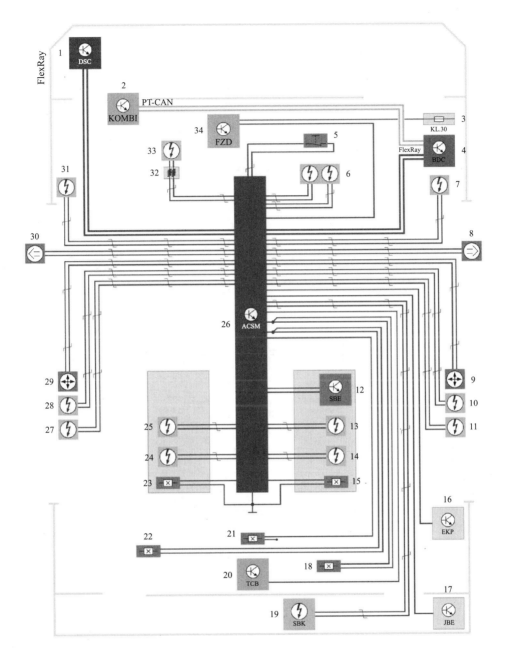

图 8-2　欧规车辆系统电路

1—动态稳定控制系统 DSC；2—组合仪表 KOMBI；3—右前配电盒熔丝；4—车身域控制器 BDC；5—前乘客安全气囊关闭开关；6—前乘客安全气囊；7—右侧头部安全气囊；8—右侧车门安全气囊传感器（压力）；9—右侧 B 柱加速度传感器；10—前乘客自适应带力限制器（日本）；11—前乘客安全带拉紧器；12—座椅占用识别垫；13—前乘客侧主动式防撞头枕；14—前乘客侧面安全气囊；15—前乘客安全带锁扣开关；16—电子燃油泵控制系统 EKPS；17—接线盒电子装置 JBE；18—右后安全带锁扣开关（仅限带有欧规专用选装配置的车辆）；19—安全型蓄电池接线柱 SBK；20—远程通信系统盒 2TCB2；21—后部中间安全带锁扣开关（仅限带有欧规专用选装配置、不带后座区舒适座椅 SA460 或行政级奢享 SA7GZ 的车辆）；22—左后安全带锁扣开关（仅限带有欧规专用选装配置的车辆）；23—驾驶员安全带锁扣开关；24—驾驶员侧面安全气囊；25—驾驶员侧主动式防撞头枕；26—高级碰撞和安全模块 ACSM；27—驾驶员安全带拉紧器；28—驾驶员自适应带力限制器（日本）；29—左侧 B 柱加速度传感器；30—左侧车门安全气囊传感器（压力）；31—左侧头部安全气囊；32—卷簧；33—驾驶员安全气囊；34—车顶功能中心 FZD

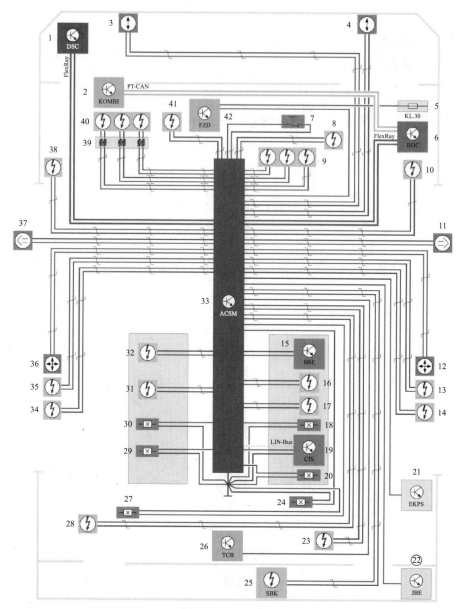

图 8-3 美规车辆系统电路

1—动态稳定控制系统 DSC；2—组合仪表 KOMBI；3—左侧安全气囊前部传感器（前端传感器）；4—右侧安全气囊前部传感器（前端传感器）；5—右侧配电盒熔丝；6—车身域控制器 BDC；7—前乘客安全气囊关闭开关（仅限韩国）；8—前乘客膝部安全气囊；9—前乘客安全气囊；10—右侧头部安全气囊；11—右侧车门安全气囊传感器（压力）；12—右侧 B 柱加速度传感器；13—前乘客自适应带力限制器；14—前乘客安全带拉紧器；15—座椅占用识别垫（仅限韩国）；16—前乘客侧主动式防撞头枕；17—前乘客侧面安全气囊；18—右前座椅位置传感器；19—座椅占用识别垫（CIS 垫）；20—前乘客安全带锁扣开关；21—电子燃油泵控制系统 EKPS；22—接线盒电子装置 JBE；23—前乘客安全带拉紧器；24—右后安全带锁扣开关［仅限带有后座区舒适座椅（SA460）或行政级奢享（SA7GZ）的车辆］；25—安全型蓄电池接线柱 SBK；26—远程通信系统盒 2TCB2；27—左后安全带锁扣开关［仅限带有后座区舒适座椅（SA460）或行政级奢享（SA7GZ）的车辆］；28—驾驶员安全带拉紧器；29—驾驶员安全带锁扣开关；30—左前座椅位置传感器；31—驾驶员侧面安全气囊；32—驾驶员侧主动式防撞头枕；33—高级碰撞和安全模块 ACSM；34—驾驶员安全带拉紧器；35—驾驶员自适应带力限制器；36—左侧 B 柱加速度传感器；37—左侧车门安全气囊传感器（压力）；38—左侧头部安全气囊；39—卷簧；40—驾驶员安全气囊；41—驾驶员膝部安全气囊；42—车顶功能中心 FZD

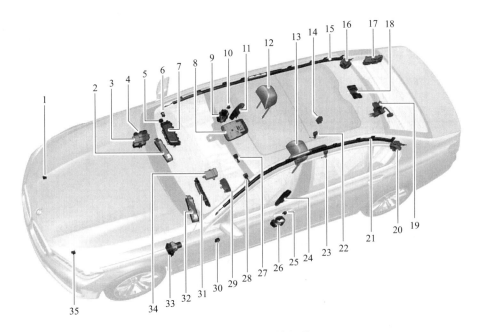

图 8-4　美规车辆系统概览

1—右侧安全气囊前部传感器（前端传感器）；2—前乘客膝部安全气囊；3—右前配电盒；4—车身域控制器 BDC；5—前乘客安全气囊关闭开关（仅限韩国规格车辆和欧规车型）；6—右侧车门安全气囊传感器（压力）；7—前乘客安全气囊；8—车顶功能中心 FZD；9—前乘客自动拉紧器；10—右侧 B 柱加速度传感器；11—前乘客侧面安全气囊；12—前乘客侧主动式防撞头枕；13—驾驶员侧主动式防撞头枕；14—电子燃油泵控制系统 EKPS；15—左侧头部安全气囊；16—右后安全带；17—接线盒电子装置 JBE；18—远程通信系统盒 2TCB2；19—安全型蓄电池接线柱 SBK；20—左后安全带；21—右侧头部安全气囊；22—右后安全带锁扣开关［仅限带有后座区舒适座椅（SA460）或行政级奢享（SA7GZ）的车辆］；23—左后安全带锁扣开关［仅限带有后座区舒适座椅（SA460）或行政级奢享（SA7GZ）的车辆］；24—驾驶员侧面安全气囊；25—左侧 B 柱加速度传感器；26—驾驶员自动拉紧器；27—前乘客安全带锁扣开关；28—驾驶员安全带锁扣开关；29—驾驶员安全气囊；30—左侧车门安全气囊传感器（压力）；31—组合仪表 KOMBI；32—驾驶员膝部安全气囊；33—动态稳定控制系统 DSC；34—高级碰撞和安全模块 ACSM；35—左侧安全气囊前部传感器（前端传感器）

2. 高级碰撞和安全模块的功能

（1）与碰撞相关的功能　高级碰撞和安全模块需要执行分析传感器信号、碰撞识别、确定需要触发的执行机构、确定触发时刻和触发顺序、触发引爆电路输出级、将碰撞信号发送给所有总线设备、碰撞记录以及紧急呼叫功能等与碰撞相关的功能。

① 分析传感器信号。传感器用于识别和确认正面碰撞、侧面碰撞、尾部碰撞以及翻车情况。传感器位于高级碰撞和安全模块 ACSM 内或与其直接连接，在此对其信号进行分析和处理。

② 欧规车辆碰撞识别。如图 8-5 所示，欧规车辆带有以下传感器：

a. 两侧 B 柱内各一个横向和纵向加速度传感器；

b. 前车门内各一个压力安全气囊传感器；

c. ACSM 内的一个横向和纵向加速度传感器；

d. ACSM 内的一个滚动速率传感器；

e. ACSM 内的一个垂直加速度传感器；

f. 前保险杠后带有两个压力传感器的一个压力软管。

纵向加速度传感器可以测量正加速度和负加速度，借助这些信号可识别正面碰撞或尾部碰撞。借助横向加速度传感器可识别出侧面碰撞，借助高级碰撞和安全模块 ACSM 内的滚动速率传感器及垂直加速度传感器可以识别翻车情况。作用方向与车辆纵轴或横轴不同的碰撞通过横向加速度和纵向加速度组合的方式来识别。

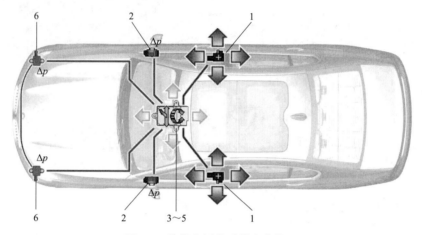

图 8-5　欧规车辆传感器安装位置

1—横向和纵向加速度传感器；2—压力安全气囊传感器；3—横向和纵向加速度传感器；
4—滚动速率传感器；5—垂直加速度传感器；6—压力传感器

③ 美规车辆碰撞识别。如图 8-6 所示，美规车辆带有以下传感器：

a. 两侧 B 柱内各一个横向和纵向加速度传感器；

b. 前车门内各一个压力安全气囊传感器；

c. ACSM 内的一个横向和纵向加速度传感器；

d. ACSM 内的一个滚动速率传感器；

e. ACSM 内的一个垂直加速度传感器；

f. 发动机支架上各一个前端传感器。

车门内的安全气囊传感器可为识别侧面碰撞提供支持，前端传感器可为识别正面碰撞及其严重程度提供支持。

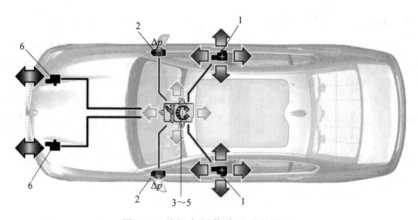

图 8-6　美规车辆传感器安装位置

1—横向和纵向加速度传感器；2—压力安全气囊传感器；3—横向和纵向加速度传感器；
4—滚动速率传感器；5—垂直加速度传感器；6—前端传感器

④ 触发时刻和触发顺序。高级碰撞和安全模块通过传感器发送的数据确定碰撞方向及

碰撞严重程度。例如发生正面碰撞时，后部侧围板内的纵向加速度传感器与高级碰撞和安全模块 ACSM 内的纵向加速度传感器必须识别出较高的加速度。通过算法根据加速度值计算出碰撞方向和碰撞严重程度，借助这些信息可计算出需启用乘员保护系统的触发时刻和顺序。此外还能识别即将翻车的情况并控制相应的保护系统。

⑤ 触发引爆电路输出级。高级碰撞和安全模块由右后配电盒通过总线端 30B 供电。在总线端 30B 处高级碰撞和安全模块 ACSM 处于离线模式，即该模块在总线上处于启用状态且可执行所有诊断功能。此时禁止触发引爆电路，从行驶状态"停留"起系统自检结束后就会触发。处于行驶状态"行驶"时，高级碰撞和安全模块 ACSM 也处于准备引爆状态。

通过一个开关调节器为引爆电容器充电。发生碰撞事故时，引爆电容器提供引爆能量。如果发生碰撞期间供电中断，引爆电容器短时用作能量储备装置。

引爆电路输出级由一个高压断路器和一个低压断路器组成。高压断路器接通引爆电压，低压断路器接通接地点。引爆电路输出级由一个微处理器进行控制。系统自检期间，高压和低压断路器还用于检查引爆电路。

⑥ 发送碰撞信号。发生碰撞事故使乘员保护系统触发时，高级碰撞和安全模块 ACSM 将一个碰撞信号发送给总线网络内的总线设备，同时通过一个直接单线导线控制远程通信系统盒 2（TCB2）。远程通信系统盒 2（TCB2）是远程通信系统盒（TCB）的下一代远程通信系统控制单元。TCB2 在车辆上用作数据调制解调器，除一两个数据天线外还与一个紧急呼叫天线连接。通过该连接也可在翻车时通过所连接的车辆话筒建立语音连接，可通过固定安装在控制单元内的一个 SIM 卡实现紧急通话。随后各控制单元根据碰撞严重程度执行表 8-1 所示功能。

表 8-1　各控制单元根据碰撞严重程度执行的功能

功能	控制单元
关闭电动燃油泵	数字式发动机电子系统 DME 或数字式柴油机电子系统 DDE，通过电子燃油泵控制系统 EKPS
打开中控锁	车身域控制器 BDC
接通危险报警灯	车身域控制器 BDC
接通车内照明灯	车身域控制器 BDC
拨打紧急电话	远程通信系统盒 2TCB2

⑦ 碰撞记录。发生碰撞事故使一个或多个执行机构触发时，就会在一个不可擦除的存储器内存储一个碰撞记录。存入五个碰撞记录后，就会存储一个不可擦除的故障码存储器记录，同时提示存储了五条碰撞信息。此外，安全气囊指示灯会持续亮起。

注意：事故发生过程中也可能存储五个碰撞记录，每个碰撞记录都分配了一个系统时间。存储五个碰撞记录后，控制单元仍处于可引爆状态。碰撞记录不可擦除，用于以后进行设备诊断。最多可以存储五个碰撞记录。之后必须更换控制单元。

⑧ 紧急呼叫功能。紧急呼叫的前提条件是远程通信系统盒 2（TCB2）内有一个激活的 SIM 卡，并可使用无线移动通信网络。紧急呼叫按钮直接与远程通信系统盒 2（TCB2）连接，驾驶员可在紧急医疗救援情况下通过手动紧急呼叫请求帮助。

（2）系统监控功能　高级碰撞和安全模块执行系统自检（行驶前检查）、显示系统准备状态、循环监控、故障显示和故障存储、故障输出（诊断）、声音和视觉安全带警告等功能。在欧规车辆上停用前乘客安全气囊和前乘客侧面安全气囊（仅限于带有 SA 5DA 的车辆）；在美规车辆上停用前乘客安全气囊、前乘客侧面安全气囊和前乘客侧膝部安全气囊等系统监控功能。

① 系统自检。切换总线端后，自行驶状态"停留"起高级碰撞和安全模块 ACSM 进行系统自检。系统自检期间安全气囊指示灯启用约 5s，如果系统自检结束时未发现故障，则安全气囊指示灯就会熄灭且系统进入准备状态。

② 显示系统准备状态。组合仪表内的安全气囊指示灯熄灭时表示高级碰撞和安全模块处于系统准备状态。

③ 循环监控。如果系统自检顺利结束且该系统进入准备状态，就会为监控故障进行循环监控。循环监控功能用于对控制单元和整个安全气囊系统进行内部诊断。从行驶状态"停留"起持续进行循环监控，也会在切换总线端后从行驶状态"行驶"起继续进行。

④ 故障显示和故障存储。高级碰撞和安全模块 ACSM 有一个非易失性故障码存储器，安全气囊指示灯亮起时表示故障码存储器内有故障记录。

在故障码存储器内也存储相关事件，例如安全气囊或自动拉紧器触发。故障码存储器内存有乘员保护系统触发记录时，不表示该乘员保护系统在碰撞事故中损坏，而是仅表示无法继续触发已引爆的乘员保护系统。

⑤ 故障输出（诊断）。借助宝马诊断系统 ISTA 可通过诊断接口读取故障码存储器记录。排除故障或更换已触发的组件后，可通过诊断指令"删除故障码存储器记录"来删除故障码存储器中的记录。

⑥ 声音和视觉安全带警告。所有带高级碰撞和安全模块 ACSM 的车辆都标配声音及视觉安全带警告功能。高级碰撞和安全模块 ACSM 探测驾驶员或前乘客是否系上安全带，如果未系安全带，就会通过声音和视觉提示信息提醒乘员系上安全带。系统分别监控两个安全带锁扣开关。根据国家规定和选装配置，在后座区也装有安全带锁扣开关，并相应针对后座区乘员发出安全带警告。

图 8-7　前乘客侧的前乘客安全气囊关闭开关

⑦ 停用安全气囊。对欧规车辆，在前乘客侧使用儿童座椅运送幼儿时，为安全起见必须停用前乘客安全气囊和前乘客侧面安全气囊。如图 8-7 所示，由驾驶员负责停用或启用前乘客安全气囊和前乘客侧面安全气囊。

注意：选择、安装和使用儿童保护系统时必须遵守儿童保护系统制造商的规定，否则可能会影响其保护作用。发生事故后必须检查儿童保护系统和相关车辆安全带系统的所有部件并根据需要进行更换，这些工作只能由宝马售后服务部门或维修站内经过相应培训的人员遵照宝马公司规定来完成。

配备 SA 5DA 的车辆带有一个前乘客安全气囊关闭开关和一个指示灯。通过使用机械车钥匙操作前乘客安全气囊关闭开关可停用前乘客安全气囊和前乘客侧面安全气囊。前乘客安全气囊关闭指示灯的黄色符号亮起时表示处于停用状态。在宝马新 7 系上，用于停用前乘客安全气囊的前乘客安全气囊关闭开关位于前乘客侧。只有前乘客车门打开时才能接触到该开关，只有车辆静止时才能进行停用操作。

对于美规车辆，为满足国家公路交通安全管理局 NHTSA 的规定，在美规车辆上带有安全气囊自动停用装置。使用该规定中列出的儿童座椅运送儿童时必须能够停用安全气囊，为此在前乘客座椅上使用了带有占用识别和乘员分级功能的座椅占用识别垫。在宝马新 7 系上使用电容性内部传感垫（CIS 垫）。

CIS 垫由两个元件组成：与座椅垫内座椅加热装置并联的一个传感器丝和一个分析单元。CIS 垫以 120kHz 的频率测量传感器丝（正极）与车辆按地（负极）之间的电容量和电阻。CIS 垫根据电容量和电阻的变化确定前乘客座椅上运送的是成人还是坐在儿童座椅上的儿童。

前乘客安全气囊关闭指示灯亮起时表示停用了前乘客安全气囊、前乘客侧面安全气囊和膝部安全气囊。如果系统识别出使用儿童座椅运送儿童（例如在前乘客座椅上使用按 NHT-SA 规定检验的儿童保护系统运送儿童）或无人占用前乘客座椅，车顶功能中心内的前乘客安全气囊关闭指示灯就会亮起。

（3）主动保护系统 在宝马新 7 系的标准配置中已包含安全套件主动保护系统（SA 5AL）。安全套件主动保护系统（SA 5AL）由发生碰撞前、发生碰撞后以及注意力辅助系统三个功能独立的子系统组成。

安全套件主动保护系统（SA 5AL）可在危险行驶情况下（发生碰撞前）通过预防措施以及在出现碰撞情况后（发生碰撞后）通过相应措施提高车辆乘员安全性。注意力辅助系统可在行驶期间监控驾驶员的驾驶风格并在必要时要求驾驶员停车休息。主动保护系统的系统电路如图 8-8 所示。

① 发生碰撞前。识别出可能导致事故的危险行驶情况时，子系统"发生碰撞前"就会采取针对乘员的预防性保护措施。

识别危险行驶情况。通过安装在车上的惯性传感器系统识别危险行驶情况。危险行驶情况包括：已开始紧急制动、不足转向明显、过度转向明显以及翻车。

在带有行驶辅助系统（SA 5AS）或高级行驶辅助系统（SA 5AT）的车辆上，还会将雷达传感器系统或 KAFAS 立体摄像机所识别的附加碰撞危险纳入考虑范围内。如果装有这两个系统，就会对雷达传感器系统所识别的碰撞进行分析。针对发生碰撞前识别功能，由 KAFAS 或雷达传感器系统提供针对碰撞警告限值的独立限值从而触发发生碰撞前功能。

② 基本型发生碰撞前功能。在宝马新 7 系的标准配置中已包含安全套件主动保护系统（SA 5AL）并提供以下基本功能。

舒适功能：锁止安全带后，起步后会一次性自动预紧前部安全带。

安全功能：识别出危险行驶情况时（例如自己紧急制动、不足转向明显、甩尾），会根据需要启用自动预紧前部安全带、自动关闭车窗、只留一条缝隙等各项功能。

扩展型发生碰撞前功能，根据配置情况执行子系统"发生碰撞前"的不同功能。"扩展型发生碰撞前功能"除标准配置外还包括附加功能。

表 8-2 概括了子系统"发生碰撞前"的各项功能及其与选装配置的关系。

表 8-2 子系统"发生碰撞前"的各项功能及其与选装配置的关系

项目	功能范围	选装配置 *
"扩展"发生碰撞前功能（仅限带有附加选装配置时）	自动关闭玻璃天窗 竖起前乘客座椅靠背 竖起后座椅靠背	SA 403 SA 456 SA 460
"扩展"识别出的发生碰撞前情况（仅限带有附加选装配置时）	出现以下情况时，根据需要额外触发发生碰撞前功能： 识别出无法避免撞向前方车辆或静止车辆的情况（要求配备带碰撞警告功能的选装配置）； 因超过规定减速度限值即将发生碰撞时车辆自动紧急制动； 识别出无法避免因撞击车辆发生尾部碰撞的情况	SA 5AS 或 SA5AT； * 选装配置代码说明； SA 403 电动玻璃天窗； SA 456 前部舒适座椅； SA 460 后座区舒适座椅； SA 5AS 行驶辅助系统； SA 5AT 高级行驶辅助系统

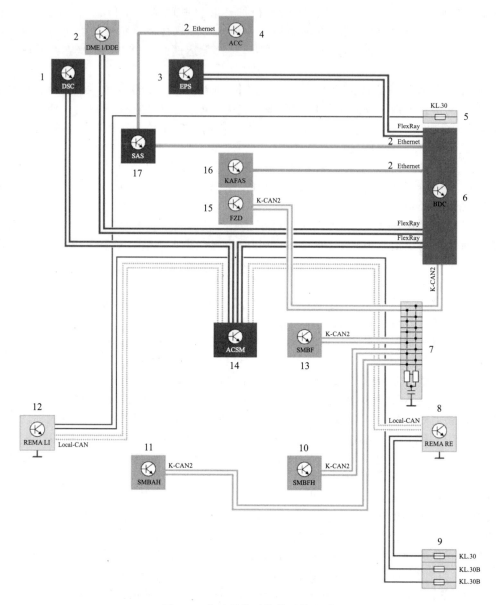

图 8-8　主动保护系统的系统电路

1—动态稳定控制系统 DSC；2—数字式发动机电子系统 DME/数字式柴油机电子系统 DDE；3—电子助力
转向系统 EPS；4—主动定速巡航控制系统 ACC 的雷达传感器；5—右前配电盒内的熔丝；6—车身域控
制器 BDC；7—CAN 终端电阻；8—右侧可逆电动安全带收卷装置 REMA RE；9—右后配电盒内的熔丝；
10—前乘客侧后部座椅模块 SMBFH；11—驾驶员侧后部座椅模块 SMFAH；12—左侧可逆电动安全带
收卷装置 REMA LI；13—前乘客座椅模块 SMBF；14—高级碰撞和安全模块 ACSM；15—车顶功能中
心 FZD；16—基于摄像机的驾驶员辅助系统 KAFAS；17—选装配置系统 SAS 控制单元

③ 发生碰撞后。子系统"发生碰撞后"具有发生碰撞后自动制动功能，在特定事故情
况下无须驾驶员干预即可使车辆制动直至静止，这样可以降低继续碰撞的危险。驾驶员可通
过踩下加速踏板或制动踏板对发生碰撞后自动制动功能进行控制。

如果高级碰撞和安全模块 ACSM 确定发生了一定严重程度的碰撞，就会触发发生碰撞

后自动制动功能。之后高级碰撞和安全模块 ACSM 将一个信号发送至电子燃油泵控制系统 EKPS 以便关闭电动燃油泵。该信号经过 DSC 控制单元进行分析，之后 DSC 控制单元通过 DSC 泵使车辆制动直至静止。

DSC 产生制动所需的规定减速度为 $5m/s^2$。只有在路况允许的情况下才会达到规定减速度，在自动制动期间仍会对加速踏板和制动踏板进行监控。如果驾驶员踩下加速踏板或长时间踩过制动踏板压力点，自动制动过程就会中断。踩下加速踏板只会导致制动过程中断，车辆无法加速是因为电动燃油泵已关闭。

即使在自动制动期间，也会通过 ABS 防止车轮抱死，同时通过 DSC 稳定车辆。如果自动制动期间 DSC 处于 DSC 关闭模式，就会强制启用 DSC。

车辆达到静止状态后约 1.5s 时就会自动解除制动功能，此时必须防止车辆溜车。识别出导致安全型蓄电池接线柱 SBK 触发的事故时无法触发自动制动功能，因为 DSC 泵已经断电。在以下前提条件下不启用自动制动功能：发生碰撞前 DSC 已失灵；发生碰撞前 ABS 已失灵；制动液液位过低。

如果在发生碰撞期间或发生碰撞后出现这些故障，调节过程仍执行到结束，因为之后会将这些故障识别为碰撞结果。

（4）行人保护功能

根据国家规定，在宝马新 7 系上装有主动式发动机室盖（SA 8TF）。与行人发生碰撞时发动机室盖抬起，由此形成额外保护行人的溃缩吸能区。在保险杠支架与碰撞缓冲块之间集成有一个加注空气的压力软管，在压力软管两端分别接有一个压力传感器，施加在压力软管上的作用力使其压缩，压力传感器测量压力增大情况并产生特性信号。

这些信号通过数据导线传输至高级碰撞和安全模块 ACSM。高级碰撞和安全模块 ACSM 根据这些数据确定是否达到或超过与行人发生碰撞的识别限值，并据此做出发动机室盖燃爆式执行机构的触发决定。

只有在 25～55km/h 车速时才会触发主动式发动机室盖。出于安全原因，在无法明确排除行人碰撞危险的极个别情况下也会触发系统。可能包括的情况有：与锥桶或界桩碰撞时、与动物碰撞时、石块撞击时以及驶入雪堆时。

主动式发动机室盖触发后，组合仪表内有一个红色警告灯亮起，中央信息显示屏 CID 上显示一条检查控制信息。发动机室盖保持抬起状态并会影响视线，但触发发动机室盖不会产生安全危险。可以小心继续行驶至附近维修站，只有更换组件后才能再次使用主动式行人保护功能。

第二节　系统组件结构

一、高级碰撞和安全模块

如图 8-9 所示，高级碰撞和安全模块 ACSM 位于车内中部两个前座椅之间的中控台下方。在高级碰撞和安全模块 ACSM 内集成有中央传感器系统。

二、传感器和开关

1. 横向和纵向加速度传感器

横向和纵向加速度传感器（图 8-10）可为识别正面碰撞、侧面碰撞和尾部碰撞提供支持。安全气囊传感器由一个纵向和一个横向加速度传感器组成，这两个加速度传感器分别测量 X 方向和 Y 方向的正加速度及负加速度。由 X 和 Y 信号提供的信息是识别碰撞方向的重要因素。安全气囊传感器可在识别正面、侧面和尾部碰撞时提供支持。左侧和右侧安全气囊传感器的结构相同，安装时通过机械设码方式确定。

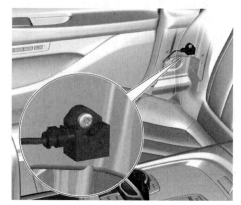

图 8-9　高级碰撞和安全模块 ACSM　　图 8-10　横向和纵向加速度传感器的位置

2. 车门安全气囊传感器（压力）

如图 8-11 所示，在驾驶员和前乘客车门内装有压力传感器，其特点是，不再像以前一样用一个螺栓固定车门内的压力传感器，而是将传感器拧入固定支架内（车门内板）且安装相应传感器后才能进行电气连接和插接连接。

车门内的安全气囊传感器可为识别侧面碰撞提供支持。发生侧面碰撞时，除横向加速度值外，车门空腔内的压力也会提高。

车门内的安全气囊传感器用于在识别侧面碰撞时验证 B 柱内安全气囊传感器以及高级碰撞和安全模块的加速度信号可信度。安全气囊传感器位于车门内板上，用于测量发生侧面碰撞时的压力增值。发生撞向车门的侧面碰撞时，外部面板被向内挤压。因此造成车门内部空间减小且内部压力增高。安全气囊传感器负责测量这种压力变化。除压力传感器外，安全气囊传感器内还装有一个电子装置，用于将压力值转化为数字信号并以周期形式发送给高级碰撞和安全模块 ACSM，其数据传输方式与 B 柱内的安全气囊传感器相似。在高级碰撞和安全模块 ACSM 内对压力值进行分析。

3. 安全气囊前部传感器

如图 8-12 所示，在美规车辆上，在发动机支架的前部区域内装有两个前端传感器，其测量值传输给高级碰撞和安全模块 ACSM 并在此进行分析。左侧和右侧前端传感器可为识别正面碰撞提供支持。

传感器向高级碰撞和安全模块 ACSM 提供有关碰撞过程及严重程度的附加信息。传感器由用于测量减速度的加速度传感器、信号处理装置和用于传输数据的电子装置组成。测量值以数据电码形式传输至高级碰撞和安全模块 ACSM 并用于算法计算。

4. 带传感器的压力软管

如图 8-13 所示，与一个加注空气的压力软管两端连接的两个压力传感器构成了主动式发动机室盖的传感器系统，压力软管集成在保险杠支架和碰撞缓冲块之间。

施加在压力软管上的作用力使其压缩。压力传感器测量压力增大情况并产生特性信号，这些信号通过数据导线传输至高级碰撞和安全模块 ACSM。高级碰撞和安全模块 ACSM 根据这些数据确定是否达到或超过与行人发生碰撞的识别限值并据此做出发动机室盖燃爆式执行机构的触发决定。

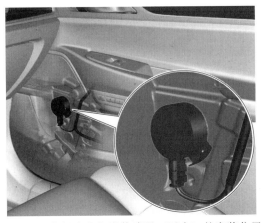 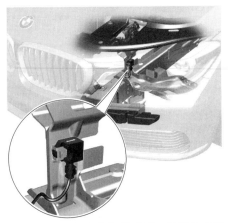

图 8-11 车门安全气囊传感器（压力）的安装位置　　图 8-12 安全气囊前部传感器（前端传感器）

5. ACSM 内的传感器

如图 8-14 所示，在宝马新 7 系上，中央传感器系统集成在高级碰撞和安全模块 ACSM 内。高级碰撞和安全模块 ACSM 有一个纵向和横向加速度传感器、一个垂直加速度传感器和一个滚动速率传感器，用于识别碰撞。此外高级碰撞和安全模块 ACSM 还各有一个纵向和横向加速度传感器以及一个横摆率传感器，用于调节行驶动力。

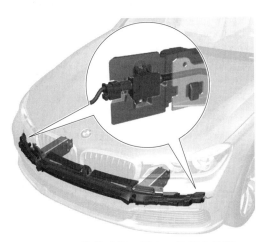 

图 8-13 带传感器（压力）的压力软管　　　　图 8-14 高级碰撞和安全模块 ACSM

用于识别碰撞的传感器数据在高级碰撞与安全模块 ACSM 内进行分析，为识别侧面、尾部或正面碰撞以及识别翻车情况提供支持。用于调节行驶动力的尚未进行分析的传感器数据通过 Flexray 发送至 DSC 控制单元并在此进行处理。

6. 座椅占用识别垫

在带有欧规专用选装配置（SA 230）的欧规车辆上，在前乘客座椅的座椅面内带有一个测量负荷情况的传感器垫，即座椅占用识别垫。通过座椅占用识别垫可识别是否占用了前乘客座椅。如果前乘客未系安全带，就会触发视觉和声音安全带警告。座椅占用识别垫没有乘员分级功能，因此无法用于自动关闭前乘客安全气囊。在高级碰撞和安全模块 ACSM 内对座椅占用数据进行分析。

7. CIS 垫

在美规车辆上，在前乘客座椅内装有电容性内部传感垫（CIS 垫）。CIS 垫识别前乘客座椅上是否有成人或坐在儿童座椅上的儿童。前乘客安全气囊关闭指示灯亮起时表示停用了前乘客安全气囊、前乘客侧面安全气囊和膝部安全气囊。

8. 安全带锁扣开关

如图 8-15 所示，安全带锁扣开关位于驾驶员和前乘客座椅的安全带锁扣内，在带有选装配置欧规专用选装配置（SA230）的车辆上也装有后座椅安全带锁扣开关。

安全带锁扣开关识别安全带锁舌是否在安全带锁扣内，由高级碰撞和安全模块 ACSM 为传感器供电并分析传感器数据。从行驶准备状态起，系统持续监控安全带锁扣开关，并将开关信号用于视觉和声音安全带警告以及确定需要触发的乘员保护系统。

9. 紧急呼叫按钮

如图 8-16 所示，紧急呼叫按钮位于车顶功能中心内。

图 8-15　安全带锁扣开关 　　　　图 8-16　带紧急呼叫按钮的车顶功能中心 FZD
　　　　　　　　　　　　　　　　　　　　　　1—紧急呼叫按钮

10. 前乘客安全气囊关闭开关

如图 8-17 所示，在带有前乘客安全气囊关闭装置（SA 5DA）的车辆上使用前乘客安全气囊关闭开关来手动停用前乘客侧的前部和侧面安全气囊。

通过机械钥匙以手动方式操作前乘客安全气囊关闭开关。由一个霍尔传感器探测开关位置，由高级碰撞和安全模块 ACSM 分析传感器数据并为传感器供电。

11. 座椅位置传感器

按照美国法规要求（FMVSS208），驾驶员和前乘客座椅必须带有乘员身高识别功能，通过座椅纵向调节装置的调节行程来进行身高识别。在美规车辆上通过驾驶员和前乘客座椅的座椅位置传感器来确定准确位置。

图 8-17　前乘客安全气囊关闭开关

座椅位置识别功能的任务是在座椅纵向调节范围内区分身高相对较小的乘员和身高正常的乘员，这项识别功能是提高乘员安全性的另一项技术特点。系统根据驾驶员和前乘客的座椅位置调节安全气囊两级的触发情况。

座椅位置识别装置采用双线霍尔传感器设计，由高级碰撞和安全模块 ACSM 供电。座椅位置传感器的电流强度根据座椅位置发生相应变化。

三、被动安全系统执行机构

1. 概览

在宝马新 7 系上装有以下执行机构：单级驾驶员安全气囊（仅限欧规车辆）；两级驾驶员安全气囊（仅限美规车辆）；单级前乘客安全气囊（仅限欧规车辆）；两级前乘客安全气囊（仅限美规车辆）；左前和右前膝部安全气囊（仅限美规车辆）；左侧和右侧头部安全气囊；左前和右前侧面安全气囊；带线性带力限制器的自动拉紧器（仅限欧规车辆）；带自适应带力限制器的自动拉紧器（仅限美规车辆）；安全型蓄电池接线柱。

此外还通过安全气囊指示灯、安全带指示灯以及前乘客安全气囊关闭指示灯等指示灯为车辆乘员提供安全系统状态信息；所有座椅均使用大家熟知的三点式安全带作为安全带系统（图 8-18）。

图 8-18　安全带
1—安全带锁扣；2—自动拉紧器

2. 驾驶员安全气囊

驾驶员安全气囊的任务是与安全带配合使用，降低正面碰撞时驾驶员受伤的危险。如图 8-19 所示，驾驶员安全气囊位于方向盘缓冲垫内。驾驶员安全气囊配有一个气体发生器。

如图 8-20 所示，在美规车辆上采用一个两级气体发生器，可根据识别到的碰撞严重程度结合座椅位置以较短或较长时间差形式引爆发生器的两级。此外在美规车辆上，驾驶员安全气囊还带有一个主动式排气阀。

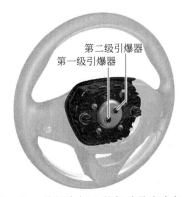

图 8-19　欧规车辆上的驾驶员安全气囊　　图 8-20　美规车辆上的驾驶员安全气囊

3. 前乘客安全气囊

前乘客安全气囊的任务是降低正面碰撞时前乘客受伤的危险。前乘客安全气囊位于仪表板内（图 8-21），前乘客安全气囊展开时在规定位置处撕开仪表板。在欧规车辆上，前乘客安全气囊带有一个单级气体发生器。

如图 8-22 所示，在美规车辆上采用一个两级气体发生器，可根据识别到的碰撞严重程度结合座椅位置以较短或较长时间差形式引爆发生器的两级。此外在美规车辆上，前乘客安全气囊还带有一个主动式排气阀。

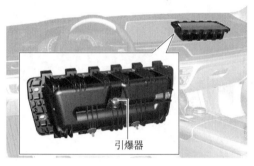

图 8-21 欧规车辆上的前乘客安全气囊

引爆器

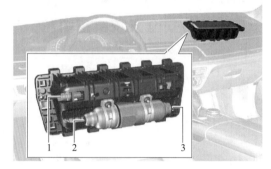

图 8-22 美规车辆上的前乘客安全气囊
1—用于主动式排气阀的引爆器；2—第一级
引爆器；3—第二级引爆器

4. 膝部安全气囊

美国标准（法规）要求被动约束乘员（未系安全带），因此为在发生正面碰撞时控制乘员前移，在美规车辆上驾驶员侧和前乘客侧还需要膝部安全气囊（图 8-23）。

5. 头部安全气囊

如图 8-24 所示，在宝马新 7 系上装有发生侧面碰撞时保护乘员头部的头部安全气囊。头部安全气囊从 A 柱延伸至 C 柱，覆盖整个侧窗玻璃区域。该安全气囊在乘员与侧面结构之间展开。系统特征包括：其范围扩展到可以覆盖前后所有侧窗玻璃；防止碎玻璃伤害乘员；针对不同身高的乘员优化了覆盖范围。

图 8-23 美规车辆上的膝部安全气囊

图 8-24 头部安全气囊

6. 侧面安全气囊

如图 8-25 所示，与所有当前宝马车型一样，前部侧面安全气囊也从前座椅靠背中引爆。侧面安全气囊和气体发生器位于一个塑料壳体即安全气囊模块内，该模块安装在前座椅靠背内座套下，触发时侧面安全气囊从靠背框架中向外弹出并在侧面结构与乘员之间展开。

注意：切勿安装附加座套，因为这些座套对侧面安全气囊的功能影响很大，甚至会导致安全气囊失效。

7. 带线性机械带力限制器的自动拉紧器

如图 8-26 所示，发生正面碰撞、尾部碰撞或翻车时安全带收卷机构阻止安全带拉出，以便约束乘员。发生事故时安全带力限制器限制安全带作用在乘员身上的负荷，安全气囊承担其余的约束作用。在线性系统中，剪断锁销后通过安全带自动收卷器内的扭力杆扭转来限制安全带力。

注意：超过安全带力限值时，除安全带外安全气囊也会承受相应的作用力，因此安全气囊和安全带彼此准确配合。

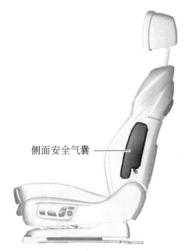

图 8-25　侧面安全气囊

图 8-26　带线性机械安全带力限制器的自动拉紧器

8. 带自适应安全带力限制器的自动拉紧器

如图 8-27 所示，在美规车辆上，驾驶员侧和前乘客侧都装有带自适应安全带力限制功能的安全带收卷机构。通过气体发生器可使碰撞期间产生的高作用力转化为低作用力，从而减小安全带约束力。

与安全气囊以最佳方式配合时，在整个碰撞持续期间可以更均匀吸收乘员身体的动能，这样可以降低乘员承受的负荷。

9. 前部主动式头枕

在宝马新 7 系上，配合多功能座椅使用主动式头枕，这是一种带有燃爆式执行机构的头枕，尾部碰撞达到一定严重程度时就会优化其与头部的距离和高度。乘员头部后移前就会提前启用头枕。

主动式头枕可在发生尾部碰撞时降低颈椎区域的负荷，因此对车内乘员来说正确调节头枕以及头部与头枕的距离非常重要。发生尾部碰撞时，主动式头枕可在乘员向后移动前减小乘员头部与头枕的距离。即使发生轻微碰撞事故，这样也能降低颈椎区域受伤的危险。

注意：不得使用座椅套或头枕套，也不得在头枕上安装可能影响其保护作用的附件。

图 8-27　带自适应带力限制器的自动拉紧器

10. 安全型蓄电池接线柱

如果高级碰撞和安全模块 ACSM 识别出达到一定程度的正面碰撞、侧面碰撞和尾部碰撞，就会根据不同限值使安全型蓄电池接线柱 SBK（图 8-28）触发。

虽然安全型蓄电池接线柱 SBK 已断开，但仍可确保继续为所有与安全有关的用电器供电，例如危险报警灯、车内照明灯、安全气囊和电话（包括紧急呼叫）。

11. 安全气囊指示灯

如图 8-29 所示，安全气囊指示灯位于组合仪表内。行驶前检查期间，安全气囊指示灯亮起且随后熄灭时表示高级碰撞和安全模块 ACSM 以及被动安全系统处于系统准备状态。高级碰撞和安全模块 ACSM 通过车身域控制器 BDC 向组合仪表发送一条 FlexRay 信息，通过该信息控制安全气囊指示灯。组合仪表以周期方式接收信息，如果该信息缺失，就会启用安全气囊指示灯。

图 8-28　安全型蓄电池接线柱 SBK

图 8-29　安全气囊指示灯

12. 安全带指示灯

如图 8-30 所示，如果未系安全带或在行驶期间松开安全带，就会发出声音和视觉警告。

13. 前乘客安全气囊关闭指示灯

如图 8-31 所示，在宝马新 7 系上，前乘客安全气囊关闭指示灯位于车顶功能中心内，欧规车辆与美规车辆的前乘客安全气囊关闭指示灯相同。如果在欧规车辆上通过前乘客安全气囊关闭开关停用了前乘客安全气囊和前乘客侧面安全气囊，就会启用前乘客安全气囊关闭指示灯且指示灯以黄色亮起。如果在美规车辆上 CIS 垫识别出使用儿童座椅运送幼儿或前乘客座椅未被占用，就会自动启用前乘客安全气囊关闭指示灯。

图 8-30　安全带指示灯

图 8-31　前乘客安全气囊关闭指示灯
1—前乘客安全气囊关闭指示灯

第三节　宝马被动安全系统维修案例

一、2010 年款宝马 X5，驾驶人未系安全带时无安全带警告音

故障现象　一辆 2010 年款宝马 X5，行驶里程约 7.5 万千米。该车行驶中驾驶人未系安全带，却无安全带警告音。

故障诊断　试车发现，在行驶中驾驶人未系安全带的情况下，组合仪表上的安全带警告灯能正常闪烁，但音响系统不会发出安全带警告音。用 ISTA 诊断，读得 MOST 环路（此车信息娱乐系统通过光纤传递声音信号）断裂的故障码；根据故障码的措施计划进行 MOST 环路断裂测试，发现顶级高保真放大器（AMPT）与电话间存在断裂现象（图 8-32）。

检查 AMPT，发现 AMPT 的输入光束正常（脱开光纤连接器可用肉眼看到），但 AMPT 无输出光束，由此推断 AMPT 损坏或其线路故障。首先检查 AMPT 的供电，发现后部熔丝盒（位于后备箱内部右侧）中 132 号 7.5A 熔丝（图 8-33）熔断，更换该熔丝后试车，刚开始有安全带警告音，但没过多久，安全带警告音又消失了。经检查，发现 132 号 7.5A 熔丝再次熔断，说明由该熔丝控制下的电源线路存在对搭铁短路的现象。

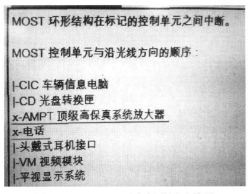

图 8-32　MOST 环路断裂测试结果

图 8-33　位于后部熔丝盒中 132 号 7.5A 熔丝

查看相关电路图得知，132 号 7.5A 熔丝同时为 AMPT、无钥匙便捷上车及启动系统控制单元和 4 个车门外把手电子装置供电。脱开上述电气的导线连接器，在重新更换 132 号 7.5A 熔丝后，逐一连接各导线连接器，当重新连接上右前车门外把手电子装置的导线连接器时，132 号 7.5A 熔丝又熔断了，由此推断右前车门外把手电子装置内部对搭铁短路。

故障排除　更换右前车门外把手电子装置后试车，安全带警告音恢复正常。

维修总结　行车中，提醒驾驶人系好安全带是当前各类车型中都具有的提示，由此可以看出安全带在行车中的重要性，但在行车中没有提示的情况属于故障，要及时进行诊断，以免造成严重损失。

二、2005 年款宝马 525Li 安全气囊故障灯常亮

故障现象　一辆 2005 年款宝马 525Li，车型为 E60，行驶里程约 15 万千米。用户来店报修仪表中安全气囊故障灯常亮。

故障诊断　接车后维修人员通过诊断仪读取安全气囊系统故障内容为"98E0-SBSR——右前安全带拉紧装置引爆电路电阻太大"。

这里的 SBSR 为右侧 B 柱卫星式控制模块。E60 车型中沿袭使用了在 E65/66 中验证合格的光缆技术 byteflight。左侧/右侧 B 柱卫星式控制模块位于 B 柱车门槛区域下方，通过 byteflight 与 SGM 相连。随着传感器和执行器不断地增加，极其迅速和安全的数据交换就变得尤为必要。总线系统由中央安全和网关模块 SGM 及卫星式控制模块组成，卫星式控制模块呈星形通过塑料光缆与 SGM 相连，数据交换以极高的速度双向进行。为此，每个卫星式控制模块都具有发送/接收模块，SGM 针对每个卫星式控制模块设置一个单独的发送/接收模块，左侧/右侧 B 柱卫星式控制模块 SBSL/SBSR 通过 byteflight 与 SGM 相连。卫星式控制模块的供电同样通过 SGM 完成，并通过一个存储电容器缓冲。当 byteflight 处于休眠模式，SGM 会切断卫星式控制模块的供电。在卫星式控制模块中，各集成有一个采集纵向和横向加速度的加速传感器，该传感器提供一个电压值作为测量值。该电压值作为车辆正负加速度的尺度，在卫星式控制模块中进行分析。该传感器持续发送确定的数值，这个测量值通过 byteflight 传送给 SGM 和所有卫星式控制模块。当 SGM 识别出一个临界范围时，就会发出同步脉冲启动报警模式。通过进入报警模式，使卫星式传感器转入可触发状态。根据碰撞严重程度和卫星式控制模块中存储的触发规则，控制所需的执行器。执行器的引爆电路与卫星式控制模块中的点火终极相连，并通过电容器放电而点燃。对于所有卫星式控制模块来说，在驾驶前检查和正常行车期间的引爆电路自检都是相同的。SBSR 监视控制的引爆电路有：前乘客前部安全气囊；右侧头部安全气囊（AITS Ⅱ）；右侧后门侧面安全气囊（SA261）；右侧安全带拉紧装置；右侧后部安全带拉紧装置（SA261）。

安全带拉紧装置为燃爆式，其任务就是在发生碰撞时尽量减少背部和肩部出现的安全带拉长。安全带拉紧装置在驾驶员以及前乘客座椅内部，与安全带自动回卷装置中的机械限力器配合，可达到减小乘员胸部负荷的效果。安全带拉紧装置如图 8-34 所示。

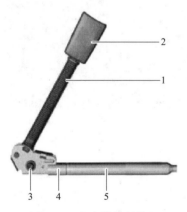

图 8-34　安全带拉紧装置
1—带支撑鞭；2—安全带锁扣及开关；
3—定卡箍；4—气体发生器；5—拉紧管

发生足够严重的碰撞时，气体发生器被引爆，气体冲出并推动拉紧管的活塞。活塞上固定的线绳将安全带锁向下拉并将安全带的松弛部分拉住。

选择故障内容，简单地执行检测计划后，维修人员武断地判断为右前安全带拉紧装置故障。经验来看，一般安全带拉紧装置出故障的概率也比较高，没有想到更换完右前安全带拉紧装置后，故障灯依然点亮，故障码无法清除，故障内容当前存在。回过头来回顾刚才检查维修的过程。诊断仪根据故障内容给出了 SBSR 右前安全带拉紧装置的电路图，维修人员执行检测计划时不是很认真，没有严格执行检测计划的检查项目，对于需要人工检查确认项目，没有测量确认，靠人为感觉做出判断。故障内容是 "98E0-SBSR——右前安全带拉紧装置引爆电路电阻太大"。也许是右前安全带拉紧装置引爆电路有问题，或者 SBSR 有问题，而不是安全带拉紧装置自身的问题。调出检测计划中的 SBSR 右前安全带拉紧装置的电路，如图 8-35 所示，SBSR 对于安全带拉紧装置的控制电路其实是很简单的。

如果 SBSR 的 X13630 端子和右前安全带拉紧装置的 X10217 端之间的导线导通没有问题，就是 SBSR 本身有故障了。拆卸右侧 B 柱饰板，断开 SBSR 的 X13630 端子，刚把线束拉出来，就发现了问题，有两根导线已经严重地被人为破坏，并且有一根导线上还连接一个电阻，如图 8-36 所示，电阻的另一端金属丝也断掉了。对照电路图，这两根线刚好是 SBSR 的 X13630 端子和右前安全带拉紧装置 X10217 端的之间导线。

故障排除　拆卸下电阻，焊接好两根导线，故障排除。

维修总结　这是一起典型的人为故障，猜测分析右前安全带拉紧装置以前可能出现过引爆或者出现过故障，造成安全气囊系统报警，所以就在 SBSR 控制模块前面直接连接一个电阻替代右前安全带拉紧装置，结果电阻连接不牢固，造成断路，引起安全气囊系统报警。维修中没有严格执行检测计划的检查步骤，造成了误判，走了弯路。

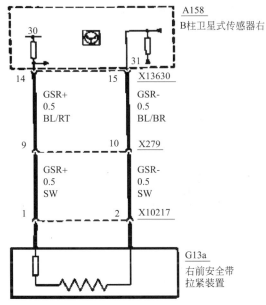

图 8-35　右前安全带拉紧装置电路

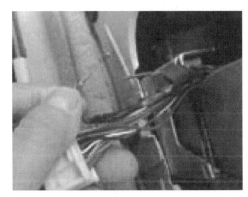

图 8-36　故障位置

三、宝马 X5 售前检测时仪表中气囊灯常亮

故障现象　一辆宝马 X5 运动型多功能车，搭载 N55 发动机，行驶里程约为 8km。该车做售前检测时仪表中气囊灯常亮。

故障诊断　该车进店后，维修人员做 PDI（出厂前检测）解除运输模式后，仪表中气囊灯常亮。诊断仪检测到有故障码 930B07——驾驶员安全带拉紧装置：电阻过小，删除故障码后试车，故障依旧。因为是新车出现故障，以为是运输模式没有彻底解除，再一次解除运输模式，试车故障依旧。尝试断开蓄电池负极，装复后试车，故障依旧。

用诊断仪执行检测计划，提示需要检查相关线路。将驾驶员侧座椅饰板拆掉，检查 B46（驾驶员安全带拉紧装置）。根据检测计划，拆卸左前座椅饰板，拆下座椅安全带的拉紧装置，测量电阻约 3.0Ω，诊断仪提示标准电阻为 3.0Ω，说明没有短路。故障码为什么显示电阻过小？难道是 ACSM（碰撞和安全控制单元）故障？带着这个疑问，再次执行检测计划，提示"驾驶员侧收卷拉紧装置异常"。逐个点击诊断仪中的电路图发现，有两个拉紧装置（图 8-37），是不是另外一个有问题？拆下左侧 B 柱饰板，找到驾驶员侧收卷拉紧装置时，发现其插接器间隙过大（图 8-38）。仔细检查发现，此插接器带两个黄色的金属弹簧片（图 8-39）。由于插接器没有插紧，两个金属片直接短接了两个端子。

故障排除　插紧驾驶员侧收卷拉紧装置插接器后试车，故障排除。

维修总结　排除故障时，应根据诊断仪提示的步骤逐个检查。ACSM 会检测每个引爆装置的电阻，如果电阻小于 3.0Ω 就报电阻过小的故障码。很多与安全气囊相关的插接器会带有短接片。

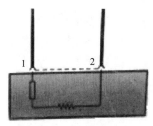
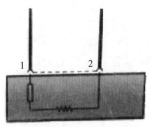

(a) 驾驶员安全带拉紧装置　　　　　　　　(b) 驾驶员侧收卷拉紧装置

图 8-37　诊断仪中右侧电路

故障车插接器间隙

正常的插接器间隙

图 8-38　故障车插接器与正常插接器间隙对比

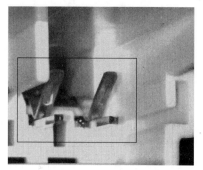

图 8-39　驾驶员侧收卷拉紧装置插接器端子

第九章
电话和远程通信系统

第一节　电话系统

一、电话系统特点

在电话系统方面，除带免提通话装置的标准配置外，还提供带底板（与外部天线连接）的舒适电话。新特点是作为舒适电话的备选外还提供带无线充电功能的电话，首次通过无线充电技术以无线方式为电话充电。此外新特点还包括通过近距离通信系统（简称 NFC）传输移动电话数据。为了针对客户移动电话蓝牙配对简化连接过程使用了 NFC。

远程通信系统盒 2（TCB2）作为车顶型号首次为车辆提供了无线通信标准"长期演进 LTE"，这样既可连接车辆服务例如宝马远程售后服务和 Connected Drive，也可高速访问互联网。这项 WLAN 热点功能作为选装配置提供，后座区电话系统通过 CON-SIA2 新型号获得了"新生"。在此首次实现了通过"Excel 列表"导入地址数据并通过蓝牙与外部新组件配对。

二、电话标准配置

在宝马新 7 系上，重新将蓝牙免提通话装置与蓝牙音频流和一个 USB 接口一起作为标准配置提供，不再提供 AUX-In 接口。例外情况是可在后座区娱乐系统进行单独连接。蓝牙免提通话装置的硬件是 Headunit High 2，它与所连接的蓝牙天线、车辆高保真音响系统连接和一个独立话筒共同确保在车上实现免提通话。

三、电话选装配置

1. 电话系统

（1）舒适电话系统　带有舒适电话（SA 6NS）时，客户可通过特殊底板在车上使用卡扣式适配器。底板位于车辆前部中控台内，它可为移动电话充电并用作连接音乐播放器的 USB 接口（图 9-1）。通过车外天线连接，显著改善了客户移动电话的场强。

在带有选装配置 APP(SA 6NR) 的情况下可用于连接移动电话。通过 APP 可将 Apple® 和 Android® 设备的智能电话应用程序集成到车上。应用程序在获得车辆数据（发动机转速、车速等）支持的智能电话上运行，之后在车辆中央信息显示屏上进行显示。

在硬件方面，舒适电话在车上装有第二个话筒，主要针对前乘客改善免提通话功能。除车辆标配已包含的 USB 接口外，在带有舒适电话的车辆上还有另一个 USB 接口，提供这两个 USB 接口时不再提供 AUX-In 接口。两个 USB 接口均与 Headunit 连接，可在新型主菜单"媒体/收音机"下与其进行通信。它们可为客户智能设备提供最高 2.1A 的充电电流，因为带有舒适电话时还装有一个附加 USB 集线器。USB 闪存盘上的音频和视频内容均可通过这两个接口进行播放。

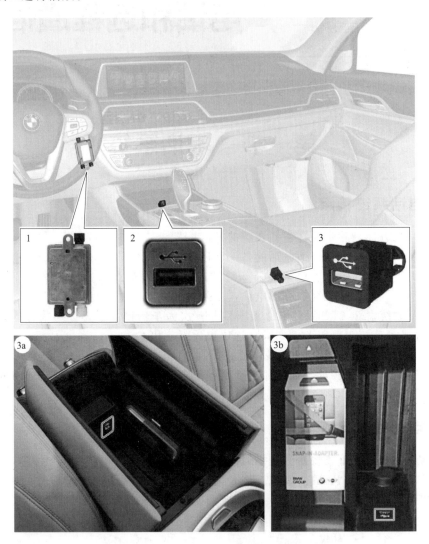

图 9-1　宝马新 7 系上的 USB 接口
1—带有选装配置舒适电话（SA 6NS）或选装配置带无线充电功能的电话（SA 6NW）时的附加 USB 集线器；
2—前部中控台内的标配 USB 接口（铝合金设计）；3—中控台杂物箱内的选装 USB 接口；
3a—带有杂物箱内，选装 USB 接口的选装配置带无线充电功能的电话（SA 6NW）；
3b—带有杂物箱内选装 USB 接口的选装配置舒适电话（SA 6NS）

带有舒适电话时可同时连接两部电话，可根据需要将第三部移动电话用作外部蓝牙音频源，最多可提前注册四部电话。带有舒适电话时可在主菜单"通信/办公"内开通多项附加办公功能，例如如果联系人照片保留并存储在移动电话上，地址簿可支持联系人照片。

（2）WLAN热点 舒适电话的技术亮点包括提供车内WLAN热点。通过与舒适电话或无线充电装置一起提供的特殊选装配置可启用该功能。作为标配功能可针对多媒体和电话实现客户进行软件更新（简称KISU更新）。

（3）带无线充电功能的电话 作为舒适电话的备选，还提供选装配置带无线充电功能的电话（SA6NW）（图9-1对可提供的两个电话选装配置进行了比较）。在此，硬件和功能范围与舒适电话（SA 6NS）相同，但有一处显著区别，即在此装有一个专用无线充电支架而非底板。该智能电话充电支架称为"无线充电盒"，位于中控台侧面，可实现感应式充电以及与车外天线的感应式连接。

2. WLAN 热点

带有舒适电话以及带充电功能的电话时，已通过车辆硬件形式提供了车内WLAN热点。针对数据连接方面，除选装配置WLAN热点（SA 6WD）外还需要订购数据费率。根据当地LTE供应情况以及所在国家限制，客户可使用最多十个最大下载率为100Mbit/s的设备上网。

3. 后座区电话

如图9-2所示，通过后座区电话，客户可在司机驾驶的以后座区乘员为本的车辆上实现所有移动办公功能。提供带卡扣式适配器的底板以及匹配的无线按键式话机。

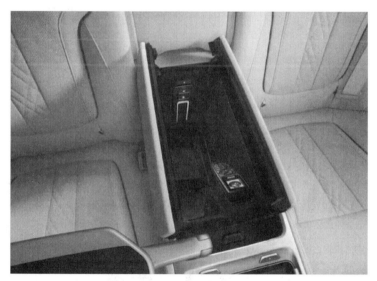

图 9-2 宝马新 7 系的后座区电话

除大家熟知的SAP功能（SIM卡接入模式）外，还首次实现了蓝牙耳机与后座区电话的连接（可从电子零售商处或以附件形式通过宝马零件和附件获得）。

作为另一项功能还可将包含客户地址的"Excel列表"直接导入后座区电话存储器内。"Excel列表"最多可包含4000个地址的联系人。此外，客户还可使用其私人SIM卡通过CON-SIA2建立一个车内WLAN热点。宝马新7系的后座区电话通话质量首次达到了高清晰度标准。

四、电话系统

宝马新7系总线结构如图9-3所示，天线系统电路如图9-4所示，Business连接（标准配置）电路如图9-5所示。

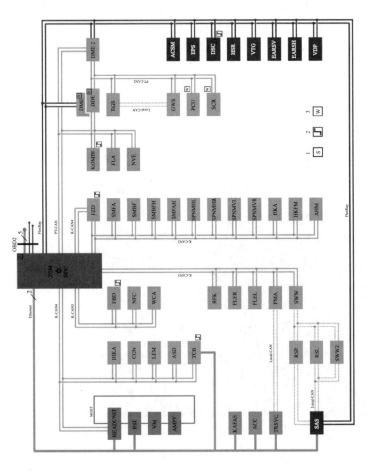

图 9-3　宝马新 7 系总线结构

ACC—主动巡航控制系统；ACSM—高级碰撞和安全模块；AHM—挂车模块；AMPT—顶级高保真音响放大器；ASD—仿真声效设计；BDC—车身域控制器；CON—控制器；DDE—数字式柴油机电子系统；DME—数字式发动机电子系统；DSC—动态稳定控制系统；EARSH—后部电动主动式侧倾稳定装置；EARSV—前部电动式侧倾稳定装置；EGS—变速箱电子控制系统；EPS—电子助力转向系统；FLA—电动机械式助力转向系统；FLEL—左侧前部车灯电子装置；FLER—右侧前部车灯电子装置；FZD—车顶功能中心；GWS—选挡开关；HEADUNIT—Headunit High 2 或 Headunit Basic；HKA—后座区自动空调；HKFM—后备厢盖功能模块；HSR—后桥侧偏转角控制系统；IH-KA—自动恒温空调；KAFAS—基于摄像机的驾驶员辅助系统；KOMBI—组合仪表；LEM—灯光效果模块；NFC—近距离通信系统；NVE—夜视系统电子装置；PCU—电源控制单元；PMA—驻车操作辅助系统；RFK—倒车摄像机；RSE—后座区娱乐系统；RSL—左侧雷达传感器；RSR—右侧雷达传感器（避让辅助系统）；SAS—选装装置系统；SCR—选择性催化剂还原；SMBF—前乘客座椅模块；SMFA—驾驶员座椅模块；SPNMHL—左后座椅气动模块；SPNMHR—右后座椅气动模块；SPNMVL—左前座椅气动模块；SPNMVR—右前座椅气动模块；SWW—车道变更警告系统（主控单元）；SWW2—车道变更警告系统（副控单元）；TCB2—远程通信系统控制单元 2；TRSVC—倒车摄像机和俯视系统控制单元；VDP—垂直动态管理平台；VM—视频模块；VTG—分动器；WCA—无线充电盒；1—用于 FlexRay 总线系统的启动和同步的启动节点控制单元；2—有唤醒权限的控制单元；3—与总线终端 15 WUP 连接的控制单元

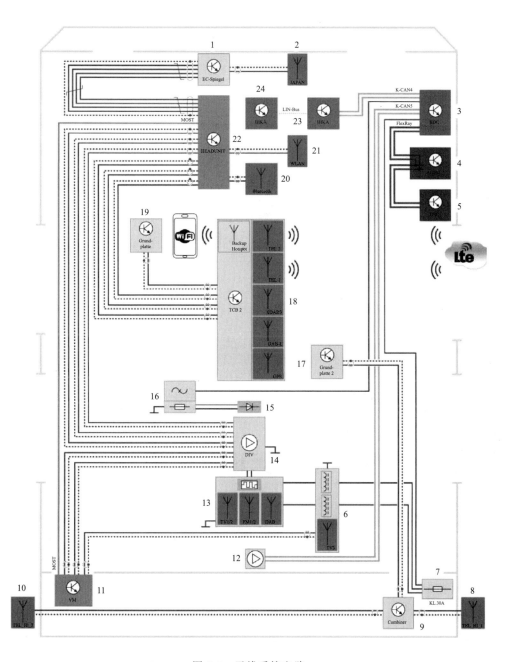

图 9-4　天线系统电路

1—电致变色防眩目车内后视镜；2—红外线接收装置；3—车身域控制器 BDC；4—高级碰撞和安全模块 ACSM；5—动态稳定控制系统 DSC；6—带阻滤波器 1＋2 和电视天线 3；7—后部配电盒；8—右后座区电话天线；9—用于两个后座区电话天线的合路器；10—左后座区电话天线；11—视频模块 VM；12—远程操作服务接收装置 FBD（首次带有 K-CAN 接口）；13—后窗玻璃多相择优装置和天线放大器（DAB 波段Ⅲ天线、FM/AM 以及 FM2 和电视）；14—后窗玻璃加热装置和天线（DAB 波段Ⅲ天线、FM/AM 以及 FM2 和电视）；15—附加制动信号灯；16—用于抑制附加制动信号灯干扰的电子滤波器；17—后部底板（SA 6NB）；18—用于舒适电话（SA 6NS）或带无线充电功能的电话（SA 6NW）的 TCB2 天线系统和控制单元，带 DAB L 波段天线、SDARS（美规）、TEL1（电话）、TEL2（远程通信系统）和 GPS 的鳍形天线内的卡止式车顶天线；19—卡扣式适配器底板（舒适电话）；20—与 Headunit High 2 连接的蓝牙天线；21—与 Head unit High 2 连接的 WiFi® Direct 天线；22—Headunit High 2；23—自动恒温空调 IHKA；24—IHKA 操作面板

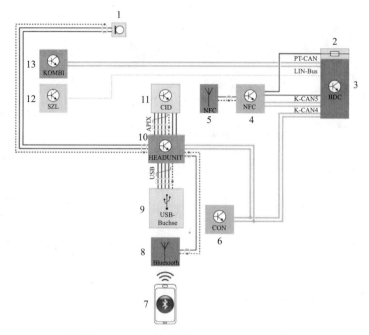

图 9-5　Business 连接（标准配置）电路

1—驾驶员侧话筒；2—前部配电盒；3—车身域控制器 BDC；4—近距离通信系统控制单元；5—近距离通信系统 NFC 天线；6—控制器；7—移动电话启用蓝牙；8—蓝牙天线与 Headunit 连接；9—USB/音频接口；10—带蓝牙天线的 Headunit；11—中央信息显示屏 CID；12—转向柱开关中心 SZL；13—组合仪表 KOMBI

第二节　远程通信系统

一、远程通信系统盒 2

一直以来，远程通信系统盒的任务都非常明确。在带有集成式 SIM 卡和应急运行特性的车辆上，TCB 一直充当车载网络失灵时（通过独立电池应急供电）的调制解调器。无论是宝马远程售后服务还是 Connected Drive 服务（ASSIST、ONLINE、远程和互联网）均使用该调制解调器以及所连接的鳍形天线内的远程通信系统天线。紧急呼叫 GSM 天线一直是一个独立部件，通过硬线与 TCB 连接，还有一个话筒和一个紧急呼叫扬声器也是如此。

1. 远程通信系统盒 2（TCB2）新特点

自 F23 起，TCB2 作为后备厢型号，通过远程通信系统天线与一根独立紧急呼叫天线（备用）的配合，首次使用两根天线来接收数据服务（LTE）。

随着 TCB2 车型型号在 F30 LCI 上的使用，现在新款宝马 7 系也引入了 TCB2 的下一开发阶段。通过两根集成式远程通信系统天线（TEL1 和 TEL2）确保出色的 LTE 数据接收质量。现在集成式紧急呼叫天线（备用）同时也用作车内 WLAN 热点的"集线器"。TCB2 车载网络连接如图 9-6 所示。包括 TCB2 的 HU-H2 系统方框图如图 9-7 所示。

2. TCB2 结构

如图 9-8 所示，TCB2 及相关车顶鳍形天线（车顶天线）紧靠后窗玻璃前方位于车顶与车顶内衬之间。

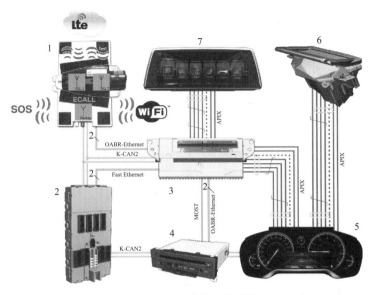

图 9-6　TCB2 车载网络连接

1—TCB2（包括紧急呼叫天线）与鳍形天线［带有电话（TEL1）以及用于紧急呼叫功能、远程控制、宝马远程售后服务和 Connected Drive 服务的远程通信系统天线（TEL2）］组合；2—车身域控制器；3—Headunit High 2；4—后座区娱乐系统 RSE 控制单元；5—组合仪表 KOMBI；6—平视显示屏 HUD；7—中央信息显示屏 CID

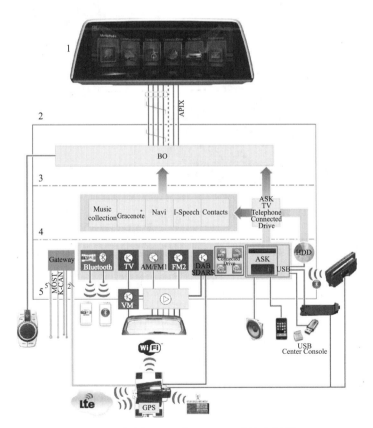

图 9-7　包括 TCB2 的 HU-H2 系统方框图

1—中央信息显示屏 CID；2—Headunit High2；3—操作界面；4—应用程序/软件；5—接口/硬件连接

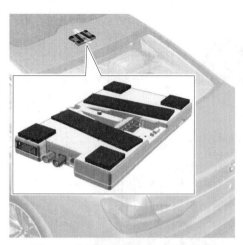

图 9-8　宝马新 7 系的 TCB2 及鳍形
天线安装位置

（1）TCB2 各组件　如图 9-9 所示，TCB2 卡止在与车辆连接的车顶天线内，这样可减少功率损失和 EMV 干扰。

（2）车顶鳍形天线硬件　采用车顶型号时，进行工厂安装时会将 TCB2 控制单元直接卡止在车顶天线（鳍形天线）内。在此会使车顶鳍形天线的天线触点以尽可能低的电阻与 TCB2 控制单元内的连接部位相连（图 9-10）。触点带有镀金涂层且为短触点，因为在工厂通过卡止方式使其与其他部件组合在一起。

二、TCB2 控制单元硬件

TCB2 正视图如图 9-11 所示，TCB2 后视图如图 9-12 所示。在 TCB2 内装有一个应急电池，用于车载网络无法正常运行的情况，由此仍可为 ECALL 系统供电。

注意： 因故障而更换 TCB2 时，替换设备不带应急电池。进行更换时必须为 TCB2 加装该应急电池。

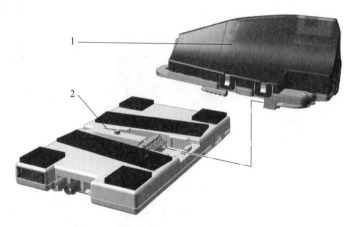

图 9-9　TCB2 各部件

1—鳍形天线内的远程通信系统天线［标配：TEL1（电话和远程通信系统，用于 LTE）和 TEL2（远程通信系统）天线以及车顶鳍形天线内的 GPS 天线；用于选装配置 DAB 调谐器（SA654）的 DABL 波段，用于美规车辆的 SDARS 天线］；2—与舒适电话（SA 6NS）或无线充电（SA 6NW）一起订购 WLAN 热点（SA 6WD）时，TCB2 下部件带有集成式紧急呼叫天线和附加集成式"集线器"

如果应急电池在车辆寿命期限内出现故障，可进行更换。可在拆卸车顶内衬后通过一个开锁按钮（图 9-13）使 TCB2 与粘接在车顶内的天线单元断开。应急电池电量用完时，驾驶员会接收到一条检查控制信息。拆卸车顶内衬时请遵守维修说明！

三、车上的远程通信服务

1. LTE 数据连接

（1）数据传输比较　长期演进 LTE 是第四代无线通信标准，简称 4G。LTE 以最高 100MBit/s 显著提高了下载速度。LTE 保留了 UMTS 的基本方案。

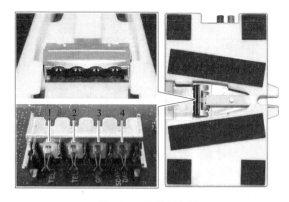

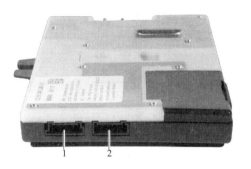

图 9-10　TCB2 连接
1—用于电话天线（带远程通信系统功能 LTE）
的 TEL1 接口；2—用于远程通信系统天线的 TEL2
接口；3—GPS 天线（选装）；4—DABL 波段
（选装）或 SDARS（美规标配）

图 9-11　TCB2 正视图
1—LED 紧急呼叫按钮，ACSM、K-CAN4
发送的碰撞信号；2—紧急呼叫扬声器，
远程通信系统控制单元
（总线端 30F，接地）

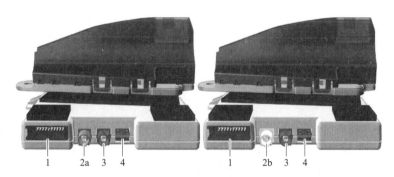

图 9-12　TCB2 后视图
1—OABR 以太网，K-CAN4，驾驶员侧话筒（输入和输出）；2a—DABL 波段天线；2b—SDARS 天线
（仅限美规）；3—连接底板或无线充电单元的 TEL1 接口；4—空置（无功能）

所用频率范围根据地区有所不同，为 700～2600MHz。"频分双工"指的是移动站和基站在两个不同的频率范围进行发送及接收：移动设备在上行通道发送，基站在下行通道发送。两个频率范围的带宽均为 5MHz。简单来说就是两个发送器和两个接收器使用两个不同的频率同时进行发送和接收。

（2）多入多出 MIMO　通过 MIMO 技术（多入多出），无线通信供应商可以较低错误率提供较高数据传输速度。在此，MIMO 形成了特殊编码程序的基础，该程序不仅使用时间维度，而且也使用空间维度来进行信息传输（时空编码）。

这样可以显著提高无线连接的质量（比特误差率）和数据传输率。MIMO 系统在每赫兹可用带宽可进行更多数据传输，因此比传统系统效率更高。在宝马车型上针对 MI-MO 技术首次使用车上的两根数据天线来同时进行 LTE 连接（图 9-14）。

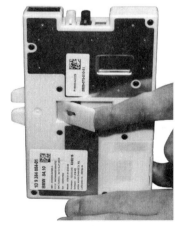

图 9-13　TCB2 上的开锁按钮

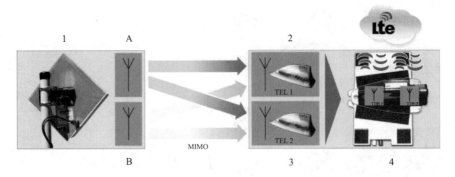

图 9-14　LTE 接收方式

1—LTE 发送装置；A—LTE 天线 1；B—LTE 天线 2；2—用于接收 LTE 信号的电话天线 TEL1；
3—用于接收 LTE 信号的远程通信系统天线 TEL2；4—LTE 天线 1 和 2 组合，由卡止在 TCB2
内车顶鳍形天线的 TCB2 TEL1 和 TEL2 天线组成

2. 紧急呼叫系统

（1）标准配置　根据所在市场，结合紧急呼叫按钮和紧急呼叫天线标配手动紧急呼叫功能。在紧急情况下，通过远程通信系统天线以及 TCB2 内的 SIM 卡进行正常通信。

（2）选装配置　如图 9-15 所示，选装配置智能型紧急呼叫在标配紧急呼叫基础上提供扩展功能。远程通信服务"智能型紧急呼叫"可在手动和自动紧急呼叫情况下根据需要通过宝马呼叫中心与紧急救援服务机构建立连接。除当前车辆位置外还会传输事故严重程度等附加数据。

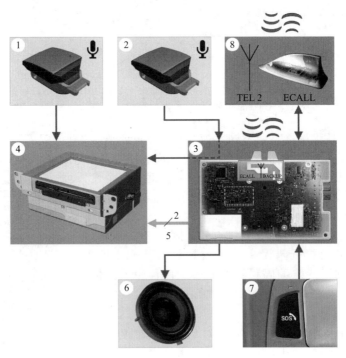

图 9-15　紧急呼叫系统

1—前乘客侧话筒；2—驾驶员侧话筒；3—TCB2 包括集成式紧急呼叫天线；4—Headunit High 2；
5—OABR 以太网；6—紧急呼叫扬声器；7—紧急呼叫按钮；8—车顶鳍形天线内的远程通信系统天线（LTE2）

3. Connected Drive

（1）前提条件　执行 Connected Drive 服务功能的基本前提是，所有宝马新 7 系均已配备相关硬件，因此固定安装式 SIM 卡以及带有卡止式车顶鳍形天线的远程通信系统控制单元（远程通信系统盒 2）属于标准配置。在车顶鳍形天线中带有远程通信系统的天线。

（2）Connected Drive 服务　如图 9-16 所示，需要提供所有用于接收 Connected Drive 信号的硬件。

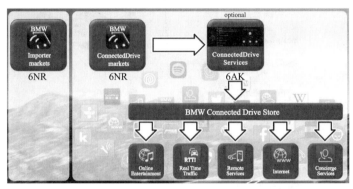

图 9-16　Connected Drive 服务

第三节　通信系统无线连接

一、车内 WLAN 热点

宝马新 7 系带有很多 WLAN 无线连接功能。通过车辆 WLAN（WiFi® Direct）控制与车辆相关的服务和功能。WiFi® Direct 符号如图 9-17 所示。如图 9-18 所示，在英语中用 "WiFi" WLAN。因此术语 "WiFi" 及相关标识通常与 WLAN 热点一起使用。

图 9-17　WiFi® Direct 符号

图 9-18　用于经过认证的 WiFi 热点的 WiFi 符号

如图 9-19 所示，WLAN 热点是与家用网络类似的多点连接。热点执行通过网络技术为大家所熟知的 "集线器" 任务，客户可通过 WLAN 热点（集线器）功能将最多十个设备与 WLAN 热点连接并以 100Mbit/s 的下载率上网，无法实现 "客户与客户连接"。就是说，设备相互之间无法进行通信。从网络技术角度称为不提供 "集线器" 的 "桥接功能"。

客户可结合附加数据量费率使用 WLAN 热点，该过程与在旅店预订 WLAN 热点或咖啡馆的公共热点类似。为此在终端设备（智能电话、平板电脑等）与 WLAN 热点建立数据连接后会出现供应商页面，客户可自行在此延长数据协议。

如图 9-20 所示，WLAN 热点可使客户通过其智能设备（智能电话、平板电脑、电脑

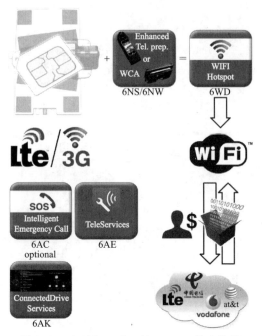

图 9-19　宝马新 7 系上的 WLAN 热点数据

等）以及用于后座区娱乐系统的 Touch Command 平板电脑自由访问互联网。在宝马车型上首次将集成在 TCB2 内的 GSM 紧急呼叫天线（备用天线或 ECALL 天线）作为用于整个车内空间的 WLAN 热点天线。

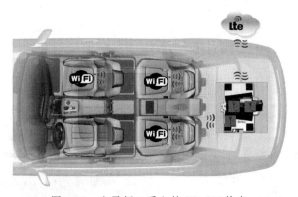

图 9-20　宝马新 7 系上的 WLAN 热点

此外还可通过另外两种方式上网：第一种方式是通过后座区电话的 WLAN 热点以及启用数据费用的客户 SIM 卡；第二种方式是通过关联 Connected Drive 选装配置"互联网"在车上上网。对于通过 iDrive 系统操作的系统，会通过一个宝马服务器（后端）与"未经过滤的互联网"进行连接，在中央信息显示屏或后座区显示屏上进行显示。数据通过该服务器以及 TCB2 和固定安装式 SIM 卡传输到车上。

二、WiFi® Direct

针对控制和监控功能，在车上引入了一项新的 WLAN 标准。车辆 WLAN 是经过认证的 WiFi® Alliance 标准，称为 WiFi® Direct。

WiFi®Direct 是两个 WLAN 终端设备间进行无线数据传输的标准，无中间接入点。它以描述无线网络特性的国际标准 IEEE 802.11（ISO/IEC 8802-11）为基础。

如图 9-21 所示，在宝马新 7 系上始终通过 WiFi®Direct 在 Headunit（带有连接的 WLAN 天线）与以下终端设备间进行数据传输：

① 在 Headunit 与智能电话间之间，以便执行"屏幕录制"功能；

② 在 Headunit 与 Touch Command 之间，以便通过平板电脑执行控制和监控功能。

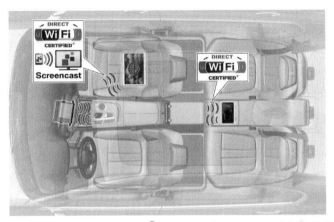

图 9-21　宝马新 7 系上的 WiFi®Direct（车辆 WLAN）数据流数据源

三、无线配对

之前在宝马车辆上执行连接功能时仅针对电话免提通话功能、办公功能或蓝牙音频流建立蓝牙连接，现在增加了另外两项服务，即车内 WiFi®Direct"车辆 WLAN"或车内 WLAN 热点"互联网热点"。

四、屏幕录制

如图 9-22 所示，屏幕录制是一项通过无线连接方式使两个计算器相互连接的开放标准。在宝马新 7 系上执行该功能时将智能电话或平板电脑的屏幕内容共享（镜像）到 Headunit 上，在中央信息显示屏上进行车内显示。在宝马新 7 系上使用 WiFi®Direct 作为传输标准。

在带有后座区娱乐系统的情况下也可根据客户需要通过 Headunit 和 RSE 控制单元在两个后座区显示屏上投射内容。

图 9-22　宝马新 7 系的屏幕录制

执行屏幕录制功能时可播放图片文件、音乐文件和影片等内容。车速超过 7km/h 时会关闭 CID 上的内容，但车速超过 7km/h 时仍可在后座区显示屏上继续显示。

由于 Headunit 无法区分哪些显示屏内容通过屏幕录制以数据流方式传输到车上，始终会在 7km/h 时启用上述车速锁功能。无论是带有移动图像的影片、音乐曲目、照片还是屏幕内容，都会进行显示。音乐或音频播放不受屏幕录制车速锁功能影响。

五、无线充电

1. 无线充电概念定义

在新款宝马 7 系上首次通过无线充电技术以无线方式为电话充电，无线充电产品带有所谓的 "Qi®" 符号（图 9-23）。表示生命能量的中文词是无线充电联盟的一项版权标准，该标准用于确保各充电器均可与所有设备兼容。

2. 宝马新 7 系上的无线充电

如图 9-24 所示，客户可通过车上的一个特殊无线充电盒看到无线充电 WCA 装置。带无线充电功能的电话在车上装有一个无线充电盒而非底板。

图 9-23　Qi® 符号

图 9-24　宝马新 7 系上的无线充电盒
1—移动电话（此为 iPhone5）及相应感应式保护套（Qi® 认证）；
2—无线充电盒

装有带无线充电功能的电话时，可在宝马新 7 系上为带有 Qi® 功能的移动电话或宝马显示屏钥匙充电（图 9-25）。很多移动电话均已配备 WCA 功能（Qi® 就绪）且能够在无线充电盒内进行充电。此外还可通过更换带有 WCA 功能的后盖或增加带有 WCA 功能的外壳来为移动电话加装相应功能。

注意：切勿将移动电话和宝马显示屏钥匙一起放在无线充电盒内，否则可能只会对两个设备中的一个进行充电。

图 9-25　插有宝马显示屏钥匙的无线充电盒

在无线充电适配器内对移动电话进行充电时，可在车上通过安卓（Android）智能设备使用蓝牙音频流、蓝牙应用程序数据流、屏幕录制（桌面共享）以及相关图片或视频数据流。

3. 基本原理

如图 9-26 所示，无线充电技术的基本原理基于电磁感应。发送和接收线圈以非接触方式传输移动电话充电电压。

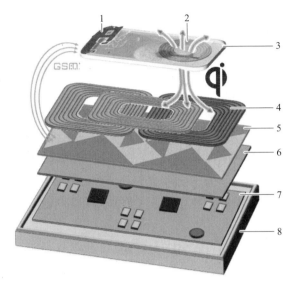

图 9-26 无线充电基本原理

1—带有接收无线移动通信信号的连接天线的智能电话；2—智能电话外壳内的感应线圈；3—带有接收线圈
的智能电话外壳；4—无线充电盒内的发送线圈；5—无线充电盒内的电话天线（感应式）；6—无线
充电盒内的铁素体；7—带有用于无线充电盒车载网络接口的电子装置；8—无线充电盒外壳

4. 连接车载网络

如图 9-27 所示，通过后部配电盒供电实现无线充电盒与车载网络的连接。无线充电盒的天线输入端通过一个补偿器与 TCB2 与鳍形天线内的 TEL1 电话天线连接。此外，系统中还有一根从无线充电盒连至补偿器的启用导线。

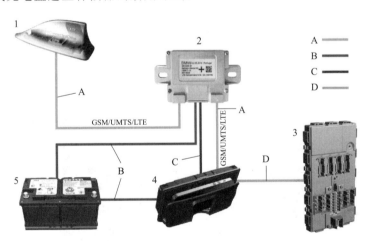

图 9-27 宝马新 7 系车载网络上的无线充电装置

A—天线导线；B—供电；C—启用导线；D—K-CAN5 连接；1—TCB2/带电话天线 TEL1 的
鳍形天线；2—补偿器；3—车身域控制器 BDC；4—无线充电盒；5—车载网络供电装置

5. 无线充电硬件

如图 9-28 所示，无线充电盒带有一个用于供电和连接 K-CAN5 的接口，还通过一根天线导线与一个天线补偿器连接，此外有一根启用导线用于该天线补偿器。

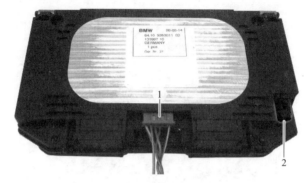

图 9-28 无线充电盒接口

1—供电，连接 K-CAN5，天线补偿器启用导线；2—连接车顶鳍形天线内
TEL1 电话天线的天线接口（通过补偿器）

6. 补偿器

如图 9-29 所示，为了补偿无线充电损失，在宝马新 7 系上装有一个带 LTE 功能的补偿器（SIMO）。通过该补偿器，可使无线充电发送和接收装置的接收质量达到底板水平。

该补偿器位于宝马新 7 系后部区域并与无线充电天线和车顶鳍形天线内的 TEL1 连接。此外，补偿器还通过 BDC 和 WCA 装置的一根启用导线与供电装置连接。

7. 安装式和外部 WCA 充电线圈

（1）安装式 WCA 充电线圈 自 2009 年引入 Palm® Pre 智能电话作为首款带无线充电功能的智能电话起，智能电话市场发生了巨大变化。Palm® Pre 使用的专利性充电协议（专利性＝制造商专用、非公示标准）与 Qi® 标准不符，因此 WCA 也不支持 Palm® Pre。

除 Google® Nexus4 和 5、Microsoft®（以前是 Nokia®）设备 Lumia920 及 1520 外，自 2015 年春季起 Samsung® Galaxy S6 也采用该技术。所有这些设备均具有支持 Qi® 标准的优势，因此可在采用 WCA 技术的车上即刻使用。

（2）外部 WCA 充电线圈 如图 9-30 所示，现在在自由竞争市场上很多移动电话的后盖都采用符合 Qi® 标准的 WCA 技术，接收线圈集成在塑料盖内。

图 9-29 补偿器

1—连接 TCB2 或车顶鳍形天线内的电话
天线 TEL1；2—供电，补偿器启用导线；
3—无线充电盒天线接口

图 9-30 带有 WCA 功能后盖的
Samsung® S4 设备

8. LED状态和可能的误操作

如图9-31所示，为使客户了解具体充电连接状态，在无线充电适配器上有一个LED。将一个金属物体放入WCA内时，LED就会开始发出蓝光。在此期间，WCA适配器内的电子装置检测该金属物体是否与WCA或Qi®兼容以及是否能够充电。如果可以，即"协调"成功，LED就会在10s后继续发出蓝光。如果不可以，LED就会在10s后再次熄灭。

如果在无线充电盒内有一个兼容设备和另一个物体（例如一枚硬币），系统会识别出两个物体且不启动充电过程。最后，关于WCA主题还通过一个矩阵表（表9-1）简要列出不同闪烁代码。

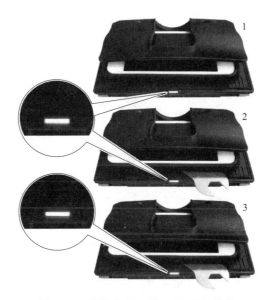

图9-31 无线充电盒的LED充电状态

1—盒内有一个兼容的移动电话，LED发出蓝光10s并一直保持蓝色；2—盒内有一个兼容的移动电话和一个异物，LED发出蓝光10s，之后改变颜色；3—盒内有一个兼容的移动电话和一个异物，10s后LED发出橙光

表9-1 WCA主题LED状态及说明

颜色	LED状态	说明
黑色	关闭	WCA关闭（总线端30B关闭）
黑色	关闭	WCA运行就绪
黑色	关闭	识别出移动电话,但不执行充电功能。移动电话已充满电或关闭
蓝色	持续发光10s	识别出金属物体
蓝色	持续发光	识别出移动电话并为其充电
蓝色	持续发光	识别出宝马显示屏钥匙并为其充电。即使在显示屏钥匙向BDC发送其代码而短暂中断时,LED也保持"蓝色"状态
蓝色	持续发光	在特殊情况下可识别出一部具有Qi®功能的移动电话和一个较小异物,并为移动电话充电,此时未超过限值
橙色	持续发光	识别出移动电话,但由于过热不执行充电功能(温度超过60℃)
橙色	持续发光	识别出异物和移动电话,不执行充电功能
红色	持续发光	内部故障,到访宝马维修站

9. 遗忘警告

如果离开车辆时识别出无线充电盒内有一个设备，可能会发出一条检查控制信息。在组合仪表和 CID 内显示该检查控制信息。必须事先在车上启用警告功能，客户可在主菜单"我的车辆"-子菜单"系统设置"-"无线充电盒"处启用或停用该功能。如果以下触发项按正确顺序触发，就会发出警告：

① 启动发动机；
② 移动电话（识别出物体）位于无线充电盒内；
③ 关闭发动机；
④ 打开驾驶员车门（移动电话仍在 WCA 内）；
⑤ 发出检查控制信息。

六、近距离通信系统 NFC

1. 近距离通信系统 NFC

近距离通信系统 NFC（图 9-32）可通过无线通信技术在不超过 4cm 的短距离内传输数据。该系统于 2002 年由 Philips® 和 Sony® 研发，它以 13.56MHz 的 RFID（无线射频识别）技术为基础。

图 9-32　NFC

2. NFC 发送装置

NFC 可在不触发操作按钮或按钮组合的情况下提供多种非接触通信方式。例如可在停车楼内通过智能卡使用 NFC 功能，也可在 USB 闪存盘、钥匙、智能电话、平板电脑和各种电子设备上使用该功能。

3. 宝马使用情况

取代 iDrive 系统或控制器针对连接进行数据设置，现在在宝马新 7 系上便可通过 NFC 功能使一部智能电话与车辆相连接（图 9-33）。

为何将智能电话用作 NFC 发送装置？对于客户而言，它是最便于客户在车上使用的应用装置。2010 年，约生产 0.6 亿部采用 NFC 技术的智能电话；2015 年，约生产 5.5 亿部智能电话。除知名制造商例如 HTC®、Microsoft®（以前是 Nokia®）和 Samsung® 外，Apple®iPhone6 也采用 NFC 技术。

4. NFC 接收装置

图 9-34 展示了 NFC 接收装置基本结构。根据安装空间要求，NFC 天线（接收单元）和 NFC 控制单元采用分开式设计。如图 9-35 所示，客户可通过中央信息显示屏下方出风格栅处的一个符号识别出 NFC 天线的安装位置。如果智能电话与 NFC 符号的距离不超过 1～2cm，接收天线就会与智能电话发送天线进行通信。

图 9-33　近距离通信系统发送装置型号
1—智能卡内的 NFC 芯片；2—通过 USB Token 执行 NFC 功能；3—宝马新 7 系所用型号通过具有 NFC 功能的智能电话执行功能；4—通过识别发射器（车辆钥匙）执行 NFC 功能

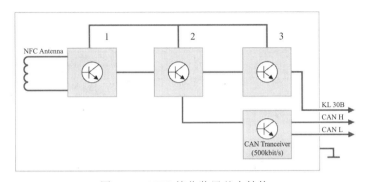

图 9-34　NFC 接收装置基本结构

1—NFC 接收单元或天线电子装置；2—NFC 控制单元和处理单元；3—NFC 控制单元

图 9-35　出风格栅下方的 NFC 符号

1—NFC 符号；2—客户智能电话

5. NFC 组件安装位置

出风格栅后视图如图 9-36 所示，拆下宝马新 7 系前部中间出风格栅后可看到 NFC 接收单元和 NFC 天线接口两个部件。NFC 控制单元通过 K-CAN5 与 G11 车载网络连接。如图 9-37 所示，在宝马新 7 系上，NFC 控制单元位于手套箱后隔板处。

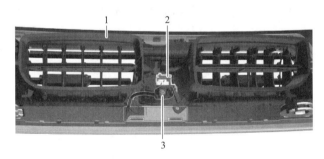

图 9-36　G11 出风格栅后视图

1—前部中间出风格栅后视图；2—用于智能型安全按钮和危险报警开关的接口；
3—连接 NFC 接收单元的 NFC 天线接口

6. 车上的 NFC 功能

新款宝马 7 系车型系列开始批量生产时可通过 NFC 实现智能电话蓝牙配对。只有在尝

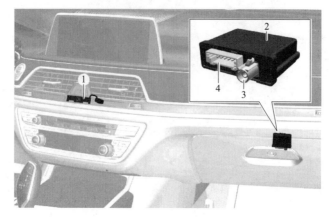

图 9-37　NFC 天线和 NFC 控制单元的安装位置
1—NFC 接收单元或天线电子装置；2—NFC 控制单元；3—NFC 天线接口；
4—NFC 控制单元供电、K-CAN5 总线连接

试配对前已在智能电话上启用 NFC 功能的情况下才能通过 NFC 进行连接，接下来实现移动设备与车辆 WLAN 热点连接。

第四节　后座区电话

一、后座区电话

后座区电话系统位于后座区中控台内，它由带有卡止式、卡扣式适配器 CON-SIA2 的底板以及带有耳机托架和充电功能按键式电话机构成。后座区电话采用新型天线放大器，通过其集合并放大左后和右后保险杠内两个电话天线的信号。

此外在 CON-SIA2 内还包含另一个车辆 WLAN 热点，这一点对于在 TCB2 内尚未提供 WLAN 热点（例如正在与供应商进行协商）或车辆未固定安装 SIM 卡的市场而言非常重要。

CON-SIA2 内的后座区电话 WLAN 热点功能仍使用客户的双 SIM 卡或通过蓝牙 SAP 配对的移动电话在供应商处注册。后座区电话的新特点是可导入包含地址数据的"Excel 列表"并与蓝牙耳机配对。此外，现在可在"私家车"模式下实现高清通话质量。

二、系统连接及硬件

图 9-38 展示了宝马新 7 系后座区电话的电路。

1. CON-SIA2 和组件

后座区电话 CON-SIA2 处的蓝牙配对方式如图 9-39 所示。

2. 按键式话机

按键式话机通过蓝牙与在宝马新 7 系上获得高清音频标准支持的 CON-SIA2 连接。之前使用任何一款宝马电话系统都无法达到这样的通话质量，用于接收音频信号的频带几乎达到了原来的两倍。

3. 电话天线

如图 9-40 所示，用于后座区电话的两根电话天线位于左后和右后保险杠饰板下部饰板

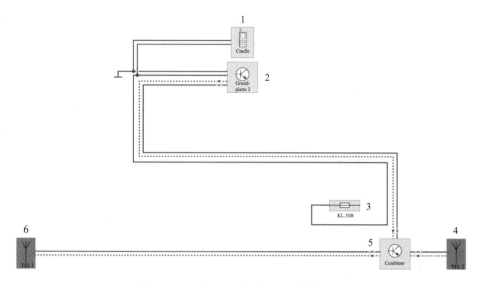

图 9-38　宝马新 7 系后座区电话的电路

1—按键式话机充电支架；2—用作卡扣式适配器 CON-SIA2 固定架的后座区
电话系统底板；3—后部配电盒；4—右后保险杠内的电话天线；5—电话天线
合路器；6—左后保险杠内的电话天线

区域内，拆下保险杠后可看到电话天线，左后和右后保险杠内的两根电话天线汇集到车辆后部（车载网络蓄电池旁）一个"合路器"内（图 9-41）。

图 9-39　后座区电话 CON-SIA2 处的蓝牙配对方式

1—CON-SIA2 卡止在后座区电话底板内；2a—后座区无绳按键式话机；2b—通过车载
网络电压为无绳按键式话机充电支架供电；3—可选择通过蓝牙连接方式连接耳机；
4—通过蓝牙标准 SIM 卡接入模式 SAP "克隆" 通过蓝牙连接的移动电话及其移动电话卡

该合路器将两根天线组合为一根大功率天线，其优点在于明显改善了接收质量，后座区电话设备的场强（图 9-42 所示红线）成倍增大。

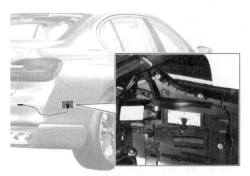
图 9-40 保险杠后的左侧电话天线

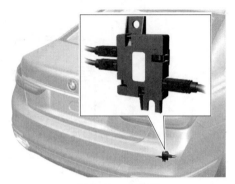
图 9-41 合路器

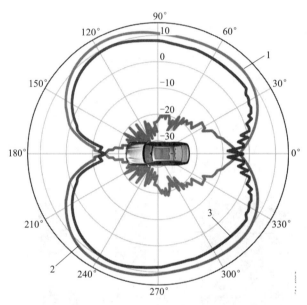

图 9-42 频率为 1850MHz 时合路器的组合效果示例

1—保险杠内的右侧天线；2—保险杠内的左侧天线；3—将两根天线组合为一根连接后座区电话系统底板的天线导线

三、后座区电话功能

1. 通过后座区电话实现 WiFi 热点（3G）功能

如图 9-43 所示，在一些市场，根据所在国家规定，无法通过固定安装式 SIM 卡使用 TCB2 内的 WiFi 热点（SA 6WD）功能。在此客户可使用 CON-SIA2 及其个人 SIM 卡通过车辆后座区电话天线系统建立一个自己的 WiFi 热点。下载率最大带宽为 28MBit/s［UMTS/HSPA＋(3G) 标准］，执行 3G 标准是因为底板带有与合路器连接的天线接口。

为了通过 MIMO 实现 LTE（4G），在底板内需要两个天线接口。如果客户坚持使用 LTE 且无法执行 TCB2 内的 WiFi 热点功能，宝马零件和附件部门可为底板提供 LTE SIA。在此为了接收 LTE 信号，在卡扣式适配器内需要第二根天线。

2. 输入地址

自 2010 年在带有 WiFi 热点功能的 BMW/MINI 上引入首款卡扣式适配器 CON-SIA

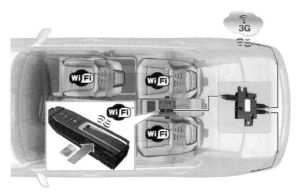

图 9-43　在宝马新 7 系上通过后座区电话（CON-SIA2）执行 WiFi 功能

起，客户可在电脑/浏览器上通过 IP 192.168.1.1 对 CON-SIA2 进行配置。如图 9-44 所示，现在在宝马新 7 系上，客户可通过该 WLAN 接口以"Excel 列表"方式将最多 4000 个地址数据导入其后座区电话内。如图 9-45 所示，"Excel 列表"结构非常简单，上传结束后，电话号码以 1∶1 的形式集成到后座区电话内。

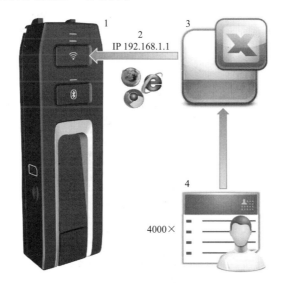

图 9-44　通过"Excel 列表"将地址数据导入其后座区电话内
1—带 WLAN 启用按钮的后座区电话；2—浏览器：在一台电脑上输入 IP 地址 192.168.1.1，
从而进入 CON-SIA2 配置菜单；3—通过 MS Excel 创建输入矩阵表；
4—将包含最多 4000 个地址的地址数据输入矩阵表

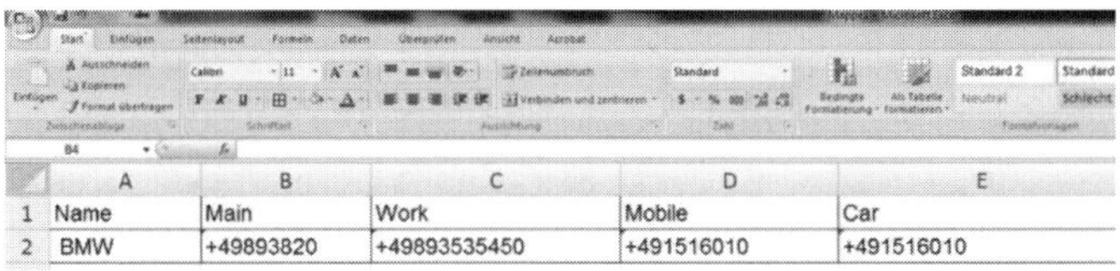

	A	B	C	D	E
1	Name	Main	Work	Mobile	Car
2	BMW	+49893820	+49893535450	+491516010	+491516010

图 9-45　"Excel 列表"数据

3. 与 Headunit 连接

如图 9-46 所示，与之前带卡扣式适配器的后座区电话型号一样，在带有 CON-SIA2 的情况下也可通过蓝牙实现后座区电话与 Headunit 的配对，因此驾驶员/车辆司机也可根据需要通过联系人功能访问后座区电话内存储的最多 4000 个电话号码。

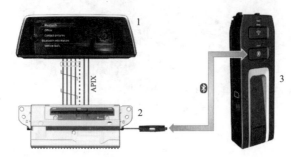

图 9-46　通过蓝牙实现后座区电话与 Headunit 的配对
1—中央信息显示屏 CID；2—连接蓝牙天线的 Headunit；3—用于后座
区电话系统的卡扣式适配器 CON-SIA2

4. 配对过程

在宝马新 7 系上，CON-SIA2 可与各种组件/附加设备连接。新特点是进行蓝牙耳机配对时的蓝色 LED 显示。如图 9-47 所示，LED 显示涉及直接通过 WLAN 或蓝牙按钮触发时的 LED 状态。

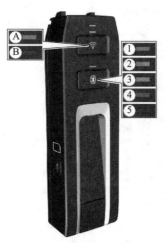

图 9-47　CON-SIA2 连接方式

WLAN 热点	按压按钮	WLAN LED 1	含义
A	5s	以绿色闪烁	设置一个无线网络
B	15s	以红色闪烁	复位 WLAN 设置
蓝牙连接	按压按钮	蓝牙 LED	含义
1	5s	以绿色闪烁	与 Headunit 配对
2	11s	以绿色/橙色闪烁	与移动电话 SAP 配对
3	17s	以橙色闪烁	与按键式话机配对
4	20s	以蓝色闪烁	与蓝牙耳机配对
5	23s	以红色闪烁	删除所有配对

如图 9-48 所示，除用于蓝牙配对的 LED 显示外，CON-SIA2 还有一个表示不同状态的 LED 显示。

图 9-48　CON-SIA2 配对状态

WLAN LED 1	LED	含义
1	橙色	通过 GSM(2G)连接互联网
2	绿色	通过 UMTS(3G)连接互联网
WLAN LED 2	LED	含义
3	关闭	WLAN 停用
4	绿色	WLAN 启用
蓝牙 LED	LED	含义
5	橙色	短信存储器已满
6	绿色	蓝牙连接已启用

5. 蓝牙耳机

可通过连接蓝牙耳机以全新方式加强对后座区电话的使用。按住 CON-SIA2 上的蓝牙按钮 20s 便可通过蓝牙使耳机与 CON-SIA2 连接。针对该连接的标准安全 PIN 为 0000。

如图 9-49 所示，如果蓝牙耳机正在等待另一个 PIN 而非"默认 PIN 0000"，可在 CON-SIA2 配置菜单内使用默认浏览器通过 IP 192.168.1.1 进行设置。

图 9-49　CON-SIA2 配置菜单密码设置

第五节　宝马电话和通信系统维修案例

一、宝马 740Li 导航系统车辆位置显示错误

故障现象　一辆宝马 740Li，车型为 F02，配置 N54 发动机，行驶里程约为 15000km。导航系统无法正确识别车辆当前位置，车在长沙，中央信息显示器 CID 上 GPS 信息却显示在北京，即使在空旷的位置，显示接收中的卫星仍然为 0。

故障诊断　首先有必要了解本车导航系统，车辆配备高版本汽车信息计算机 CIC，CIC 中集成了导航电脑、GPS 接收器以及偏航角速率传感器；车顶天线中包含了 GPS 天线。GPS 天线通过一根同轴电缆将接收到的 GPS 卫星位置、日期、时间等数据传送至 GPS 接收器，GPS 接收器通过三角函数参考多颗卫星已知的位置来确定车辆位置。当车辆行驶至隧道或地下车库时可能无法接收卫星信号，此时偏转率传感器提供的关于行驶方向变化的数据用于确定准确的车辆位置。导航的地图数据存储于 CIC 的硬盘中，包括导航系统在内的诸多信息在中央信息显示器 CID 上予以显示。

GPS 天线与主机之间传导的为高频交流信号而非直流信号，如使用普通铜线，难免如一根向外发射无线电的天线，消耗信号功率，使 GPS 接收器接收的信号强度减小。同轴电缆的使用可解决这个问题，其由里往外分为四层：中心铜线，塑料绝缘体，网状导电层和电线外皮，因中心铜线和网状导电层为同轴关系而得名，如图 9-50 和图 9-51 所示。网状导电层两端分别通过 CIC 和车顶天线接地，中心电线发射出来的无线电被其所隔离，因此其又叫屏蔽层。

 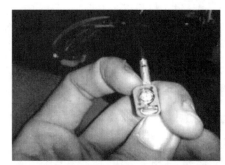

图 9-50　GPS 天线一侧同轴电缆插接器 E26 * 4B　　　图 9-51　主机 CIC 一侧同轴电缆插接器 A42 * 9B

检查车顶天线并无明显外观损坏后连接宝马专业诊断设备 ISID，显示相关故障码为主机与 GPS 天线座之间的连接（电路如图 9-52 所示）：对地短路，当前不存在，删除之后过一会又出现。诊断软件 ISTA 提示主机 CIC、GPS 天线及两者间的同轴电缆信号出现短路均可导致故障现象出现。主机中央信息计算机在仪表台中央，而 GPS 天线在后挡风玻璃附近车顶，同轴电缆跨度比较大且埋在仪表饰件和车顶饰件内，直接拆检不可取。拆下车顶天线需揭开车顶天线壳体同时拆卸车内绒顶，工程量也大。勉强拔下天线插头 E26 * 4B，观察无明显异常，想直接测量 GPS 天线信号线有无对地短路也由于操作空间实在太小（不拆车顶饰件万用表根本够不着天线），只好作罢。

本着由简及繁的原则，拆下主机 CIC 且拔下插接器 A42 * 9B 检查，并无松旷腐蚀或变形，重新插上插头 E26 * 4B，对调一个相同零件号事故车的 CIC，装复好发现中央信息显示器显示的导航和地图两栏均为灰色，试车也没能恢复正常导航状态，可能导航系统已对具体

车辆底盘号码设码，看来此路不通，无法判断 CIC 是否存在故障。换个方式，只断开插头 A42＊9B，插上其他插头后用 ISTA 测试，出现故障码，内容为主机 CIC 与 GPS 天线断路。如果短路故障出现在主机 CIC 内的 GPS 天线信号输入端，那么即使断开插头 A42＊9B，用 ISTA 测试仍将出现故障码，内容主机与 GPS 天线座之间的连接对地短路。与事实结果相反，所以可以基本排除 CIC 内部信号输入端对地短路的可能性。会不会是同轴电缆受压变形破损导致中心信号线与屏蔽层短接呢？想到这里，用万用表蜂鸣挡测量发现中心电线果然对屏蔽层短接。经查维修记录并问询驾驶人，发现本车除做过几次常规保养外并未检修过其他问题，电缆损坏可能性小，为确切找到问题所在，同时断开插头 E26＊4B，测量同轴电缆中心电线发现不再与屏蔽层短接，说明 GPS 天线存在信号线对地短路故障，导致导航系统车辆位置显示错误。

故障排除 更换车顶天线（图 9-53）后导航恢复正常。

维修总结 虽然并非同轴电缆原因导致导航故障，但同轴电缆在车辆导航、电信、DAB 数字广播等系统中运用较多。

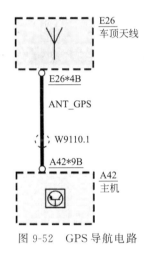

图 9-52　GPS 导航电路

图 9-53　车顶天线

二、宝马 530Li 多碟 CD、导航及蓝牙功能不能正常使用

故障现象 一辆宝马 530Li 车型（E60），配置 N52 发动机，行驶里程约 15 万千米。驾驶人反映多碟 CD、导航及蓝牙功能不能正常使用。

故障诊断 接车以后验证驾驶人所说的情况是否属实，打开副驾驶侧的手套箱触动 CD 夹的弹出按钮，但 CD 夹并没有弹出。是什么原因导致其不能够正常弹出呢？

使用中央控制器操纵导航系统，中央仪表不显示导航地图，启用蓝牙系统，仪表此项功能显示不可选择。初步判定为 MOST 系统出现异常情况。连接诊断仪读取故障码，如图 9-54 所示。

整个 MOST 控制模块除了主机都显示无法通信，是因为对于 MOST 系统的某个模块而言其内部的 MOST 转换部位与其内部的控制系统是分开的，只要保证其转换接头的供电与搭铁是正常的，其光纤还是能够顺利传输的。那到底是什么原因导致 MOST 系统处于瘫痪的状态呢？

拔下 CD 夹后面的 MOST 插头，查看从主机是有信号过来的。紧接着拔下视屏模块的光纤插头，查看没有信号过来。测量 CD 夹的供电与搭铁发现没有电源，查阅电路图的资料确定是由 F38 号熔丝供电。经检查在熔丝支架上面却没有这一个熔丝，装了一个新的熔丝在上面，CD 夹的弹出按钮能够正常使用，但是驾驶人反映的问题还是没有完全解决，此时发现 MOST 光纤信号已经能够传输到电话模块。

故障排除 测量电话模块的供电与搭铁，也是一切正常，断定问题出在电话模块的控制模块上面。更换电话模块后对全车进行编程与设码，最后问题得以解决。

维修总结 系统的传输方向以及先后经过的控制模块的顺序，此车的顺序为主机→CD 夹→视屏模块 VM→导航系统→电话模块→主机。

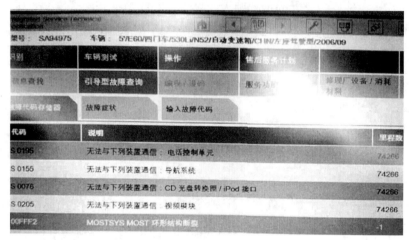

图 9-54　故障码

第十章
车载网络与供电

第一节　总线系统

一、总线概览

按照控制能力和数据传输速率的不同，宝马车系网络系统原则上分为两大类，即主总线系统和子总线系统。主总线系统负责跨系统的数据交换，数据交换量大，且数据传输速率差别很大，参差不齐。子总线系统负责系统内的数据交换，用于交换特定系统内数据量相对较少的数据。

网关用作多个网络之间的接口，即使各总线系统的传输速率不同，网关也可以进行数据交换。宝马车系主总线系统见表10-1，子总线系统见表10-2，宝马新7系总线系统的结构如图10-1所示。

表 10-1　宝马车系主总线系统

主总线系统	数据传输速率	总线结构
K 总线	9.6kbit/s	线形,单线
D 总线	10.5～115kbit/s	线形,单线
CAN	100kbit/s	线形,双线
K-CAN	100kbit/s	线形,双线
F-CAN	100kbit/s	线形,双线
PT-CAN	500kbit/s	线形,双线(三线)
byteflight	10Mbit/s	星形,光纤
FlexRay	10Mbit/s	线形,双线
MOST	22.5Mbit/s	环形,光纤

表 10-2　宝马车系子总线系统

子总线系统	数据传输速率/(kbit/s)	总线结构
K 总线协议	9.6	线形,单线
BSD 位串行数据接口	9.6	线形,单线
DWA 总线	9.6	线形,单线
LIN 总线	9.6～19.2	线形,单线

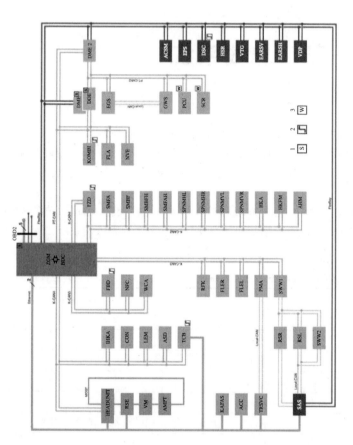

图 10-1 宝马新 7 系总线概览

1—ACC 主动定速巡航控制系统；2—ACSM 碰撞和安全模块；3—AHM 挂车模块；4—AMPT 顶级高保真音响放大器；5—ASD 仿真声效设计；6—BDC 车身域控制器；7—CON 控制器；8—DDE 数字式柴油机电子系统；9—DME 数字式发动机电子系统；10—DME2 数字式发动机倾斜控制系统 2；11—DSC 动态稳定控制系统；12—EARSH 后部电动主动式侧倾稳定装置；13—EARSV 前部电动主动式侧倾稳定装置；14—EGS 变速箱电子控制系统；15—EPS 电子助力转向系统（电动机械式助力转向系统）；16—FBD 远程操作服务；17—FLA 远光灯辅助系统；18—FLER 右侧前部车灯电子装置；19—FLEL 左侧前部车灯电子装置；20—FZD 车顶功能中心；21—GWS 选挡开关；22—Headunit；23—HKA后座区自动空调；24—HKFM 后备箱盖功能模块；25—HSR 后桥侧偏角控制系统；26I—HKA 自动恒温空调；27—KAFAS 基于摄像机的驾驶员辅助系统；28—KOMBI 组合仪表；29—LEM 灯光效果管理系统；30—NFC 近距离通信系统；31—NVE 夜视系统电子装置；32—PCU 电源控制单元；33—PMA 驻车操作辅助系统；34—RFK 倒车摄像机；35—RSE 后座区娱乐系统；36—RSL 左侧尾灯电子系统；37—RSR 右侧雷达传感器（避让辅助系统）；38—SAS 选装配置系统；39—SCR 选择性催化剂还原；40—SMBF 前乘客座椅模块；41—SMBFH 前乘客座椅模块；42—SMFA 驾驶员座椅模块；43—SMFAH 驾驶员侧后座椅模块；44—SPNMHL 左后座椅气动模块；45—SPNMHR 右后座椅气动模块；46—SPNMVL 左前座椅气动模块；47—SPNMVR 右前座椅气动模块；48—SWW1 车道变更警告系统（主控单元）；49—SWW2 车道变更警告系统（副控单元）；50—TCB 远程通信系统；51—TRSVC 顶部后方侧视摄像系统；52—VDP 垂直动态管理平台；53—VM 视频模块；54—VTG 分动器；55—WCA 无线充电盒；56—ZGM 中央网关模块；1—用于 FlexRay 总线终端 15WUP 连接的控制单元；2—有唤醒权限的启动节点控制单元；3—与总线端 15WUP 总线系统启动和同步的启动节点同步控制单元；

二、主总线系统

1. K-CAN

宝马新7系使用以下K-CAN：K-CAN1、K-CAN2、K-CAN3、K-CAN4、K-CAN5。宝马诊断系统ISTA不在总线概览内显示K-CAN5上的控制单元，通过车身域控制器进行诊断，所有K-CAN总线的数据传输率均为500kBit/s。

2. PT-CAN

宝马新7系使用以下PT-CAN：PT-CAN1、PT-CAN2。用于PT-CAN2的网关位于数字式发动机电子系统DME内，两个PT-CAN的数据传输率均为500kBit/s。

3. FlexRay

如图10-2所示，FlexRay概览包含所有发动机型号和选装配置。四缸/六缸发动机与DME/DDE（序号2）相匹配，八缸/十二缸发动机与DME1（序号7）/DME1（序号3）相匹配。终端电阻位于控制单元和车身域控制器内。FlexRay的数据传输率为10MBit/s。

4. 以太网

（1）带有五根或四根导线的以太网　在F01上已开始使用带有五根导线（四根数据导线和一根用于启用接口的导线）的以太网来进行车辆编程和导航系统数据更新。在F01上使用另一个带有四根数据导线（用于向RSE传输导航数据）的型号实现从Headunit至后座区娱乐系统RSE的以太网连接。

两个以太网型号均与PC网络的标准以太网型号100BASE-TX相似。在宝马新7系上仍使用带有五根导线的型号实现从OBD2接口至车身域控制器的以太网连接。

（2）带有两根导线的以太网　在宝马新7系上使用带有两根导线的以太网进行车内通信。无保护层单对双绞线是一种以太网形式，由OPEN Alliance BroadR-Reach研发，它是两根单线、相互缠绕且无保护层的数据传输导线。宝马公司将这种针对汽车领域进行调整的特殊以太网称为OABR以太网。OABR以太网连接的数据传输率最高可达2×100Mbit/s。

（3）硬件优势　以太网的优势在于，车辆摄像机（基于IP）并非仅与一个控制单元相连，而是多个控制单元均可访问车辆摄像机的数据流。因此网络非常稳定，而且可以针对将来进行良好配置。

另一项重要优势是可以快速进行控制单元编程（快速擦写编程）。通过以太网可以显著缩短快速擦写编程时间，CAN总线仅以每条信息最长8字节进行数据传输，而以太网信息长度超过1500字节，因此提高了有用数据率：在更短时间内可传输明显更丰富的信息包。

OABR以太网连接仅使用两根导线（而非之前以太网的四根或五根导线），这样可进一步减轻重量并降低成本。

（4）数据传输　采用标准以太网100BASE-TX时，发送和接收时分别使用一个线对来传输数据。采用OABR以太网时与上述标准以太网不同，使用一个线对来传输数据。即采用双线OABR以太网时，两个单对电缆中的任何一个都会同时进行发送和接收模式。在此两根导线以差分方式传输一个总信号。由于采用差分传输方式，一根导线断路时，信号无法再通过第二根导线返回，因此无法再进行对称传输，数据总线通信会停止。

进行传输时，两根导线分别以100MBit/s同时进行双向信息传输，因此综合起来，最大数据传输速度为200MBit/s。之后在收发器内将所发送信息从总线信号中去除，由此得到相对侧收发器的信息。下面通过OABR以太网收发器的工作原理（图10-3）展示如何进行数据交换。

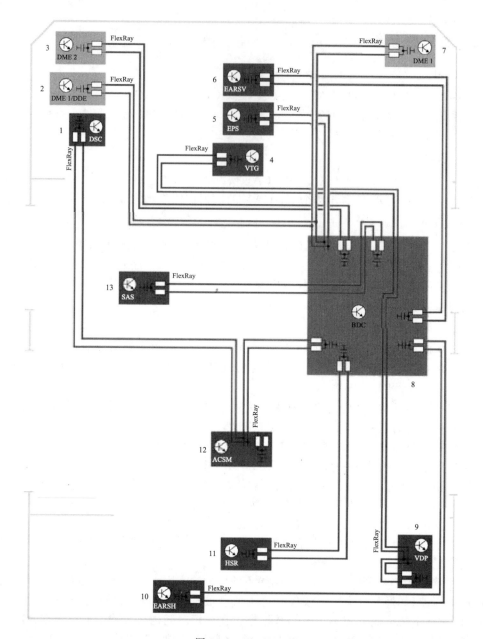

图 10-2　FlexRay

1—动态稳定控制系统 DSC；2—数字式发动机电子系统 DME/数字式柴油机电子系统 DDE（仅限四缸/六缸发动机）；
3—数字式发动机电子系统 DME2（仅限八缸/十二缸发动机）；4—分动器 VTG；5—电子助力转向系统
（电动机械式助力转向系统）EPS；6—前部电动主动式侧倾稳定装置 EARSV；7—数字式发动机电子
系统 DME1（仅限八缸/十二缸发动机）；8—车身域控制器 BDC；9—垂直动态管理平台 VDP；
10—后部电动主动式侧倾稳定装置 EARSH；11—后桥侧偏角控制系统 HSR；
12—碰撞和安全模块 ACSM；13—选装配置系统 SAS

（5）分层模式　信息传输遵守传统以太网 100BaseTX 定义的规定。负责发送和接收的
装置必须依据上述规定进行工作，从而就如何处理数据达成一致。

以太网使用开放系统互联模型，简称 OSI 模型，共由七层构成。

第一层：100MBit/s 物理层。

第二层：数据链路层（设备驱动程序，硬件）。

第三层：网络层（数据包传送，路由）。

第四层：传输层（数据包保护，加密）。

第五至七层：应用层（用户使用和流程）。

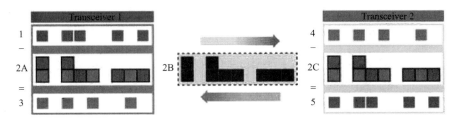

图 10-3　OABR 以太网内收发器的工作原理图

1—收发器 1 的信息；2A，2B，2C—OABR 以太网上的信息；3—去除的收发器 2 信息；
4—收发器 2 的信息；5—去除的收发器 1 信息

针对双线以太网 OABR 增加了附加模块车辆网络管理和服务发现协议（针对不同步启动和停止功能），因此用于双线 OABR 以太网的 OSI 模型表现如图 10-4 所示。

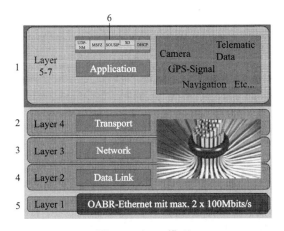

图 10-4　OSI 模型

1—应用层（用户使用和流程）；2—传输层（数据包保护，加密）；3—网络层＝网络
（数据包传送，路由）；4—数据链路层＝建立连接，接口（设备驱动程序，硬件）；
5—以 2×100MBit/s 进行数据传输的物理层；6—针对 OABR 以太网定义的附加模块

（6）使用双线 OABR 以太网　在宝马新 7 系上通过双线 OABR 以太网使主动定速巡航控制系统 ACC、基于摄像机的驾驶员辅助系统 KAFAS、顶部后方侧视摄像机 TRSVC 等控制单元与车载网络连接。还通过双线 OABR 以太网连接 Headunit、后座区娱乐系统 RSE、选装配置系统 SAS、远程通信系统盒、顶部后方侧视摄像机 TRSVC 等控制单元。

5. D-CAN

PT-CAN 的数据传输率为 500kbit/s。

三、子总线系统

1. LIN 总线

如图 10-5 所示为车门区域 LIN 总线概览。

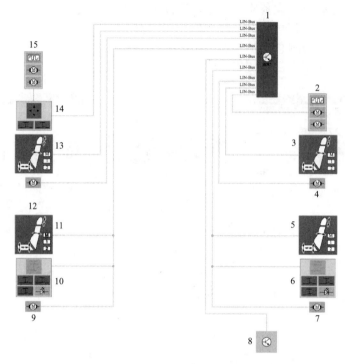

图 10-5　车门区域 LIN 总线概览

1—车身域控制器 BDC；2—前乘客侧车外后视镜；3—前乘客侧前部记忆开关；4—前乘客侧前部电动车窗升降器电子装置；5—前乘客侧后部记忆开关；6—遮阳卷帘开关；7—前乘客侧后部车窗升降器电子装置；8—非接触式后备厢盖开启功能；9—驾驶员侧后部车窗升降器电子装置；10—遮阳卷帘开关；11—驾驶员侧后部记忆开关；12—驾驶员侧前部车窗升降器电子装置；13—驾驶员侧前部记忆开关；14—驾驶员车门开关组件；15—驾驶员侧车外后视镜

2. 局域 CAN

根据相应配置使用以下局域 CAN 总线：

① 从变速箱电子控制系统 EGS 至选挡开关 GWS 的局域 CAN；

② 从基于摄像机的驾驶员辅助系统 KAFAS 至驻车操作辅助系统 PMA 的局域 CAN；

③ 从选装配置系统 SAS 至右侧雷达传感器 RSR 的局域 CAN；

④ 从选装配置系统 SAS 至左侧雷达传感器 RSL 和车道变更警告系统（副控单元）SWW2 的局域 CAN；

⑤ 从车道变更警告系统（主控单元）SWW1 至右侧雷达传感器 RSR、至左侧雷达传感器 RSL 和车道变更警告系统（副控单元）SWW2 的局域 CAN。

宝马诊断系统 ISTA 不在总线概览内显示局域 CAN 上的控制单元。通过相应主控控制单元进行诊断，局域 CAN 总线的数据传输率均为 500kbit/s。

3. USB

根据车辆配置使用的 USB 接口有：中控台内的 USB 接口（标配）；中间扶手内的 USB 接口；底板内的 USB 接口；后座区娱乐系统内的 USB 接口。

四、OBD2 诊断访问接口

使用 OBD2 接口可通过 D-CAN 进行车辆诊断。用于车辆编程的以太网访问接口同样位于 OBD2 接口内。

第二节 控制单元

一、控制单元位置

如图 10-6 所示为控制单元安装位置。

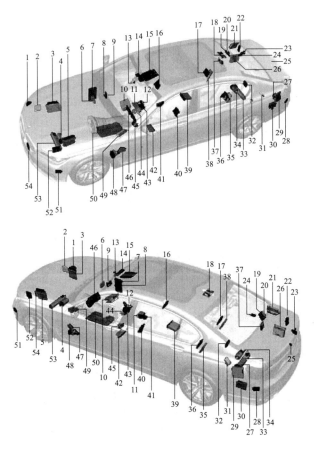

图 10-6 控制单元安装位置

1—右侧雷达传感器 RSR；2—右侧前部车灯电子装置 FLER；3—数字式发动机电子系统 DME；4—电子助力转向系统 EPS；5—数字式发动机电子系统 2 DME2；6—夜视系统电子装置 NVE；7—车身域控制器 BDC；8—近距离通信系统 NFC；9—自动恒温空调 IHKA；10—Headunit；11—前乘客座椅模块 SMBF；12—控制器 CON；13—远光灯辅助系统 FLA；14—基于摄像机的驾驶员辅助系统 KAFAS；15—车顶功能中心 FZD；16—右前座椅气动模块 SPNMVR；17—右后座椅气动模块 SPNMHR；18—远程通信系统盒 TCB；19—挂车模块 AHM；20—驻车操作辅助系统 PMA；21—垂直动态管理平台 VDP；22—后备厢盖功能模块 HKFM；23—车道变更警告系统 SWW；24—远程操作服务 FBD；25—倒车摄像机 RFK；26—电源控制单元 PCU；27—灯光效果管理系统 LEM1；28—车道变更警告系统（副控单元）SWW2；29—视频模块 VM；30—顶级高保真音响放大器 AMPT；31—仿真声效设计 ASD；32—后座区自动空调 HKA；33—后部电动主动式侧倾稳定装置 EARSH；34—后桥侧偏角控制系统 HSR；35—驾驶员侧后部座椅模块 SMFH；36—左后座椅气动模块 SPNMHL；37—选择性催化剂还原 SCR；38—前乘客侧后部座椅模块 SMBFH；39—后座区娱乐系统 RSE；40—左前座椅气动模块 SPNMVL；41—无线充电盒 WCA；42—驾驶员座椅模块 SMFA；43—选挡开关 GWS；44—碰撞和安全模块 ACSM；45—分动器 VTG；46—组合仪表 KOMBI；47—选装配置系统 SAS；48—动态稳定控制系统 DSC；49—倒车摄像机和侧视系统控制单元 TRSVC；50—变速箱电子控制系统 EGS；51—左侧雷达传感器 RSL；52—左侧前部车灯电子装置 FLEL；53—前部电动主动式侧倾稳定装置 EARSV；54—主动定速巡航控制系统 ACC

二、网关

1. 车身域控制器 BDC

（1）BDC 功能　车身域控制器 BDC（图 10-7）执行的功能有：网关、禁启动防盗锁、总线端控制、中控锁、车外照明装置、车窗升降器、喇叭、车内照明装置、刮水和清洗装置、车辆数据存储、传输数据用于车况保养 CBS。

图 10-7　车身域控制器 BDC

（2）BDC 内的熔丝　在 BDC 内通过熔丝为以下组件提供保护：音响系统操作单元；驾驶员辅助系统操作单元；车灯操作单元；窗升降器；后窗玻璃加热装置；后备厢盖功能模块；自动恒温空调；OBD2 接口；电源控制单元；晴雨/光照/水雾传感器；转向柱开关中心；远程通信系统盒；车门外侧拉手电子装置；垂直动态管理平台（电子装置）；中控锁。

（3）BDC 内的继电器　在 BDC 内有以下继电器：总线端 30F；电动车窗升降器；中控锁；后窗玻璃加热装置；前灯清洗装置。

（4）BDC 内的网关　中央网关模块 ZGM 集成在 BDC 内，它可以说是控制单元中的控制单元，因为 BDC 内 ZGM 的工作方式就像是一个独立的控制单元。ZGM 的任务是将所有主总线系统彼此连接起来，通过这种连接方式可综合利用各总线系统提供的信息。ZGM 能够将不同协议和速度转换到其他总线系统上。通过 ZGM 可经过以太网将有关控制单元的编程数据传输到车辆上。

（5）BDC 内的 LIN 控制器　BDC 是 LIN 总线上左侧和右侧车外后视镜、驾驶员车门和前乘客车门开关组件、左后和右后车门开关组件、左后和右后车门遮阳卷帘开关组件、转向柱开关中心、车灯开关、智能型安全按钮、音响系统操作单元、车内后视镜、晴雨/光照/水雾传感器、车顶功能中心（车内照明装置）、左侧和右侧后座区舒适座椅、电动转向柱调节装置、刮水器、中控台操作单元、后部配电盒等组件的网关。

附加蓄电池充电单元、智能型蓄电池传感器、电子扇、主动风门控制、数字式发动机电子系统等控制单元通过 LIN 总线与 BDC 连接，但 BDC 仅执行唤醒功能而不执行网关或主控功能。

三、MOST 总线上的控制单元

1. Headunit

在宝马新 7 系上除通过控制器操作外，还可在 CID 上以触摸方式操作 Headunit。带选装配置"手势控制"时还可通过手势操作特定功能。Headunit 安装位置如图 10-8 所示。

2. 带 MOST 总线的高保真音响放大器

在宝马新 7 系上根据音响系统使用以下放大器：
① 高保真音响系统七声道放大器无总线连接（图 10-9）；
② 顶级高保真音响系统九声道放大器（图 10-10）；
③ 顶级音响系统十声道放大器（图 10-11）。

图 10-8　Headunit 安装位置

图 10-9　高保真音响系统七声道放大器安装位置

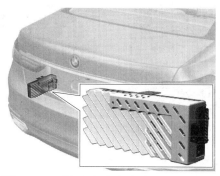

图 10-10　顶级高保真音响放大器安装位置

图 10-11　顶级音响系统十声道放大器安装位置

3. 后座区娱乐系统 RSE

如图 10-12 所示，在宝马新 7 系上，后座区娱乐系统 RSE 带有一个蓝光驱动器。

4. 视频模块 VM

带有选装配置"电视功能"（SA601）时，视频模块 VM（图 10-13）提供图像信息以便在中央信息显示屏 CID 内显示，必要时也为后座区娱乐系统 RSE 提供。

图 10-12　后座区娱乐系统 RSE 安装位置

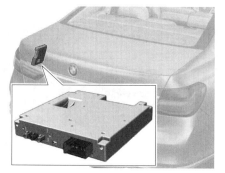

图 10-13　视频模块 VM 安装位置

四、K-CAN2 上的控制单元

1. 挂车模块 AHM

如图 10-14 所示，挂车模块负责：控制挂车照明装置并为其供电、以电动机械方式操作挂车牵引钩。

2. 车顶功能中心 FZD

根据车辆配置，车顶功能中心 FZD（图 10-15）包括防盗报警装置、滑动天窗控制装置以及手势摄像机等相应组件

在带有手势控制功能的车辆上，在车顶功能中心内装有手势摄像机。在宝马诊断系统内不将手势摄像机显示为控制单元，通过车顶功能中心进行诊断。手势摄像机与 PT-CAN4 连接，因此无须通过车身域控制器将总线电码传输到另一个 CAN 总线上。

车顶功能中心不负责控制车内照明装置，车内照明灯单元和车顶功能中心电子系统安装在同一个壳体内。

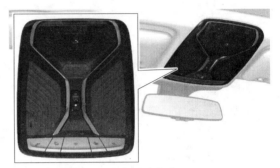

图 10-14　挂车模块 AHM 安装位置　　　　图 10-15　车顶功能中心 FZD

3. 后部空调系统 HKA

后部空调系统控制单元（图 10-16）服务于除四区空调系统外作为选装配置提供的后部空调系统，它负责控制和调节后座区的 HKL 组件。

4. 后备厢盖功能模块 HKFM

后备厢盖功能模块控制单元（图 10-17）负责控制后备厢盖举升装置。

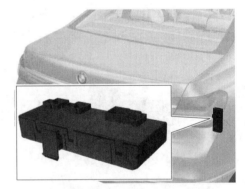

图 10-16　后部空调系统 HKA 安装位置　　　图 10-17　后备厢盖功能模块 HKFM 安装位置

5. 座椅模块

如图 10-18 所示，根据车辆配置使用：驾驶员座椅模块 SMFA、前乘客座椅模块 SMBF、驾驶员侧后部座椅模块 SMFH 以及前乘客侧后部座椅模块 SMBFH 等。

座椅模块位于相应座椅内，用于控制伺服电机。根据配置情况，必要时车内可安装四个相同的座椅模块，通过导线束接口进行控制单元设码，根据附加接地设码对车内控制单元进

行相应分配。

6. 座椅气动模块

根据车辆配置使用座椅气动模块有：左前座椅气动模块 SPNMVL、右前座椅气动模块 SPNMVR、左后座椅气动模块 SPNMHL 以及右后座椅气动模块 SPNMHR（图 10-19）。

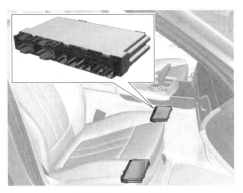

图 10-18　座椅模块

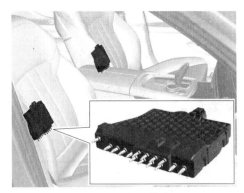

图 10-19　右后座椅气动模块 SPNMHR

座椅气动模块在相应座椅内负责控制按摩功能。根据配置情况，必要时车内可安装两个或四个相同的座椅气动模块，通过导线束接口进行控制单元设码，根据附加接地设码对车内控制单元进行相应分配。

五、K-CAN3 上的控制单元

1. 前部车灯电子装置

左侧前部车灯电子装置 FLEL 和右侧前部车灯电子装置 FLER 的控制单元安装在左侧和右侧前灯内（图 10-20）。前部车灯电子装置包括：控制相应前灯内的 LED 以及控制前灯照明距离调节装置步进电机。

2. 倒车摄像机 RFK

进行批量生产时，在宝马新 7 系上采用一个连接 K-CAN4 的倒车摄像机，以后会改为以太网。

3. 驻车操作辅助系统 PMA

根据配置情况，PMA 控制单元（图 10-21）执行相应功能：驻车距离监控系统 PDC（标配）、驻车辅助系统（SA5DP）以及高级驻车辅助系统（SA5DV）。驻车距离监控系统 PDC 可在驶入和驶出停车位时为驾驶员提供支持，在此通过声音信号和视觉显示告知目前与障碍物的距离。

驻车辅助系统可使停车入位更加简便，高级驻车辅助系统可实现遥控停车。在带有驻车操作辅助系统 PMA 的车辆上使用驻车距离监控系统 PDC 的所有传感器。此外在前后左右车轮罩饰板内也各有一个 PMA 传感器。高级驻车辅助系统还需要车辆的摄像机系统。

4. 车道变更警告系统 SWW1

图 10-22 中显示了两个车道变更警告系统：SWW1（主控单元）和 SWW2（副控单元）。SWW1（主控单元）控制单元位于右侧，车道变更警告系统 SWW2（副控单元）控制单元位于左侧。

车道变更警告系统 SWW 控制单元用于车道变更警告系统 SA5AG、高级行驶辅助系统

SA5AT 以及顶级行驶辅助系统 SA5AU 等选装配置。SWW1 是主控控制单元，通过其也可对连接局域 CAN 的附加控制单元进行诊断。SWW2（副控单元）控制单元用于车道变更警告系统。选装配置高级行驶辅助系统和顶级行驶辅助系统还需要左侧雷达传感器、右侧雷达传感器等控制单元。

图 10-20　左侧和右侧前部车灯电子装置

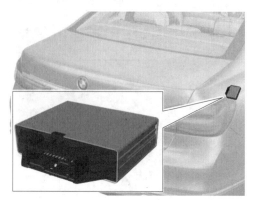

图 10-21　驻车操作辅助系统 PMA

六、K-CAN4 上的控制单元

1. 仿真声效设计 ASD

仿真声效设计系统控制单元（图 10-23）产生用于乘员区的发动机声响。在此根据声音设置编程和加速踏板角度（负荷要求）、发动机转速和转矩等不同参数计算出发动机声响，之后通过车辆自身音响系统在乘员区输出。

图 10-22　车道变更警告系统 SWW

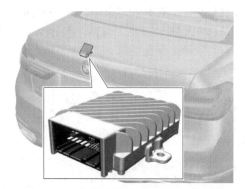

图 10-23　仿真声效设计 ASD 安装位置

2. 控制器 CON

在宝马新 7 系上使用带触控板的控制器（图 10-24），客户可在触摸式操作面板上通过文字方式输入用于导航系统的地点信息或电话号码和联系人数据。进行地图操作时可通过例如移动手指来移动、扩大和缩小地图视图。

3. 自动恒温空调 IHKA

如图 10-25 所示，自动恒温空调 IHKA 是宝马新 7 系的标准配置。

4. 灯光效果管理系统 LEM

如图 10-26 所示，LEM 控制单元负责控制的照明装置有全景天窗、B 柱内的光刃式 B

柱氛围灯以及高级音响系统的扬声器挡板。

图 10-24　控制器 CON 安装位置

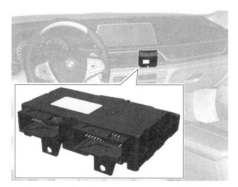

图 10-25　自动恒温空调 IHKA 安装位置

5. 远程通信系统盒 TCB

如图 10-27 所示，在宝马新 7 系上安装第二代远程通信系统盒 TCB。远程通信系统盒 TCB 直接与车顶天线连接，负责执行的功能有：

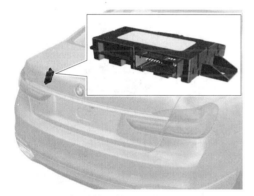

图 10-26　灯光效果管理系统 LEM 安装位置

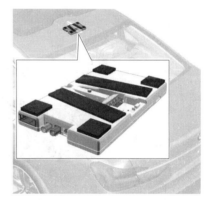

图 10-27　远程通信系统盒 TCB 安装位置

① 带 eCall（紧急呼叫功能）的 BMW Assist；
② BMW Online；
③ 通过一个集成在车上的 SIM 卡（P-SIM）实现 BMW Internet；
④ 远程功能（接收和控制器）；
⑤ 办公方面的"语音转换文本"功能；
⑥ 通过 P-SIM 实现宝马远程售后服务。

七、K-CAN5 上的控制单元

1. 遥控信号接收器 FBD

如图 10-28 所示，遥控信号接收器 FBD 控制单元负责进行远程操作服务通信，它也接收车轮电子装置数据用于轮胎压力监控系统。宝马诊断系统 ISTA 不在总线概览内显示 FBD 控制单元，通过车身域控制器进行诊断。

2. 近距离通信系统 NFC

近距离通信系统 NFC（图 10-29）控制单元用于车内近距离通信。宝马诊断系统 ISTA

不在总线概览内显示 NFC 控制单元，通过车身域控制器进行诊断。

图 10-28　遥控信号接收器 FBD

图 10-29　近距离通信系统 NFC

3. 无线充电盒 WCA

无线充电盒 WCA 控制单元（图 10-30）监控充电支架并控制充电过程。宝马诊断系统 ISTA 不在总线概览内显示 WCA 控制单元，通过车身域控制器进行诊断。

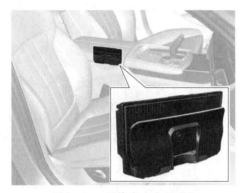

图 10-30　无线充电盒 WCA

图 10-31　主动定速巡航控制系统 ACC

八、以太网上的控制单元

1. 主动定速巡航控制系统 ACC

在具有停车和起步功能的主动定速巡航控制 ACC Stop&Go 控制单元（图 10-31）内有一个基于雷达原理的传感器用于探测车辆前方区域，通过其实现近距离和远距离探测。

2. 顶部后方侧视摄像机 TRSVC

顶部后方侧视摄像机控制单元（图 10-32）接收前部摄像机、左侧车外后视镜摄像机、右侧车外后视镜摄像机以及倒车摄像机等摄像机的图像信息。各摄像机通过以太网与 TRS-VC 连接。

3. 基于摄像机的驾驶员辅助系统 KAFAS

基于摄像机的驾驶员辅助系统 KAFAS 控制单元（图 10-33）用于具有停车和起步功能的基于摄像机的定速巡航控制系统、堵车辅助系统、交通标志识别、碰撞警告、带城市制动功能的行人识别功能以及带城市制动功能的碰撞警告等选装配置。

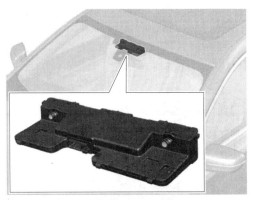

图 10-32　顶部后方侧视摄像机 TRSVC　　　　图 10-33　基于摄像机的驾驶员辅助系统 KAFAS

九、PT-CAN 上的控制单元

1. 数字式发动机电子系统 DME1 和 DME2

图 10-34 显示了 DME1 和 DME2 控制单元，DME2 控制单元位于左侧（沿行驶方向看）。数字式发动机电子系统负责控制内燃机，此外数字式发动机电子系统还是 PT-CAN 与 PT-CAN2 间的网关。在四缸和六缸汽油发动机上安装 DME 控制单元，在八缸和十二缸发动机上除 DME1 外还安装 DME2 控制单元。

2. 数字式柴油机电子系统 DDE

数字式柴油机电子系统 DDE 负责控制柴油发动机，此外 DDE 还是 PT-CAN1 与 PT-CAN2 间的网关。

3. 远光灯辅助系统 FLA

在不带基于摄像机的驾驶员辅助系统 KAFAS 的车辆上，远光灯辅助系统控制单元（图 10-35）集成在车内后视镜内。在带有 KAFAS 的车辆上，由基于摄像机的驾驶员辅助系统执行远光灯辅助系统功能。

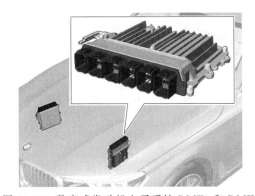

图 10-34　数字式发动机电子系统 DME1 和 DME2　　　图 10-35　远光灯辅助系统 FLA

4. 组合仪表 KOMBI

如图 10-36 所示，在宝马新 7 系上，根据选装配置情况使用带 8.8inTFT 显示屏的基本型组合仪表和带 12.3inTFT 显示屏的高级组合仪表两种组合仪表型号。

5. 夜视系统电子装置 NVE

如图 10-37 所示，夜视系统电子装置控制单元接收夜视摄像机的图像信息，在此通过 FBAS 将图像信息传输给 HUADUNIT，从而根据需要在 CID 内进行显示。

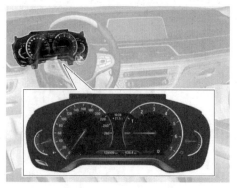

图 10-36　组合仪表 KOMBI

图 10-37　夜视系统电子装置 NVE

十、PT-CAN2 上的控制单元

1. 变速箱电子控制系统 EGS

变速箱电子控制系统控制单元（图 10-38）直接装在自动变速箱内。

2. 选挡开关 GWS

选挡开关 GWS（图 10-39）用于选择行驶挡位。通过 PT-CAN2 以及一个连接变速箱电子控制系统 EGS 的局域 CAN 进行总线连接。

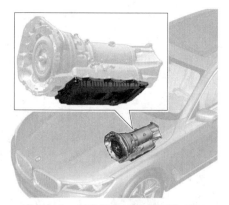

图 10-38　变速箱电子控制系统 EGS

图 10-39　选挡开关 GWS

3. 电源控制单元 PCU

电源控制单元（图 10-40）用于为附加蓄电池充电和从附加蓄电池为车载网络供电。

在电源控制单元 PCU 内有一个功率 500W 的 DC/DC 转换器。能量管理系统调整条件由车辆使用情况所决定。发动机运行时，通过 PCU 为附加蓄电池充电。内燃机不运行（例如执行 MSA 关闭功能）期间，通过 PCU 从附加蓄电池为车载网络输送能量。

4. 选择性催化剂还原 SCR

在柴油机车辆上，选择性催化剂还原 SCR 控制单元（图 10-41）用于废气再处理。

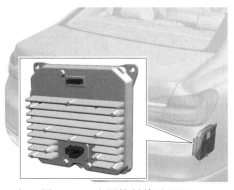

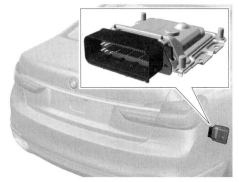

图 10-40　电源控制单元 PCU　　　　图 10-41　选择性催化剂还原 SCR 控制单元

十一、FlexRay 上的控制单元

1. 碰撞和安全模块 ACSM

碰撞和安全模块 ACSM（图 10-42）的任务是持续评估所有传感器信号并由此识别出碰撞情况。ACSM 分析传感器信息并采取相应措施，从而有选择地触发所需乘员保护系统。ACSM 探测横摆率并将该信息发送到 FlexRay 总线上，因此无须用于其他系统的附加横摆率传感器。

2. 电动主动式侧倾稳定装置

后部电动主动式侧倾稳定装置 EARSH 如图 10-43 所示，前部电动主动式侧倾稳定装置 EARSV 如图 10-44 所示。主动式侧倾稳定装置控制单元直接安装在相应执行机构内。

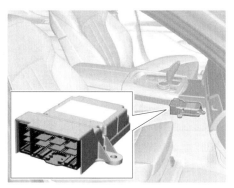

图 10-42　碰撞和安全模块 ACSM　　　图 10-43　后部电动主动式侧倾稳定装置 EARSH

3. 电子助力转向系统 EPS

如图 10-45 所示，根据配置情况和发动机型号为电子助力转向系统（电动机械式助力转向系统）提供 12V 或 24V 电压供电。采用 24V 型号时，需要一个附加蓄电池、一个隔离元件和一个附加蓄电池充电单元。这些组件安装在后备厢内，由 EPS 探测转向角信息并通过 FlexRay 总线将其提供给其他控制单元。

4. 后桥侧偏角控制系统 HSR

后桥侧偏角控制系统 HSR（图 10-46）负责控制后桥转向。

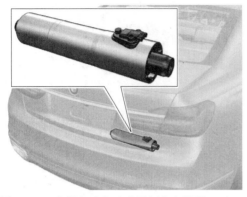

图 10-44　前部电动主动式侧倾稳定装置 EARSV　　　　图 10-45　电子助力转向系统 EPS

5. 选装配置系统 SAS

选装配置系统 SAS（图 10-47）可提供大量驾驶员辅助功能。SAS 未安装任何传感器，功能所需信息由相应控制单元和传感器提供。SAS 启用相应功能所需的控制单元。

图 10-46　后桥侧偏角控制系统 HSR　　　　图 10-47　选装配置系统 SAS

可执行带城市制动功能的碰撞警告、具有制动功能的定速巡航控制系统、带城市制动功能的行人识别功能、驻车操作辅助系统、堵车辅助系统、具有停车和起步功能的基于摄像机的定速巡航控制系统以及前方道路预测辅助系统等方面的功能。SAS 所需图像信息由 KAF-AS 提供。

6. 分动器 VTG

在 xDrive 车辆上，分动器 VTG（图 10-48）控制分动器内的离合器。

7. 垂直动态管理平台 VDP

垂直动态管理平台 VDP（图 10-49）用于动态减振器控制系统和空气悬架等配置。VDP 控制单元控制减振器内的阀门、通过车辆高度传感器探测车辆高度、针对空气悬架控制压缩机和阀门。

十二、局域 CAN 上的控制单元

宝马诊断系统 ISTA 不在总线概览内显示局域 CAN 上的控制单元，通过相应主控控制单元进行诊断。

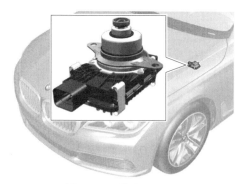

图 10-48　分动器 VTG

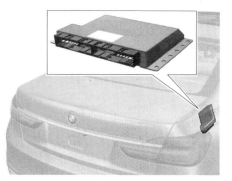

图 10-49　垂直动态管理平台 VDP

1. 雷达传感器

带有选装配置顶级行驶辅助系统 SA5AT 时，右侧雷达传感器 RSR 和左侧雷达传感器 RSL 的控制单元位于车辆右前侧和左前侧（图 10-50）。

2. 车道变更警告系统 SWW2（副控单元）

车道变更警告系统 SWW2（副控单元）的安装位置如图 10-22 所示。

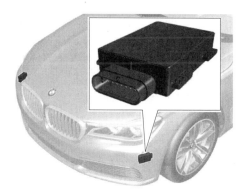

图 10-50　右侧雷达传感器 RSR 和左侧雷达传感器 RSL

第三节　总线端控制

宝马新 7 系的总线端控制与其他宝马车型不同。从客户角度而言，宝马新 7 系车辆始终处于正确状态。通过一个以客户为导向的状态管理系统控制各总线端，根据车辆状态进行总线端控制。

一、车辆状态

宝马新 7 系车辆可处于驻车、停留以及行驶状态，根据相应状态可实现不同的车辆功能。

（1）驻车　客户不在车内、车辆已保险锁死或在一定时间内未使用以及无法对车辆功能进行操作。

（2）停留　客户在车内、未建立行驶准备、可操作静止状态下的有效功能。

（3）行驶　客户在车内、已建立行驶准备、所有功能均可使用。

通过在考虑客户行为的前提下进行状态管理可切换车辆状态，在此还会对打开车门、关闭车门以及车内操作等附加信息进行分析，从而确定车辆状态。图 10-51 展示了车辆状态的切换。车辆状态概览如图 10-52 所示。

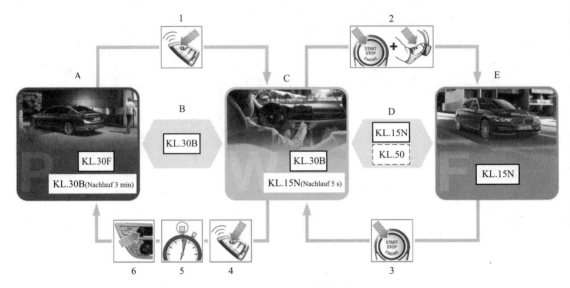

图 10-51　车辆状态的切换

A—车辆处于驻车状态；B—驻车功能过渡状态；C—车辆处于停留状态；D—建立行驶准备、结束行驶准备或检测/分析/诊断的过渡状态；E—车辆处于行驶状态；1—使车辆开锁；2—操作 START-STOP 按钮并踩下制动踏板；3—操作 START-STOP 按钮；4—使车辆上锁；5—3min 未识别出车辆使用者的活动；6—长按

二、供电总线端

车上的控制单元仅在需要其执行功能时才会为其供电。在宝马新 7 系上使用总线端 15N、总线端 30B、总线端 30F 以及总线端 30 等总线端。总线端的工作情况见表 10-3。

表 10-3　总线端的工作情况

状态	总线端 30F	总线端 30B	总线端 15N
驻车状态 车载网络不正常 （车载网络故障）	关闭	关闭	关闭
驻车状态 车载网络正常	接通	关闭	关闭
驻车功能 客户不在车内	接通	接通	关闭
停留状态	接通	接通	关闭
行驶状态	接通	接通	接通

总线端 15N 针对仅在行驶期间以及必要时用于安全结束行驶所需的控制单元供电。从行驶状态向停留状态过渡时，启动 5s 的继续运行。

总线端 30B 针对在驻车运行模式"停留"状态下以及客户不在车内期间执行驻车功能所需的控制单元供电。从停留状态向驻车状态过渡时，启动 3min 的继续运行，之后关闭总线端 30B。

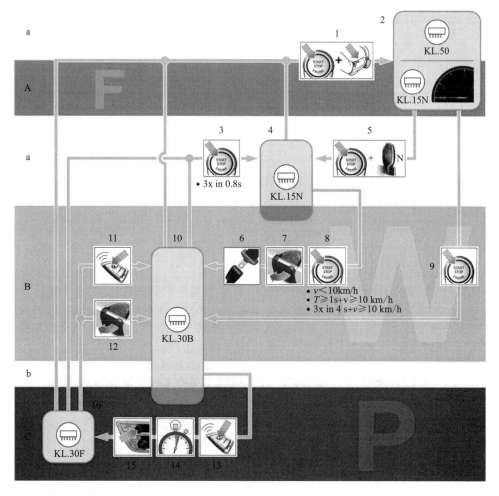

图 10-52　车辆状态概览

A—车辆处于行驶状态；B—车辆处于停留状态；C—车辆处于驻车状态；a—建立/结束行驶准备、检测/分析/诊断的过渡状态；b—驻车功能过渡状态；1—操作 START-STOP 按钮，踩下制动踏板，有效遥控器或有效识别发射器位于车内；2—已建立行驶准备，总线端 15N（总线端 50）；3—操作 START-STOP 按钮（在 0.8s 内操作三次）且有效遥控器或有效识别发射器位于车内；4—总线端 15N；5—操作 START-STOP 按钮且选挡杆处于位置 "N"；6—松开驾驶员安全带（车速低于 0.1km/h，驾驶员车门打开，选挡杆不在位置 "N"，未踩下制动器，近光灯关闭，无 OBD 通信，未处于诊断模式，未处于安装模式）；7—切换车门触点（车速低于 0.1km/h，驾驶员安全带松开，选挡杆不在位置 "N"，未踩下制动器，近光灯关闭，无 OBD 通信，未处于诊断模式，未处于安装模式）；8—操作 START-STOP 按钮，车辆静止或至少操作 START-STOP 按钮 1s 且车速超过 10km/h 或至少在 4s 内操作 START-STOP 按钮 3 次且车速超过 10km/h；9—操作 START-STOP 按钮；10—总线端 30B；11—使车辆开锁；12—停留状态交互活动或驻车功能交互活动；13—使车辆上锁；14—3min 未识别出用户交互活动；15—长按 Headunit 媒介按钮；16—总线端 30F

　　总线端 30F 针对在驻车状态下执行功能所需的控制单元供电。总线端 30F 通常在驻车状态下接通，但车载网络出现故障时可能会将其关闭。识别出故障时会以继续运行 1min 的方式关闭。总线端 30 控制单元（例如防盗报警装置）始终获得供电，即使出现故障也不会关闭。

　　针对诊断工作还有"检测/分析/诊断"车辆状态，在该状态下所有总线端均接通，这样可确保通过所有控制单元进行诊断。该车辆状态可在宝马诊断系统内显示。

三、部分网络运行

在当前顶级车辆上有将近 70 个控制单元，这些控制单元有远远超过本车控制单元数量的控制器相互联网，但根据当前车辆状态或车辆使用者指令不会始终需要所有舒适和辅助系统。

通过有针对性地关闭和接通不需要的控制单元即所谓的选择性部分网络运行可节省能量、减轻蓄电池负荷并由此增加驻车时间。如果行驶期间不使用或不需要例如座椅调节、挂车照明（不带挂车）等方面功能，可关闭相应控制单元。

在内燃机车辆上间接通过发电机使电能消耗与耗油量相关联，在此可选择性关闭不需要的控制单元从而降低耗油量及二氧化碳排放量。

1. 部分网络运行的前提条件

车身域控制器内的部分网络主控单元根据当前车辆状态和所需功能计算出部分网络状态，通过相应总线信息关闭不需要的控制单元。

2. 部分网络运行控制单元的前提条件

为在控制单元中实现部分网络运行，使用其他收发器，收发器可对信息进行分析和解释。只要进行任意总线通信且不存在相应控制单元的有效唤醒事件，该控制单元就会保持关闭状态。如果在总线上发送了一个相应控制单元的有效唤醒事件，收发器就会启用微控制器的电压调节器且控制单元启动。通过停用电压调节器关闭控制单元。

第四节　宝马车载网络维修案例

一、2004 年款宝马 730Li 多个报警灯报警

故障现象　一辆 2004 年款宝马 730Li 轿车，搭载自动变速器，行驶里程约为 10 万千米，驾驶人反映：该车 ABS 报警、动态稳定控制（DSC）系统报警、自动变速器电子控制系统（EGS）报警；驻车制动器无紧急制动功能；车辆行驶时，仪表无车速及发动机转速显示；车辆静止时启动发动机，仪表上无发动机转速显示。

故障诊断　根据驾驶人的描述，对车辆的故障现象进行确认，确实存在 ABS 报警、DSC 报警、EGS 报警、驻车制动器无紧急制动功能、仪表不显示车速和发动机转速等故障现象（图 10-53 和图 10-54）。试车发现，自动变速器进入应急模式（加速无力/无法自动换挡），其他功能正常（例如座椅调整、中央控制门锁、天窗、刮水器及娱乐系统等均正常）。进一步询问驾驶人得知，车辆大多数情况下在市区内行驶，此故障出现在某天早晨启动车辆

图 10-53　ABS 报警、DSC 报警、EGS 报警指示灯常亮

后，而近期多风多雨，通过清晰地了解故障现象后，初步判断故障可能出现在动力系统总线（PT-CAN）中，可能是某个模块失真（无信号）或线路故障。

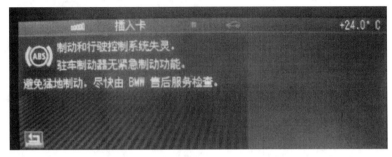

图 10-54　驻车制动器无紧急制动报警

连接车间诊断系统（ISID）对车辆进行测试，发现 PT-CAN（图 10-55）中的 DSC、驻车制动器（EMF）、发动机电控单元（DME）等均出现通信故障。进一步读取有通信故障的控制单元的故障码，得到的故障码：S0001——不能通信；FFFF——CAN 通信故障；D98E——DSC 信息缺失，CIM 接收器，ZGM/DSC 发射器；D711——信息（发动机数据，Ox1D0）错误，接收器 EHC；A3AF——DME 信息缺失，KOMBI 接收器；ZGM/DME——DDE 发射器；A3AD——DME 信息缺失，KOMBI 接收器；ZGM/DME——DDE 发射器；9329——ZGM/SGM-ZGM，PT-CAN 通信故障；9C95——DME 信息（冷却液温度）缺失，接收器 IHKA，发射器 ZGM/DME-DDE

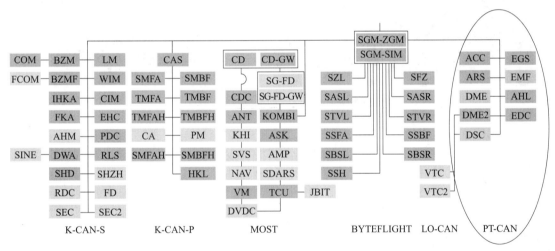

图 10-55　车载网络构成

根据以上故障码的提示，判断故障部位在 PT-CAN 中。于是通过 DSC 控制单元测量 PT-CAN 的电压，查看相关电路（图 10-56），将连接器 X1170 断开，将专用适配器接入电路中（图 10-57），连接专用测量仪（IMIB，图 10-58），测量 X1170 连接器的端子 24 及端子 40 的电压，测得 CAN-H（端子 24）的电压为 5.009V，而 CAN-L（端子 40）的电压为 4.737V，与标准值（CAN-H 的电压为 2.5～3.5V，CAN-L 的电压为 1.5～2.5V）及正常波形进行比较可知，该车存在明显异常。

于是进一步对其进行检查。断开专用适配器与 X1170 连接器相连的部分，进一步测量 PT-CAN 的电压，仍旧异常，由此可判断故障出现在线束或连接器上。进一步对线路进行检查，当拆下左后座椅时，发现车辆进水，PT-CAN 中 CAN-H、CAN-L 及 15WUP（15WUP 为唤醒导线，能够将控制单元从休眠模式或省电模式恢复到正常运行状态）的连接器已经被水腐蚀氧化（图10-59），导致PT-CAN电压波形异常。

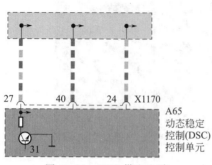

图 10-56　DSC 供电电路

图 10-57　连接专用适配器

图 10-58　连接 MIB

图 10-59　PT-CAN 连接器被腐蚀氧化

故障排除　对 PT-CAN 中 CAN-H、CAN-L、15WUP 连接器进行处理后重新测试，CAN-H 的电压为 2.6649V，CAN-L 的电压为 2.3951V，波形也恢复正常。进一步检查车辆进水的原因，发现天窗的下水管被堵住，导致水从 A 柱、C 柱流入车内。处理被堵部位后，用水淋法对天窗漏水进行测试，正常。烘干涉水部件，清除故障码后试车，故障彻底排除。

维修总结　本案例虽然 DSC、EGS、DME 均出现通信故障，但都属于 PT-CAN 系统，各控制单元之间互相协作，进行数据交换。因此，当遇到多个控制单元同时出现通信故障时，应通过检查 PT-CAN 总线上的信号电压、波形及信号关系，并与标准值进行比对，判断是不是 PT-CAN 总线故障。

二、2009 年款宝马 X5 K-CAN 总线故障

故障现象　一辆 2009 年款宝马 X5（E70），行驶里程约为 5 万千米。车载导航到店升级，由于车辆的 I-LEVEL 版本过低，无法安装新的地图版本，需要对整车进行编程，以提升整车的 I-LEVEL 版本。

故障诊断　接车后首先连接 ISID 进行诊断检测，车辆故障存储器中存储了大量故障码，如图 10-60 和图 10-61 所示。

诊断测试时，查看 ISID 控制单元树，都是绿色的，依据剩下的故障码，估计可能原因有：K-CAN 某个控制单元损坏；K-CAN L 对地短路或者断路；K-CAN H 对地短路或者断路；K-CAN H 和 K-CANH 互相短路。实际测量 K-CAN 总线的波形，如图 10-62 所示。从波形可以

看到，绿色的 K-CAN H 信号波形显示正常，红色的 K-CAN L 信号波形显示不正常。

故障码存储器列表

故障码	说明
00A0B0	CAS 输入端 制动信号灯 不可信
0093D0	ACSM：低电压
00A0B5	CAS 车速信号故障
00A118	CAS 车速信号不可信
00D2C4	CA：K-CAN 线路故障
00CAA0	信息（转向角，0xC4）有错误，接收器 TRSVC，发射器 DSC
00AAA2	VM：天线 2 未连接、高阻抗
00D2C7	CA：K-CAN 通信故障
00D02B	信息（CAS，0x380）错误，ICM 接收器，CAS 发射器
006EC8	DSC：对控制单元设码
00A0B2	CAS 总线端 KL. 30E/30L 供电
00D35D	信息（主动转向控制，0x1FC）缺失，接收器 DSC，发射器主动转向控制
00C944	MRS / ACSM：K-CAN 线路故障
00AB69	TRSVC：供电、过压或低电压
00CA84	TRSVC，K-CAN：线路故障
009408	ACSM 自检时低电压
006F68	DSC F-CAN 信息（ICM，12E）缺失
00A0B1	CAS 选挡杆位置输入端不可信
00A2CD	CON 控制单元低电压
00D367	信息（主动转向控制，0x118）缺失，接收器 DSC，发射器主动转向控制
00AAEF	PDC：电压过低
00E1C4	RAD / CIC / CHAMP：K-CAN 线路故障
00D904	CAS：K-CAN 线路故障
0093FB	DSC 的信息（速度）缺失，ACSM / MRS5 接收器，DSC 发射器
00E2C4	CON：K-CAN 线路故障
00CA9C	信息（车速，0x1A0）有错误，接收器 TRSVC，发射器 DSC
006F67	DSC F-CAN 信息（ICM，136）缺失
00A2AD	HKL 低电压或过压
00D35C	信息（Kombi 0x1B4）缺失，DSC 接收器，KOMBI 发射器
00E2D4	信息（总线端状态，0x130）错误，CON 接收器，CAS 发射器

图 10-60　故障码 1

故障码 80 多个，大多是信息缺失的故障码，很多没有分析的价值，删除故障码。用 ISID 快测，显示故障码。S0337——无法与下列装置通信：驾驶员座椅模块。S0338——无法与下列装置通信：前乘客侧座椅模块。0093A9——ACSM：驾驶员安全带拉紧装置。0093AA——ACSM：前乘客安全带拉紧装置。0093AC——ACSM：左侧侧面安全气囊。0093AD——ACSM：右侧侧面安全气囊。0093BA——ACSM：驾驶员安全带锁扣触头。00CA84——TRSVC，K-CAN：线路故障。002DC4——CA：K-CAN 线路故障。00D6C4——AMPH K-CAN 线路故障。00D704——EHC：K-CAN 线路故障

K-CAN 有单线运行的能力，K-CANH 或者 K-CAN 出现故障，K-CAN 总线还可以正常工作，系统会存储故障码。接下来通过节点法排除进行故障点的排查，首先断开了 K-CAN 总线中存储有故障码的相关部件节点，K-CAN 总线波形信号显示仍然不正常。遵循由简到繁、由易到难的检查原则，当断开后备厢中 X15005 和 X15006 节点（图 10-63）时，信号波形恢复了正常。

故障排除　仔细检查发现 K-CAN L 节点腐蚀，已经断路。X15005 和 X15006 节点位置如图 10-64 所示。重新把节点连接处理后，再次测量 K-CAN 波形，信号波形正常，如图 10-65 所示。最后删除故障存储，对车辆进行编程升级，故障排除。

维修总结　因线束进水腐蚀造成故障的案例屡见不鲜，线束的进水腐蚀多是位于地板上或容易进水的地方，一旦进水，便在线束内储存，很难释放，久而久之，会使导线接头腐蚀，进而造成故障。

三、2009 年款宝马 X5 行驶车辆落水检修

故障现象　一辆 2009 年款宝马 E70 X5 SUV，行驶里程约为 1.69 万千米。车辆行驶中落水，拖回维修站由保险公司定损，由于该车各系统使用的控制单元众多，保险公司要求通

过检测确定各控制单元的好坏。

故障码存储器列表	
故障码	**说明**
00E0D6	信息（速度，0x1A0）错误，FLA 接收器，DSC 发射器
009D12	SINE 内部蓄电池
00A83A	GWS 低电压
00E0DB	信息（挡位状态，0x304）错误，FLA 接收器，EGS/HIM 发射器
00CAA6	信息（中控锁和风门状态，0x2FC）错误，接收器 TRSVC，发送器 CAS
00612F	主动转向控制：电压过低
00CE94	ICM-CAN：信息（一体式底盘管理系统发射器，13B）错误，AL 接收器，ICM 发射器
00601E	EMF：DSC 接口：信号无效
002C39	DME：废气催化剂转换器前混合气传感器：动态性
00A4F3	信息（定速控制，0x190）错误，HUD 接收器，DSC 发射器
00CAAC	信息（PDC 功能状态，0x377）错误，接收器 TRSVC，发射器 PDC
00CAA4	信息（挡位状态，0x304）错误，接收器 TRSVC，发送器 EGS/HIM
00DE87	FZD：K-CAN 通信故障
00931A	KOMBI 右燃油液位传感器
00E096	信息（总线端状态，0x130）错误，GWS 接收器，CAS 发射器
00E444	SMFA：K-CAN 线路故障
00E484	SMBF：K-CAN 线路故障
009CB5	FRM 蓄电池过度放电
00E2D6	信息（里程表，0x330）错误，CON 接收器，KOMBI 发射器
00E2C7	CON：K-CAN 通信故障
00D35A	信息（总线端状态，0x130）缺失，DSC 接收器，CAS 发射器
00CAA5	信息（车辆行程，0x1A6）有错误，接收器 TRSVC，发射器 DSC
00601D	EMF：DSC 接口：信号无效
00D39A	信息缺失，接收器 EMF，发射器 JBE
005DCF	DSC 控制单元低电压
00E0D9	信息（方向盘角度，0xC4）错误，FLA 接收器，DSC 发射器
00A4FA	信息（路程计数器读数/作用距离，0x330）错误，接收器 HUD，发射器 KOMBI
00A7CA	FLA：电压过低
002DEC	DME 蓄电池电源管理
00D704	EHC：K-CAN 线路故障
002C3A	DME：废气催化剂转换器前的氧传感器 2：动态性
00CE95	主动转向控制：CAS 信息（CAS 发射器，130）错误
00A4F4	信息（速度，0x1A0）错误，HUD 接收器，DSC 发射器

图 10-61　故障码 2

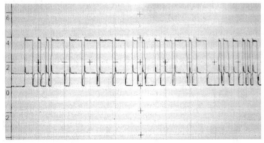

图 10-62　K-CAN 总线波形

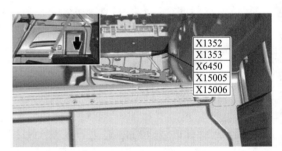

图 10-63　X15005 和 X15006 节点电路

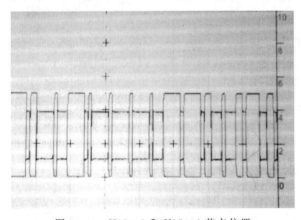

图 10-64　X15005 和 X15006 节点位置

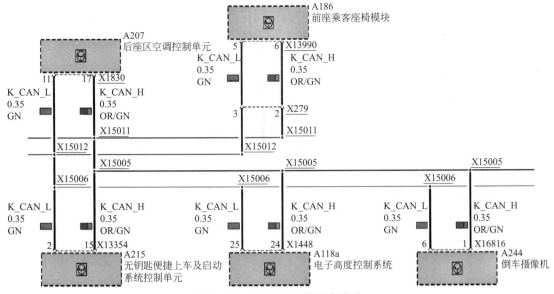

图 10-65　K-CAN 总线正常波形

故障诊断　接车后，维修人员并没有急于使车辆通电。对于水淹的车辆，如果没有把电气部件里的水清理干净，原本正常的部件或有可能恢复正常的部件在通电后都有可能短路损坏。检查过程中发现，虽然驾驶舱内进水，但油门踏板以上的部位都是干燥的，可见过水的位置并不是很高。拆下地垫，可以看到地毯已经全部淹湿，地垫中的几个元件（脚挡组件、接线盒、安全气囊控制单元、显示屏控制器等）由于安装的位置相对较高而没有进水。经过处理后，维修人员连接故障诊断仪进行全车诊断，发现很多控制单元无信号或无法通信，这些控制单元大部分连接在 K-CAN 上，包括仪表（KOMBI）、控制器（CON）、车顶功能中心（FZD）、自动恒温空调（IHKA）、驻车距离监控系统（PDC）等（图 10-66）。基于这种情况，就无法通过诊断仪来判断这些控制单元是否正常，而其他总线上的控制单元均可以通

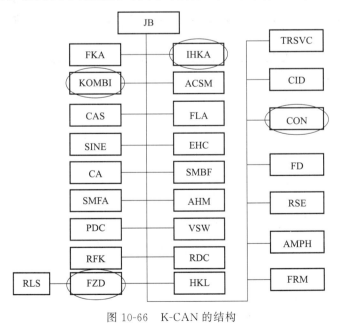

图 10-66　K-CAN 的结构

过诊断仪读取出明确的故障内容，很多内容与车身总线 K-CAN 通信有关（图 10-67）。而且发现车辆的 iDrive 功能失效，即 CON 控制器不能操作中央显示屏的内容。

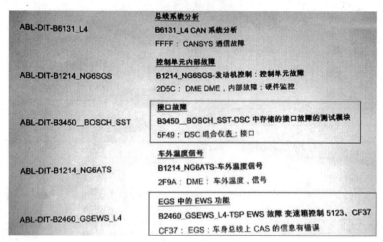

图 10-67　K-CAN 通信故障信息

在读取的故障内容中，中央信息显示单元 CID 显示有信号，而检查地毯中的几个控制单元时发现控制器 CON 并没有进水，那么为什么 K-CAN 上会接收不到这些控制单元的信号呢？于是通过故障诊断仪的检测计划进行分析，结果诊断仪建议检查 CON 控制单元的 K-CAN 总线连接节点 X15012（K-CAN L）和 X15011（K-CAN H）（图 10-68）。

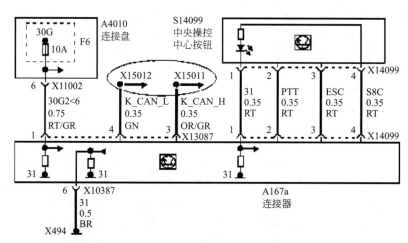

图 10-68　K-CAN 总线连接节点 X15012（K-CAN L）和 X15011（K-CAN H）

通过电路图，在右后座椅下方找到 X15012 和 X15011，发现这 2 个节点已经被水浸泡（图 10-69）。由于 2 个连接节点的位置刚好在线束固定盒的较低部位，而车舱内的地毯进水后，水就在这个位置存留下来，前面检查时虽然拆卸了地毯，却没有进一步拆开线束固定盒，所以也就没有发现问题。这个节点是 K-CAN 总线上的几个控制单元的连接节点，其中就包括 CON 控制单元。当 X15012 和 X15011 由于进水短路后，通过此节点和 K-CAN 总线连接通信的控制单元就无法传输信息了，而 K-CAN 总线上的其他控制单元则可以正常通信交换数据。

故障排除　将线束固定盒中的水处理干净，并把总线连接节点用气枪吹干净，再次通过故障诊断仪进行全车诊断，可以顺利地读取全车的故障内容，这样就可以大致确定各控制单元的好坏。

维修总结　在宝马车系装备的电气系统中，信号传输大多是使用总线。总线将网关和多个独立的控制单元以并联的方式连接，便于进行数据的共享和交换，采用总线可以优化线路布局，降低导线成本，但对维修诊断工作却提出了新的挑战。这就要求维修人员不能"头痛医头"，而是必须了解总线的设计特点，并学会熟练运用专用故障诊断仪来准确地找出故障点。

图 10-69　被水浸泡的 K-CAN 连接点

四、2016 年款宝马 X5 紧急呼叫出现异常

故障现象　一辆 2016 年款宝马 X5 车，车型代号为 F15，搭载 N55 发动机，行驶里程约为 2 万千米。驾驶人反映，紧急呼叫出现异常。

故障诊断　接车后首先试车验证故障现象。启动发动机，打开紧急呼叫按钮的盖罩，按压紧急呼叫按钮，中央信息显示屏（CID）显示正在通话中，但始终听不到后台服务人员的声音。连接故障检测仪（ISTA）读取故障码，无任何故障码存储。找来一辆同款试乘试驾车，按压紧急呼叫按钮，说明我们的身份，并让宝马呼叫中心服务人员协助查询故障车紧急呼叫的通话记录。宝马呼叫中心服务人员反馈故障车近期有过几次紧急呼叫，同时表示后台能够听到驾驶人的讲话，但是驾驶人无应答，听不到宝马呼叫中心的讲话。

查阅相关资料，远程信息处理与主机的功能联网示意如图 10-70 所示。远程信息处理技术通信盒（TCB）用于实现车辆中的所有远程信息处理功能，其中，紧急呼叫功能是 TCB

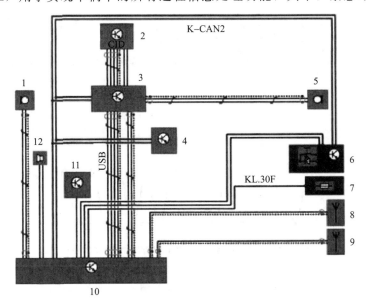

图 10-70　远程信息处理与主机的功能联网示意

1—驾驶人侧话筒；2—中央信息显示屏；3—高级主机（HU-H）；4—控制器（CON）；5—副驾驶人侧话筒 2；
6—车顶功能中心（FZD）内带有紧急呼叫 LED 的紧急呼叫按钮；7—前部配电器；8—车顶天线内用于远程处理服务
的电话天线（GSM2）；9—应急 GSM 天线；10—远程信息处理技术通信盒（TCB）；11—碰撞安全
模块（ACSM）；12—应急扬声器

的一项子功能，分为自动触发和手动触发。当车辆发生事故碰撞时，触发乘员保护系统，碰撞安全模块（ACSM）向 TCB 发送信号。TCB 自动安排一次紧急呼叫，并将事故严重程度的信息和车辆上的受伤人数传输到宝马呼叫中心。通过传送 GPS 信号，可以定位车辆位置并同时通知救援人员，这样就可以采取相应的营救行动。当手动按压车顶功能中心内紧急呼叫按钮时，服务供应商将尝试与乘客建立语音连接，建立语音连接后，乘客可以与服务提供商通话。在手动或自动紧急呼叫时将通过应急扬声器输出声音，针对紧急呼叫期间的免提通话模式，务必使用驾驶人侧话筒。

根据上述控制原理，结合该车的故障现象分析，初步判断紧急呼叫时的声音输出异常。利用 ISTA 对应急扬声器进行动作测试，应急扬声器无反应，不正常（正常情况下，应急扬声器应发出蜂鸣声），怀疑是应急扬声器故障。尝试更换应急扬声器后试车，故障依旧。根据相关电路（图 10-71），在对应急扬声器进行动作测试时，用宝马 IMIB 示波器测量应急扬声器导线连接器端子 1 与端子 2 之间的输出信号电压，始终为 0V（图 10-72，正常情况下应为正弦波形的信号电压），不正常。脱开应急扬声器导线连接器和 TCB 导线连接器 A331 * 3B，测量应急扬声器与 TCB 之间的线路，无短路、断路故障，由此判定为 TCB 故障。

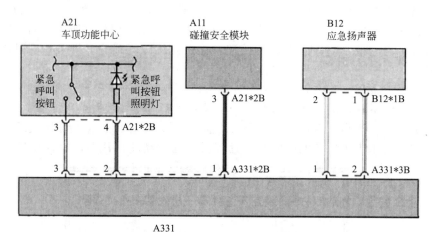

图 10-71　应急扬声器控制电路

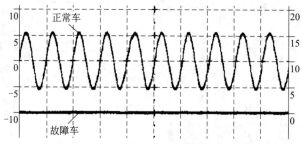

图 10-72　测量应急扬声器端子 1 与端子 2 之间的信号电压

故障排除　更换 TCB（图 10-73），并进行编程，编程结束后，按压紧急呼叫按钮，紧急呼叫功能恢复正常，故障排除。

维修总结　宝马紧急呼叫系统具有很实用的"保命"功能，虽然说不影响车辆的驾驶，不过一旦出现"紧急呼叫系统异常"的故障，我们还是得重视起来。

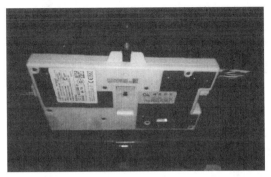

图 10-73　TCB

五、2013 年款宝马 320Li 多个故障灯点亮报警

故障现象　一辆 2013 年款宝马 320Li，车型为 F35，行驶里程约为 1000km。驾驶人反映车辆行驶中仪表中多个故障灯点亮报警，转动方向盘感觉很重。车辆启动和行驶驾驶无明显异常现象。

故障诊断　接车后首先验证驾驶人反映的故障现象，车辆启动着车的情况下仪表中发动机故障灯、DSC 故障灯，EPS 故障灯等点亮报警。转动方向盘，方向盘助力失效。连接 ISID 进行诊断检测，ISTA 诊断测试树状图如图 10-74 所示，Flex Ray 总线上的控制模块除了 FME 之外全部为黄色，为无法通信状态。FEM 为网关，可以和其他的控制总线进行通信，所以这里显示为可以通信状态。诊断测试结束，故障存储器中储存了大量的故障，摘取重要的故障存储内容如下。S0258——无法与下列装置通信：一体式底盘管理系统。S0392——无法与下列装置通信：发动机电子系统。S0395——无法与下列装置通信：动态稳定控制系统。S0399——无法与下列装置通信：电动机械式助力转向系统。查看故障码 S0258 的细节描述如表 10-4 所示。

表 10-4　故障码 S0258 细节描述

故障描述	无法与控制模块通信，控制模块不进行报告
故障识别条件	总线端 KL.15 接通
故障码存储记录条件	如果控制模块没有应对识别请求发送反馈电码，则会将服务故障码（无法与控制模块通信）记录到故障存储清单中。提示：服务故障码未直接存储在控制模块中
保养措施	应区别两种情况 情形 1：某一个控制模块不发送信号，检查控制模块的熔丝、插头和电气导线；使用万用表测量控制模块的供电电压；检查总线连接 情形 2：多个控制模块不发送信号 检查总熔丝，检查继电器，如果连接在某一个数据总线上的所有控制模块均不发送信号，则很可能是数据总线损坏。检查总线信号，如果连接在某一个网关控制模块后面的所有控制模块均不发送信号，则很可能是网关控制模块的熔丝、插头或者电气导线损坏，因此要与情况 1 一样检查网关控制模块 提示：如果某一个控制模块不发送信号，则在快速测试屏中将其标记为黄色。因此可以在该全视图中快速识别，例如整个数据总线或者某一个网关控制模块失灵，下列文件有助于检测总线连接：检测 CAN 总线信号（FUB-FUB-DAA0701FB-656135001）；在 Flex Ray 上诊断（FUB-HIL-HI-610002-K08）

　　Flex Ray 明显比此前车辆在车身以及驱动装置和底盘区域内所使用的数据总线更快。Flex Ray 除了支持更高的带宽之外，还支持确定性的数据传输，并且可以进行容错配置。就是说，即使是在个别元件失灵后，仍可以允许剩余的通信系统运行。中央网关模块

（ZGM 或 FEM）建立不同的总线系统和 Flex Ray 之间的连接。

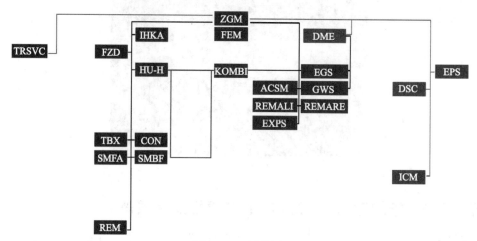

图 10-74　树状图

　　不同的终止方式可能导致对于测量结果的误判，Flex Ray 导线的电阻测量无法对系统接线的功能做出百分之百的判断。在静态时，出现损坏情况下，如被挤压处或插头腐蚀的电阻值可能会处于公差之内，可以维修 Flex Ray。电缆可在出现损坏的情况下用传统的导线连接器进行连接，只能使用 Flex Ray 的专用电缆！安装时，必须注意各种特点。在对 Flex Ray 进行接线时，要使用绞合导线。绞合状态在维修后仍必须保持。维修区域内的绝缘部位必须重新用收缩软管进行密封。进水可能对阻抗（导体内电磁波扩散的电阻）和总线系统性能造成影响。这款车 Flex Ray 总线网络连接如图 10-76 所示。

　　选择故障内容执行检测计划，系统提示如下。

　　如果无法与多个控制模块进行通信，则可能是总线通信/同步有故障。控制模块被拔下时，该故障可能由总线单元的单个控制模块造成，多个控制模块同时造成故障的可能性极其小。必要时在总线单元的另一个控制模块上继续故障查询。

　　如果在所有相关的控制模块上未发现故障（插头连接、导线、熔丝……），则进行下列检测。通过该检测应确定造成该故障的控制模块。使用环形连接的总线导线检测与总线相连的控制模块（参见图 10-76，例如 ICM 控制模块）：查剩余的与总线相连的控制模块的通信。如果无法通信，则原因是已拔下的控制模块，所以必须进行更新。使用终端电阻检测与总线相连的控制模块（参见图 10-75，例如 DSC 控制模块）：将与总线相连的控制模块从电线束上拔下。在电线束侧使用一个电阻器跨接总线导线（电阻值为 80～110Ω）。检查剩余的与总线相连的控制模块的通信。如果无法通信，则故障部位是已拔下的控制模块，所以必须进行更新。

　　根据上述的提示先依次单独断开除 FEM 之外的所有控制模块，再次进行诊断测试，Flex Ray 总线仍然显示为无法通信状态。

　　Flex Ray 总线通信速度很快，波形只能在实验室通过专用的示波器测量出来，目前车间的示波器无法准确测量，对于 Flex Ray 总线的检测，只能进行线路和电压的测量，电压值以对地测量方式得到。

　　Flex Ray 总线系统的电压范围：系统接通，无总线通信 2.5V；高电平信号，3.1V（电压信号上升 600mV）；低电平信号，1.9V（电压信号下降 600mV）。

　　接下来进行具体的检测和测量，FEM 控制电路如图 10-76 所示。测量检测结果如下。

　　断开 FEM 的 A173 * 8B 的 13 针脚、14 针脚，测量 DME 的 A46 * 1B 的 48 针脚、47 针

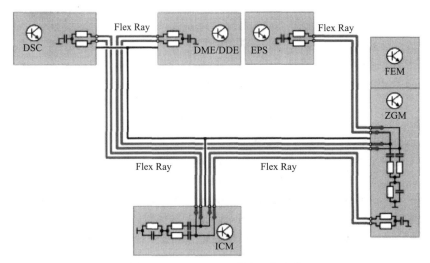

图 10-75　Flex Ray 总线网络连接

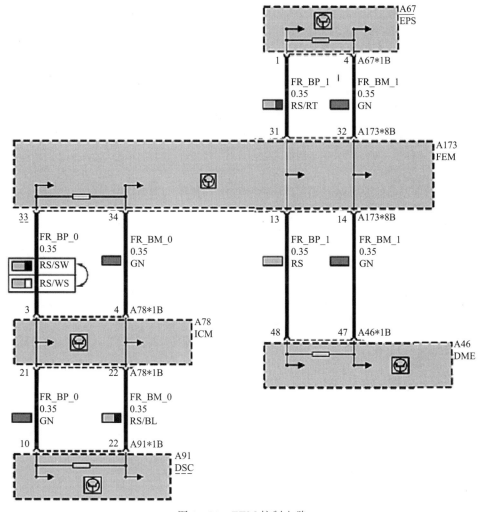

图 10-76　FEM 控制电路

脚之间的电阻（Flex Ray 终端电阻），为 109Ω。同样断开 A173 * 8B 的 31 针脚、32 针脚，测量 EPS 的 A67 * 1B 的 1 针脚、4 针脚之间电阻，为 90Ω。Flex Ray 终端电阻标准范围为 90～120Ω，所以这些控制模块的终端电阻都在正常范围之内。拔下 A67 * 1B 及 A46 * 1B 测量 DME 到 EPS 之间的导线，正常，没有对地短路，相互短路。

测量 DSC 及 FEM 的终端电阻（A173 * 8B 的 33 针脚、34 针脚之间），为 92Ω。断开 A91 * 1B 及 A173 * 8B，测量 DSC 和 FEM 之间的总线连接，正常，没有断路及对地短路，没有相互短路 DME A46 * 1B 的 47 针脚、48 针脚的对地电压都为 0；EPS 的 A67 * 1B 的 1 针脚、4 针脚对地电压为 0V。测量 DSC 的 A19 * 1B 的 10 针脚、22 钊脚，对地的电压为 1.6V。根据上述的分析、测量，最终确定为 FEM 故障。

故障排除 更换 FEM，对车辆进行编程设码，故障排除。

维修总结 Flex Ray 是全新的总线系统和通信系统，对 Flex Ray 的要求是，在电气和机械电子元件之间提供可靠、实时和非常高效的数据传输。Flex Ray 用于当今和未来车辆内创新功能的联网。Flex Ray 包括性能强大的记录，适用于按照在车辆内的分布式系统实时数据传输。每个通道的最大数据传输率为 10Mbit/s，因此 Flex Ray 是一个非常高速的系统。

参考文献

[1] 甄宗凯.2015年宝马320Li主驾驶玻璃不能一键升降 [J].汽车维修技师，2017（03）：84-85.

[2] 杨明.2016年宝马730Li空调系统乘客侧空调不制冷 [J].汽车维修技师，2018（07）：81-82.

[3] 位豪.宝马750Li发动机大修后安全气囊灯亮 [J].汽车维修与保养，2014（07）：65.

[4] 杨明.2013年宝马320Li FlexRay总线故障 [J].汽车维修技师，2017（04）：77-79.

[5] 叶慧，许祥金.宝马320Li自动跳入P挡 [J].汽车维修技师，2018（06）：75-76.

[6] 叶慧，谈鑫.2013年宝马640i转向系统故障 [J].汽车维修技师，2017（06）：79-81.

[7] 李建国.宝马320Li车转向沉重 [J].汽车维护与修理，2016（05）：48-49.

[8] 亢东勇.宝马320Li轿车发动机故障排除 [J].汽车与驾驶维修，2018（08）：71.

[9] 崔锁峰.新款宝马7系G12空气悬架系统 [J].汽车维修技师，2018（06）：130-131.

[10] 孙三超.宝马E60转向盘和座椅不能调节 [J].汽车维修技师，2012（10）：83-84.